SOCIAL WELFARE AND LAW

사회복지법제론

이동춘 지음

도서출판 그린

서 문

시대적 요청에 따라 국민의 욕구수준에 맞는 보다 적절하고 실효성 있는 사회복지정책과 제도의 법제화에 대한 연구와 학문적 노력이 요구되고 있다.

사회복지법제론의 학습은 궁극적으로 사회복지 실천 현장에서 사회복지법과 관련법을 적용하는 능력을 배양하는 데 그 목적이 있다. 이러한 목적을 달성하기 위해서는 사회복지법제와 법 체계를 이해하고 실정법으로써 사회복지법과 관련법을 해석하고 적용하는 능력의 함양이 요구된다.

이를 위하여 이 책은 총 2편로 구성하였다. 제1편은 법학개론 분야로써 기본적인 법 지식을 담았으며 제2편은 각론 분야로 개별 사회복지법을 사회보장기본법, 사회보험, 공공부조, 사회복지서비스, 사회복지관련제도 등의 틀로 구성하여 사회복지실천을 위한 실무적 접근을 위한 내용을 소개하였다.

우리는 일상생활 속에서 수많은 법률문제에 직면하게 된다. 그리고 어떤 경우에는 우리가 알지도 못하는 사이에 피해를 받게 되기도 한다. 법은 '권리(權利) 위에서 자고 있는 자'를 보호하지 않기 때문이다.

예를 들면 A는 친정아버지가 출가외인(出嫁外人)이라는 이유로 막대한 유산 모두를 아들들에게 주도록 유언(遺言)을 하였다. 이 때 A는 유언에서 제외되었으므로 상속(相續)을 전혀 받을 수 없는 것일까? 이 경우 A는 민법 제1112조 이하에 규정된 유류분제도(遺留分制度)를 알면 쉽게 자신의 권리를 찾을 수 있지만, 몰랐을 때는 스스로 상속을 포기해 버리거나 아무런 생각도 없이 그대로 넘어가게 된다. 그리고 1년이 지나버리면 그 때는 더 이상 유류분에 대한 권리를 주장할 수 없게 된다.

또 B의 친정아버지는 사업 실패로 막대한 부채(負債)를 남기고 사망했는데, 그 채권자들이 B에게 친정아버지의 빚을 갚으라고 요구하며 소송(訴訟)을 제기하고 B가 그 동안 직장에 다니며 모았던 재산들을 모두 가압류(假押留)하였다. 이 때 B 자신은 친정아버지로부터 전혀 상속을 받은 일이 없을 뿐만 아니라 출가외인이므로 친정아버지의 빚을 갚을 의무(義務)가 없다고 주장할 수 있는가? 우리가 상식적으로 생각하면 B의 주장은 당연한 것 같이 생각되지만, 민법(民法)에 의하면 출가한 딸도 1순위 상속권자이고, 또 부채도 상속이 되므로 B는 당연히 친정아버지의 빚을 갚아야 한다. 그러나 민법은 이와 같은 억울한 경우를 구제하기 위하여 민법 제1019조 이하에서 상속의 포기제도(相續拋棄制度) 등을 규정하고 있다. 따라서 B는 친정아버지가 사망한 것을 안 날로부터 3개월 이내에 법원에 가서 상속포기신고를 한 경우에는 그 빚을 갚을 의무가 없지만, 이를 몰랐을 경우에는 "법을 몰랐다"는 이유만으로는 그 빚을 갚을 수 밖에 없는 것이다.

민법 제839조의2의 규정에 의하면 부부가 이혼을 한 경우, 부인이 남편에게 재산의 분할을 청구하면 결혼 중 모은 재산의 30~50%를 부인에게 분할해 주어야 하지만 재산분할청구권(財産分割請求權) 청구를 하지 아니하고 2년이 지나면 시효(時效)로 소멸(消滅)해 버린다.

또 예를 들면 민법 제164조에 의하여 외상 술값이나 외상 식대는 소멸시효가 1년이다. 그런데 甲은 乙이 경영하는 술집에서 외상으로 술을 마시고 5년이 지났는데 乙이 술값을 갚으라고 하며 법원에 소송을 제기하였다. 이 때 만일 갑이 민법 제164조를 알고 법정에서 "소멸시효가 완성되었다"고 주장한다면 승소(勝訴)를 하지만, 만일 모르고 있었다면 소송에서 패소(敗訴)하여 그 돈을 갚을 수 밖에 없는 불측(不測)의 피해를 입게 된다. 그러므로 우리는 최소한도의 법은 반드시 배워 둘 필요가 있고 본 교재의 출간 의도이기도 하다.

'복지사회'라는 용어는 영국의 템플이 제2차 세계대전 당시의 나치독일을 '전쟁국가'라 부르고 영국의 국가이념을 '복지국가'라 이른 데서 비롯된 것이라고 한다. 제2차 세계대전 후 국민의 복지 증진을 목표로 정하고 완전고용 · 사회보장 · 사회복지를 실현하는 국가를 복지국가라 하며 복지국가의 사회적 기반을 복지사회라 한다. 또 우리는 사회 발달단계의 하나로서 산업사회를 벗어난 후기산업사회를 복지사회라고 부르기도 한다. 진정한 복지사회는 물질적 풍요와 정신적 성숙이 조화를 이루어야 실현될 수 있다. 또 복지사회의 목표는 사회구성원들이 빈곤으로부터 벗어나 개성적 삶을 추구할 수 있는 기회를 보장하는 것이므로 소득의 공정한 분배뿐 아니라 각 개인이 창의적으로 자아를 실현할 수 있는 사회 환경과 조건을 마련하는 것도 중요하다.

아리스토텔레스는 분배에 대한 정의를 평등의 개념으로 환원하고 있는 "동등한 사람이 똑같은 배당을 받는" 또한 시즈윅(H. Sidgwick)은 권리와 자유, 부담과 혜택을 공정하게 배분하는 것을 의미한다고 보며 롤스(J. Rawls)는 정의를 공평(fairness)으로 풀이하면서 분배 정의가 무엇보다도 평등 원칙에 입각해야 한다고 주장한다.

사회의 모든 가치 즉 자유와 기회, 소득과 부, 인간적 존엄성 등은 평등하게 배분되어야 하며 보다 성숙된 복지사회를 이루기 위해 인간의 존엄성 보장 완전고용의 실현 소득의 공정한 분배 최저생활의 보장 기회균등 깨끗한 환경 자아실현 등을 들 수 있다. 그 속에서 우리는 형평과 평등이라는 사회적 가치의 배분 원리에 관한 서술적 의미를 끄집어 낼 수 있다. 이에 관한 설명은 근간 예정인 『사회복지 윤리와 철학』에서 다루기로 하며 여기서는 논외로 한다.

그리고 미진한 부분과 법 제개정으로 부족한 부분은 계속 수정 보완 해 나가야 하는 부담과 어려운 일정 속에서 책 출간을 위해 노력해 주신 여러분께 감사드린다.

2013. 5. 21.
저자 씀

차 례

제 1 편

법학입문

제 1 장

법학일반

제1절 법 일반이론

1. 법의 의의

1) 사회생활과 사회규범

인간은 사회적 존재이다. 인간은 사회를 형성하고 사회 속에서 생활하며 사회관계를 통하여 자신의 본질을 실현해 가는 존재이다. 인간은 사회 속에서 자신의 생활에 필요한 물질적 자료와 정신적 유대감을 얻게 된다. 또한 인간은 자신이 추구하는 이상과 가치를 다양한 사회관계를 통하여 실현하고자 한다. 가족이나 학교 직장이나 국가는 인간이 일상적인 생활을 영위하는 사회적 공간이다. 인간은 한 순간이라도 이러한 사회적 공간을 떠나서 생활할 수 없다. 사회성은 인간의 고유한 본성이자 생존의 필수적인 조건이다.

사회는 다양한 인간관계의 네트워크이다. 개인이 맺고 있는 직접적인 인간관계는 타인의 인간관계와 연결되면서 국가나 세계의 차원으로 확대된다. 이로써 인간은 가족의 구성원이면서 국가의 국민이고 세계의 시민이 되는 것이다. 인간은 좁게는 가족, 넓게는 국가 및 세계와 관계를 맺으면서 생활하게 된다. 오늘날에는 개인의 삶이 지구 반대편에서 일어나는 일에 의해 영향을 받을 만큼 인간의 사회적 관계가 확대되고 다양화되고 있다.

2) 사회규범의 필요성

인간이 사회생활을 영위하기 위해서는 반드시 사회규범이 필요하다. 인간의 사회생활에 규범이 필요한 이유는 다음과 같다. 첫째, 사회생활은 공동체 생활이기 때문에 구성원들의 지위와 역할을 규정하는 사회규범이 반드시 있어야 한다. 인간은 사회적 분업관계에 따라 자신의 사회적 지위에 따른 역할을 수행함으로써 자신의 필요뿐만 아니라 사회 전체의 요구를 충족시키는 공동체 생활에 참여하게 된다.

따라서 개인은 자신과 사회의 이익을 위해 자신이 속한 공동체로부터 일정한 지위와 역할을 부여받게 된다. 이와 같이 개인에게 일정한 지위와 역할을 부여하는 것이 사회규범이다. 둘째, 인간이 이기심이나 나태함으로 인해 타인에게 피해를 주는 것을 막기 위해 사회규범이 필요하다. 인간은 탐욕이나 나태함으로 말미암아 범죄와 같이 타인에게 피해를 끼치는 행위를 하게 된다. 타인에 대한 가해행위는 피해자에게 심각한 물질적 정신적 고통을 줄 뿐만 아니라 사회적 불안과 혼란을 야기하기도 한다. 따라서 개인적 사회적 삶의 안정과 질서를 확보하기 위해 사회규범이 필요하다. 셋째, 다양한 이해관계의 충돌을 조정하고 해결하기 위해 사회규범이 필요하다. 사회관계는 구성원들 사이의 공존과 협력의 관계로 나타날 수도 있지만, 대립과 갈등의 관계로 나타나는 경우도 적지 않다. 이러한 대립과 갈등을 조정하지 않고 방치하게 되면 당사자들은 물론이고 사회 전체가 심각한 고통과 분쟁의 악순환에 빠지게 된다. 따라서 이러한 대립과 갈등을 조정하고 해결하기 위한 사회규범이 필요하게 된다.

3) 사회규범의 종류

인간이 사회생활을 영위하는 데 필요한 사회규범으로는 관습 종교 도덕 법이 있다. 이러한 사회규범들은 제각기 고유한 특징을 가지고 있을 뿐만 아니라 시대와 사회에 따라 담당하는 역할에 차이가 있다.

(1) 관 습

관습(慣習)이란 특정한 공동체 내에서 오랜 기간에 걸쳐 반복된 일정한 행위유형이 구성원들에게 구속력 있는 행위기준이 되는 것을 말한다. 관습은 특정한 개인에 의해 인위적으로 형성된 행위규범이 아니라, 구성원들 사이에 동일한 유형의 행위가 장기간에 걸쳐 반복됨으로써 구성원들이 그것에 따르는 것이 마땅하다는 집단적인 의식을 갖게 될 때 성립하게 되는 사회규범이다. 사회구조가 비교적 단순하고 인위적인 규범창조에 대한 의식이 발달하지 않았던 인류역사의 초기단계에는 관습이 구성원들의 행위를 규율하는 일반적인 사회규범으로써 중심적인 역할을 담당하였다.

(2) 종 교

종교(宗敎)는 세계의 본질과 인간의 운명에 관한 포괄적이고 초월적인 신앙의 체계로서 불완전하고 나약한 존재인 인간에게 해탈이나 구원을 통해 영원한 삶을 얻도록 인도하는 역할을 한다. 인간이 종교를 통해 해탈이나 구원을 얻기 위해서는 자비나 사랑과 같은 종교적 덕목을 실천해야 할 뿐만 아니라 수행에 필요한 여러 가지 계율을 준수하여야 한다. 이와 같이 종교는 인간이 실천해야 할 종교적 덕목과 계율을 제시하고 있다는 점에서 사회규범으로서의 성격을 갖는다. 그런데 종교분리의 원칙이 확립되고 종교의 자유가 보장된 사회에서 종교규범은 그 신자들에게만 구속력을 가지기 때문에 모든 사람에게 적용되는 보편적인 사회규범이 되는 것은 아니다. 그럼에도 불구하고 종교가 인류의 보편적 가치를 구현하고 있는 한에서는 보편적인 사회규범으로서의 역할을 담당하게 된다.

(3) 도 덕

도덕(道德)은 사회의 보편적인 가치의식과 양심에 기초하여 성립하는 실천적인 행위의 준칙으로서 선이라는 보편적 가치의 실현을 목적으로 한다. 도덕은 인간이 공동체 속에서 모든 사람을 자유로운 인격자로 존중하면서 서로 공존하는 가운데 각자가 자신의 인격을 완성할 수 있도록 인도하는 역할을 한다. 이를 위해 도덕은 인격적 존재로서의 인간이 실천해야 할 다양한 덕목과 규칙들을 제시한다. 도덕은 먼저 개인에게 자신은 물론 타인까지도 존엄하고 인격적인 존재임을 인정하고 존중할 것을 요구한다. 따라서 자신이나 타인의 인격을 부정하거나 침해하는 행위는 도덕적으로 금지된다. 도덕은 또한 개인이 인격적 존재로서 서로 공존하는 가운데 최선을 다하여 자신의 인격을 계발하고 실현할 것을 요구한다. 그러므로 자신의 삶에 대한 나태하고 무책임한 태도는 도덕적인 비난의 대상이 된다. 도덕은 사회의 보편적인 가치의식과 양심에 기초한 것이기 때문에 모든 사회구성원에게 적용되는 보편적인 사회규범이다. 또한 도덕은 인간의 자율성을 존중하는 사회규범이다. 다시 말하면, 도덕은 모든 인간이 자각적 인식을 통해 도덕적 요구를 수용하고 이를 자율적으로 실천할 것을 기대하는 것이다.

2. 법규범과 기능

1) 법규범

법이란 사회질서를 유지하기 위해 국가가 제정 또는 승인하고 집행하는 강제규범을 말한다. 법은 관습 종교 도덕과 더불어 사회규범의 일종이지만 여러 가지 측면에서 다른 사회규범과 구별되는 특징을 가지고 있다.

(1) 사회질서와 유지를 목적으로 하는 규범

법은 사회질서를 유지하는 것을 목적으로 한다. 법은 국가를 포함하는 다양한 조직과 개인의 사회적 지위와 역할 그리고 이에 따르는 권리, 의무를 규정하고 각각의 조직과 개인이 자신의 권리, 의무를 이행하게 함으로써 사회직서를 유지하는 것을 목적으로 하는 사회규범이다. 물론 다른 사회규범들도 사회질서를 유지하는 데 일정하게 기여하는 것은 사실이다. 하지만 다른 사회규범들은 개인의 내면생활에 일차적인 관심을 갖거나(종교와 도덕) 사회생활의 극히 제한적인 영역을 규율함으로써 사회질서를 유지하는 것을 직접적인 목적으로 한다. 따라서 현실적으로 사회질서를 유지하는 데 가장 중심적인 역할을 담당하는 것이 법이다.

(2) 국가가 제정하고 집행하는 규범

법은 국가가 제정, 승인하고 집행하는 규범이다. 다른 사회규범은 공동체 내에서 자생적으로 혹은 국가로부터 독립된 조직(종교단체 등)에 의해 독자적으로 형성되고 적용되는 사회규범이다. 이에 반해 법은 국가라는 공식적인 조직이 일정한 영식과 절차에 따라 제정, 승인하고 집행하는 사회규범이다. 국가는 사회 내에서 합법적 강제력을 독점하는 유일한 공식적인 조직으로서 보다 실효성 있게 사회질서를 보장하기 위해 법을 제정하게 되는 것이다.

(3) 강제력을 수단으로 하는 규범

법은 강제력을 실현수단으로 하는 사회규범이다. 국가가 합법적인 강제력을 독점하고 있는 현대사회에서는 다른 사회규범은 강제력을 이용하여 스스로의 요구를 관철하는 것이 허용되지 않는다. 따라서 다른 사회규범은 그것을 위반하는 사람에 대한 실현시키기 위해 국가가 갖는 물리적 강제력을 사용하게 된다. 즉 법은 위법한 행위를 한 사람에 대하여 형벌이나 강제집행과 같은 강제력을 이용하여 제재를 가함으로써 자신의 요구를 관철시키게 된다.

2) 법의 기능

법은 사회질서의 유지라는 목적을 달성하기 위해 다음과 같은 다양한 기능을 수행한다. 법이 수행하는 다양한 기능은 서로 보완적으로 작용하여 사회질서의 유지라는 궁극적인 목적에 기여하게 된다.

(1) 행위규범으로서의 기능

법은 행위규범으로서 인간의 행위를 지시하고 유도하는 기능을 한다. 법은 국가의 구성원에게 일정한 행위를 할 것을 명령하거나 일정한 행위를 하지 않도록 금지하거나 일정한 행위를 할 수 있도록 허용한다. 법적인 명령, 금지, 허용은 법의 적용을 받는 사람(=수범자)에게 자신이 수행해야 할 행위의 방향을 지시하고 법적으로 지시된 행위를 수행하도록 유도한다.

(2) 평가규범으로서의 기능

법은 평가규범으로서 인간의 행위를 판단하고 평가하는 기능을 한다. 법은 수범자의 행위가 법적인 기준에 적합한 것인지 여부를 판단하고, 이에 대해 합법성 혹은 위법성이라는 평가를 내리게 된다. 즉 법은 자신이 설정한 지준에 합치하는 행위에 대해서는 합법적이라는 평가를 하게 되고 이에 위배되는 행위에 대해서는 위법하다는 평가를 내리게 된다. 이러한 평가는 개별적인 행위에 대해 일정한 법적 효과를 귀속시키는 근거가 된다.

(3) 재판규범으로서의 기능

법은 재판규범으로서 구체적인 사건에 대한 판결을 통하여 분쟁을 해결하는 기능을 한다. 이해관계의 대립으로 분쟁이 발생한 경우에 법원은 재판을 통해 그것을 해결하게 된다. 즉 법원은 분쟁당사자가 소송을 제기한 경우에 당사자의 청구가 이유있는 것인지 여부를 판단하고 그러한 판단에 따라 일정한 법적 효과를 귀속시킴으로써 분쟁을 해결하게 되는 것이다. 이와 같이 법원이 당사자 사이의 분쟁을 해결하는 기준이 되는 것이 법이다.

(4) 조직규범으로서의 기능

법은 조직규범으로서 국가를 비롯한 다양한 조직을 구성하고 조직의 구성원들에게 일정한 지위와 역할을 부여하는 기능을 한다. 사회는 다양한 조직으로 구성되어 있으며 인간은 이러한 조직의 구성원으로 생활하고 활동한다. 인간이 소속되어 있는 다양한 조직(가족에서 국가에 이르기까지)은 모두 법에 의해 구성되며 각 개인은 자신이 소속된 조직 속에서 법에 의해 규정된 지위와 역할을 가지게 되는 것이다. 인간의 포괄적 지위는 헌법과 같은 조직규범에 의해 결정된다는 점에서 조직규범으로서의 법의 기능은 점차 확대되는 추세에 있다.

법이 갖는 이러한 다양한 기능은 독립적인 것이 아니라 상호 유기적으로 연관되어 있다. 조직규범에 의해 인간의 포괄적 지위가 부여되고, 그 지위에 따라 다양한 행위규범들이 주어지며 구체적인 행위에 평가를 통하여 일정한 법적 효과를 귀속시킴으로써 법적인 분쟁을 종국적으로 해결하게 되는 것이다. 이러한 관점에서 법의 기능을 종합적으로 이해하는 것이 필요하다.

제2절 법의 연원과 분류

1. 법의 연원

1) 성문법

법의 연원(sources)이란 법이 존재하는 형태 혹은 법의 인식근거를 말한다. 법의 연원은 크게 성문법(成文法)과 불문법(不文法)으로 나뉠 수 있다. 성문법(written law)이란 입법권을 가진 국가기관이 일정한 형식과 절차에 따라 제정, 공포한 것으로서 문서의 형태를 갖추고 있는 법규범을 가리킨다. 역사적으로 보면 법은 불문법에서 성문법으로 발전하였다. 모든 사회는 처음에는 구성원들 사이에 자생적으로 형성된 관습법에 의해 규율되었다. 그러다가 문자가 발명되고 인간 의지의 표현으로서의 법을 인위적으로 제정할 수 있다는 관념이 형성되면서 법을 성문화하는 작업이 진행되었다.

성문법은 다음과 같은 특정을 갖는다. 첫째, 성문법은 입법권을 갖는 국가기관이 제정한다는 점이다. 즉 성문법을 제정할 수 있는 주체는 입법권을 갖는 국가기관에 한정된다는 것이다. 법은 국가의사의 표현으로서 국가에 의해 인위적으로 제정되는 것이라는 관념이 형성되고 법을 제정할 수 있는 권력을 갖는 국가기관이 성립됨으로써 비로소 성문법이 제정되게 되는 것이다. 성문법을 제정법(statute)이라고 부르는 이유가 바로 여기에 있다. 이것은 성문법의 형식적 정당성과 합법성을 보장하기 위한 것이다. 둘째, 성문법은 문서의 형식을 갖추고 있다는 것이다. 일반적으로 성문법은 다수의 법조문으로 구성된 법전의 형식을 갖추고 있다. 법전은 법명 법령번호 제정, 개정일자를 명시하고 법조문을 일정한 체계로 나열하고 있다.

(1) 헌 법

헌법(憲法)은 국가의 성격과 구조, 국민의 권리와 의무, 통치기관의 지위와 권한을 규정하는 국가의 기본법으로서 헌법전의 형태로 규정된 법을 의미한다. 국가가 성립되기 위해서는 국가의 성격과 구조가 결정되어야 하고 국가를 구성하는 국민들의 지위와 이에 따른 권리와 의무가 규정되어야 하며 국가권력을 행사하기 위한 국가기관들의 지위와 이에 따른 권한과 책임이 확정되어야 한다. 이와 같이 국가가 성립하기 위해 기본적으로 규정되어야 할 사항들을 규정하는 법이 바로 헌법이다.

헌법은 원래 국가가 존재하는 곳에서는 언제나 성문법의 형태로든 불문법의 형태로든 존재하였다. 이것을 국가 고유의 헌법이라고 한다. 여기서 말하는 헌법을 가리킨다. 오늘날 영국과 같은 국가를 제외한 거의 모든 국가는 독자적인 헌법전을 가지고 있다. 이와 같이 거의 모든 국가들이 헌법전을 갖게 된 이유는 근대 시민혁명 이후에 입헌주의가 일번적인 법 원리로 등장하면서 헌법전을 제정할 필요성이 있었기 때문이다.

입헌주의란 국민의 기본권을 보장하고 권력분립을 규정한 헌법에 의거하여 통치할 것을 요구하는 정치원리이다. 입헌주의가 실현되기 위해서는 먼저 국민의 기본권을 보장하고 권력분립을 규정한 헌법의 제정이 선결적으로 요구되었다. 그리하여 1787년 미국의 연방헌법이 제정된 이래 거의 모든 국가에서 헌법이 제정되었다.

헌법은 국가의 기본법이면서 동시에 국가의 최고법이다. 헌법은 국가의 기본적인 구성 원리와 제도를 규정하고 있고 또 법률을 비롯한 다른 한편으로 헌법은 법규범의 단계구조에서 정점에 위치하고 있는 규범으로서 최고의 효력을 갖는다는 점에서 국가의 최고법이다. 헌법은 최고의 효력을 갖는 규범이기 때문에 모든 하위규범들은 헌법에 합치하여야 한다. 많은 국가에서는 헌법의 최고규범성을 보장하고 헌법에 위반되는 하위규범의 효력을 배제하기 위해 위헌법률심사제도나 헌법소원제도와 같은 제도적 장치들을 두고 있다. 우리 헌법에서도 헌법재판소를 설치하여 이러한 기능을 담당하도록 하고 있다.(헌법 제6장)

(2) 법 률

법률(法律)은 다양한 의미로 사용된다. 넓은 의미에서는 법규범 전체를 가리키는 것이지만 좁은 의미에서는 입법권을 갖는 국회(의회)가 제정하는 성문법을 가리킨다. 이것을 형식적 의미의 법률이라고 한다. 근대 이후에 권력분립의 원리가 수용되면서 국가권력은 크게 입법권 행정권 사법권으로 나뉘고 입법권은 국회에 귀속되게 되었다. 국회에 입법권을 부여한 이유는 국회가 국민의 대표기관이기 때문이다. 법률은 국민의 의사의 표현이며 국회는 국민의 의사를 대표하는 기관이기 때문에 국회에 입법권을 부여한 것이다. 이러한 의미에서 법률은 국회를 매개로 하여 표현된 국민의 의사라고 할 수 있다.

국회는 헌법에 의해 설치된 국가기관이고 입법권 역시 헌법에 의해 부여된 권한이기 때문에 국회와 국회가 제정하는 법률은 수권규범이자 상위규범인 헌법에 의해 제약을 받게 된다. 이것은 입헌주의의 원리에 따른 당연한 귀결이다. 헌법이 국민의 최고의 의사의 표현이라고 한다면 법률은 헌법의 한계 내에서의 국민의 의사의 표현이다. 헌법에 위배되는 법률은 헌법재판소의 위헌결정에 의해 원칙적으로 그 효력을 상실하게 된다.

법률은 헌법에 위배되지 않는 범위 내에서 모든 사항에 관해 규정할 수 있지만 일정한 사항에 관한 것은 반드시 법률로 규정하여야 한다. 예를 들어 우리 헌법은 국적에 관한 사항(헌법 제2조 제1항) 국민의 기본권을 제한하는 경우(헌법 제37조 제2항) 조세에 관한 사항(헌법 제59조) 등을 반드시 법률로 규정하도록 명시하고 있다. 이러한 사항들은 국가의 구성이나 국민의 기본권과 직결되는 중요한 사항이기 때문에 반드시 국민의 대표기관인 국회가 법률로써 규정하도록 하고 있는 것이다.

(3) 명령과 규칙

입법권은 국회가 갖기 때문에 법규범은 입법기관인 국회가 제정하는 것이 원칙이다. 하지만 특별한 필요가 있는 경우에는 국회가 직접 입법을 하지 않고 자신의 입법권을 다른 국가기관에 위임하여 다른 기관으로 하여금 법을 제정하도록 할 필요가 있다. 이와 같이 국회로부터 위임을 받은 다른 국가기관이 제정하는 법규범을 명령과 규칙이라고 한다.

① 명 령

명령(命令)은 국회로부터 입법권을 위임받은 행정기관이 제정하는 법규범을 가리킨다. 법치행정(법률에 의한 행정)의 원리에 따르면 모든 행정작용은 국민의 대표기관인 국회가 제정한 법률에 따라서 이루어져야 한다. 하지만 전문적 기술적 지식을 요하는 사항이나 현실의 변화에 탄력적으로 대응할 필요가 있는 사항의 경우, 전문성을 갖추고 현실의 변화에 효율적으로 대응할 수 있는 행정기관으로 하여금 이에 관한 법규범을 제정하도록 하는 것이 더 적합할 수 있다. 이러한 필요성에 따라 행정기관이 제정하는 법규범을 명령이라고 부르기도 한다. 명령은 행정기관이 제정하는 것이기 때문에 이를 행정입법이라고 부르기도 한다.

명령은 법률의 위임을 필요로 하는지 여부에 따라 위임명령과 집행명령으로 나뉜다. 위임명령은 법률 또는 상위명령에 의해 위임된 사항에 관하여 행정기간이 발하는 명령으로서 위임의 범위 내에서는 법률 또는 상위명령에 규정되지 않은 새로운 사항을 규정할 수 있다. 한편 집행명령은 법률의 위임 없이 법률의 범위 내에서 법률의 집행에 필요한 구체적이고 세부적인 사항을 규정하기 위해 발하는 명령이다. 집행명령은 법률의 집행에 필요한 범위 내에서는 법률의 명시적인 위임이 없더라도 제정할 수 있으나 법률에 규정되지 않은 새로운 사항을 규정할 수는 없다.

명령은 제정주체에 따라 대통령령, 총리령, 부령으로 나눌 수 있다. 대통령령은 일반적으로 시행령이라고 하고 총리령이나 부령은 시행규칙 또는 시행세칙이라고 한다. 대통령령과 총리령, 부령에는 위임명령과 집행명령이 모두 포함된다. 명령은 상위규범인 헌법이나 법률의 범위 안에서 제정되는 것이기 때문에 헌법이나 법률에 위배되는 명령은 당해 사건에서 그 적용이 배제된다. 대법원에 의해 위헌, 위법으로 판단된 명령이나 규칙이 이후의 다른 사건에 적용되는 것은 불합리하기 때문에 대법원은 명령이나 규칙이 위헌, 위법인 것으로 확정된 때에는 안전행정부장관에게 이를 통보하여야 하고(행정소송법 제6조 제1항) 안전행정부장관은 이를 지체 없이 관보에 게재하도록 하고 있다.(행정소송법 제6조 제2항)

② 규 칙

행정기관이 법률의 위임을 받아서 혹은 법률의 집행을 위해 직권으로 제정하는 것이 명령이라면 행정기관 이외의 국가기관이 자율적인 업무의 수행을 위해 제정하는 법규범이 규칙(規則)이다. 규칙으로 규정하는 사항들도 원래 국회의 법률에 의해 규정되어야 할 사항들이지만 권력분립의 정신을 존중하여 해당국가기관의 자율성을 보장하기 위해 헌법이 해당 국가기관에 규칙제정권을 부여한 것이다. 규칙에는 국회규칙, 대법원규칙, 헌법재판소규칙, 중앙선거관리위원회규칙 등이 있다. 규칙 역시 명령과 마찬가지로 상위규범인 헌법이나 법률에 위배되어서는 안되며 헌법이나 법률에 위배되는 규칙은 명령의 경우와 같이 당해 사건에서 적용이 배제된다.

(4) 자치법규

우리나라는 지방 단위에서의 주민의 자치를 실시하기 위해 헌법과 지방자치법 등을 통해 지방자치제를 실시하고 있다. 지방자치제(地方自治制)란 일정한 지역을 기초로 하는 단체나 일정한 지역의 주민이 지방적 사무를 자신의 책임 하에 자신이 선출한 기관을 통해 처리하는 제도를 말한다. 지방자치단체는 주민의 복리에 관한 사무를 처리하고 재산을 관리하며, 법령의 범위 안에서 자치에 관한 규정을 제정할 수 있다.(헌법 제117조 제1항) 지방자치단체는 특별시와 고아역시 및 도와 같은 광역자치단체와 시와 군 및 구(자치구)와 같은 기초자치단체로 나누어진다.(지방자치법 제2조 제1항) 지방자치단체가 자치입법권에 근거하여 제정하는 법규범을 자치법규(自治法規)라고 한다. 자치법규에는 조례와 규칙이 있다.

① 조 례

조례(條例)는 지방자치단체가 지방의회의 의결을 거쳐 법령의 범위 안에서 제정하는 규범을 말한다.(지방자치법 제15조 제1항 1호) 조례는 주민의 대표기관인 지방의회가 제정한다는 점에서 법률과 유사하다. 하지만 지방자치단체는 국가에 속하는 지역적 단체이기 때문에 국가가 제정한 법규범에 위배되어서는 안 된다. 따라서 조례는 헌법과 법률은 물론이고 명령, 규칙에 위배되어서는 안 된다. 또한 조례로써 주민의 권리제한 또는 위무부과에 관한 사항이나 벌칙을 정할 때에는 법률의 위임이 있어야 한다.(지방자치법 제15조)

② 규 칙

규칙(規則)은 비방자치단체의 장이 제정하는 규범이다. 지방자치단체의 장은 해당 지방자치단체를 대표하고 그 사무를 통할하며 소속직원을 지휘 감독하는 지방자치단체의 집행기관이다.(지방자치법 제92조, 제96조) 지방자치단체의 장은 법령 또는 조례가 위임한 범위 안에서 그 권한에 관하여 규칙을 제정할 수 있다. 규칙은 법령에 위배 되어서는 안 되는 것은 물론이고 지방의회가 제정한 조례에 위반되어서도 안 된다. 규칙이 조례에 위반되어서는 안 되는 이유는 지방자치단체의 장은 지방자치단체의 집행기관으로서 지방자치단체의 입법기관인 지방의회의 위임에 의해서 규칙을 제정할 수 있기 때문이다. 이는 국가적 규범으로서의 명령이 법률에 위반될 수 없는 것과 같은 논리에 따른 것이다. 조례와 규칙은 지방자치단체의 자치법규이기 때문에 원칙적으로 해당 지방자치단체 내에서만 구속력을 갖는다.

2) 불문법

불문법(unwritten law)이란 성문법 이외의 일체의 법을 가리킨다. 불문법(不文法)은 공식적인 입법기관에 의해 제정된 것이 아니며 문서 내지 법전의 형태를 갖추지 않는 법규범을 말한다. 불문법은 원래 관습법을 가리키는 것이었지만 후에 판례법이 형성되면서 판례법까지 포괄하게 되었다. 판례법은 법원에 의해 형성된 관습법으로 인식되게 된 것이다. 불문법은 성문법이 나타나기 이전에 일반적으로 존재하는 법규범이었다. 문자가 발명되기 이전에는 법을 문자로 기록하는 것이 불가능하였다. 그리고 문자가 발명된 이후에도 법이 입법자에 의해 인위적으로 제정되는 것이라는 관념이 형성되기 이전에는 성문법이 존재할 수 없었다. 이러한 역사적 단계에서 법은 자연 질서와 같이 사회 속에 객관적으로 존재하는 질서이거나 사회구성원들 사이에 공유되는 생활양식으로 인식되게 되었다. 객관적 질서 혹은 공유된 생활양식으로 인식되는 법은 사회구성원들의 생활과 의식에 내면화되어 있기 때문에 굳이 성문법의 형태로 명문화되어야 할 필요가 없었다.

성문법이 등장한 이후에도 불문법은 독자적인 법의 연원으로서의 의미를 갖게 된다. 시대상황의 변화에 따라 새로운 법규범에 대한 요구가 제기되는 경우에도 입법기관이 언제나 이에 부응하여 적절한 입법을 하는 것은 아니다. 인간의 의식은 종종 현실의 변화를 따라 잡지 못한다. 따라서 현실과 법규범 사이에 괴리나 지체가 발생하게 되고, 이러한 괴리나 지체는 관련 당사자들의 자생적인 법 창조에 의해 해결될 수밖에 없게 된다. 이렇게 형성된 불문법은 성문법의 결함과 한계를 보완하는 역할을 하게 되는 것이다.

(1) 관습법

① 관습법의 의의

관습법(common law)이란 오랜 기간에 걸쳐 일정한 공동체의 구성원들 사이에 일정한 유형의 행위가 반복되고 그러한 행위유형에 따르는 것이 법적을 구속력이 있다는 확신이 형성됨으로써 성립되는 불문법이다. 관습법(慣習法)은 입법권을 갖는 국가기관이 일정한 형식과 절차에 따라 제정한 것이 아니라 일정한 공동체의 구성원들 사이에 자생적으로 형성된 것이다. 또한 관습법은 문서(법전)의 형태로 표현되는 것이 아니라 공동체의 구성원들의 공유된 법적 확신이라는 형태로 나타난다. 따라서 관습법은 사회학적인 방법에 의한 법의식의 조사를 통해 확인되게 된다.

관습법이 성립하기 위해서는 ㉮ 오랜 기간에 걸쳐 일정한 공동체(지역, 업종, 직역)의 구성원들 사이에 반복적인 관행이 형성되어 있어야 하고 ㉯ 공동체의 구성원들 사이에 그러한 관행이 법적 구속력을 갖는다는 법적 확신이 존재해야 하며 ㉰ 그러한 관행이 일반적인 법 원리나 가치에 부합하는 정당성을 가져야 하며 ㉱ 국가기관 특히 법원에 의해 관습법으로 승인되어야 한다.

② 관습법의 효력

관습법의 효력에 관해서는 두 가지 이론이 존재한다. 하나는 보충적 효력설이다.

이 이론에 따르면, 특정한 사항에 관해 성문법이 존재할 때에는 이에 관해 다른 내용의 관습법이 존재하더라도 언제나 성문법이 우선적으로 적용되며 단지 성문법이 존재하지 않거나 불완전한 경우에만 관습법이 보충적으로 적용된다는 것이다. 다른 하나는 개폐적(또는 변경적) 효력설이다. 이 이론에 따르면, 성문법과 관습법은 동등한 효력을 가지며 동일한 사항에 관해 성문법과 관습법이 동시에 존재하는 경우에는 규범충돌을 해결하는 일반적인 원리에 따라 효력을 결정하여야 한다는 것이다. 즉 관습법이 상위법 혹은 특별법 혹은 신법일 경우에는 하위법 혹은 일반법 혹은 구법인 성문법에 우선하여 적용되며 따라서 이러한 범위에서 관습법이 성문법을 개정하거나 폐지하는 효력을 갖는다는 것이다. 생각 건데, 특정한 사항에 관해 입법권을 갖는 국가기관의 명시적 의사표현으로서의 성문법이 존재할 경우에는 공동체의 구성원들을 이를 존중해야 할 것이며 성문법에 배치되는 관습법의 성립을 인정하는 것은 국가의 입법권에 대한 지나친 제약이라고 할 수 있다. 따라서 관습법의 효력과 관련해서는 보충적 효력설이 타당하다고 할 것이다.

최근에 헌법재판소는 신행정수도의 건설을 위한 특별조치법의 위헌 여부를 확인하는 사건에서 헌법적 효력을 가지는 관습법(관습헌법)이 존재할 수 있다는 것을 확인하였다.(헌재 2004.10.21, [2004헌마554]) 관습헌법은 성문헌법과 마찬가지로 법률의 상위규범이기 때문에 법률이 관습헌법에 위반되면 무효가 된다.

(2) 판례법

판례법(case law, Fallrecht)이란 구체적인 사건에 대한 재판에서 법원의 판결에 적용된 법원리가 후속하는 사건에서 법관에 대하여 법적 구속력을 갖게 되는 것을 말한다. 판례법(判例法)은 관습법과 유사한 성격을 갖고 있기는 하지만 법관의 판결을 기초로 성립한다는 측면에서 사회적 관행을 기초로 형성되는 일반관습법과는 다르다. 이러한 이유에서 판례법을 법관법(judge made law)이라고 부르기도 한다. 원래 법관은 법을 선언하는 기관일 뿐 공식적인 입법기관은 아니다. 하지만 판례가 법적 구속력을 갖게 됨으로써 법관은 실질적으로 법을 창조할 수 있는 권한을 갖게 된 것이다.

판례법은 선행하는 사건에서의 판결이 후속하는 동일한 종류의 사건에 대해서 법적 구속력을 갖는다는 '선례구속성의 원리(the doctrine of stare decisis)'를 전제로 하여 성립된다. 이 원리는 영국 법원의 오랜 관행에 의해 성립된 것으로 판결의 통일성과 일관성을 확보하기 위한 것이다. 이 원리가 확립되어 있는 영미법계 국가에서는 판례법이 중요한 법의 연원으로서 법체계의 근간을 형성하고 있다. 다만 성문법주의를 채택하고 있는 대륙법계 국가에서는 선례구속성의 원리가 인정되지 않기 때문에 판례법의 성립이 부정되고 있다. 우리나라는 성문법주의를 택하고 있기 때문에 특정한 사건에 관한 법원의 판결이 존재하는 경우라 하더라도 동일한 종류의 후속사건에서 법원이 선례에 따라서 판결해야 할 의무를 지는 것은 아니다. 따라서 우리나라에서 판례법은 인정되지 않는다.

(3) 조 리

① 조리의 의의

조리(naturalis ratio, Natur der Sache)란 사회의 구성원들이 일반적으로 합리적이라고 생각하는 법의 일반원칙을 말한다. 조리는 사물의 본성이나 합리성을 지칭하는 것으로서 사회통념, 사회일반의 정의의 관념, 공서양속, 경험칙 등으로 표현되기도 한다. 인간은 이성을 통해 객관적인 사물의 세계와 인간의 사회생활 속에서 합리적인 질서와 법칙을 발견할 수 있으며 이러한 질서와 법칙은 인간의 법의식 속에서 일반적인 법원칙으로 자리 잡게 된다. 사회의 구성원들의 법의식 속에 존재하는 일반적인 법원칙으로 법관이 재판의 준칙으로 도출한 것이 바로 조리이다.

조리는 성문법과 관습법, 판례법이 존재하지 않는 경우에 최종적으로 적용되는 보충적인 법규범이다. 법관이 특정한 사건에 관한 재판에서 당해 사건에 적용할 성문법이나 다른 불문법이 존재하지 않는 경우에 법관은 적용할 법규범이 없다는 이유로 재판을 거부할 수 없다. 해결되어야 할 법적 분쟁이 존재하고 이를 통해 소송당사자가 얻을 수 있는 이익이 있는 한 법관은 그 사건에 대해 법적인 판단을 내려 분쟁을 해결해야 한다. 이와 같이 특정한 법적 분쟁에 대해 적용해야 할 성문법이나 불문법이 전혀 존재하지 않는 경우에 법관이 최종적으로 적용하여야 할 법규범이 바로 조리이다.

② 현행법에서의 조리

조리는 원래 성문법이나 불문법이 없을 때 적용되는 것이기 때문에 굳이 조리를 법의 연원으로 명문화할 필요는 없다. 하지만 조리가 재판의 준칙이 될 수 있는지에 관한 논란을 해소하기 위해 조리가 법의 연원이 된다는 것을 명시하는 경우가 있다. 우리 민법 제1조는 '민사에 관하여 법률에 규정이 없으면 관습법에 의하고 관습법이 없으면 조리에 의한다.'라고 규정하여 조리의 법원성을 인정하고 있다. 이 규정은 성문법과 관습법이 없을 경우에 법관은 최종적으로 조리에 의해 재판할 것을 요구하고 있다. 명문의 규정으로 조리의 법원성을 인정하고 있는 것은 민법뿐이지만 그럼에도 불구하고 조리는 법 전반에 걸쳐 최후의 보충적인 법원으로 인정된다고 할 것이다.

2. 법의 분류

1) 국내법과 국제법

국내법과 국제법의 분류는 법이 효력을 갖는 범위를 기준으로 하여 법을 분류한 것이다. 지구상에는 200여 주권국가들이 존재하고 있다. 이들 국가들은 각각 국내적으로 사회질서를 확보하기 위해 국내적으로 효력을 갖는 법을 제정하게 되는데 이를 국내법이라고 한다.

국내법(國內法)은 국가의 영토고권과 대인고권에 기초하여 자국영토에 속하는 모든 사람과 사물에 대하여, 그리고 자국의 국적을 갖는 국민에 대하여 적용되는 국내법을 제정하게 된다. 한편 모든 국가는 주권국가로서 혹은 자국이 참여한 국제기구를 통하여 국제질서를 형성하고 유지하는데 참여하게 된다. 이와 같이 국가나 국제기구가 주체가 되어 제정하는 법을 국제법이라고 한다.

국제법(國際法)은 조약과 국제관습법으로 나뉜다. 조약은 국가간의 명시적인 합의를 말하는 것으로 조약에 참가한 당사국에 대해서만 효력을 갖는다. 반면 국제관습법은 국제사회에서 성립한 불문법으로서 모든 국가를 구속하게 된다. 국제법은 평등하고 독립적인 주권국가 사이에 성립하는 법이기 때문에 법적 분쟁의 해결방법이나 구제절차에 있어서 국내법과 상당한 차이가 있다.

2) 상위법과 하위법

상위법과 하위법의 분류는 전체적인 중요성과 효력의 차이에 따른 분류이다. 법은 모든 법규범이 나열되어 있는 평면구조를 가지고 있는 것이 아니라 상하의 위계구조를 갖추고 있다. 즉, 법은 헌법-법률-명령, 규칙-자치법규의 순서로 상하관계를 형성하면서 위계구조를 갖추고 있는 것이다. 성위법과 하위법이라는 범주는 이러한 위계구조에서 어떤 위치를 차지하고 있는가를 기준으로 법규범을 분류한 것이다.

상위법(上位法)이란 중요하고 근본적인 사항을 규정하는 법규범으로서 법적 위계구조의 상층부에 위치하여 우월적인 효력을 갖는 법규범을 가리킨다. 반면에 하위법(下位法)은 중요성이 낮거나 세부적인 사항을 규정하는 법규범으로서 법적 위계구조의 하층부에 위치하여 비교적 낮은 효력을 갖는 법규범을 말한다. 상위법과 하위법의 분류는 중요하고 근본적인 사항을 규정하는 상위법이 하위법을 구속법에 위반되는 하위법은 효력이 배제되거나 제한되며 상위법과 하위법이 충돌할 경우에는 상위법이 우선적으로 적용된다.(상위법 우선의 원칙)

상위법과 하위법의 분류는 상대적인 것이다. 예컨대 법률은 헌법에 대한 관계에서 보면 하위법이지만 명령, 규칙에 대한 관계에서 보면 상위법이다. 따라서 상위법이냐 하위법이냐에 관한 판단은 비교대상이 되는 규범이 무엇이냐에 따라 결정된다고 할 수 있다. 다만 헌법은 법적 위계구조의 정점에 위치하고 있는 최고규범이기 때문에 실정법체계 내에서는 언제나 상위법이 된다.

3) 공법 사법 사회법

법은 그것이 규율하는 대상이 되는 생활영역에 따라 공법 사법 사회법으로 구분된다. 법은 사회생활의 다양한 영역을 규율한다. 법이 규율하는 생활영역은 성질에 따라 수직적인 것과 수평적인 것 그리고 중간적인 것으로 나뉜다. 이와 같이 법이 규율하는 생활영역의 성질에 따라 법을 분류한 것이 공법 사법 사회법의 분류이다.

(1) 공 법

공법(公法)이란 국가나 공공단체가 적어도 한쪽 당사자가 되는 권력적 생활관계를 규율하는 법을 말한다. 인간은 국가의 구성원으로서의 국민의 지위와 지방자치단체의 구성원으로서의 주민의 지위를 가지면서 국가나 지방자치단체와 다양한 정치적 생활관계를 형성하게 된다. 이러한 정치적 생활관계는 수직적인 권력관계로서 일반 사인들 사이의 수평적 관계와는 성격이 다르기 때문에 여기에 적합한 법적 규율이 필요하다. 이러한 필요에서 등장한 법이 공법이다. 공법에 속하는 것으로는 헌법 행정법 형법 민사소송법 형사소송법 등이 있다. 주의할 것은 민사소송법이나 형사소송법과 같은 절차법은 국가에 의한 권리의 구제절차를 규정하는 법이기 때문에 모두 공법에 속한다는 것이다. 공법적 관계는 권력관계이기 때문에 권력의 남용에 의해 국민이나 주민의 권리가 침해될 우려가 있다. 따라서 공법관계에서는 권력에 대한 통제와 국민 또는 주민의 권리를 보장하기 위해 법치주의의 원리가 엄격하게 적용된다.

(2) 사 법

사법(私法)은 사인 상호간의 대등한 생활관계를 규율하는 법을 가리킨다. 인간은 평등한 권리주체로서 타인과 다양한 경제적 가족적 생활관계를 형성하게 된다. 이러한 생활관계는 대등한 당사자 사이의 수평적인 관계이기 때문에 공법과는 다른 법적 규율이 필요하게 된다. 이러한 필요에서 형성된 것이 사법이다. 사인상호간의 생활관계는 원칙적으로 개인이 합리적인 법적 주체로서 자유롭게 생활관계를 영위하는 것이기 때문에 당사자에게 많은 자율성을 부여할 필요가 있다. 따라서 사법의 영역에서는 사적 자치의 원리 혹은 계약자유의 원칙이 기본원리로 자리 잡는다. 사법에 속하는 것으로는 민법과 상법이 있다. 다만 사법적 관계도 국가적 질서의 틀 속에서 이루어져야 하기 때문에 사법에도 많은 강행규정들이 포함되어 있다. 이러한 강행규정에 위배되는 사법적 행위는 원칙적으로 효력을 갖지 못한다.

(3) 사회법

사회법(社會法)이란 사인들 사이의 생활관계가 실질적으로 권력적 관계로서의 성격을 가지는 경우에 이에 대하여 일정한 범위에서 공법적 규율을 가하는 법을 말한다. 예를 들어, 자본주의가 발전하면서 자본가와 노동자의 관계는 형식적으로 평등한 고용계약에 의해 결합된 관계이지만 실질적으로는 노동자가 자본가에게 예속된 관계로 나타나는 경우가 많다. 이와 같이 사인 상호간의 관계가 실질적으로는 지배예속관계 혹은 수직적 권력관계로서의 성격을 가질 경우에는 이에 대해 일정한 범위에서 공법적 규율을 가할 필요가 있다. 노동법은 바로 이러한 배경과 근거에서 등장한 법이다. 다시 말하면, 자본주의 발전에 따라 사회경제적 측면에서 예속적 지위를 갖는 사회적 약자들을 보호하기 위해 공법적 규율을 가하는 것이 사회법이라고 할 수 있다.

사회법에 속하는 것으로는 노동법 사회보장법 소비자보호법 경제법 환경법 등이 있다. 사회법은 공법적 성격과 사법적 성격을 동시에 가지고 있는 양면적인 법이기 때문에 사회적 약자를 보호하기 위한 최저한의 기준은 공법적으로 강제하고 이러한 기준을 충족시키는 범위에서는 사적 자치를 보장하는 형태로 나타난다.

4) 실체법과 절차법

실체법과 절차법의 분류는 법규범이 규정하는 내용에 따른 분류이다. 실체법(實體法)이란 개인의 사회적 지위와 이에 따른 권리. 의무의 실질적인 내용을 규정하는 법을 가리키며 헌법 민법 형법 등이 이에 해당한다. 절차법(節次法)이란 개인이 자신의 지위에 따른 권리 의무의 실질적인 내용을 실현할 수 있는 방법과 절차를 규정하는 법을 말한다. 개인이 자신의 권리 의무를 실현하는 가장 일반적인 방법과 절차가 재판이기 때문에 절차법은 소송법이라는 명칭을 가지고 있는 경우가 많다. 민사소송법이나 형사소송법 행정소송법 등이 절차법에 속한다.

실체법과 절차법은 긴밀한 상호연관성을 갖는다. 실체법에 의해 개인의 권리 의무가 규정되어 있는 경우에도 그것을 실현할 수 있는 방법과 절차가 갖추어져 있지 않으면 그러한 권리 의무는 사실상 아무런 실효성을 가질 수 있다. 따라서 절차법은 실체법의 실효성을 확보하기 위한 필수적인 조건이 된다. 또한 절차법은 실체법상의 권리. 의무를 실현하기 위한 것이기 때문에 실체법이 존재하지 않으면 절차법 자체가 존재의미를 잃게 된다. 이런 의미에서 실체법은 절차법의 전제조건이 된다고 할 수 있다.

제3절 법 이념

법은 사회질서의 유지를 목적으로 한다. 그런데 법이 추구하는 사회질서는 단지 있는 그대로의 현존하는 사회질서가 아니라 일정한 가치를 구현할 수 있는 사회질서이다. 왜냐하면, 법은 존재 혹은 필연의 영역에 속하는 것이 아니라 당위 혹은 목적의 영역에 속하는 것이기 때문이다. 이와 같이 법이 사회질서 속에 구현하고자 하는 궁극적인 목적 내지 가치를 법의 이념이라고 한다. 개별적인 법은 제각기 일정한 목적이나 가치를 실현하기 위해 제정된다. 개별적인 법이 추구하는 목적이나 가치는 특정한 영역을 대상으로 하는 특수한 목적이나 가치이다. 이것이 법의 이념이 되는 것이 아니다.

법의 이념은 법체계 전체 혹은 법 일반이 지향하는 목적이나 가치를 말한다. 개별적인 법이 지향하는 목적이나 가치는 궁극적으로는 법의 이념에 수렴되지만 그 자체가 곧 법의 이념이 될 수는 없다. 법의 이념이 구체적으로 무엇인가에 관해서는 다양한 견해들이 있다. 그런데 우리나라에서 널리 받아들여지고 있는 것은 독일의 법철학자인 라드브루흐(G. Radbruch)가 제시한 법 이념론이다. 이에 따르면 법의 이념에 해당하는 것은 정의, 합목적성, 법적 안정성이다.

1. 정 의

1) 정의 개념의 다양성

법의 이념으로 가장 먼저 거론되는 것이 정의이다. 진 선 미와 함께 인간이 추구하는 보편적 가치 가운데 하나인 정의는 법의 영역에서 인간이 추구하는 궁극적인 가치로 인식되고 있다. 사실 법은 어원적으로 정의와 같은 뿌리를 가지고 있다. 예를 들면, 라틴어로 법(ius)은 정의(iustitia)와 같은 어원에서 나온 것이다. 뿐만 아니라 아리스토텔레스를 비롯한 많은 사상가들은 정의가 법의 중심적인 이념이라는 것을 다양한 관점에서 논증하고 있다. 정의가 법의 이념에 해당한다는 것은 일반적으로 인정되고 있지만 정의의 본질이 무엇인가에 관해서는 아직 의견의 일치를 보지 못하고 있다.

몇 가지 의견을 소개하면 다음과 같다. 먼저 정의의 본질을 '각자에게 그의 몫을 주는 것'이라고 보는 견해가 있다. 이 공식은 고대 그리스와 로마에서 폭넓게 받아 들여졌던 정의의 공식으로 고대 로마의 법학자인 울피아누스(UIpianus)의 저서를 통해 잘 알려진 공식이다.

오늘날에도 대표적인 정의론으로 인정되고 있는 것이 아리스토텔레스의 정의론이다. 아리스토텔레스는 정의를 두 가지로 나누어 넓은 의미의 정의에 해당하는 합법성과 좁은 의미의 정의에 해당하는 공정성으로 구분하였다. 좁은 의미의 정의는 다시 배분적 정의와 시장적 정의로 구분된다. 배분적 정의는 공동체의 재화를 각자의 능력이나 공적에 따라 비례적으로 배분하는 것을 말하며 배분적 정의에서는 배분의 비례성이 유지되는 범위 내에서 개인에 대한 차등적인 배분이 이루어지게 된다. 시장적 정의는 각자가 가지는 재화가 타인에 의해 침해된 경우에 타인으로 하여금 이를 보상하게 함으로써 침해된 재화의 분배 상태를 시정하여 원래의 배분상태를 회복하도록 하는 것을 말한다. 시장적 정의는 침해된 재화의 원상회복을 목적으로 하는 것이기 때문에 개인의 능력이나 공적에 따라 침해된 재화의 보상에 차등을 두는 것은 아니다. 이밖에도 많은 사상가들이 정의에 관한 이론들을 제시되고 있다.

2) 정의의 본질

종합적으로 살펴보면, 많은 정의론들이 정의의 본질을 합법성 공정성 혹은 평등에서 찾는다는 점에서 서로 접근하고 있다. 여기서 합법성이란 공정성 혹은 평등을 구현하고 있는 법에 합치하는 것을 의미한다고 본다면 정의의 본질은 공정성 내지 평등이라고 할 수 있다. 따라서 정의란 '합리적인 기준에 따라 각자에게 공정하게 가치를 기속시키는 것'이라고 할 수 있다. 다시 말하면, 정의는 다양한 개인적 사회적 가치들이 합리적인 기준에 따라 공정하게 분배되어야 한다는 요청이라고 할 수 있다. 따라서 가치분배의 공정성이 정의의 핵심이다.

가치분배의 공정성은 가치의 성질이나 분배의 영역에 따라서 다른 기준에 따라 판단되어야 한다. 예를 들면, 생명이나 인격과 같은 절대적 가치는 모든 사람에게 절대적으로 평등하게 인정될 경우에만 공정성을 갖게 된다. 하지만 임금과 같은 경제적 재화는 노동시간이나 생계비 등과 같은 합리적인 기준에 따라 차등적으로 배분되더라도 공정성을 갖는다고 할 수 있다.

3) 정의의 기준

정의는 매우 추상적이고 포괄적인 법이념이다. 따라서 구체적인 적용영역에 따라서 가치배분의 공정성을 확보할 수 있는 세부적인 기준들이 마련되어야 할 것이다. 그러나 모든 영역에서 세부적인 기준들을 설정하는 것이 결코 쉬운 일은 아니다. 세부적인 기준들을 설정하는 것은 상황의 변화와 이론의 발전에 따라 수정되고 보완되어야 할 개방적인 과제라고 할 수 있다. 정의의 세부적인 기준들이 마련되지 못했다고 하여 정의라는 법이념이 아무런 의미도 갖지 못하는 것은 아니다. '각자에게 그의 몫을 주는 것' 혹은 '같은 것은 같게, 다른 것은 다르게 취급하는 것'과 같은 정의의 공식은 어쩌면 그 추상성과 포괄성 때문에 더 높은 적응성과 융통성을 가질 수도 있는 것이다. 다시 말하면, 정의의 공식이 추상적일수록 그것을 개별적인 사건에 적용할 때 구체적 타당성을 갖는 결론을 도출할 수 있는 가능성도 커지는 것이라고 할 수 있다.

2. 합목적성

정의는 합리적인 기준에 따라 개인에게 공정하게 가치를 귀속시켜야 한다는 요청이다. 이러한 요청은 '각자에게 그의 몫을 주는 것' 혹은 '같은 것은 같게, 다른 것은 다르게 취급하는 것'이라는 공식으로 표현된다. 이러한 정의의 공식이 적용되기 위해서는 먼저 무엇이 각자의 몫이고 또 같은 것과 다른 것이 무엇인지를 결정하여야 한다. 그러나 정의 자체는 그러한 것들을 결정할 수 없기 때문에 어떤 다른 원리나 이념에 따라 그것들을 결정할 수밖에 없다.

법의 이념으로서 합목적성이 제시되는 이유가 바로 여기에 있다. 법의 이념으로서의 합목적성이란 법의 목적적합성 혹은 목적지향성을 말한다. 다시 말하면, 합목적성이란 법이 국가 혹은 법체계 규정하는 초월적 가치에 적합해야 하고 그것의 실현을 지향해야 한다는 요청을 말한다. 국가 혹은 법체계 전체를 규정하는 초월적 가치는 시대와 사회의 지배적인 가치관에 따라 다르게 나타난다. 개인의 자유를 최고의 가치로 설정하는 자유주의적 가치관이 지배하는 사회가 있는가 하면, 집단 혹은 단체의 복리를 지상의 가치로 설정하는 단체주의적 가치관이 지배하는 사회도 있다.

합목적성이란 법이 그 사회의 지배적인 초월적 가치에 적합하고 그것의 실현을 지향하여야 한다는 것을 의미한다. 만일 개별적인 법이 이러한 가치에 적합하지 않거나 그것의 실현을 저해하게 되면 그 법은 합목적성을 갖지 못하게 된다. 합목적성을 법체계 전체가 지향해야 하는 방향을 제시하는 기능을 하지만 동시에 각자에게 돌아가야 할 몫이나 같은 것과 다른 것을 구분하는 기준을 제시하는 역할을 한다. 이러한 의미에서 합목적성은 정의라는 법이념에 방향과 기준을 제시하는 준거 틀의 역할을 한다고 볼 수 있다.

3. 법적 안정성

법적 안정성이란 법이 안정적이고 지속적인 사회질서를 확보하는 데 적합한 것이어야 한다는 요청이다. 인간은 안정적이고 평화로운 삶을 영위하기를 원한다. 이를 위해서는 안정되고 지속적인 사회질서가 확보되어야 한다. 사회질서를 형성하고 유지하는 데 중심적인 역할을 하는 것이 바로 법이다. 따라서 안정된 사회질서를 확보하기 위해서는 법 자체가 안정된 사회질서를 확보하는데 적합한 것이어야 한다. 이와 같이 법 자체가 안정된 사회질서를 확보하는데 적합한 것이어야 한다는 요청이 바로 법적 안정성이다.

법적 안정성을 실현하기 위해서는 먼저 법 자체가 안정성과 예측가능성을 가져야 한다. 법 자체가 지나치게 유동적이면 법에 토대를 두고 있는 사회질서 역시 흔들리게 된다. 또한 법이 존재하지 않거나 불명확한 경우에는 수범자가 자신의 행위의 기준과 행위에 수반되는 결과를 예측하지 못함으로써 혼란에 빠지게 된다. 따라서 법은 실정법으로 제정되어야 할 뿐만 아니라 내용이 명확하여야 하고 지나치게 자주 변경되어서도 안 된다.

법적 안정성을 실현하기 위해 법은 또한 기존의 확립된 사회질서를 가능한 범위에서 존중하여야 한다. 사람들이 이미 확립된 질서에 따라 안정된 생활을 하고 있는 상황에서 법이 그러한 질서를 뒤흔들게 되면 이에 따라 개인생활의 안정성이 파괴될 우려가 있다. 따라서 확립된 질서가 존재할 때에는 법이 일정한 범위에서 이를 존중할 필요가 있다. 확립된 질서라고 하여 법이 무조건 이를 존중하고 보호하여야 하는 것은 물론 아니다. 왜냐하면, 아무런 정당성을 갖지 못하는 질서도 존재할 수 있기 때문이다. 따라서 법은 정당성을 갖지 못하는 질서도 존재할 수 있기 때문이다. 따라서 법은 정당성을 갖는 질서를 존중하여야 하는 것은 물론이고 부분적으로 정당성을 결여한 질서라고 그것이 안정된 생활을 확보하는 데 필요한 범위에서 이를 존중할 필요가 있다. 민법상의 점유와 시효제도 형법상의 공소시효제도는 모두 이러한 필요에서 인정되는 제도들이다.

제4절 권리와 의무

1. 법률관계

1) 의 의

(1) 사회관계와 법률관계

인간은 사회생활을 하는 과정에서 다른 사람과 다양한 관계를 맺게 된다. 국가나 지방자치단체와 같은 정치적 공동체의 구성원으로서의 인간은 다양한 정치적 관계를 형성하고 있으며 재화의 생산 분배 소비라는 경제활동의 영역에서 인간은 수많은 경제적 관계를 맺고 있다. 또한 인간은 교육 창작 여가 등의 문화적 활동 전반에 걸쳐서 타인과 다양한 문화적 관계를 형성하고 있다. 사회관계에는 개인적 사회적으로 중요한 의미를 갖는 사회관계들이 있다. 인간이 평화롭고 안정적인 사회생활을 하기 위해서는 이러한 사회관계의 안정성과 지속성이 확보되어야 한다.

법률관계란 법이 특별하게 규율하고 보장하는 사회관계를 말한다. 법률관계는 일반적으로 권리와 의무의 관계로 나타나게 된다. 즉 법률관계란 한쪽 주체(A)가 다른 쪽 주체(B)에 대하여 일정한 내용의 권리를 갖게 되고, 다른 쪽 주체(B)가 한쪽 주체(A)에 대하여 그러한 권리에 상응하는 일정한 의무를 지는 관계로 나타나게 되는 것이다. 따라서 우리는 법률관계의 본질을 일반적으로 권리와 의무의 관계로 파악할 수 있을 것이다.

(2) 법률관계의 본질 - 권리와 의무의 관계

법률관계가 권리와 의무의 관계로 나타나게 되는 이유는 다음과 같다. 첫째, 법률관계가 당사자의 자율성에 기초하여 형성되고 실현될 수 있도록 하기 위한 것이다. 법률관계가 권리와 의무의 관계로 구성되게 되면 당사자는 권리의 주체화 의무의 주체로서 법률관계의 형성과 실현에 주도적으로 참여하게 된다. 둘째, 법률관계를 권리와 의무의 관계로 구성하는 것은 법률관계의 목적의 실현가능성을 높이기 위한 것이다. 즉 권리자에게는 자신의 권리를 실현할 수 있는 법적인 힘을 부여하고 의무자에게는 자신의 의무를 이행해야할 법적인 구속을 가함으로써 법률관계의 목적이 보다 효과적으로 실현될 수 있게 되는 것이다.

법률관계가 언제나 권리와 의무가 결합된 관계로 나타나는 것은 아니다. 한쪽 당사자가 상대방에 대해 권리를 갖지만 상대방은 의무를 지지 않는 경우도 있고 반대의 경우도 있다. 이와 같이 한 쪽 당사자에게 권리만 부여되거나 의무만 부과되는 법률관계가 존재하는 이유는 그것만으로도 당해 법률관계가 의도하는 목적을 충분히 달성할 수 있기 때문이다. 그러나 전체적으로 보면 법률관계는 권리와 의무의 관계라고 할 수 있을 것이다.

2) 법률관계의 주체

법률관계는 앞에서 설명한 바와 같이 강제성을 띠는 법규범에 의해 규율되는 사회관계이다. 사회관계가 복수의 사람들 사이에 성립하는 관계이듯이 사회관계의 특수한 형태로서의 법률관계 역시 복수의 사람들 사이에 형성되는 관계이다. 이와 같이 법률관계를 형성함에 있어서 필수적이고 핵심적인 역할을 하는 것이 법률관계의 주체이다. 법률관계의 주체는 다음과 같은 의미를 갖는다. 먼저 법률관계의 주체는 법률관계를 형성하는 역할을 한다. 당사자에 의해 임의적으로 형성되는 법률관계의 경우에는 법률관계의 주체가 자신의 자발적 의사에 기초하여 법률관계를 형성할 수 있다. 또한 법률관계의 형성이 법에 의해 강제되는 경우에도 법에 규정된 범위 내에서 법률관계의 형성에 참여할 수 있다. 따라서 법률관계는 그 주체의 적극적인 혹은 제한적인 참여를 통해 형성되게 된다. 둘째, 법률관계의 주체는 법률관계의 내용이나 목적으로 실현하는 역할을 한다. 법률관계는 일정한 목적을 실현하기 위한 것이며 이를 위해 당사자는 일정한 내용의 행위를 하여야 한다. 법률관계의 목적을 실현하기 위해 일정한 내용의 행위를 하여야 한다. 법률관계의 목적을 실현하기 위해 일정한 내용의 행위를 하는 것이 바로 법률관계의 주체이다. 셋째, 법률관계의 주체는 법률관계의 목적의 실현을 통하여 일정한 이익을 향유하게 된다. 법률관계를 형성하는 근본적인 이유는 개인적 사회적 필요를 충족시키기 위한 것이며 법률관계의 내용이 실현됨으로써 그것이 충족되게 되는 것이다. 법률관계의 주체가 될 수 있는 자격 또는 능력을 권리능력이라고 한다. 원래 권리능력이라는 개념은 민법상으로 권리 의무의 주체가 될 수 있는 자격이나 능력을 지칭하는 사법적 개념이지만 널리 법률관계 일반의 주체가 될 수 있는 자격이나 능력을 의미한다고 볼 수 있다. 즉 공사법을 막론하고 법률관계 일반의 주체가 될 수 있는 자격이나 능력을 권리능력이라고 할 수 있다.

(1) 자연인

육체와 정신을 가지는 인격적 존재로서의 자연인(自然人)은 당연히 권리능력을 가지는 존재로서 법률관계의 주체가 될 수 있다. 자연인은 사회를 형성하고 자신의 물질적 정신적 생활을 영위하기 위해 사회관계 나아가서 법률관계를 형성하는 존재이다. 사회라는 공동체와 이를 유지하기 위한 법체계는 자연인의 삶을 보장하기 위한 것이다. 따라서 자연인은 법률관계를 형성하고 법률관계를 통하여 생활과 관련된 이익을 보장받는 주체가 된다. 다만 자연인이라고 하여 모두 똑같은 범위에서 법률관계의 주체가 될 수 있는 것은 아니다.

헌법상의 일정한 기본권은 모든 자연인에게 보장되는 것이 아니라 대한민국의 국적을 가진 국민에게만 보장된다. 또한 일부의 기본권은 일정한 사회적 신분을 가진 사람에게만 인정된다. 자연인이 법률관계의 주체가 될 수 있는 기간은 생존하는 기간 동안이다. 따라서 출생하기 이전의 태아나 사망한 사람에 대해서는 원칙적으로 권리능력이 인정되지 않는다. 다만 태아의 경우 상속 등과 관련하여 제한적으로 권리능력이 인정된다.

(2) 법 인

자연인뿐만 아니라 법인도 일정한 범위 내에서 권리능력을 갖는다. 법인(法人)이란 자연인이 아니면서 권리능력이 부여된 단체를 말한다. 법인에는 사단법인과 재단법인이 있다.

사단법인(社團法人)이란 사람의 집합체인 사단에 법률에 의하여 법인격이 부여된 것을 말한다. 사단은 다수의 자연인이 모여 형성하는 하나의 단체로서 단체의 단일성의 표면에 뚜렷하게 드러나고 개개의 구성원의 존재는 단체적 단일성에 의해 제한되는 것을 말한다. 사단에 권리능력이 부여된 것이 사단법인이며 사단이면서도 권리능력을 부여받지 못한 것을 권리능력 없는 사단 혹은 인격 없는 사단이라고 한다.

한편 재단법인(財團法人)은 일정한 목적을 위해 결합된 재산의 집단에 권리능력이 부여된 것을 의미한다. 즉 일정한 목적을 위해 제공된 재산을 개인에게 귀속시키지 않고 독립적으로 운영하기 위해 그 재산의 집단을 구성요소로 하여 권리능력을 부여한 것이 재단법인이다. 재산의 집단으로서의 실체는 갖추고 있으나 권리능력을 인정받지 못한 것을 권리능력 없는 재단이라고 하며 설립 중의 재단이 이에 해당한다. 법인은 다시 공법상의 법인과 사법상의 법인으로 나눌 수 있다. 공법상의 법인으로는 시원적인 행정권을 갖는 행정주체인 국가, 국가의 행정권의 일부를 위임받아 행사하는 공공단체가 있다. 한편 사법상의 법인에는 민법과 상법에 의해 설립된 사단법인과 재단법인이 있다.

2. 권 리

1) 권리의 의의

권리(權利)란 권리의 주체가 자신의 이익을 실현할 수 있도록 법에 의해 부여된 힘이라고 규정할 수 있다. 권리는 궁극적으로 권리자의 이익을 보장하는 것을 목적으로 한다. 권리자는 자신의 권리의 실현을 통해 개인적 사회적 생활을 영위하는 데 필요한 정신적 물질적 생활 자료를 확보하게 된다. 자신의 생활에 필요한 자료를 자급자족하는 단계를 벗어나 분업의 원리가 지배하는 사회에서 개인은 자신에게 필요한 생활 자료를 타인의 협력을 통해 확보할 수밖에 없다. 개인은 타인과 법률관계를 형성하고 그러한 법률관계 속에서 자신에게 부여되는 권리를 실현함으로써 자신의 생활에 필요한 생활 자료를 확보할 수 있게 되는 것이다. 이러한 맥락에서 권리는 분업사회에서 인간이 살아갈 수 있는 필수적인 기반이 된다고 할 수 있다.

권리의 궁극적인 목적이 권리자의 이익을 보장하는 것이라고 한다면 그러한 이익의 실현을 담보할 수 있는 장치가 바로 법적 힘이라고 할 수 있다. 생활에 필요한 자료가 우연적이고 불확정적으로 확보되게 되면 개인은 안정적이고 지속적인 생활을 영위할 수 없다. 따라서 개인이 권리의 실현을 통해 생활 자료를 안정적이고 지속적으로 확보할 수 있도록 해주는 장치가 필요하다. 이것이 바로 권리의 본질적인 구성요소로서의 법적인 힘이다.

권리자는 자신의 권리실현에 상대방이 자발적으로 협력하지 않을 경우에 법적인 힘을 통해 상대방으로 하여금 권리실현에 필요한 행위를 하도록 강제할 수 있게 되는 것이다. 권리를 가진 사람은 원칙적으로 자신의 권리를 자유롭게 행사할 수 있다. 하지만 권리라는 것도 사회적 공간 속에서 행사되는 것이기 때문에 사회질서의 유지라는 법의 목적에 의해 일정한 제약을 받게 된다. 따라서 권리는 신의에 따라 성실하게 행사하여야 하며 권리를 남용해서는 안된다.(민법 제2조) 권리의 행사와 관련한 신의성실의 원칙과 권리남용금지의 원칙은 사법관계에서만 적용되는 것이 아니라 공법관계에서도 적용된다.

2) 권리의 분류

(1) 근거법에 따른 분류

권리는 그것을 발생시키는 근거가 공법인가 사법인가에 따라 공권과 사권으로 구분된다. 공권과 사권의 분류는 권리의 성격이라는 측면에서 차이가 있을 뿐만 아니라 특히 권리의 구제절차의 측면에서 중요한 차이가 있다. 즉 공권은 일반적으로 행정소송이나 헌법소송과 같은 절차에 의해 권리를 구제받게 되지만, 사권은 민사소송을 통하여 권리구제가 이루어진다는 점에서 서로 구별된다.

① 공 권

공권(公權)이란 공법상 인정되는 권리로서 크게 두 가지로 나눌 수 있다. 하나는 국가나 공공단체가 개인에 대하여 가지는 공권으로 이를 국가적 공권이라고 한다.

국가적 공권은 국가나 공공단체가 통치의 목적을 위해 개인이나 다른 공공단체에 대하여 갖는 권리로서 일반적으로 통치권 혹은 자치권이라는 형태로 나타난다. 국가적 공권은 일차적으로는 국가나 공공단체가 자신의 통치목적을 실현하기 위한 것이지만 궁극적으로는 국민의 자유와 권리를 보장하기 위한 것이다. 다음으로 개인적 공권이 있다. 이는 개인이 국가나 공공단체에 대하여 가지는 공법상의 권리이다. 개인적 공권은 국민이 국가나 공공단체에 대하여 갖는 기본권이라는 형태로 나타난다. 우리 헌법은 매우 다양한 기본권을 보장하고 있다.

② 사 권

사권(私權)이란 사법상으로 개인이 갖는 권리를 말한다. 즉 개인이 민법이나 상법과 같은 사법에 근거하여 갖게 되는 권리가 사권이다. 개인이 자신의 인격에 대하여 갖는 인격권 재산에 대하여 갖는 재산권 가족관계에서 갖게 되는 가족권 사단의 구성원이 사단에 대하여 가지는 사원권 등이 이에 해당한다.

(2) 내용에 따른 분류

① 인격권

인격권(人格權)이란 개인이 자신과 분리할 수 없는 인격적 가치를 향유할 수 있는 권리를 말한다. 인간은 육체와 정신을 가진 존재를 갖는 존재로서 자신의 생명 신체 정신을 보호받을 권리를 갖는다. 또한 개인은 명예 신용 정조 성명 초상 등 자신의 인격과 불가분하게 결합된 가치를 보호받을 권리가 있다. 이러한 권리들이 인격권에 해당한다. 인격권은 개인이 자신의 인격의 정체성과 자기결정권을 보장받기 위해 인정되는 권리라고 할 수 있다.

② 재산권

재산권(財產權)이란 경제적 이익이나 가치를 내용으로 하는 권리를 말한다. 재산권은 개인이 자신의 생활을 영위하는 데 필요한 물질적 재산적 가치를 보장받기 위해 인정되는 권리라고 할 수 있다. 재산권에는 물건을 직접 지배하여 이익을 얻는 배타적인 권리로서의 물권, 상대방에 대하여 일정한 행위(급부 또는 급여)를 요구할 수 있는 권리로서의 채권, 그리고 발명이나 저작 등의 정신적 지능적 창조물을 독점적으로 이용하는 것을 내용으로 하는 지적 재산권 등이 있다.

③ 신분권

신분권(身分權)이란 가족관계나 친족관계에서의 일정한 지위에 따르는 이익을 누리는 것을 내용으로 하는 권리를 말한다. 이것은 가족관계나 친족관계와 같이 일정한 신분관계에서 발생하는 권리로서 가족권 혹은 친족권이라고도 한다. 신분권에 속하는 것으로는 친권, 배우자에 대한 권리, 부양청구권 등이 있다. 다만 상속권은 재산권과 신분권의 성질을 모두 가지고 있다. 즉 상속권은 피상속인의 재산을 포괄적으로 승계한다는 점에서 재산권으로서의 성격을 가지고 있지만 동시에 상속권자가 일반적으로 가족관계에 기초하여 결정된다는 점에서 신분권으로서의 성격도 가지고 있다.

(3) 작용(효력)에 따른 분류

① 지배권

지배권(支配權)이란 타인의 행위를 개입시킬 필요가 없이 권리자가 일정한 객체를 직접 지배할 수 있는 권리를 말한다. 대표적인 지배권으로는 물권이 있으며, 지적 재산권이나 인격권도 지배권에 속한다. 그리고 친권이나 후견권도 비록 사람을 대상으로 하지만 상대방의 의사를 억누르고 권리내용을 직접 실현한다는 의미에서 지배권이라고 할 수 있다.

② 청구권

청구권(請求權)이란 권리자가 특정한 상대방에 대해 작위나 부작위와 같은 일정한 행위를 할 것을 요구할 수 있는 권리이다. 청구권은 물건을 직접 지배하는 것이 아니라 타인에게 일정한 행위를 요구하는 권리라는 점에서 지배권과 구분된다. 채권은 일반적으로 청구권의 형태로 나타난다. 다만 유의할 것은 청구권은 물권 채권 지적 재산권 신분권 등과 같은 실질적이고 기초적인 권리의 내용 혹은 효력으로서 이들 권리에 포함되거나 이들 권리로부터 발생한다는 점이다.

③ 형성권

형성권(形成權)이란 권리자의 일방적인 의사표시에 의하여 법률관계의 발생 변경 소멸을 일어나게 하는 권리를 말한다. 권리자가 일방적으로 법률관계를 변동시킬 수 있는 가능성을 갖는다는 의미에서 가능권이라고도 한다. 형성권에는 권리자의 의사표시만으로 법률관계의 변동이라는 효과가 발생하는 것과 법원의 판결에 의하여 비로소 법률관계 변동의 효과가 나타나는 것이 있다.

④ 항변권

항변권(抗辯權)이란 권리자가 상대방의 청구권의 행사를 저지할 수 있는 권리를 말하며, 상대방의 권리의 행사에 대한 방어라는 점에서 반대권이라고도 한다. 항변권은 그것이 그것의 대상이 되는 상대방의 권리의 존재를 전제로 한다. 즉 항변권은 상대방의 권리를 부인하거나 변경 소멸시키는 것이 아니라 상대방의 권리를 승인하면서 그 권리의 작용에 일방적인 변경을 일으킨다는 점에서 특수한 형성권이라고도 할 수 있다.

3. 의 무

1) 의무의 의의

의무(義務)란 일정한 행위를 하거나 하지 않아야 할 법적인 구속을 말한다. 법이 특정인 혹은 불특정다수인에게 일정한 작위나 부작위를 명령하고 그러한 명령을 관철할 수 있는 강제수단을 갖추고 있을 때 의무가 발생하게 된다. 의무는 상대방의 권리에 대응하여 부과되는 경우가 일반적이지만 상대방의 권리가 존재하지 않는 상태에서 의무만이 부과되는 경우도 있다. 채권채무관계에서와 같이 권리에 대응하여 의무가 부과되는 경우 의무는 권리의 실효성을 확보하는 수단이 된다.

의무는 매우 다양한 형태로 나타난다. 권리와 의무가 대응하고 있는 경우에는 권리의 내용에 따라 상응하는 의무가 주어진다. 재산권이라는 권리에 대응하여 재산권을 침해하지 않을 의무가 발생하며, 채권이라는 권리에 대응하여 채무라는 의무가 발생하며, 부양청구권이라는 권리에 대응하여 부양의무가 발생하게 된다. 따라서 의무의 내용은 일반적으로 권리의 내용에 따라 결정된다고 할 수 있다.

2) 의무의 종류

의무는 의무에 의해 부과되는 행위의 성격에 따라 작위의무와 부작위의무로 구분된다. 작위의무(作爲義務)란 의무자가 일정한 행위를 적극적으로 하여야 할 의무를 말한다. 채권관계에서 채무자가 적극적으로 급부를 이행해야 할 의무가 이에 해당한다. 부작위의무(不作爲義務)란 의무자가 소극적으로 일정한 행위를 하지 않아야 할 의무를 말한다. 운전면허 없이 자동차를 운전하는 행위를 하지 않아야 할 의무가 이에 해당한다.

한편 의무는 발생근거가 공법이냐 사법이냐에 따라 공법상의 의무와 사법상의 의무로 구분할 수 있다. 공법상의 의무에는 국민의 준법의무와 같이 법논리적으로 당연히 전제되어 있는 의무 납세의 의무와 국민의 기본적 의무, 기타 공법관계에서 부과되는 다양한 의무가 있다. 한편 사법상의 의무는 채무를 비롯하여 민법과 상법의 규정에 의해 부과되는 다양한 의무가 있다.

제5절 법 해석과 적용

1. 법의 해석

1) 의 의

법의 해석(interpretation)이란 법을 구체적 사실에 적용하기 위해 법규범의 의미를 명확하게 밝혀내는 실천적 활동을 말한다. 법의 존재이유는 단순히 법이 제정되어 있다는 데 있는 것이 아니라 법이 구체적인 사실에 적용되고 이에 따라 법이 예정하는 현실적인 결과가 발생한다는 데 있다. 법을 구체적 사실에 적용하여 일정한 법적 결과를 얻기 위해서는 먼저 법의 의미를 밝히는 작업이 선행되어야 한다. 이것이 바로 법의 해석(解釋)이다. 법규범은 언어로 표현된다. 따라서 법규범을 구체적 사실에 적용하기 위해서는 언어로 표현된 법규범의 의미를 밝히는 해석작업이 반드시 필요하게 된다. 따라서 법의 해석은 언어활동에 필수적으로 수반되는 해석활동의 특수한 형태라고 할 수 있다.

법의 해석은 법의 실제적 적용과 관련하여 이루어지는 해석이기 때문에 본질적으로 실천적 성격을 갖는 활동이다. 법의 해석은 하나의 실천적 활동이기 때문에 법의 해석은 언제나 인간의 현실적인 삶에 중요한 영향을 미치게 된다. 예를 들면, 법관의 해석 여하에 따라 피고의 삶과 죽임이 결정될 수도 있는 것이다. 이러한 이유 때문에 법의 해석은 특별한 전문적 지식을 갖춘 법률가들에 의해 대단히 신중하고 엄밀하게 이루어져야 하는 것이다.

2) 유권해석과 학리해석

(1) 유권해석

유권해석(an authoritative interpretation)이란 법을 해석하는 권한을 갖는 국가기관이 하는 해석을 말한다. 유권해석(有權解釋)은 해석의 권한을 갖는 국가기관이 하는 해석이라는 점에서 학자들이 학문적인 관점에서 하는 학리해석과 구별된다. 또한 유권해석은 학리해석과는 달리 구속력을 갖는 해석이다. 유권해석은 해석의 권한을 갖는 국가기관에 따라 입법해석 행정해석 사법해석으로 구분된다.

① 입법해석

입법해석(立法解釋)이란 입법기관인 국회가 하는 해석을 말한다. 국회는 입법을 담당하는 기관으로서 법의 해석을 전문으로 하는 기관은 아니지만 입법과 관련하여 해석을 하는 경우가 있다. 이것을 입법해석이라고 한다. 입법해석은 국회가 법률규정을 통하여 특정한 개념이나 용어의 의미를 정의하는 방식으로 이루어진다.

② 행정해석

행정해석(行政解釋)이란 행정기관이 법의 집행을 위하여 하는 해석을 말한다. 행정기관이 법을 집행하기 위해서는 먼저 집행할 법에 대한 해석이 선행되어야 한다. 행정기관이 스스로 집행할 법에 대하여 하는 해석을 행정해석이라고 한다. 행정해석은 법의 집행을 직접 담당하는 하급행정기관(혹은 행정공무원)이 할 수도 있지만 일반적으로 행정기관의 해석의 통일성을 기하기 위해 상급행정기관이 하급행정기관에 대하여 발하는 훈령 지시 예규 등을 통해서 행정해석이 이루어지는 경우가 많다.

③ 사법해석

사법해석(司法解釋)이란 법에 대한 최종적인 유권해석을 담당하는 국가기관인 법원이 하는 해석을 말한다. 구체적인 법적 분쟁이 발생하여 당사자에 의해 소송이 제기된 경우에 법원은 재판절차를 통하여 이에 대한 판결을 내리게 된다. 법원의 판결은 구체적 사건에 법을 적용하는 방식으로 이루어지게 된다. 따라서 법원은 적용할 법에 대한 해석을 하게 된다. 이것이 사법해석이다. 사법해석은 최종적인 유권해석이다.

앞에서 설명한 바와 같이, 입법해석은 사법해석의 범위를 확정한다는 의미에서 사법해석에 대하여 일정한 구속력을 가진다. 하지만 입법해석 역시 법규정의 형식으로 나타나기 때문에 이에 관한 법적 분쟁이 발생했을 때 이에 대한 최종적인 해석권은 법원이 갖게 된다.

행정해석의 경우 일차적인 해석권은 법의 집행을 담당하는 행정기관이지만, 이에 관한 법적 분쟁이 발생할 경우에 최종적인 해석권을 갖는 국가기관은 역시 법원이다. 이러한 의미에서 법원의 해석은 최종적인 유권해석이라고 할 수 있다.

(2) 학리해석

학리해석(a theoretical interpretation)이란 법학자나 변호사 등 사인이 학문적 혹은 실무적인 관점에서 하는 해석을 말한다. 학리해석(學理解釋)은 국가기관이 아니라 사원이 하는 해석이기 때문에 구속력이 없다는 점에서 유권해석과 구분된다. 학리해석은 학문적인 방법에 따라 체계적으로 이루어지는 것으로서 사법해석을 비롯한 유권해석에 많은 영향을 미친다.

3) 법의 해석방법

국가기관이나 법학자가 특정한 법을 해석하는 데 사용하는 방법은 매우 다양하다. 현실적으로 법을 해석하는 사람은 법규범의 의미를 밝혀내는 데 필요한 모든 방법을 동원하게 된다. 이렇게 다양한 해석방법들을 몇 가지 범주로 나누어볼 수 있다.

사비니(Friedrich Karl von Savigny) 이래 가장 일반적으로 받아들여지고 있는 해석방법이 문리해석 논리적 해석 목적론적 해석 역사적 해석이라는 네 가지 범주이다. 이를 구체적으로 살펴보면 다음과 같다.

(1) 문리해석

문리해석(grammatical interpretation)이란 법문장에 사용되고 있는 언어의 일상적인 의미와 법문장의 문법적 구조에 대한 이해를 통하여 법규범의 의미를 밝혀내는 해석방법을 말한다. 문리해석(文理解釋)은 법해석의 가장 기초적인 방법으로서 법을 해석함에 있어서 가장 우선적으로 적용되어야 하는 방법이다. 문리해석은 먼저 법문장에 사용되고 있는 언어의 일상적인 의미를 밝히는 작업에서 출발한다. 다음으로 법조문에서 사용되는 많은 단어들이 문법적으로 어떻게 결합되어 있는지를 밝혀야 한다. 언어는 다른 언어와 문법적으로 결합하는 방식, 즉 문장구조에 따라 그 의미가 달라지게 된다. 따라서 문장의 전체적인 의미를 파악하기 위해서는 사용된 언어의 일상적인 의미뿐만 아니라 문장의 문법적 구조를 밝혀내야 한다. 이와 같은 방식으로 이루어지는 해석이 문리해석이다.

문리해석과 관련하여 중요하게 고려해야 할 사항은 법문장에는 일상적인 언어뿐만 아니라 전문적인 언어, 다시 말하면 전문적인 법률용어가 빈번하게 사용되고 있다는 점이다. 전문적인 법률용어는 일상생활에서는 사용되지 않는 새로운 용어가 법률용어로 채택된 경우와 일상적인 언어에 특수한 의미가 부여된 경우가 있다. 어떠한 경우든 간에 전문적인 법률용어는 그것이 가지는 전문적인 의미에 따라서 해석되어야 한다. 따라서 법을 해석함에 있어서는 전문적인 법률용어에 대한 정확한 이해가 선행되어야 한다.

(2) 논리해석

논리해석(logical interpretation)이란 법규범의 법체계 내에서의 위치 및 다른 법규범들과의 논리적 연관성을 바탕으로 다양한 논리법칙과 추론방법을 이용하여 법규범의 의미를 확정하는 해석방법이다. 앞에서 설명한 바와 같이, 문리해석이 법을 해석하는 일차적인 방법이다. 그런데 문리해석의 방법만으로는 법규범의 의미를 확정하는 것이 곤란하거나 혹은 문리해석에 의한 해석의 결과가 전체 법체계 혹은 다른 법규범과 조화를 이루지 못하는 경우가 있을 수 있다. 이러한 경우에 법규범의 체계적 위치와 논리적 연관성을 바탕으로 논리적 방법에 의해 법을 해석하는 것이 논리해석이다.

논리해석(論理解釋)이라는 용어는 논리적 방법에 의한 법의 해석이라는 측면을 강조한 것이다. 하지만 논리해석이 법규범의 체계적 위치와 법규범 사이의 논리적 연관성을 바탕으로 하는 해석이라는 측면을 고려하여 논리적 해석을 체계적 해석이라고 부르기도 한다. 또 양자를 결합하여 논리적 체계적 해석이라는 용어를 사용하는 경우도 있다. 논리적 해석은 해석의 대상이 되는 법규범이 법체계 내에서 차지하는 위치를 파악하는 데서 출발한다.

논리적 해석은 법규범의 체계성을 전제로 하는 해석이다. 법규범은 고립적으로 존재하는 것이 아니라 전체적으로 하나의 체계를 이루고 있으며, 개별적인 법규범은 법체계 내에서 일정한 위치를 차지하고 있고 공법-사법-사회법 가운데 어느 것에 해당하는지를 파악해야 한다. 또 그것이 일반법-특별법, 실체법-절차법, 혹은 강행법-임의법 가운데 어느 것에 해당하는지를 파악해야 한다. 이와 같이 개별적 법규범이 법체계에서 차지하는 위치를 파악한 다음에 다른 법규범들과의 논리적 연관관계를 파악해야 한다. 즉 해석의 대상이 되는 법규범(A)과 다른 연관된 법규범(B)이 전체-부분, 목적-수단, 원인-결과, 요건-효과 등의 다양한 연관성 가운데 어떠한 연관성을 갖고 있는지를 밝혀야 한다. 이와 같이 법규범의 체계적 위치와 논리적 연관성을 밝힌 다음에는 다양한 논리법칙들과 추론방법들을 이용하여 법규범의 구체적인 의미를 해석해야 한다.

(3) 목적론적 해석

목적론적 해석(teleological interpretation)이란 법체계 전체 혹은 개별적인 법이나 제도의 목적을 고려하여 법을 해석하는 것을 말한다. 앞에서 설명한 바와 같이, 모든 법체계는 일정한 법이념과 목적을 구현하기 위해 존재한다. 또 개별적인 법이나 제도 역시 법체계의 전체적인 목적의 범위 내에서 자신의 고유한 목적을 가지고 있다. 모든 법규범은 일정한 목적의 실현을 위해 존재하는 것이다. 따라서 특정한 법규범의 의미는 당해 법규범이 실현하고자 하는 목적에 비추어 해석되어야 한다. 이것이 목적론적 해석이다.

목적론적 해석(目的論的解釋)은 해석의 구체적인 방법을 제공하는 것이라기보다는 해석의 일반적인 방향을 제시하는 것이라고 볼 수 있다. 목적론적 해석은 해석의 구체적인 방법을 제공하는 것이라기보다는 해석의 일반적인 방향을 제시하는 것이라고 볼 수 있다. 다시 말하면, 목적론적 해석은 법의 개별적 일반적 목적을 존중하는 방향에서 특정한 법규범을 해석하도록 요구하는 것이다. 따라서 목적론적 해석에 의해 법규범의 구체적인 의미를 밝히기 위해서는 논리적 해석의 범주에 속하는 다른 해석방법(예컨대, 축소해석이나 확장해석)을 원용하여야 한다. 다시 말하면, 목적론적 해석은 논리적 해석방법을 매개로 하여 법규범의 의미를 구체적으로 확정하게 되는 것이다. 따라서 목적론적 해석은 일정한 범위에서 논리적 해석을 포괄한다고 할 수 있다.

목적론적 해석은 입법자의 주관적 의사를 고려하여 법을 해석하는 것이 아니라 법의 객관적인 목적을 파악하여 법을 해석하는 것이다. 따라서 목적론적 해석은 다음에 설명하는 역사적 해석과 구별된다.

(4) 역사적 해석

역사적 해석(historical interpretation)이란 입법자가 법을 제정할 당시에 가졌던 의사와 목적을 파악함으로써 법규범의 의미를 밝히는 해석을 말한다. 역사적 해석은 법의 발생사를 기초로 하는 해석방법이다.

역사적 해석(歷史的解釋)은 입법에 관련된 자료를 역사적 방법을 통해 분석하여 입법자의 주관적인 의사와 목적을 파악하고 이를 토대로 법규범의 의미를 밝혀내는 해석이다. 역사적 해석은 입법자가 입법 당시에 가졌던 주관적 의사와 목적에 기초한 해석이기 때문에 이를 의사해석이라고도 한다.

역사적 해석에서는 입법자의 주관적 의사와 목적을 밝히기 위해 관련된 자료들을 분석하는 것이 중요한 과제가 된다. 따라서 법률안제안이유서, 입법의견서, 의사록 등의 입법자료를 검토하여 입법자의 의사와 목적을 확정하는 작업을 해야 한다. 하지만 이러한 작업이 결코 쉬운 것은 아니다. 입법자료가 작성되지 않았거나 보존되지 않을 경우도 있고, 국회는 합의제기관이기 때문에 국회의 의사가 통일되지 않을 수도 있다. 이러한 경우에는 입법자의 의사를 확정하는 것이 곤란하다. 따라서 역사적 해석은 다른 해석방법을 보완하는 해석방법이라고 보아야 할 것이다.

2. 법의 적용

1) 의 의

법의 적용(適用)이란 법규범에 구체적 사실을 포섭시켜 구체적인 법적 판단을 내리는 것을 말한다. 법의 적용은 삼단논법에 의한 추론의 방식으로 이루어진다. 즉 해석을 통해 의미가 밝혀진 법규범이 대전제가 되고, 일정한 방법에 의해 확정된 사실이 소전제가 되며, 소전제인 사실을 대전제인 법규범에 포섭시킴으로써 구체적인 법적 판단이라는 결론에 도달하게 되는 것이다. 따라서 법의 적용은 법규범의 의미를 밝히는 해석, 사실의 확정, 사실의 법규범에의 포섭이라는 세 가지 과정을 거치게 된다. 법의 해석에 관해서는 앞에서 설명했기 때문에 여기서는 사실의 확정과 사실의 법규범에의 포섭에 관해서만 설명하기로 한다.

2) 사실의 확정

법규범을 적용하여 구체적인 법적 판단을 얻기 위해서는 법규범이 적용될 사실을 확정(事實確定)하여야 한다. 대전제인 법규범의 의미가 밝혀져 있더라도 소전제인 사실이 확정되지 못하며 삼단논법을 통하여 법적 판단을 얻는 것이 불가능하다. 따라서 사실의 확정은 법의 적용에 있어서 필수적인 과정이다. 사실은 입증 추정 간주 등의 방법을 통하여 확정되게 된다.

(1) 입 증

증거에 의하여 사실을 확정하는 것을 입증(立證)이라고 한다. 증거란 재판에서 특정한 사실의 존재 여부에 관하여 확신을 얻게 하는 자료를 말한다. 증거에는 인적 증거로서의 인증과 물적 증거로서의 물증이 있다. 증거는 사실을 확정하는 근거될 뿐만 아니라 사실확정의 객관성을 담보하는 역할을 한다. 특정한 인적 물적 자료가 증거가 되기 위해서는 반드시 증거력을 가지고 있어야 한다. 소송에서 사실을 확정하기 위해 증거를 제시해야 할 책임을 입증책임이라고 한다. 입증책임을 지는 사람이 입증을 하지 못한 경우에는 소송에서의 패소 등 일정한 불이익을 당하게 된다.

(2) 추 정

추정(推定)이란 증거로 확정하지 못한 사실에 대해 잠정적으로 특정한 사실이 존재하거나 존재하지 않는 것으로 인정하여 일정한 법률효과를 발생시키는 것을 말한다. 증거에 의해 사실이 입증되지 않은 경우에는 법률효과를 발생시키지 않는 것이 원칙이다. 그러나 증거에 의하여 사실이 확정될 때까지 법률효과의 발생을 유예하는 것이 법적 안정성을 해칠 때에는 잠정적으로 사실이 존재하는(또는 존재하지 않는)것으로 인정하여 법률효과를 발생시킬 필요가 있다. 바로 이러한 이유 때문에 추정이 인정되는 것이다. 추정은 일정한 사실의 존재(또는 부존재)를 잠정적으로 인정하는 것이기 때문에, 그것과 반대되는 증거가 제시되면 추정은 깨어지게 된다.

3) 간 주

간주(看做)란 법규범에 의하여 진실하지 않은 것을 진실한 것으로 혹은 발생하지 않은 사실을 발생한 것으로 확정하여 법률효과를 발생시키는 것을 말한다. 간주를 의제라고 하기도 한다. 간주는 명시적인 규정에 의하여 인정되는 것이며 일반적으로 '간주한다' 혹은 '본다'라는 형식으로 표현된다. 간주는 진실하지 않은(혹은, 진실하지 않을 수 있는) 것을 진실한 것으로 보거나 특정한 사실이 발생하지 않았거나 않았을 수 있음에도 불구하고 그것이 발생한 것으로 보고 이에 대해 일정한 법률효과를 확정적으로 귀속시키는 것을 말한다.

간주는 추정과는 달리 반증이 제시되더라도 바로 그 효과를 뒤집을 수 있는 것은 아니다. 추정은 반증의 제시에 의해 추정의 효과가 뒤집어지지만, 간주는 확정적으로 법률효과가 부여되는 것이기 때문에 간주의 효과를 뒤집기 위해서는 특별한 절차를 거쳐야 한다. 따라서 간주는 추정에 비해 사실을 확정하는 힘이 강하다고 할 수 있다.

3. 법적 판단의 도출

법의 해석과 사실의 확정이 이루어지면, 법적용의 최종단계로서 사실을 법규범에 포섭하여 법적 판단을 도출(法的判斷導出)하는 작업이 이루어지게 된다. 이 작업은 삼단논법(syllogism)의 추론방식에 의해 이루어지게 된다. 즉 법규범을 대전제로 하고 사실을 소전제로 하여 소전제를 대전제에 포섭시킴으로써 구체적인 법적 판단을 결론으로 얻게 되는 것이다. 예를 들면 "사람을 살해한 자는 사형 무기 또는 5년 이상의 징역에 처한다."라는 형법 제250조를 대전제로 하고 A가 고의로 B를 살해하였다는 사실을 소전제로 하여 A에게 살인죄로 징역 10년의 형벌을 부과한다는 결론을 내리게 되는 것이다.

제 2 장

헌 법

제1절 헌법총론

1. 의 의

헌법(憲法)은 형식적인 면에서 보면 국가의 최고법이며 기본법이다. 따라서 하위 법령이나 그 법령의 집행 혹은 판결 등 모든 공권력의 행사작용은 헌법의 틀 안에서 이루어져야만 한다. 내용을 기준으로 보면 헌법은 국가의 틀, 즉 국가형태나 정부형태를 어떻게 규정할 것인가에 대한 내용을 담고 있는 통치법이다. 아울러 국민이 인간답게 살기 위하여 필요한 최소한의 권리, 즉 기본권을 보장하고 있다. 따라서 헌법은 '정치적 공동체의 형태를 규정하고 아울러 기본권을 보장하기 위한 국가의 기본법'으로 정의할 수 있다. 여기서 기본권과 국가형태 내지 정부형태간의 상호관계를 살펴 볼 필요가 있다.

근대적 의미의 헌법은 근대시민혁명의 소산이다. 시민혁명 이론가들은 시민의 자유와 권리를 확보하기 위하여 국가가 필요하되 단, 그 국가는 그 국가공동체의 모든 사람의 합의하에 성립하는 일종의 사회계약의 산물로 간주하였다. 즉 사회계약에 의하여 성립한 국가는 시민의 자유와 권리를 보장하기 위한 수단이며 따라서 기본권과 국가 간의 관계는 목적과 수단 간의 관계로 파악할 수 있다.

한편, 헌법은 역사적 발전단계에 따라 근대국가의 헌법과 현대국가의 헌법으로 나누어 볼 수 있다. 근대국가의 헌법은 시민의 자유보장을 최우선에 두었으나 현대국가는 시민의 자유와 더불어 실질적 평등을 추구하는 헌법이다. 따라서 현대국가의 헌법은 실질적 평등의 이상에 따라 인간다운 생활을 할 수 있는 기본적 권리, 예를 들면 사회보장에 관한 권리 노동 교육 환경에 관한 권리 등을 보장하며 특히 경제영역에서의 평등을 보장하기 위하여 경제 질서나 재산권 등에 국가의 개입을 인정하고 있다.

그리고 헌법은 다양한 기준에 따라 분류할 수 있는데 헌법전이 있느냐 없느냐에 따라 성문헌법과 불문헌법으로 나눌 수 있고, 헌법의 개정절차가 법률의 그것보다 까다로운가 그렇지 않은가에 따라 경성헌법과 연성헌법으로 나누어 볼 수 있다. 우리나라의 헌법은 성문, 경성헌법이다.

2. 헌법의 제정과 개정

근대 입헌주의의 이상에 따르면 국가는 헌법에 의하여 비로소 창설되는 것이다. 이러한 헌법을 시원적으로 창조하는 힘은 이론적으로 아무런 법적 제약을 받지는 않는다. 그리고 헌법제정 권력의 합의에 의하여 국가라는 정치적 공동체의 틀이 결정되며 이것을 하나의 규범체계로서 성문화한 것이 헌법이다.

한편, 헌법은 다른 법과 마찬가지로 현실의 변화에 대응하기 위하여 개정의 필요성이 있다. 그러나 헌법개정은 헌법제정 권력의 합의에 해당되는 근본적인 내용들을 마음대로 바꿀 수는 없다. 따라서 헌법개정은 기존의 헌법과 기본적 동일성을 유지하면서 특정의 헌법조항들을 의식적으로 수정하는 행위를 말한다. 현행 헌법은 국회의 의결과 국민투표를 거쳐 헌법개정을 하는 방법을 취하고 있다.

3. 헌법의 수호

헌법이 법으로서의 규범력을 확보하기 위해서는 헌법에 대한 침해행위를 사전에 예방하거나 혹은 사후에 배제함으로써 헌법질서를 수호하는 제도가 필요하다. 사전예방적으로 헌법을 수호하는 방법으로는 국가권력을 분립시킨다든지 헌법개정을 곤란하게 한다든지 공무원의 정치적 중립성을 보장하는 등의 방법이 있고 사후교정적으로 헌법을 수호하는 제도로서는 위헌법령심사제, 탄핵제도, 위헌정당해산제도, 헌법소원제도 등이 있다. 그리고 국가비상사태가 발생하였을 때에 헌법을 수호하는 제도로서는 대통령의 계엄선포권, 긴급명령권 등이 있다. 마지막으로 헌법에 명문화되어 있지는 않지만 헌정질서를 침해하는 공권력에 대하여 더 이상의 합법적인 대응수단이 없는 경우에 국민에게 인정되는 저항권이 있다.

4. 헌법의 기본권리

1) 국민주권의 원리

국민주권(國民主權)의 원리라 함은 국가의사를 최종적으로 결정할 수 있는 최고권력인 주권을 국민이 보유한다는 원리를 말한다. 주권은 대외적 독립성과 대내적 최고성을 가지는 단일불가분의 항구적 권력으로서 애초에 절대군주의 권력을 정당화하기 위하여 만들어진 이론이었으나 민주주의 사상의 발달과 함께 주권의 주체는 국민으로 바뀌게 되었다. 우리 헌법은 대한민국의 주권은 국민에게 있다고 명시하고 있다.(헌법 제1조 제2항)

국민주권의 원리를 실천하는 방법으로는 직접민주적인 방법과 간접민주적인 방법이 있다. 직접민주적인 방법은 국민투표나 국민발안제, 국민소환제와 같이 국민의 의사를 직접 물어 국가의사로 결정하는 방법을 말하고 간접민주적인 방법은 국민의 대표로 하여금 국민을 대신하여 국가의사를 결정하는 방법을 말한다. 근대이후의 국가는 원칙적으로 간접민주주의(혹은 대의민주주의)적인 방법으로 국가의사를 결정하는 방법을 채택하고, 직접민주적인 방법은 보조적으로 채택하고 있다.

2) 자유민주주의의 원리

자유민주주의(自由民主主義)는 국민에 의한 자기지배를 이상으로 하는 정치원리를 말한다. 우리 헌법은 이러한 민주주의의 원리를 국민주권이라는 법적 개념으로 실천하고자 한다. 민주주의는 포괄적인 개념으로서 그 속에 여러 가지 다양한 민주주의의 실천방식이 있을 수 있는데 우리 헌법은 자유민주주의의 원리를 기본적으로 채택하고 있다. 자유민주주의는 자유주의의 이상, 즉 시민의 정치적 경제적 그리고 사적인 자유를 보장하는 것을 최우선으로 하는 이상을 민주적인 방법으로 실천하려는 원리를 말한다.

우리 헌법재판소는 자유민주주의를 '모든 폭력적 지배와 자의적 지배, 즉 반국가단체의 1인 독재 내지 일당독재를 배제하고 다수의 의사에 의한 국민의 자치 자유 평등의 기본원칙에 바탕 한 법치국가적 통치질서이며, 이를 보다 구체적으로 말하면 기본적 인권의 존중 권력분립 의회제도 복수정당제도 선거제도 사유재산제와 시장경제를 골간으로 하는 경제 질서 및 사법권의 독립 등이다'라고 규정하고 있다.

3) 사회국가의 원리

'사회국가(社會國家)란 사회정의의 이념을 헌법에 수용한 국가, 즉 사회현상에 대하여 방관적인 국가가 아니라 경제 사회 문화의 모든 영역에서 정의로운 사회질서의 형성을 위하여 사회현상에 관여하고 간섭하고 분배하고 조정하는 국가이며, 궁극적으로는 국민각자가 실제로 자유를 행사할 수 있는 그 실질적 조건을 마련해 줄 의무가 있는 국가이다.'(헌재 2002.12.18, [2002헌마52])

사회국가의 원리는 근대시민국가가 지나치게 개인의 자유에만 치중한 나머지 개인의 불평등문제를 소홀히 한 것에 대한 반성으로서 20세기 후반에 나타난 원리이다. 우리 헌법은 전문에서 '모든 영역에 있어서 각인의 기회를 균등히 하고...... 안으로는 국민생활의 균등한 향상을 기하고 있고'라고 하고 있고, 인간다운 생활을 할 권리(헌법 제34조 제1항) 노동3권(헌법 제33조 제1항) 교육을 받을 권리(헌법 제31조 제1항) 등을 보장하며 재산권에 대한 사회적 구속성을 강조하고(헌법 제23조) 경제적 정의와 민주화를 위한 경제질서에 대한 국가의 개입을 용인(헌법 제119조 제2항)하고 있다. 이러한 일련의 조항들을 통하여 볼 때 우리 헌법은 개인의 사적인 자유를 실질적으로 보장하기 위한 국가의 광범위한 개입을 인정하는 사회국가의 원리를 채택하고 있다.

4) 법치국가의 원리

법치국가(法治國家)의 원리 혹은 법치주의의 원리라 함은 국가의 모든 공권력행사는 국민의 대표기관인 의회가 제정한 법에 따라서 이루어져야만 한다는 원리를 말한다. 법치국가의 원리는 자의적인 공권력행사를 억제함으로써 국민의 자유와 권리를 보장하려는 목적을 가지고 있다.

법치국가원리의 구성요소로서는 성문헌법주의, 기본권과 적법절차의 보장, 권력분립의 원리, 위헌법률심사제도의 채택, 집행부에 대한 포괄적 위임입법의 금지, 행정의 합법률성과 사법적 통제 등을 들 수 있다. 그리고 오늘날의 법치국가의 원리는 법률의 목적이나 내용도 실질적 정의의 원칙에 합치될 것을 요구하는 실질적 법치국가의 원리로 파악되어야 한다.

5. 헌법의 기본제도

1) 제도적 보장

제도적 보장(制度的保障)이라 함은 정당제도 선거제도 공무원제도 지방자치제도

교육제도 가족제도 등 국가존립의 기반이 되는 일정한 제도를 헌법의 수준에서 보장하는 것을 말한다. 헌법에 의하여 일정한 제도가 설정되면 입법부는 그 제도를 설정하고 유지할 입법의무를 질뿐만 아니라 그 제도를 법률로써 폐지하거나 그 제도의 본질적 내용을 침해할 수 없게 된다. 그러나 제도적 보장에 의하여 헌법이 보장하려는 것은 특정한 제도의 본질적 내용이지 기존의 제도를 현상 그대로 유지하려는 것은 아니다. 따라서 제도적 보장에는 최소한 보장의 원칙이 적용되어 제도의 본질적 내용을 침해하지 아니하는 범위 안에서 입법자는 제도의 구체적인 내용을 자유롭게 형성할 수 있다.

2) 정당제도

정당(政黨)은 일반적으로 선거에 참여하거나 의정활동 등을 통하여 국민의 정치적 의사형성에 참여함을 목적으로 하는 자발적인 정치적 결사이다. 현대국가는 이러한 정당을 중심으로 국정이 운영된다. 정당의 이러한 중요성 때문에 우리 헌법은 정당설립의 자유와 복수정당제를 보장하며, 법률에 의해 정당을 보호하고 정당운영자금을 보조해 주도록 하고 있다.(헌법 제8조) 단, 민주적 기본질서에 위배되는 목적을 가지거나 활동을 하는 정당은 이러한 헌법적 보호를 받지 못하고 헌법재판소에 의해 해산된다.(헌법 제8조 제4항)

3) 선거제도

선거는 주권자인 국민이 그들을 대표할 국가기관을 선임하는 행위를 말한다. 선거는 보통 평등 직접 비밀선거의 원칙에 의해 행해져야 한다.(헌법 제41조 제1항, 제67조 제1항) 선거제도의 핵심적인 내용은 대표제와 선거구제에 관한 것이다.

대표제에는 여러 가지 유형이 있는데 대표자를 선거구민의 다수의 의사에 따라 선출하는 다수대표제와 한 선거구에서 2인 이상의 대표를 선출함으로써 소수당도 대표자를 낼 수 있는 소수대표제 그리고 각 정당에게 득표수에 비례하여 의석을 배분하는 비례대표제가 있다.

선구구제의 유형에는 1선거구에서 1명의 대표자를 선출하는 소선거구제와 1선거구에서 2명 이상의 대표자를 선출하는 중 대선거구제가 있다. 소선거구제는 양대정당제를 확립함으로써 정치적 안정을 도모할 수 있는 장점이 있는 반면에 사표(死票)

가 많이 발생할 수 있는 단점이 있고, 중 대선거구제는 사표가 줄어들어 소수대표가 가능한 장점이 있는 반면에 군소정당의 난립으로 말미암아 정국의 불안정이 초래될 수 있는 단점이 있다.

우리 헌법은 국회의원선거의 경우 소선거구제를 채택하고 있으며 또한 다수대표제와 비례대표제를 병용하는 방법을 취하고 있다. 그리고 선거운동 등 선거와 관련된 사무들을 국가가 관리하는 선거공영제의 원칙을 채택하고 있다. 이는 선거의 형평을 기하고 선거비용을 경감하며 나아가 공명선거를 실현하기 위한 것이다.

4) 공무원제도

공무원(公務員)이란 직접 또는 간접적으로 국민에 의하여 선출 또는 임용되어 국가나 공공단체와 공법상의 근무관계를 맺고 공적 업무를 담당하고 있는 사람을 말한다. 이러한 공무원은 국민 전체에 대한 봉사자이며 국민에 대하여 책임을 진다.(헌법 제7조 제1항) 한편, 이러한 공무원의 책임을 다하기 위해서는 공무원의 신분과 정치적 중립성이 보장되어야만 한다.(헌법 제7조 제2항) 공무원의 정치적 중립이 요구되는 이유는 공무원은 국민전체에 대한 봉사자이므로 중립적 위치에서 공익을 추구할 수 있어야 하고 행정에 대한 정치의 개입을 방지함으로써 행정의 전문성과 민주성을 제고하며 정권의 변동에도 불구하고 정책의 계속성과 안정성을 유지하고 엽관제로 인한 부패와 비능률을 예방하기 위한 것이다.

5) 지방자치제도

지방자치제도(地方自治制度)라 함은 일정한 지역의 주민이 그 지방에 관한 사무를 그들 자신의 책임하에 직접 처리하게 함으로써 지방자치행정에 있어서 민주주의를 달성하려는 제도를 말한다. 우리나라의 지방자치단체에는 특별시와 광역시 및 도(광역지방자치단체) 시와 군 및 구(기초지방자치단체)의 두 종류가 있다. 그리고 이러한 지방자치단체의 의결기관으로는 지방의회가 있다. 이 지방의회는 법령의 범위 안에서 조례를 제정하거나 개폐할 수 있으며, 그 외 예산의 심의 확정 결산의 승인 기타 주민부담에 관한 사항의 심의와 의결권(지방자치법 제35조) 등을 가진다. 한편, 지방자치단체의 장은 그 지역주민의 직접선거에 의해 선출되며 이들은 당해 지방자치단체를 대표하여 그 지역사무를 통할하고 소속직원을 지휘 감독(지방자치법 제92조, 제96조)한다. 지방자치단체의 주민들은 지방의회의원과 단체장에 선임되거나 선임할 수 있는 피선거권과 선거권을 가지고 있으며 그 지역 내의 공공시설을 이용할 수 있는 권리(지방자치법 제13조) 주민투표권(지방자치법 제13조의 2) 조례의 제정과 개폐를 청구할 수 있는 권리(지방자치법 제13조의 3) 감사청구권(지방자치법 제13조의 4) 등을 가진다.

6) 교육제도

'교육의 목적은 국민 개개인의 타고난 소질을 계발하여 인격을 완성하게 하고, 자립생활을 할 능력을 증진시킴으로써 인간다운 생활을 누리게 하는 데에 있다.'(헌재 1999.3.25, [97헌마130]) 우리 헌법은 교육을 받을 권리(헌법 제31조 제1항)를 국민의 기본권의 하나로서 보장하고 교육의 자주성 전문성 정치적 중립성을 교육의 기본원칙으로 규정(헌법 제31조 제4항)하고 있다. 또한 국가가 교육을 자의적으로 규제하지 못하도록 하기 위하여 교육제도와 그 운영 교육재정 및 교원의 지위에 관한 기본적인 사항은 법률(헌법 제31조 제6항)로 정하도록 하고 있다. 더 나아가서 대학의 자율성 즉 대학의 자치를 법률로 보장(헌법 제31조 제4항)하도록 하고 있다. 이것은 외부세력의 간섭에 의해 대학의 학문적 진리탐구의 활동과 그 결과가 왜곡되는 것을 막기 위한 것이다.

7) 가족제도

헌법 제36조제1항은 '혼인과 가족생활은 개인의 존엄과 양성의 평등을 기초로 성립되고 유지되어야 하며, 국가는 이를 보장한다'라고 규정하고 있다. 이는 우리 헌법이 봉건적인 남존여비사상이나 가부장제를 부정하고 민주적인 혼인제도와 가족제도를 보장한다는 것을 의미한다. 따라서 혼인관계에 있어서 당사자의 자유로운 의사에 의해 배우자의 선택과 혼인시기의 결정, 혼인관계의 해소 등이 이루어져야 하며,[1] 가

1) 혼인의 자유에 대한 예외로서 민법이 규정하는 것은 다음과 같다. 미성년자인 자녀가 혼인할 경우에는 부모의 동의를 얻어야만 한다.(민법 제808조) 배우자가 있는 자가 다시 혼인하는 것은 금지된다.(동법 제810조) 여성에 대하여는 재혼금지기간을 설정하고 있다.(동법 제811조) 합리적인 범위 내에서 근친혼을 제한하고 있다.(동법 제809조 제2항) 이러한 일련의 혼인의 자유에 대한 제한은 나름대로 합리적인 이유가 있기 때문에 헌법위반은 아니다. 단 동성동본금혼조항(동법 제809조 제1항)은 헌법재판소에 의해 위헌결정이 내려진 바 있다.

족생활에 있어서도 부부평등의 원칙에 따라 부부간의 협력의무와 공동생활 유지의무가 인정되어야 한다.

제2절 기본권론

1. 기본권의 보장

1) 기본권의 의의와 역사

인간이 국가생활 속에서 인간답게 살기 위하여 필요한 기본적 자유와 권리를 기본권이라 하는데 이러한 기본권은 인권사상에서 그 유래를 찾을 수 있다. 이러한 인권사상은 근대국가에 들어서면서 각종 인권선언으로 구체화되기에 이르는데 미국의 '독립선언'과 프랑스의 '인간과 시민의 권리선언'이 그 대표적인 경우이다. 이들 인권선언은 인간의 생명과 자유 그리고 재산에 대한 권리가 국가가 만들어지기 이전부터 인간이 향유하고 있었던 천부적인 권리라는 점을 천명하였고 이러한 천부인권사상은 그 이후 입헌국가 시대가 열리면서 각국의 헌법에 기본권의 형태로 자리를 잡게 되었다.

2) 기본권의 효력

기본권(基本權)은 국가권력으로부터 개인의 자유와 권리를 보호하기 위하여 나타난 권리이기 때문에 일차적으로 국가권력에 대하여 직접적이고 포괄적인 효력을 가진다. 따라서 입법부 집행부 사법부 더 나아가서 지방자치단체도 기본권을 침해하는 공권력을 행사할 수 없다. 한편, 현대에 들어서면서 기본권에 대한 위협은 국가권력뿐만 아니라 사적인 권력을 가진 개인 혹은 단체로부터도 나올 수 있게 되었다. 이에 따라 기본권의 효력도 사인(私人)에게 미치게 할 필요성이 나타나게 되었다. 이와 관련하여 개인 상호간에 서로 상충되는 기본권의 효력을 주장하는 경우가 발생하는데 이를 기본권의 충돌이라 한다.

3) 기본권의 한계와 제한

타인과의 공존을 전제로 하는 국가공동체에서 개인은 타인의 생활영역을 존중하여야만 한다. 따라서 기본권의 불가침성은 타인의 자유나 권리를 침해하지 아니하는 한도 내에서만 인정될 수 있다. 프랑스 인권선언도 '자유란 다른 사람을 해하지 아니하는 한도 내에서 모든 것을 할 수 있는 것을 의미한다.'(헌법 제4조)라고 하여, 타인의 존재로 인한 자유의 한계를 명시하고 있다.

우리 헌법도 이러한 관점에서 기본권에 일정한 한계와 제약을 부과하고 있다. 예를 들면 언론출판의 자유는 '타인의 명예나 권리 또는 공중도덕을 침해하여서는 아니된다.'(헌법 제21조 제4항)라고 하고 있으며, '국민의 모든 자유와 권리는 국가안전보장 질서유지 또는 공공복리를 위하여 필요한 경우에 한하여 법률로 제한할 수 있다.'(헌법 제37조 제2항)라고 하고 있다. 그러나 기본권을 제한할 수 있는 요건이 충족되는 경우에도 그 제한의 방법과 정도가 불필요하게 과도하여서는 아니된다. 이를 과잉금지의 원칙이라고 하는데 이 원칙은 기본권을 제한하는 경우에 그 목적이 정당하여야 하고(목적의 정당성) 그 목적을 달성하기에 수단이 적합하여야 하고(수단의 적합성) 피해를 최소화하여야 하며(피해의 최소성) 제한되는 기본권과 실현되는 공익사이에는 상당한 비례관계가 있어야 할 것(법익의 균형성)을 그 내용으로 한다. 더 아나가서 기본권을 제한하는 경우에 기본권의 본질적인 내용을 침해할 수 없다.

4) 기본권의 침해와 구제

국가기관에 의한 기본권의 침해와 구제방식은 매우 다양하다. 우선 입법부가 기본권을 침해하는 법률을 제정하였을 경우에는 법원을 거쳐 헌법재판소에 법률의 위헌심사를 청구할 수 있고 또는 헌법소원의 방법으로 구제를 구할 수도 있다. 다음으로 집행부가 기본권을 침해하는 법집행을 하였을 경우에는 청원, 행정심판, 행정소송, 행정상의 손해배상제도 등을 통하여 구제를 구할 수 있다. 사법부가 오판 등을 통하여 기본권을 침해하였을 경우에는 상소나 재심 등을 통하여 상급법원에 재심사를 청구할 수 있고 형사피고인으로 구금되었던 자가 무죄판결을 받은 때에는 형사보상을 청구할 수 있다. 그 외에도 법률구조제도와 국가인권위원회에 의한 인권구제제도 등이 있다.

2. 기본권의 유형

1) 인간 존엄과 가치 및 행복추구권

우리 헌법은 기본권에 관한 제2장 첫머리에 '모든 국민은 인간으로서의 존엄과 가치를 가지며 행복을 추구할 권리를 가진다.'(헌법 제10조 제1항)라고 규정하고 있는데, 여기서 인간의 존엄(人間尊嚴)과 가치의 존중(價値尊重)은 모든 기본권보장의 목적이며, 이념적 전제를 말한다. 또한 인간으로서의 존엄과 가치는 모든 인간에게 고유한 가치로 인정되는 인격주체성을 의미하므로 인간을 어떤 목적을 위한 수단으로 격하시키는 것 예를 들면, 노예제도, 고문, 강제노동, 인간의 생체실험 등은 금지된다.

한편, 행복추구권은 물질적 풍요와 정신적 만족을 추구할 수 있는 권리로써 포괄적인 의미를 가지고 있다. 따라서 행복추구권의 구체적인 내용은 매우 다양하며 여기에는 일반적인 행동자유권 개성의 자유로운 발현권, 휴식권, 수면권, 일조권 등 헌법의 기본권 규정에 포함되어 있지 않은 많은 권리들이 포함될 수 있다.

2) 평등권적 기본권

헌법 제11조제1항은 '모든 국민은 법 앞에 평등하다. 누구든지 성별 종교 또는 사회적 신분에 의하여 정치적 경제적 사회적 문화적 생활의 모든 영역에 있어서 차별을 받지 아니한다.'라고 하여 평등의 원칙과 평등권(平等權)을 규정하고 있다.

여기서 '법 앞의 평등'은 법의 적용과 내용의 평등을 의미한다. 따라서 법을 구체적으로 집행하고 적용하는 집행부와 사법부뿐만 아니라 법을 제정하는 입법부도 평등권을 침해하여서는 아니된다. 또한 '평등'은 절대적 평등이 아니라 상대적 평등을 의미한다. 즉 모든 인간을 평등하게 대우하는 것을 원칙으로 하지만 합리적 이유가 있는 차별은 허용될 수도 있다. 예를 들면 남자에게만 병역의무를 부과한다든지 여성의 근로를 특별히 보호하는 경우와 같이 남녀간의 생리적 차이에 근거한 차별은 합리적인 이유가 있으므로 평등의 원칙에 위배되지 아니한다.

한편, 헌법은 차별금지사유로서 성별, 종교, 사회적 신분을 들고 있는데 헌법의 차별금지사유는 예를 든 것이므로 그 외 인종이나 출신지역 또는 학력 등의 사유도 차별금지사유가 될 수 있다. 우선 성별에 의한 차별금지란 남녀평등을 의미하는 것으로서 성(性)에 대한 가치판단을 기초로 하는 차별을 금지하는 것을 말한다. 따라서 동일노동에서의 남녀근로자의 임금차별 혹은 여성에게만 적용되는 결혼퇴직제 등은 남녀평등의 원칙에 반한다. 종교에 의한 차별금지란 종교평등을 의미하는 것으로서 국가가 특정종교를 우대하거나 차별할 수 없다. 사회적 신분에 의한 차별금지란 사회적 평가를 수반하면서 장기간 차지하고 있는 지위 예를 들면 귀화인, 전과자, 공무원, 노동자, 교원, 농민 등의 지위에 따른 차별을 금지함을 의미한다.

또한 헌법은 차별금지영역으로서 정치적 경제적 사회적 그리고 문화적 생활영역을 예시하고 있는데 정치적 영역에서의 차별금지란 선거권, 공무담임권, 피선거권 등에서의 평등을 의미하고 경제적 영역에서의 차별금지는 고용, 임금, 조세의 부담 등 국민의 경제활동이 차별을 받지 않아야 된다는 것이며 사회적 영역에서의 차별금지란 주거, 여행, 공공시설이용 등에서의 차별, 혼인과 가족생활에서의 차별 등을 허용하지 아니함을 의미한다.

그 밖에 헌법은 평등권을 구체적으로 보장하기 위한 특별조항을 두고 있다. 사회적 특수계급제도의 부인(헌법 제11조 제2항) 영전일대의 원칙(헌법 제11조 제3항) 근로관계에 있어서 여성의 차별금지(헌법 제32조 제4항) 혼인과 가족생활에 있어서 양성의 평등(헌법 제36조 제1항) 교육의 기회균등(헌법 제31조 제1항) 평등선거(헌법 제41조 제1항, 제67조 제1항) 경제 질서에 있어서 균형성(헌법 제119조 제2항, 제123조 제2항)등이 그 예이다.

3) 자유권적 기본권

(1) 자유권적 기본권의 법적 성격

자유권(自由權)은 원래 국가권력의 침해로부터 개인의 자유영역을 보호하기 위하여 나타난 권리이다. 따라서 자유권은 일차적으로 소극적이고 방어적인 권리이다. 또한 자유권은 국가에 의해 창설되는 권리가 아니라, 국가가 만들어지기 이전부터 존재하는 초국가적이고 천부적인 권리의 성격이 강하다. 우리 헌법이 제10조제2항에서

'국가는 개인이 가지는 불가침의 기본적 인권을 확인하고 이를 보장할 의무를 진다.' 라고 하고, 헌법 제37조제1항에서는 '국민의 자유와 권리는 헌법에 열거되지 아니한 이유로 경시되지 아니한다.'라고 규정한 것은 국가이전의 자유권의 존재를 확인한 것이라고 볼 수 있다.

(2) 인신(人身)의 자유권 - 생명권과 신체의 자유

인간의 생명에 대한 권리와 신체의 자유는 헌법이 지향하는 이념인 인간의 존엄과 가치를 구현하기 위한 근원적이고 기본적인 권리이다. 이 중 생명권(生命權)은 우리 헌법에 명문의 규정은 없지만 선험적이고 자연법적인 권리로서 인정되고 있다. 물론 이러한 생명권도 정당한 이유없이 타인의 생명을 부정하거나 둘 이상의 생명이 충돌할 경우에 일정한 법적 평가가 이루어질 수 있으며 이에 따른 생명권의 제한이 있을 수도 있다. 이와 관련하여 사형제도 인공임신중절(태아의 생명권과 임산부의 출산선택권의 충돌) 안락사와 죽을 권리 등이 논란의 대상이 되고 있다.

신체의 자유(身體自由)란 신체의 안정성과 자율성을 제한 또는 침해당하지 아니할 자유로서 우리 헌법은 이에 관하여 자세한 원칙을 규정하고 있다.

우선 죄형법정주의의 원칙에 따라 '누구든지 법률에 의하지 아니하고는 체포 구속 압수 수색 또는 심문을 받지 아니하며, 법률과 적법한 절차에 의하지 아니하고는 처벌 보안처분 또는 강제노역을 받지 아니한다.'(헌법 제12조 제1항 2호)라고 하고 있으며, '모든 국민은 행위시의 법률에 의하여 범죄를 구성하지 아니하는 행위로 소추되지 아니하며,'(헌법 제13조 제1항, 전단)라고 규정하고 있다. 다음으로 일사부재리의 원칙에 따라 '동일한 범죄에 대하여 거듭 처벌받지 아니한다.'(헌법 제13조 제1항, 후단)라고 하고 있고 '모든 국민은 자기의 행위가 아닌 친족의 행위로 인하여 불이익한 처우를 받지 아니한다.'(헌법 제13조 제3항)라고 하여 연좌제를 금지하고 있다.

다음으로 신체의 자유에 관한 절차적 보장을 위하여 적법절차의 원칙과 영장주의의 원칙에 따라 '체포 구속 압수 또는 수색을 할 때에는 적법한 절차에 따라 검사의 신청에 의하여 법관이 발부한 영장을 제시하여야 한다.'(헌법 제12조 제3항)라고 하고 있고, '누구든지 체포 또는 구속을 당한 때에는 적부의 심사를 법원에 청구할 권리를 가진다.'(헌법 제12조 제6항)라고 하여 체포 구속적부심사제도를 규정하고 있으며, '누구든지 체포 또는 구속의 이유와 변호인의 조력을 받을 권리가 있음을 고지받지 아니하고는 체포 또는 구속을 당하지 아니한다. 체포 또는 구속을 당한 자의 가족 등 법률이 정하는 자에게는 그 이유와 일시 장소가 지체없이 통지되어야 한다.'(헌법 제12조 제5항)라고 하여, 체포 구속이유 등 고지제도를 규정하고 있다.

그 외에도 우리 헌법은 형사피의자 피고인을 위한 형사절차상의 원칙과 권리로서 '형사피고인은 유죄의 판결이 확정될 때까지는 무죄로 추정된다.'(헌법 제27조 제4항)라고 하여 무죄추정의 원칙을 규정하고 있으며, '피고인의 자백이 고문 폭행 협박 구속의 부당한 장기화 또는 기망 기타의 방법에 의하여 자의로 진술된 것이 아니라고 인정될 때 또는 정식재판에 있어서 피고인의 자백이 그에게 불리한 유일한 증거일 때에는 이를 유죄의 증거로 삼거나 이를 이유로 처벌할 수 없다.'(헌법 제12조 제7항)라고 하여 자백의 증거능력과 증명력을 제한하고 있다. 또한 '모든 국민은 고문을 받지 아니하며 형사상 자기에게 불리한 진술을 강요당하지 아니한다.'(헌법 제12조 제2항)라고 하며 고문을 받지 아니할 권리와 묵비권을 그리고 형사피고인의 인권보장을 위하여 신속한 공개재판을 받을 권리(헌법 제27조 제3항)를 보장하고 있으며 '형사피의자 또는 형사피고인으로서 구금되었던 자가 법률이 정하는 불기소처분을 받거나 무죄판결을 받은 때에는 법률이 정하는 바에 의하여 국가에 정당한 보상을 청구할' 수 있는 형사보상청구권(헌법 제28조)을 규정하고 있다.

(3) 사생활(私生活)에 관한 자유권

우리 헌법은 사생활의 비밀과 자유 주거의 자유 거주 이전의 자유 통신의 자유 등을 규정함으로써 사생활영역에 관한 자유를 보장하고 있다. 우선 사생활의 비밀과 자유는 사생활의 내용을 공개당하지 아니할 권리, 사생활의 자유로운 형성과 전개를 방해받지 아니할 권리 그리고 자신에 관한 정보를 스스로 관리 통제할 수 있는 권리 등을 그 내용으로 한다. 사생활의 비밀과 자유는 특히 언론의 자유와 상충되는 경우가 많은데 보도적 가치가 있는 즉 공익이 있는 경우에는 언론의 자유가 우선할 수도 있다. 예를 들면 범죄인의 체포나 구금사실을 보도할 수 있으며 혹은 유명인사의 경우 일반인에 비하여 어느 정도의 사생활의 공개를 감수하게 할 수 있다.

주거의 자유는 정당한 이유없이 자신의 주거를 공권력이나 제3자로부터 침해당하지 아니할 권리를 말한다. 여기서 주거란 사람이 거주하면서 사생활을 영위하는 장소로서 주택이외의 생활공간 예를 들면, 음식점 상점 사무실 등도 주거에 해당된다. 우리 헌법은 주거의 자유를 보장하기 위하여 '주거에 대한 압수나 수색을 할 때에는 검사의 신청에 의하여 법관이 발부한 영장을 제시하여야 한다.'(헌법 제16조 제2항)라고 하여 영장주의의 원칙을 규정하고 있다. 거주 이전의 자유는 공권력의 간섭을 받지 아니하고 자유롭게 체류지와 거류지를 결정할 수 있는 자유를 말한다. 거주 이전의 자유는 인간의 활동영역을 확대시켜 줌으로써 개인의 인간적 성장을 뒷받침해 주는 기능과 함께 자본주의 시장경제를 활성화시키는 기능을 가지고 있다. 시장경제는 인간과 재화의 자유로운 이동에 의해서만 유지될 수 있기 때문이다.

거주 이전의 자유의 내용에는 국내에서의 거주 이전의 자유뿐만 아니라 국외이주와 해외여행의 자유, 귀국의 자유 그리고 국적변경의 자유도 포함된다.

통신의 자유는 개인이 그 의사나 정보를 우편물이나 전기통신 등의 수단에 의하여 전달 또는 교환하는 경우에 그 내용이 본인의 의사에 반하여 공개당하지 아니할 자유를 말한다. 따라서 수사기관 혹은 정보기관 등의 국가기관이나 개인이 불법적으로 통신물을 열람하거나 도청할 수 없고(열람금지) 통신업무 때문에 알게 된 사실을 남에게 알리는 행위를 할 수 없으며(누설금지) 통신업무내용을 정보활동의 목적에 제공하거나 제공받으려는 행위를 할 수 없다.(정보금지) 개인이 통신의 비밀을 침해하는 경우에는 형법상의 비밀침해죄로 처벌되거나 민법상의 불법행위책임을 질 수 있다.

(4) 정신(精神)적 자유권

우리 헌법은 인간의 내면적 정신세계와 그것의 외부적인 표현행위를 보호하기 위하여 양심의 자유 종교의 자유 언론 출판의 자유 집회 결사의 자유 학문과 예술의 자유에 관한 규정을 두고 있다. 이들 정신적 자유는 도덕적 정신적 창조물인 인간에게만 있는 자연적 권리이므로 다른 기본권에 비하여 보다 고도로 보장되어야 한다.

양심의 자유는 도덕적 윤리적 내심영역에 속하는 양심을 자유롭게 결정할 자유와 결정된 양심을 외부에 표명하도록 강요당하지 아니할 수 있는 자유(침묵의 자유)를 그 내용으로 한다. 단, 양심상의 결정을 실현하는 데에는 일정한 제한이 따를 수 있다.

종교의 자유는 기본권의 역사에서 가장 오래된 정신적 자유권의 하나이다. 종교의 자유에는 신앙(信仰)의 자유 종교적 행사나 집회 및 결사(結社)의 자유 선교(宣

敎)의 자유뿐만 아니라 무신앙의 자유도 포함된다. 한편, 우리 헌법은 '국교(國敎)는 인정되지 아니하며, 종교와 정치는 분리된다.'(헌법 제20조 제2항)라고 하여 국교 부인과 정교분리의 원칙을 규정하고 있다.

언론 출판의 자유는 사상 또는 의견을 언어나 문자 등으로 불특정다수인에게 표명하거나 전달하는 자유와 함께 알 권리 액세스권 반론권 언론기관의 자유까지도 포함하는 의미를 가지고 있다. 언론 출판의 자유는 개인의 자유로운 인격발현(人格發現)과 형성을 위한 수단이며 동시에 민주주의 정치체제를 유지하기 위하여 가장 필수적인 기본권 중의 하나이다. 민주정치는 사상과 의견의 자유로운 형성과 전달에 의해서만 발전할 수 있기 때문이다. 따라서 언론 출판의 자유는 고도로 보장되어야 한다. 언론 출판에 대한 허가나 검열은 금지되며(헌법 제21조 제2항) 언론 출판의 자유를 규제하는 법령은 명확하여야 하고 언론 출판의 내용의 해악이 명백하고 현존하는 위험을 가지고 있을 때에만 규제가 가능하다. 한편, 이러한 언론 출판의 자유도 남용이 되어서는 안된다. 우리 헌법은 '언론 출판이 타인의 명예나 권리 또는 공중도덕이나 사회윤리를 침해하여서는 아니된다.'(헌법 제21조 제4항)라고 하여 그 한계를 명시하고 있다.

집회 결사의 자유는 다수인이 공동의 목적을 가지고 일시적인 모임을 가지거나 계속적인 단체를 결성할 수 있는 자유를 말한다. 집회 결사의 자유는 언론 출판의 자유에 비해 집단적인 표현의 성격이 강한 자유이며 언론 출판의 자유와 함께 민주정치체제의 초석이 되는 권리이다. 집회 결사의 자유 중 집회의 자유는 집단적인 표현행위로서 공공질서에 미치는 영향력이 크므로 언론 출판의 자유에 비해 상대적으로 많은 제한을 받을 수 있다.

학문과 예술의 자유는 진리를 탐구하고 미를 추구하는 자유로써 문화국가를 실현하는 수단으로서의 성격을 가지는 문화적 기본권이다. 학문의 자유는 학문연구의 자유 연구결과발표의 자유 교수(敎授)의 자유 연구를 위한 집회 및 결사의 자유 등을 그 내용으로 하고 있다. 우리 헌법은 학문의 자유와 함께 학문 연구기관인 대학의 자율성을 보장(헌법 제31조 제4항)하고 있다. 예술의 자유는 예술창작 및 표현의 자유 예술적 집회 및 결사의 자유를 그 내용으로 한다. 예술이 무엇인가 하는 개념규정이 어렵기 때문에 예술의 자유를 제한하는 경우에는 예술개념의 개방성을 고려하는 신중함이 필요하다.

4) 경제적 기본권

우리 헌법은 자유시장 경제 질서를 기본으로 하되 사회정의의 실현과 균형있는 국민경제의 발전을 위하여 필요한 범위 안에서 국가적 규제와 조정이 가능하도록 하고 있다. 이를 위하여 헌법은 경제적 자유와 권리에 관한 기본권 즉 재산권(財産權) 직업선택의 자유 등을 보장하고 있다.

우선 재산권의 보장은 우리 헌법이 사유재산제도를 인정하고 있음을 의미하는 것이다. 그러나 현대에 들어서 재산권은 절대적이고 신성불가침의 권리가 아니라 공익을 위하여 제한을 가할 수 있는 상대적 권리로 그 성격이 바뀌게 되었다. 이러한 경향에 따라 우리 헌법도 '재산권의 내용과 한계를 법률로 정한다.'(헌법 제23조 제1항)라고 하고, '재산권의 행사는 공공복리에 적합하도록 하여야 한다.'(헌법 제23조 제2항)라고 규정하고 있다. 더 나아가서 재산권을 공공필요에 의하여 수용 사용 또는 제한을 가할 수 있으며 다만 이에 대하여 정당한 보상을 지급하도록(헌법 제23조 제3항) 하고 있다.

직업선택의 자유는 자신이 원하는 직업을 자유롭게 선택하고 이에 종사하는 등 직업에 관한 종합적이고 포괄적인 권리로서 여기에는 직업결정(선택)의 자유 직업수행의 자유 직업이탈의 자유와 겸직의 자유 경쟁의 자유 등이 포함된다. 그러나 직업선택의 자유는 예를 들면, 영업시간이나 방법을 제한하거나 전문성이 요구되는 직업에 일정한 자격을 요구한다든지 공공에 대한 위험이 큰 화학류의 제조나 판매를 금지하는 경우와 같이 공익 등을 이유로 제한될 수 있다.

5) 정치적 기본권

정치적 기본권(政治的基本權)은 국민이 국가기관의 구성과 국가의 정치적 의사에 직접 또는 간접으로 참여할 수 있는 권리로서 민주주의 정치체제의 핵심이 되는 권리이다. 우리 헌법에는 국민표결권(헌법 제130조, 제72조) 선거권(헌법 제24조) 공무담임권(헌법 제25조)이 규정되어 있다. 그 외에도 언론 출판의 자유와 집회 결사의 자유 정당 결성의 자유(헌법 제8조) 등도 정치적 성격을 가지고 있는 기본권으로 볼 수 있다.

국민표결권은 국민이 중요한 정책이나 법안을 국민투표로써 결정하는 권리를 말하며 우리 헌법은 헌법개정안과 대통령이 부의한 외교 국방 통일 기타 국가안위에 관한 중요정책을 국민투표에 의해 결정하도록 하고 있다.

선거권은 국가기관의 구성원을 선출할 수 있는 권리로서 우리 헌법은 대통령 국회의원 지방의회의원 및 지방자치단체장의 선거권을 규정하고 있다.

공무담임권은 국가기관의 구성원으로 선임되어 공무를 담당할 수 있는 권리로써 법률이 정하는 바에 의하여 선거에 당선되거나 임명에 필요한 자격을 구비하거나 선발시험 등에 합격할 경우에 공직에 임명될 수 있다.

6) 청구권적 기본권

청구권적 기본권(請求權的基本權)은 국민이 국가에 대하여 일정한 행위를 적극적으로 청구할 수 있는 권리를 말한다. 다른 기본권은 그 자체가 권리의 목적이지만 청구권적 기본권은 다른 권리나 이익을 확보하기 위한 수단적 성질의 권리로서 기본권 보장을 위한 기본권이다. 우리 헌법에는 이러한 성질의 기본권으로서 청원권, 재판청구권, 국가배상청구권, 국가보상청구권, 범죄피해자구조청구권 등을 규정하고 있다.

청원권은 국가기관에 대해 일정한 사항에 대하여 의견이나 희망을 진술할 수 있는 권리를 말한다. 국가는 국민의 청원에 대하여 심사할 의무(헌법 제26조 제2항)를 진다. 재판청구권에 관하여 우리 헌법은 헌법과 법률이 정한 법관에 의하여 재판을 받을 권리와 신속한 재판과 공개재판을 받을 권리 형사피해자의 재판절차진술권 등을 보장(헌법 제27조)하고 있다. 국가배상청구권은 공무원의 직무상 불법행위로 말미암아 손해를 입은 국민이 국가 또는 공공단체에 대하여 배상을 청구할 수 있는 권리를 말한다. 국가보상청구권은 적법한 또는 무과실의 공권력발동으로 말미암아 권익을 침해당한 국민이 국가에 대해 보상을 청구할 수 있는 권리로서 손실보상청구권과 형사보상청구권이 여기에 해당한다. 손실보상청구권은 공용수용 등 적법한 공권력의 행사로 인하여 재산상 특별한 희생을 당한 자가 공평부담의 견지에서 국가에 대하여 재산상 손실의 전보를 청구할 수 있는 권리를 말하며 국가는 이에 대하여 정당한 보상을 지급하여야 한다. 형사보상청구권은 형사피의자 또는 형사피고인으로 구금되었던 자가 불기소처분을 받거나 무죄판결을 받은 때에 국가에 대하여 물질적 정신적 손실을 보상하여 주도록 청구할 수 있는 권리를 말한다. 범죄피해자구조청구권은 본인의 잘못이 아닌 타인의 범죄행위로 인하여 생명을 잃거나 신체상 피해를 입은 국민이나 유족이 가해자로부터 충분한 피해배상을 받지 못한 경우에 국가에 대하여 일정한 보상을 청구할 수 있는 권리를 말한다.

7) 사회적 기본권

사회적 기본권(社會的基本權)은 국민이 인간다운 생활을 확보하기 위하여 일정한 국가적 급부와 배려를 요구할 수 있는 권리를 말한다. 사회적 기본권은 제1차 세계대전 이후 바이마르공화국헌법에서 최초로 명문화된 이후 사회국가 내지 복지국가의 이념이 등장하면서 각국의 헌법에 수용되기 시작하였다. 사회적 기본권은 자유권적 기본권과 비교하여 볼 때 그 이념이나 권리의 본질 및 내용과 효력 등에 있어서 차이점이 있다.

자유권적 기본권은 개인주의적 자유주의적 세계관을 기초로 하지만 사회적 기본권은 단체주의적 사회정의실현을 세계관의 기초로 하고 있고, 자유권적 기본권이 개인의 자유를 방어하기 위한 소극적 방어적 권리인데 반하여 사회적 기본권은 국가의 급부나 수익을 요구하는 적극적 권리이며, 자유권적 기본권이 모든 국가권력을 직접 구속하는 재판규범으로서의 효력을 가지는데 반하여 사회적 기본권은 주로 입법권을 구속하며 재판 규범으로서의 성격이 상대적으로 약하다.

우리 헌법의 기본권 중에서 사회적 기본권의 성질을 가진 것으로는 인간다운 생활을 할 권리, 교육을 받을 권리 근로의 권리 근로 3권 환경권 등이 있다.

인간다운 생활을 할 권리란 인간의 존엄성에 상응하는 건강하고 문화적인 생활을 영위할 권리를 말하며 그 밖의 사회적 기본권의 이념적 목표가 될 수 있는 권리이다. 모든 국민의 인간다운 생활을 보장하기 위하여 국가는 사회보장 사회복지의 증진에 노력할 의무를 지며 신체장애자 및 질병 노령 기타의 사유로 인하여 생활능력이 없는 국민은 법률이 정하는 바에 의하여 국가의 보호(헌법 제34조)를 받는다. 교육을 받을 권리란 모든 국민이 능력에 따라 균등하게 교육을 받을 권리를 말하며 이를 뒷받침하기 위하여 헌법은 의무교육제도(헌법 제31조 제2항)와 국가의 평생교육진흥의무(헌법 제31조 제5항) 등을 규정하고 있다.

근로의 권리는 근로자가 자신의 의사와 능력에 따라 근로관계를 형성하고, 타인의 방해를 받지 않고 근로관계를 계속 유지하며 근로의 기회를 얻지 못한 경우에는 국가에 대하여 근로의 기회를 제공하여 줄 것을 요구할 수 있는 권리를 말한다. 우리 헌법은 이러한 근로의 권리의 실효성을 보장하기 위하여 국가의 고용증진의무 적정임금보장 최저임금제의 실시 근로조건기준의 법정주의 여자와 연소자의 근로의 특별보호 등을 규정하고 있다.

근로3권은 자본주의사회에서 생산수단을 소유하지 못한 경제적 사회적 약자인 노동자들이 근로조건을 향상시키기 위하여 자주적인 조직체를 결성하고 그 조직체의 이름으로 교섭을 하며 그 교섭이 원만하게 이루어지지 아니할 경우에 단체행동을 할 수 있는 권리 즉 단결권 단체교섭권 및 단체행동권을 말한다. 환경권은 오염되거나 불결한 환경으로 말미암아 건강을 훼손당하거나 훼손당할 위험에 놓인 자가 오염되거나 불결한 환경에 대하여 책임이 있는 공권력이나 제3자에 대하여 그 원인을 예방 또는 배제하여 주도록 요구할 수 있는 권리를 말한다.

제3절 정부구조론

1. 국가권력

1) 국가권력의 의의

국가권력(혹은 통치권)은 입법권 집행권 사법권으로 나누어진다. 그리고 이들 권력은 권력분립의 원리에 따라 각각 다른 국가기관에 귀속되며 상호 견제를 하게 된다. 이러한 국가권력은 현실적으로 존재하는 최고의 권력이나 우리 헌법은 이들 권력의 상위에 있는 권력, 즉 주권이라는 개념을 인정하면서 이 주권의 주체가 국민임을 선언(헌법 제1조 제2항)하고 있다. 국가권력은 주권으로부터 파생된 권력이며 주권에 종속된다. 주권의 행사방법은 직접민주주의의 원칙에 따라 국민이 직접 행사하는 것이 바람직하나 기술적 한계 때문에 간접민주주의의 방식에 의해서 주권이 행사된다. 즉 국민은 대표자를 선출하여 그들로 하여금 주권을 대신 행사하게끔 한다.

한편, 국가권력은 법에 의하여 만들어지는 권력이며 법에 규정된 권한과 절차의 범위 안에서 행사하여야만 한다. 이것을 법치주의 내지 법치국가의 원리라고 한다.

2) 국가권력의 형태

국가권력의 조직형태는 크게 두 가지로 나누어 볼 수 있다. 하나는 의원내각제(議員內閣制) 정부형태인데, 이것은 영국에서부터 출발한 정부형태로서 의회에서 선출되고 의회에 대하여 정치적 책임을 지는 내각중심으로 국정이 운영되는 정부형태를 말한다. 의원내각제는 집행부가 내각과 대통령(또는 군주)의 두 기구로 구성되나 집행에 관한 실질적 권한이 내각에 있으며, 대통령이나 군주는 대체로 명목상의 국가원수에 불과하다. 또한 내각은 의회에 의하여 선출되고 의회에 대하여 정치적 연대책임을 진다. 의회는 내각불신임권을 가짐으로써 이러한 연대책임을 물을 수 있으며 내각은 이에 대응하여 의회를 해산시킬 수 있는 권한을 가진다.

또 다른 정부형태는 대통령제(大統領制) 정부형태이다. 이것은 미국에서부터 출발한 정부형태로서 의회로부터 독립하여 선출되고 의회에 대하여 정치적 책임을 지지않는 대통령중심으로 국정이 운영되는 정부형태를 말한다. 대통령제에서는 집행부가 일원화되어 있으며 대통령과 의회는 상호독립의 원칙에 따라 대통령은 국민이 선출하고 임기동안 의회에 대하여 정치적 책임을 지지 아니하며 의회를 해산할 권한을 가지지 아니한다.

우리나라는 현재 이 두 정부형태 중 대통령제 정부형태를 채택하고 있다. 그러나 미국형 대통령제와는 달리 국무총리제, 국무회의제도, 국무총리와 국무위원에 대한 국회의 해임건의제도 등과 같은 의원내각제적 요소들을 외형적으로 포함하고 있다.

2. 정부기구

1) 국 회

(1) 의회주의의 원리

의회주의(議會主義)는 원래 절대군주의 권력을 견제하기 위한 원리로서 출발하였으나 민주주의의 발달로 인하여 오늘날의 의회주의는 민주적 정당성을 가지는, 즉 국민이 선출한 대표로 구성되는 합의체인 의회가 국가의 의사결정기구의 중심이 되어야 한다는 정치원리를 의미한다. 이러한 의회주의는 국민대표의 원리 공개와 토론의 원리 다수결의 원리들을 그 기본원리로 한다.

(2) 의회의 구성과 운영절차

의회를 구성하는 방법으로는 의회내의 두 개의 합의체가 있는 양원제(兩院制)와 단일한 합의체만이 있는 단원제로 구성하는 방법이 있는데 우리나라는 이 중 단원제(單院制)를 채택하고 있다. 한편, 의안심의에 있어서 능률과 전문성을 제고하기 위하여 의회내에 각종 위원회를 둔다. 현행 국회법에 규정된 위원회의 종류로는 상설적으로 설치되는 상임위원회와 특별한 안건을 효율적으로 처리하기 위하여 설치되는 특별위원회가 있다.

한편 국회의 의사절차에 관한 원칙에는 의사공개의 원칙 회기계속의 원칙 일사부재의의 원칙 등이 있다. 의사공개의 원칙이라 함은 국회의 의안심의과정이 국민에게 공개되어야 하는 원칙을 말하며, 회기계속의 원칙은 회기 중에 의결되지 못한 의안도 폐기되기 아니하고 다음 회기에서 계속 심의할 수 있는 원칙을 말하고, 일사부재의의 원칙은 의회에서 일단 부결된 의안은 동일회기 중에 다시 발의하거나 심의하지 못한다는 원칙을 말한다.

(3) 국회의 권한

① 입법에 관한 권한

국회는 입법기구이므로 당연히 법률제정에 관한 권한을 가진다. 법률제정의 절차를 살펴보면 다음과 같다. 국회의원이 법률안을 제출하면(우리나라는 정부도 법률안을 제출할 수 있다) 그 법안은 위원회의 심사를 거쳐 본회의에 회부되어 표결에 붙여진다. 이렇게 의결된 법률안은 정부에 이송되고 대통령의 공포를 거쳐 효력을 발생한다. 단, 대통령은 정부에 이송된 국회의 법률안에 대하여 이의서를 붙여 국회에 돌려보내고 재의를 요구할 수 있다. 이를 대통령의 법률안거부권의 행사(헌법 제53조)라고 한다.

한편, 국회는 헌법개정에 관하여 발의와 심의 및 의결권을 가진다. 국회는 재적의원 과반수의 찬성을 얻어 헌법개정안을 제안할 수 있고, 이 헌법개정안은 정부에 이송되어 대통령이 공고한다. 그리고 국회는 공고된 날로부터 60일 이내에 헌법개정안을 의결(헌법 제128조 내지 제130조)하여야 한다. 그 외에도 국회는 대통령이 체결하고 비준하는 중요한 조약에 대하여 동의권을 행사(헌법 제60조 제1항)할 수 있다.

② 재정에 관한 권한

재정이라 함은 국가 등이 필요한 재원을 조달하고 재산을 관리 사용 처분하는 행위를 말한다. 이러한 재정작용은 그 성질상 집행작용이지만 국민의 재산권에 미치는 영향이 크므로 국민의 대표기관인 국회의 통제를 받도록 하고 있다. 그 내용을 살펴 보면, 우선 조세의 종목과 세율은 국회가 제정한 법률에 의해서만 정할 수 있다.(헌법 제59조, 조세법률주의) 그리고 국회는 정부가 편성하고 제출한 국가의 예산안을 심의하고 이를 확정하며(헌법 제54조 제1항) 이러한 예산안이 제대로 집행되었는지 여부에 대하여 사후에 심사할 수 있다.(결산심사권) 그밖에 예비비[2)]의 지출은 다음국회의 승인을 얻어야 하며(헌법 제55조 제2항) 정부가 국채를 모집하거나 예산외에 국가의 부담이 될 계약을 체결하려 할 때에는 미리 국회의 의결(헌법 제58조)을 거쳐야 한다.

③ 국정통제에 관한 권한

의회는 입법부이지만 국민의 대표기관이므로 국민을 대신하여 그 밖의 국가기관들을 감시하고 비판할 수 있는 권한을 가져야만 한다. 이러한 국정통제에 관한 권한으로는 우선 탄핵소추권을 들 수 있다. 탄핵제도는 일반적인 사법절차에 따라 처벌하기가 곤란한 고위직 공무원을 징계하기 위하여 마련한 제도로서 우리 헌법은 대통령 등의 고위직 공무원이 그 직무집행에 있어서 헌법이나 법률을 위반한 때에 국회에 탄핵소추권을 주고 있다. 탄핵소추의 의결을 받은 자는 헌법재판소에 의해 탄핵심판을 받게 되며, 헌법재판소의 탄핵결정을 받은 자는 공직으로부터 파면(헌법 제65조)된다.

또한 국회는 국정감사권과 국정조사권을 가지고 있다. 국정감사는 국정전반에 관하여 소관상임위원회별로 매년 9월 10일부터 20일간, 정기적으로 행하여지는데 반하여, 국정조사는 특정한 국정사안에 대하여 조사할 필요가 있을 때에 수시로 행하여질 수 있다.

---

2) 예측할 수 없는 예산지출로 인한 부족을 충당하기 위하여 세입 세출예산에 편성된 비용을 말한다.

그 외에도 우리 헌법은 국회에게 대통령의 통치권행사를 견제할 수 있는 수단들을 부여하고 있다. 대통령의 긴급재정 경제처분 및 명령과 긴급명령에 대한 승인권(헌법 제76조 제3항)과 대통령의 계엄선포에 대한 해제요구권(헌법 제77조 제5항) 대통령의 일반사면에 대한 동의권(헌법 제79조 제2항) 대통령의 국방 및 외교정책에 대한 동의권(헌법 제60조) 등이 바로 그것이다. 마지막으로 국회는 국무총리와 국무위원에 대하여 해임건의를 대통령에게 할 수 있고(헌법 제63조) 국회출석과 답변을 요구(헌법 제62조 제2항)할 수 있다.

④ 헌법기관구성권

국회는 헌법재판소 재판관 및 중앙선거관리위원회 위원 9인 중 3인을 선출(헌법 제111조 제3항, 제114조 제2항) 할 수 있다. 이들 기구는 정치적 중립성을 필요로 하는 기구이므로 국회의 참여를 보장하는 것이다. 또한 대통령의 국무통리 대법원장과 대법관 헌법재판소장 그리고 감사원장의 임명에는 국회의 동의를 필요로 하고 있다. 그 외에도 대통령선거에서 최고득표자가 2인 이상인 때에는 국회에서 결선투표를 통하여 대통령을 선출(헌법 제67조 제2항)할 수도 있다.

⑤ 자율권

국회가 타 국가기관의 부당한 간섭없이 그 기능을 원활히 수행할 수 있도록 헌법과 법률이 일정한 자율적 권한들을 부여하고 있다. 국회는 집회 및 휴회 국회의 내부조직 등을 자주적으로 결정할 수 있으며 의사와 내부사항에 관하여 자율적인 규칙을 제정(헌법 제64조 제1항)할 수 있다. 그 외에도 내부경찰권과 의원가택권을 통하여 국회 내에서의 질서를 자율적으로 유지할 수 있고(국회법 제143조 내지 제154조) 국회의원의 자격심사나 징계 그리고 제명처분을 법원의 통제를 받지 아니하고 자율적(헌법 제64조)으로 할 수 있다.

(4) 국회의원의 헌법상 지위와 권한

국회의원은 국민전체를 대표하는 지위를 가진다. 이에 대응하여 우리 헌법은 국회의원에게 국민의 대표자로서 국가이익을 우선하여 양심에 따라 직무를 행할 의무(헌법 제46조 제2항) 청렴의 의무와 이권에 개입하지 아니할 의무 그리고 겸직 금지의 의무(헌법 제43조)를 부여하고 있다.

한편 국회의원은 국회의 운영과 활동에 관한 여러 가지 권한 예를 들면, 임시국회의 소집요구권(헌법 제47조 제1항) 의안발의권 질의 및 질문권 토론 및 표결권 등을 가지고 있으며 특히 국회의원이 직무수행을 함에 있어서 타 국가기관의 부당한 간섭을 배제하기 위하여 우리 헌법은 국회의원에게 두 가지 특권을 부여하고 있다. 면책특권(발언과 표결의 자유)과 불체포특권이 바로 그것이다. 면책특권(免責特權)은 국회의원이 국회에서 직무상 행한 발언과 표결에 관하여 국회외에서 책임을 지지 아니하는 특권을 말하며(헌법 제45조) 불체포특권(不逮捕特權)은 국회의원이 형행범이 아닌 한 회기 중 국회의 동의 없이 체포 또는 구금되지 아니하고 회기전에 체포 또는 구금된 경우라도 국회의 요구가 있으면 회기 중 석방될 수 있는 특권(헌법 제44조)을 말한다.

2) 대통령

(1) 대통령의 헌법상 지위와 신분관계

대통령은 국민의 직접선거에 의해 선출되므로 국민을 대표하는 기관으로서의 지위를 가진다. 그리고 대통령은 국가의 원수로서 대외적으로 국가를 대표하는 지위를 가진다.(헌법 제66조 제1항) 또한 대통령은 행정부의 수반으로서 행정부를 조직하고 통할하는 최고책임자로서의 지위를 가진다.(헌법 제66조 제4항)

한편 대통령의 임기는 5년 단임이며, 대통령이 궐위되거나 사고로 직무를 수행할 수 없을 때에는 일차적으로 국무총리가 2차적으로는 법률이 정한 국무위원의 순서로 그 권한을 대행한다.(헌법 제71조) 한편 우리 헌법은 대통령에게 일정한 신분상의 특권을 인정하고 있는데 재직 중 형사상의 불소추특권이 바로 그것이다. 즉 대통령은 내란 또는 외환의 죄를 범한 경우를 제외하고는 재직 중 형사상의 소추를 받지 아니한다.(헌법 제84조) 그러나 퇴직 후의 형사상 소추나 재직 중의 민사상의 책임은 면제되지 아니한다.

(2) 대통령의 권한

① 국가긴급권

대통령은 국가의 독립과 영토의 보전, 국가의 계속성과 헌법수호의 책무를 가지므로(헌법 제66조 제2항) 이에 상응하여 우리 헌법은 대통령에게 국가의 비상사태에 대응할 수 있는 권한을 부여하고 있다. 긴급재정경제처분 및 명령권과 긴급명령권 계엄선포권이 이에 해당하는 대표적인 권한이라 할 수 있다. 긴급처분 및 명령권은 내우, 외환, 천재지변 또는 중대한 재정 경제상의 위기 그리고 국가의 안위에 관계되는 중대한 교전상태와 같은 국가비상사태가 발생하고 국회의 집회를 기다릴 여유가 없거나 불가능한 때에 대통령이 긴급한 조치를 취할 수 있는 권한(헌법 제76조)을 말한다. 계엄선포권은 전시, 사변 또는 이에 준하는 국가비상사태에 있어서 병력으로써 군사상의 필요에 의하거나 공공의 안녕질서를 유지할 필요가 있을 때에 대통령이 발하는 권한(헌법 제77조)을 말한다. 계엄에는 경비계엄과 비상계엄의 두 종류가 있는데 특히 비상계엄이 선포되면 법률이 정하는 바에 의하여 영장제도 언론 출판 집회 결사의 자유 정부나 법원의 권한에 관하여 특별한 조치(헌법 제77조 제3항)를 취할 수 있다. 그 외에도 대통령은 필요하다고 인정할 때에는 외교 국방 통일 기타 국가안위에 관한 중요정책을 국민투표(헌법 제72조)에 붙일 수 있다.

② 행정에 관한 권한

대통령은 행정부의 수반으로서 행정에 관한 최고결정권과 최고지휘 및 감독권을 가지며 법률집행에 관한 권한을 가진다. 또한 대통령은 국가의 대표로서 외국과의 조약을 체결하고 비준하는 권한 외교사절의 파견 및 접수권 선전포고와 강화를 할 권한(헌법 제73조) 국군의 해외파견권 외국군대의 국내주둔허용권(헌법 제60조 제2항) 등을 가진다. 그 밖에도 대통령은 국군통수권(헌법 제74조) 예산안을 편성할 수 있는 권한(헌법 제54조)과 그 밖의 재정에 관한 권한 국무총리와 국무위원 임명(헌법 제86조, 제87조) 및 공무원 임면권(헌법 제78조) 영전수여권(헌법 제80조) 등을 가지고 있다.

③ 입법에 관한 권한

대통령은 행정부의 수반이지만 입법에 관한 권한도 가지고 있다. 법률안제출권과 공포권 및 국회의 입법권을 통제할 수 있는 법률안거부권 그리고 헌법개정안을 제안할 수 있는 권한이 바로 그것이다. 또한 대통령은 법률에서 구체적으로 범위를 정하여 위임받은 사항과 법률을 집행하기 위하여 필요한 사항에 관하여 대통령을 발할 수 있다. 이러한 대통령의 명령제정권(행정입법권)은 의회입법의 원칙에 대한 예외로서 인정되는데 이러한 예외를 인정하는 이유는 현대국가에 있어서 모든 법규사항을 국회가 법률로서 남김없이 규율하는 것이 부적절하고 또한 불가능해졌기 때문이다.

④ **사법에 관한 권한**

대통령은 정당의 목적이나 활동이 민주적 기본질서에 위배될 때에 헌법재판소에 그 해산을 제소할 수 있는 권한(헌법 제8조 제4항)과 법률이 정하는 바에 의하여 사면 감형 복권을 명할 수 있는 권한(헌법 제79조)을 가지고 있다. 이 중 사면에는 일반사면과 특별사면이 있는데 일반사면은 범죄의 종류를 지정하여 이에 해당하는 모든 사람을 대상으로 그에 대한 공소권이나 형의 선고의 효력을 소멸시키는 것을 말하며, 특별사면은 형의 선고를 받은 특정인에 대하여 그 형의 집행을 면제하는 것을 말한다.

3) 행정부

행정부는 대통령을 정점으로 하여 국무총리와 국무위원 행정각부 및 감사원 행정부의 권한에 속하는 중요정책을 심의하는 국무회의 그리고 대통령의 자문에 응하기 위한 자문회의로 구성된다.

원래 대통령제에서는 대통령의 궐위시에 대비하여 부통령제를 두는 것이 보통이나 우리 헌법은 의원내각제에서 볼 수 있는 국무총리를 두고 있다. 현행 헌법상의 국무총리는 행정에 관하여 대통령의 명을 받아 행정각부를 통할하는 대통령의 보좌기관이다. 그리고 국무총리는 대통령의 유고시 대통령의 권한을 대행한다.

국무회의는 국정에 관한 중요정책을 심의 하는 기관이다. 외형적으로 본다면 국무회의도 국무총리처럼 의원내각제에서 볼 수 있는 제도이다. 하지만 의원내각제의 내각이 의결기관인데 반하여 국무회의는 단순한 심의기관에 불과하다는 점에서 차이가 있다. 따라서 국무회의의 심의결과에 대통령이 법적으로 구속당하지는 않는다.

대통령의 자문기관으로는 국가안전보장회의 외에 국가원로자문회의 민주평화통일자문회의 그리고 국민경제자문회의가 있다. 자문기관은 대통령의 독선을 견제하고 전문가의 경험과 식견을 국정에 반영하기 위하여 설치된 기관이다.

감사원은 국가의 세입 세출의 결산 국가 및 법률이 정한 단체의 회계검사와 행정기관 및 공무원의 직무에 관한 감찰을 그 소관사항으로 하는 기관이다. 감사원은 대통령소속하의 기관이지만 직무에 있어서는 대통령의 지시나 간섭을 받지 아니하는 독립기관이다.

4) 법 원

(1) 법원의 헌법상의 지위와 사법권의 독립

법원은 법관으로 구성되어 사법권을 행사하는 기관으로서 입법부와 집행부의 권력으로부터 국민의 권리를 보장하는 기능을 담당한다. 따라서 법원은 타 국가기관의 간섭과 압력으로부터 독립된 지위를 가져야만 한다. 이를 위하여 우리 헌법은 사법권의 독립을 보장하고 있다.

사법권의 독립은 크게 법원의 독립과 법관의 독립으로 나누어 볼 수 있다. 법원의 독립이라 함은 법원이 그 조직과 운영 및 기능면에서 입법부와 집행부 등으로부터 독립해야 한다는 원칙을 말하는 것이고, 법관의 독립이라 함은 법관이 재판을 할 때 오로지 헌법과 법률 그리고 그 양심에 따라 독립하여 심판한다는 원칙과 이를 위해 법관의 신분을 보장해 주는 원칙을 말한다.

(2) 법원의 권한

법원의 권한은 그 고유권한에 속하는 각종 쟁송사건에 관한 재판권, 즉 민사 형사 행정재판권 이외에도 선거쟁송에 관한 재판권과 명령 규칙 심사권을 가지고 있다. 명령 규칙 심사권이라 함은 법원이 재판의 대상이 되고 있는 구체적 사건에 적용할 명령 규칙의 효력을 심사하여 이를 무효라고 판단할 경우 당해 명령 규칙을 당해사건에 적용하는 것을 거부하는 권한(헌법 제107조 제2항)을 말한다. 법원은 헌법이나 법률의 하위에 있는 명령 규칙이 상위법을 위반할 경우 이의 적용을 거부함으로써 법질서의 통일성을 보장하고 아울러 위헌 또는 위법한 명령 규칙으로 인하여 국민의 자유와 권리가 침해되는 것을 방지할 수 있다. 그 외에도 법률의 위헌여부가 재판의 전제가 되는 경우에는 법원은 직권이나 혹은 당사자의 신청에 의하여 헌법재판소에 위헌법률심판을 제청(헌법 제107조 제1항)할 수 있다. 법원이 위헌법률심판을 제청한 경우에는 당해사건의 재판은 헌법재판소의 위헌 여부의 결정이 있을 때까지 정지된다.

(3) 재판절차와 운영

우리 헌법은 법원을 최고법원인 대법원과 각급법원으로 조직하여 상하의 심급제를 도입하고 있다. 헌법이 심급제를 도입한 이유는 소송절차를 신중하게 함으로써 오판의 발생 가능성을 줄이고 공정한 재판을 확보하려는 데에 그 목적이 있다. 법원조직법은 상하의 심급제와 관련하여 3심제의 원칙을 규정하고 있으나 여기에는 일정한 예외가 있다.[3)]

한편, 우리 헌법은 재판의 심리와 판결은 공개한다.(헌법 제109조)라고 하여 재판공개의 원칙을 규정하고 있다. 재판의 공개주의는 여론의 감시하에 재판의 공정성를 확보하고 소송당사자의 인권을 보장하며 더 나아가서 재판에 대한 국민의 신뢰를 확보하려는 데에 그 제도적 의의가 있다. 재판공개의 원칙에는 예외가 있다. 즉 국가의 안전보장 또는 안녕질서를 방해하거나 선량한 풍속을 해할 염려가 있을 때에는 심리에 한하여 법원의 결정으로 공개하지 아니할 수 있다.(헌법 제109조, 단서)

재판절차와 관련하여 사법부의 비민주성 내지 관료화를 치유하기 위한 제도적 개혁방안의 하나로서 배심제의 도입 시행에 대하여 논란이 있다. 배심제라 함은 법률전문가가 아닌 시민 중에서 선출된 배심원으로 구성되는 배심이 기소하거나 심판하는 제도를 말한다.

5) 헌법재판소

(1) 헌법재판제도

헌법은 국가의 최고법이므로 헌법을 위반하는 국가기관의 행위는 제재를 받아야만 한다. 이의 실효성을 확보하기 위한 제도가 헌법재판제도이다. 여기에 해당되는 것으로는 위헌법률심사, 명령규칙심사, 헌법소원심판, 정당해산심판, 권한쟁의심판, 탄핵심판 등이 있다. 헌법재판제도는 헌법질서를 수호하며 개인의 기본권을 보장하고 정치적 갈등을 사법절차에 따라 평화적으로 해결하는 기능 등을 가지고 있다.

---

3) 특허소송과 선거소송 중 지방의회의원선거와 자치구·시·군의 장의 선거소송은 2심제, 비상계엄하의 군사재판과 선거소송 중 대통령·국회의원·시도지사의 선거소송은 단심제이다.

헌법재판제도는 일반법원으로부터 독립된 헌법재판소를 설치하여 관장하게 하는 방법이 있고 일반법원으로 하여금 담당하게 하는 방법이 있다. 전자의 방법은 독일과 오스트리아 등 유럽국가에서 많이 채택하는 방법이고 후자의 방법은 미국과 일본 등에서 채택하고 있는 방법인데 우리나라는 전자의 방법을 채택하고 있다.

(2) 헌법재판소의 헌법상 지위와 구성

헌법재판소는 위헌법률심판, 탄핵심판, 정당해산심판, 권한쟁의심판, 헌법소원심판 등을 그 고유권한으로 하는 헌법재판기관으로서 헌법을 수호하고 궁극적으로는 국민의 기본권을 보장하는 기관으로서의 지위를 가지고 있다. 헌법재판소는 임기 6년의 법관 자격을 가진 9인의 재판관으로 구성되며 이 중 3인은 대통령이 3인은 국회에서 선출하는 자를 3인은 대법원장이 지명하여 대통령이 임명한다. 헌법재판소를 대통령 국회 대법원장이 합동으로 구성하게 하는 것은 헌법재판소의 정치적 중립성을 유지하도록 하기 위한 것이다.

(3) 헌법재판소의 권한

① 위헌법률심판

위헌법률심판은 국회가 의결한 법률이 헌법에 위반되는지의 여부를 심사하고, 그 법률이 헌법에 위반되는 것으로 인정하는 경우에 그 효력을 상실하게 하는 제도를 말한다. 현행 헌법은 법률의 위헌여부를 심사하기 위한 전제조건으로서 그 법률의 위헌여부가 재판의 전제가 될 것을 요구하고 있다. 즉 구체적인 사건이 법원의 재판대상이 되고 있는 상태에서 당해 사건에 적용할 법률이 위헌이냐 아니냐에 따라서 재판의 결론이 달라지는 경우에 위헌법률심판의 절차가 진행되도록 하고 있다. 법원의 위헌심판의 제청에 의해 헌법재판소가 위헌심판을 하게 되는데 헌법재판소가 법률에 대한 위헌결정을 하면 9인의 재판관 중 6인 이상의 찬성이 있어야만 하고 위헌으로 결정된 법률은 그 결정이 있는 날로부터 효력을 상실한다.(헌법재판소법 제47조 제2항)

한편 우리 헌법재판소는 법률이 위헌결정을 받게 되면 생길지 모르는 혼란을 줄이기 위하여 단순위헌결정과 함께 변형된 결정유형도 채택되고 있다. 한정합헌결정과 헌법불합치결정이 그 대표적인 경우이다. 한정합헌결정이라 함은 위헌적 소지가 있는 법령의 의미를 가능하면 헌법의 정신에 합치되도록 축소해석하여 위헌판단을 회피하는 결정유형을 말한다.[4] 헌법불합치결정이라 함은 법률의 실질적인 위헌성을 인정하면서도 입법자의 입법형성의 자유를 인정하고 법의 공백을 피하기 위하여 일정기간까지는 당해법률이 잠정적으로 효력을 가진다는 것을 인정하는 결정유형을 말한다.[5]

② 정당해산심판 탄핵심판 권한쟁의심판

정부는 정당의 목적이나 활동이 민주적 기본질서에 위배될 때에는 국무회의의 심의를 거쳐 헌법재판소에 그 해산을 제소할 수 있다. 헌법재판소에 의해 정당해산을 명하는 결정이 내려지면, 중앙선거관리위원회는 그 정당의 등록을 말소하고 해산된 정당의 잔여재산은 국고에 귀속된다. 또한 해산된 정당의 강령 또는 기본정책과 동일하거나 그와 유사한 대체정당을 창설하지 못하며(헌법재판소법 제42조) 소속의원의 자격은 상실되는 것으로 간주된다.

탄핵심판권은 국회의 탄핵소추의 의결이 있은 후에 헌법재판소가 행사할 수 있다. 탄핵결정이 있게 되면 그 탄핵결정을 받은 자는 공직으로부터 파면되며, 결정선고가 있은 날로부터 5년간 공무원이 될 수 없다.(헌법재판소법 제54조 제2항)

권한쟁의심판이라 함은 국가기관 또는 지방자치단체간에 권한의 존부나 그 범위에 관하여 분쟁이 발생한 경우에 헌법재판소가 그 권한의 존부나 범위 등을 명백히 함으로써 기관간의 분쟁을 해결하는 제도를 말한다.

③ 헌법소원심판권

헌법소원제도는 공권력의 행사 또는 불행사로 말미암아 헌법상 보장된 기본권이 침해되었을 경우, 그 침해된 당사자가 헌법재판소에 당해 공권력의 위헌 여부를 심사해 줄 것을 청구하는 제도이다.

여기에는 두 가지 유형이 있는데 하나는 공권력에 의해 기본권을 침해당한 자가 직접 청구하는 권리구제형 헌법소원이 있고 또 다른 하나는 위헌법률심판의 제청신청이 법원에 의하여 기각된 경우에 제청신청을 한 당사자가 청구하는 위헌심사형 헌법소원이 있다.(헌법재판소법 제68조 제2항)

---

4) 주문례 : ......으로 해석하는 한 헌법에 위반되지 아니한다.
5) 주문례 : 00조는 헌법에 합치되지 아니한다. 그러나 00조는 00년 00월 00일까지를 시한으로 입법자가 개정할 때까지 그 효력을 지속한다.

헌법소원심판을 청구하려면 기본권의 침해가 자신에게 직접적으로 그리고 현실적으로 발생하는 경우이어야만 하고 자신의 기본권침해를 제거할 수 있는 다른 법적 구제수단이 없을 경우에만 인정된다. 후자의 경우를 헌법소원의 보충성의 원칙이라고 부른다.

6) 중앙선거관리위원회

중앙선거관리위원회의 주요 업무로는 선거관리, 정당사무관리, 정치자금사무관리, 민주시민교육, 선거, 정치제도연구 등을 들 수 있다. 선거관리와 관련한 업무는 공직선거, 선거비용, 국민투표, 위탁선거, 주민투표, 주민소환투표, 정당당내경선사무 등의 관리가 있다. 이 중 공직선거 관리의 경우 예비후보자 등록 → 선거인명부 작성 감독 → 후보자 등록 → 선거운동관리 → 투 개표관리→당선인 결정 등 선거의 전 과정을 관할한다.

대통령선거 국회의원선거 지방의원 및 지방자치단체장선거가 정책 경쟁으로 전개되도록 선거 정보를 전달하고 각종 토론회를 개최하는 한편 선거법 위반 행위의 예방과 단속에도 주력한다. 선거비용의 상한선을 정하고 선거비용을 조사하는 일도 한다. 정당사무관리로는 정당의 등록 변경 및 소멸에 관한 감독사무와 정당발전지원업무를 수행하며, 정치자금사무관리로는 후원회 등록, 후원금의 모금 기부 감독, 국고보조금의 지급 지출 감독 등에 대한 일을 한다.

조직은 위원 9명으로 구성하는데 3명은 대통령이 3명은 국회에서 선출하며 3명은 대법원장이 지명하여 대통령이 임명한다. 위원장은 위원장과 상임위원 중에서 호선(互選)하는데 대법관이 위원장으로 선출되는 것이 관례로 되어 있다. 위원은 국회의 인사청문을 거쳐야 하며 임기는 6년으로 하고 연임에 대한 제한은 없다. 이들은 특정 정당에 가입하거나 정치활동 또는 정치관여를 할 수 없으며 중립성을 유지해야 한다. 대신 외부의 간섭과 영향을 받지 않도록 헌법과 법률로 임기와 신분을 보장받는다.

제 3 장

형 법

제1절 형법총론

1. 의 의

형법(刑法)은 범죄와 형벌에 관한 법규범을 말한다. 이에는 형법이라는 이름이 붙은 법률(형식적 의미의 형법) 뿐만 아니라 각종 특별형법이나 상사법 행정법상의 형벌규정들(실질적 의미의 형법)이 포함된다.

형법은 법규범이다. 도덕규범은 어떤 행동을 '하지 말라'고 하거나 어떤 행동을 '하라'고 명하는 금지 또는 명령의 단문(短文)의 형식을 취하지만, 형법규범은 '만약 어떤 위반행위를 할 때는 어떠어떠한 형벌을 부과한다'고 하는 조건문의 구조로 되어 있다. 즉 형법은 성립조건인 죄와 그 법적 효과인 벌을 규정하고 있는 것이다.

형법은 무엇이 죄가 되고 죄가 되지 않는지를 구별할 기준을 제시한다. 금지되지 않은 모든 행위를 자유롭게 보장한다.(형법의 보장적 기능) 또한 범죄의 구성요건에 관련된 법익을 보호한다.(법익보호적 기능) 다만 형법은 특히 기본적이고 중요한 법익에 관하여만, 다른 법규범에 의해서는 법익의 보호가 충분하지 않을 때 비로소 개입한다는 원칙을 가지고 있다.(형법의 최후수단적 성격, 또는 보충적 성격)

형법은 개별 법익의 보호에서 더 나아가 전체로서의 사회질서의 유지에도 기여한다. '사회보호적 기능'은 형법이 한편으로는 일반인의 범죄를 사전에 예방하고(일반예방적 기능) 또 한편으로는 이미 범죄를 행한 개별 범죄자가 형벌을 통해 개선되어 재범으로 나아가지 않도록 만든다는(특별예방적 기능) 두 가지 차원을 포함한다.

형법은 범죄의 법적 효과로서 형벌의 종류와 한도를 규정함으로써 개인에게 남겨진 자유를 확인하는 한편 국가의 형벌권을 근거 지운다.(실체법적 성격) 이는 형사소송법이 형벌의 부과와 집행을 위한 절차를 규정하는(절차법) 점에 대비될 수 있다.

형법상 형벌 외에도 형법 안팎에는 형사처벌의 일종인 이른바 보안처분으로서 보호관찰(형법 소년법 치료감호법상) 치료감호(치료감호법상) 보호처분(소년법상) 등 제도가 존재한다.

2. 죄형법정주의

앞서 형법은 범죄와 형벌에 관한 규정이라고 했다. 범죄와 형벌이 법률로써 규정되어 있어야 한다는 원칙이 죄형법정주의(罪刑法定主義)이다. 근대 이전에는 형벌은 형법이 아니라 왕이나 성직자의 명령에 근거해서 부과되고 집행되었다. 전근대 시대에 존재했던 형법이란 일종의 행정법으로써 국가형벌권의 근거이었다기보다 관리에 대한 수권 또는 위임의 범위를 정하는 것이었다고 할 수 있다. 근대 형법은 전제왕권에 대한 규제를 위하여 탄생하였고 왕명으로써가 아니라 의회가 제정한 법률로써만 개인의 자유와 권리를 제한할 수 있다는 자유주의 사상 및 권력분립 사상에 근거를 둔 것이다. 입법부만이 형벌법규를 제정할 수 있고 사법부나 행정부는 형벌법규를 창설할 수 없다. 시민은 성문의 법률로써 범죄라고 규정되어 있지 않은 어떠한 행위로도 형사처벌을 받지 않는다. 아무리 도덕적으로 큰 지탄의 대상이 될지라도 미리 법률에 처벌규정이 없으면 그 행위를 이유로 형벌을 부과할 수 없다. 이러함으로써만 시민 생활의 법적 안정성과 법의 예측가능성이 보장될 수 있는 것이다.

행위에 앞서 미리 처벌규정이 존재하여야만 하는 이유에 관해 다음과 같은 설명도 있다. 범죄자는 범죄행위 이전에 자신이 범죄행위를 통해 얻게 될 이익과 범죄 발각시 형사처벌 됨으로써 받게 될 불이익을 저울질한다. 만약 형벌의 괴로움이 더 크다고 판단한다면 범죄인은 스스로 범죄행위로 나아갈 것을 포기하게 될 것이다. 미리 공포된 형법의 이러한 작용을 '심리강제'라고 한다. 그러나 이러한 심리강제설은 지극히 비합리적이고 충동적인 범죄가 흔히 발생되는 이유를 설명하는 데는 어려움이 있다. 또한 현실에서 대부분의 범죄자들은 자신만은 발각되지 않으리라 기대하며 범죄로 나아가고 있다는 점을 고려할 때 설득력이 없다는 비판을 받고 있다.

죄형법정주의는 다음과 같은 하위원칙들로 나누어 설명할 수 있다. 성문법률주의(관습형법의 금지) 명확성의 원칙 유추해석금지의 원칙 적정석의 원칙 소급효금지의 원칙 등 이다.

1) 성문법률주의(관습형법의 금지)

성문법률주의(成文法律主義)는 범죄와 형벌은 성문의 법률로 규정해 두어야 한다는 원칙이다. 성문법률이란 형식적 의미의 법률, 즉 의회가 헌법이 정한 입법절차에 따라 제정한 법규범을 말한다. 따라서 행정부가 제정하는 명령이나 규칙에 의하여는 범죄와 형벌을 규정할 수 없다.

성문법률주의는 법률이 범죄의 구성요건의 중요한 부분을 정하고 세부사항을 명령에 위임하는 것까지 금지하는 것이다. 형벌의 종류와 그 폭을 법률이 정하고 구체적인 사항을 명령이나 조례에 위임하는 것도 허용된다. 다만 이러한 위임입법은 긴급한 필요가 있거나 미리 법률로써 자세히 정할 수 없는 부득이한 사정이 있는 경우에 한하여 그리고 처벌대상인 행위가 어떠한 것인지 이를 예측할 수 있을 정도로 구체적으로(헌법재판소 결정) 정하지 않으면 안된다.

2) 명확성의 원칙

형벌법규의 내용은 명확(明確)하여야 한다. 처벌대상인 행위가 어떤 것인지 예측가능한 정도로 명확하지 않으면 안된다. 규정이 불명확할 때는 법관이 자의적으로 해석하게 될 것이기 때문에 법률로 정하여 두도록 한 요구는 의미가 없게 된다. 가령 '도박 기타 범죄 등 선량한 풍속 및 사회질서에 반하는 행위'에 관계된 외환거래를 허가사항으로 하여 그 위반을 처벌하도록 한 구 외국환관리규정은 지나치게 광범위하고 불명확하여 명확성의 원칙에 반한다.(대법원 판결)

반면 죄의 어떤 요소가 해석이 추가로 요구된다고 하여 곧바로 불명확하다는 혐의를 둘 필요는 없다. 가령 협박죄는 '사람을 협박한 자'라고만 기술되어 있어 '협박'의 구체적인 의미 해석의 과제가 남겨져 있지만 언어의 가능한 의미 내에서 협박 행위가 무엇인지를 일반인이 예측가능할 수 있기 때문에 이로써 명확성의 원칙에 반한다고 할 수는 없다.

범죄의 결과 어떤 처벌을 받게 될 지도 역시 명확하여야 한다. 따라서 형기가 전혀 특정되지 않은 절대적 부정기형은 금지된다.

3) 유추해석 금지의 원칙

아무리 형벌법규의 내용이 명확하더라도 이를 해석하고 적용하는 단계에서 자의가 허용된다면 명확성의 원칙은 의미를 잃게 된다. 유추(類推)해석이란 법률 규정에 없는 사항에 대해서 그와 유사한 사항에 관한 법률 규정을 적용하는 것을 말한다. 가령 전화를 거는 행위를 주거침입이라고 해석하거나 창문 밖에서 방안을 들여다보는 것을 주거침입이라고 해석하는 것은 금지된 유추해석이다. 다만 피고인에게 유리한 유추는 금지되지 않는다.

4) 적정성의 원칙

죄형법정주의는 죄와 형을 법률로 정하라는 원칙인데, 법률로 정하기만 하면 어떠한 범죄나 형벌도 둘 수 있다는 것을 말하는 것은 아니다. 죄와 형은 실질적 정의에 합치하는 내용으로 규정되어야 한다는 원칙이 바로 적정성(適正性)의 원칙이다. 이를 실질적 죄형법정주의의 원칙이라고도 한다.

실질적 정의에 합치되려면 죄와 형의 내용이 헌법의 가치체계에 일치하여야 하며 형법의 발동이 필요하고도 최소한이지 않으면 안 된다. 기본권 제한에 관한 과잉금지의 원칙과 본질적으로 다르지 않다.

5) 소급효금지의 원칙

형벌법규는 시행된 이후에 이루어진 행위에 대해서만 적용되고 시행 이전의 행위에까지 소급하여 적용될 수 없다는 원칙이 소급효(遡及效)금지의 원칙이다. 만약 행위시에 범죄가 되지 않는 것으로 믿고 행위한 사람을 처벌하거나 또는 예측보다 더 불리한 처벌을 가한다면 국민의 행동의 자유는 보장되지 못하며 범죄 예방의 효과도 달성될 수 없다. 따라서 행위 후에 새로 개정된 법이 있더라도 원칙적으로 행위시법인 구법이 적용된다. 다만 죄와 형의 실체에 관계되지 않은 단순한 절차법규(소송법규)가 개정되는 때에는 소급효금지의 원칙이 적용되지 않는다. 즉 진보된 법인 신법에 따라 절차가 수행되어야 한다.

형법은 제1조제2항에서 '범죄의 법률의 변경에 의하여 그 행위가 범죄를 구성하지 아니하거나 형이 구법보다 경한 때에는 신법에 의한다'고 하여 유리한 신법의 소급효를 인정하고 있음은 유의하여야 한다.

제2절 범죄론

1. 범죄의 구성

형벌 부과의 전제가 되는 모든 조건을 범죄의 성립조건이라고 할 때 이 성립 조건은 논리적으로 3개의 단계로 나누어 이해하는 것이 현재의 통설이다. 즉 범죄(犯罪)는 구성요건에 해당하고(구성요건 해당성) 위법하고(위법성) 유책한(책임성) 행위이다. 구체적 행위가 범죄로서 성립하는가 여부를 판단할 때도 이 세 단계가 각각 요구하는 조건들이 충족되는지를 순차로 판단하는 것이 요구된다. 범죄에 해당하지 않는다는 판단이 어느 단계에서 확인되는가에 따라 당해 행위에 관하여 공범이나 미수범의 성립 여하가 달라진다는 점도 범죄구성의 중요한 의의 중의 하나이다.

1) 구성요건 해당성

구성요건(構成要件)이란 형법이 정한 위법행위의 유형을 말한다. 가령 살인죄의 구성요건은 '사람을 살해'하는 것이다. 구성요건은 추상적인 유형, 범죄의 정형이다. 어떤 구체적인 행위가 '사람을 살해'하였다는 추상적 유형에 부합한다고 판단되는 것을 구성요건 해당성이 있다고 말한다. 구성요건은 여러 요소들로 이루어져 있다. 행위주체 행위객체 행위양태 및 행위상황 행위결과 인과관계와 같은 객관적 구성요건 요소들 그리고 고의 또는 과실과 같은 주관적 구성요건 요소들을 포함한다.

개개의 구성요건요소는 형법 각칙에 기술되어 있는 경우도 있고 기술되어 있지 않지만 해석상 인정되는 경우도 있다. 가령 절도죄는 '타인의 재물을 절취'하는 것이라고만 기술되어 있으나 그 외에도 타인의 소유권을 불법적으로 배제하고 그 재물을 자신이 새롭게 취득하려는 의사인 '불법영득의 의사'를 요구한다. 따라서 일시 사용 후 돌려줄 의사로 절취하는 행위는 절도죄의 구성 요건 해당성이 없다.

2) 위법성

위법성(違法性)이란 행위가 전체 법질서의 견지에서 보았을 때 허용되지 않는다는 성질을 말한다. 어떤 행위가 구성요건해당성이 있으면 통상은 그 행위의 위법성도 인정된다.(구성요건의 '위법성 징표기능') 그러나 예외적으로 위법성이 없다고 보아야 할 경우가 있다. 가령 정당방위 긴급피난과 같은 상황에서의 행위는 위법성이 조각된다. 어떤 행위가 사람을 살해한 행위라고 판단되어 살인죄의 구성요건해당성이 인정되었더라도 위법성조각사유가 존재하지 않는 때에만 그 행위를 비로소 위법한 행위(나쁜 행위)라고 말할 수 있다.

형법학에서는 위법성은 불법이라는 개념과도 구별하여 사용한다. 위법성이란 인정되거나 또는 인정되지 않거나 하는 유무의 판단만이 존재할 뿐이다. 즉 단지 '나쁘다'는 성질을 의미하는 데 불과하고 '얼마나' 나쁜가를 설명하는 내용(실체)을 가지고 있지 않다. 반면 불법은 위법하다고 판단된 행위 자체를 지시한다. 즉 불법은 구성요건에 해당하는 위법한 행위를 일컫는다. 불법은 가볍고 중한 정도를 논하는 것이 가능한 실체개념이다. 가령 과실치사의 불법은 살인의 불법보다 크다.

3) 책임성

행위가 구성요건에 해당하고 위법하더라도 행위주체에게 책임(責任)을 물을 수 없다면 범죄는 성립하지 않는다. 구성요건해당성과 위법성이 '행위'를 대상으로 고찰하는 것임에 비해 책임성은 '행위자'를 대상으로 고찰한다. 다시 말해 구성요건해당성과 위법성이 '행위가 나쁜가'를 판단하기 위함이라면 책임성은 '행위자가 나쁜가'를 판단하기 위함이다. 행위가 불법에 해당하는 것이었을지라도 행위자가 당시 행위 상황에서 그와 달리 적법하게 행할 수 있을 만큼의 변별력이나 의사결정 능력을 가지고 있지 못하였다면 그를 비난할 수 없다. 이러한 의미에서 책임은 '비난가능성'을 의미한다.

구성요건해당성 위법성이 인정된 후 책임이 인정될 때 비로소 범죄가 성립한다. 그러므로 책임은 형벌의 근거가 된다. 형벌의 양은 책임의 양을 초과할 수 없다는 원칙을 책임주의의 원칙이라고 한다. 책임이 인정되기 위해서는 행위자에게 책임능력이 있었어야 하고 위법성을 인식하였어야 하며 적법행위를 할 수 있으리라는 기대가능성이 있었어야 하며 고의 또는 과실이 인정되어야 한다.

고의 또는 과실은 주관적 구성요건요소임과 동시에 책임요소이기도 함을 알 수 있다. 우리가 과실치사범에 비해 살인범의 죄가 책임이 더 크다고 비교하여 말할 수 있는 것은 책임 형식인 고의 또는 과실의 크기에 의해 책임의 크기가 달라짐을 시사하는 것이다.

2. 구성요건 관련 이론

1) 고의범과 과실범

(1) 고의범과 과실범의 구별

고의범(故意犯)이란 행위시에 고의를 가지고 행한 범죄를 말한다. 고의는 구성요건 실현에 대한 인식 및 의욕을 의미한다. 행위자가 행위시에 객관적 구성요건요소들의 어느 일부에 대하여 인식이 없었거나 또는 그 실현을 의욕하지 않았다면 고의가 존재하였다고 말할 수 없다.

형법은 원칙적으로 고의범만을 처벌한다. 형법은 모든 범죄에 관하여 항상 과실범을 처벌하는 것이 아니라 특별히 과실범 처벌 규정을 명시한 일부 범죄에 관해서만 과실범을 처벌한다. 과실치사 과실치상 업무상 과실 또는 과실에 의한 장물죄 실화죄 등을 과실범의 처벌 예로 들 수 있다.

과실범 처벌 규정을 갖춘 경우의 고의범은 일반적으로 그 죄의 과실범보다 중한 벌을 규정하고 있다. 이는 고의범의 행위불법이 과실범의 경우보다 크고 비난가능성 즉 책임 역시 더 크기 때문이다. 이러한 의미에서 고의 또는 과실은 구성요건요소인 동시에 책임요소로도 기능하고 있는 것이다.

(2) 고의범의 성립

고의가 성립하기 위해서는 객관적 구성요건요소에 속하는 모든 사실을 인식하여야 한다. 즉 행위의 주체 객체 행위 결과 및 인과관계를 인식하여야 하며 형을 가중 감경하는 특별한 사유가 있을 때에는 그것에 해당하는 사실(가령 존속살해죄에서는 피해자가 직계존속인 사실)도 인식하여야 한다.

고의는 확정적일 필요는 없고 미필적 고의(未畢的故意)로도 고의는 인정된다. 미필적 고의란 결과발생에 대한 확신이 없이 그 가능성을 인식하면서 나아가 결과발생을 용인하는 내심의 의사를 가진 경우를 말한다. 행위자가 두 가지 이상의 결과 중에 어느 하나가 실현되어도 좋다고 생각한 경우(택일적 고의)는 두 결과 각각에 대해 모두 고의가 인정된다.

(3) 과실범의 성립

고의가 인정되지 않는 경우라 할지라도 만약 과실범 처벌규정이 존재하고 행위자에게 과실이 인정된다면 과실범으로 처벌할 수 있게 된다.

과실(過失)이란 정상의 주의를 태만히 함으로써 죄의 성립요소인 사실을 인식하지 못하였거나(예견의무 위반) 또는 인식은 하였더라도 구성요건 실현을 회피할 노력을 충분히 다하지 못한 경우(회피의무 위반)를 말한다. 예견의무 위반의 경우를 인식 없는 과실이라고 하고, 인식은 있었으나 회피의무를 다하지 않은 경우를 인식 있는 과실이라고 한다. 이 두 종류의 과실은 불법의 경중에는 차이가 없다고 보는 것이 통설이다.

그런데 위험이 상존하는 현대 산업사회를 생각해 보면 사회생활상의 필요에 따라 사회적으로 상당한 수준으로 주의의무의 요구수준을 완화시키지 않을 수 없게 된다. 주의의무를 제한하는, 즉 과실범 성립을 제한하는 이러한 위험을 허용된 위험이라 한다. 허용된 위험은 도로교통상의 주의의무에 관해서도 인정된다. 스스로 교통규칙을 준수하고 있는 운전자는 다른 운전자가 교통규칙을 준수하리라고 기대하여도 좋고, 다른 운전자가 규칙을 위반하여 운행하여 발생하게 될 위험까지 예상하고 대비하여야 할 의무는 없다.(신뢰의 원칙) 판례는 차와 차 사이의 충돌사고와 차와 보행자 사이의 사고의 경우를 구별하여, 전자에 관하여는 신뢰의 원칙을 적용하는 반면 후자의 경우에는 고속도로 자동차 전용도로 육교 및 횡단보도가 적색신호일 때 등에만 제한적으로 적용하고 있다. 또 신뢰의 원칙은 행위자가 상대방의 규칙위반을 이미 인식한 경우 등 특별한 사정이 있는 경우에는 그 적용이 배제된다.

과실범 중에는 결과적 가중범(結果的 加重犯)이라는 형식도 있다. 가령 상해를 가하려 하였는데 피해자가 그만 사망에 이른 경우 상해치사라는 결과적 가중범이 성립한다. 그 외에도 현주건조물방화치사상 특수공무방해치상 교통방해치상 중상해 강간치상(치사) 강도치상(치사) 등이 이에 해당한다. 결과적 가중범은 원인된 행위에 대해서 고의범이 성립하고 그 원인된 행위로 인하여 더 중한 결과가 발생하였는데 그 결과발생에 관해서는 고의는 인정되지 않고 과실만이 인정되는 경우이다. 결과적 가중범은 중한 결과가 고의적인 기본범죄(원인된 행위)에 전형적으로 내포된 잠재적인 위험이 실현된 것이기 때문에 그 불법이 기본범죄의 고의범보다도 크고 결과에 대한 단순한 과실범보다도 크다는 점을 고려하여 그만큼 가중처벌하도록 규정하고 있는 것이다.

(4) 착 오

만약 행위자가 사실을 오인하여 실제 발생한 사실이 그가 의욕한 사실과 다르게 나타난 때에는 실제 발생한 사실에 관한 과실범의 성립여부를 판단하면 된다. 그런데 만약 그가 의욕한 사실이 범죄를 구성하는 경우라라면 문제가 다르다. 단순히 발생한 사실의 과실범으로 처벌하는 데 그치기에는 불법이 더 크다고 하지 않을 수 없는 탓이다.

인식한 사실과 발생한 사실이 서로 다른 경우를 착오(錯誤)라고 칭한다. 그중 '구체적 사실의 착오'란 인식사실과 발생사실이 동일한 구성요건에 속하는 경우(가령 사람 A를 사람 B로 오인하여 저격한 경우)를 말하고 '추상적 사실의 착오'란 인식사실과 발생사실이 상이한 구성요건에 속하는 경우(가령 사람 B를 마네킹으로 오인하여 저격한 경우)를 말한다. 대체로 다수설은 구체적 사실의 착오에 대해서는 오인을 문제 삼지 않고 발생한 사실(위의 경우 사람 A에 대한 살인죄)의 고의 기수범이 성립한다고 본다. 추상적 사실의 착오에 대해서는 인식사실의 미수범(마네킹에 대한 손괴 미수죄)과 발생사실의 과실범(사람 B에 대한 과실치사죄)이 동시에 성립하되 다만 이 두 죄의 관계는 1개의 행위가 2개의 죄에 해당되는 이른바 상상적 경합범(想像的 競合犯)이므로 그 중 중한 죄 하나로만 처벌하여야 한다.

그 외에, 행위자가 사태의인과적인 진행과정에 관하여 착오한 경우, 즉 예상하였던 내용과 실제 인과과정이 서로 다를 때에는 그 착오가 본질적인 경우(가령 살해할 의사로 칼로 찔렀는데 병원 이송 중 교통사고로 사망하게 된 경우)는 고의범은 성립하지 않고 미수범만을 논할 수 있다. 그 착오가 본질적이지 않을 때(가령 익사하리라고 예상하고 물에 빠뜨렸는데 추락시 바위에 부딪혀 뇌진탕으로 사망한 경우)는 고의범 성립을 인정할 수 있다.

2) 인과관계

범죄 성립을 위해 요구되는 구성요건에는 인과관계(因果關係) 및 인과관계의 인식도 포함된다. 즉 형법은 어떤 행위라도 죄의 요소인 위험발생에 연결되지 않은 때에는 그 실현된 결과로 인하여 처벌하지 않으며, 행위자가 그러한 인과관계를 인식하지 못한 때에는 고의가 없어 고의범으로는 처벌하지 못한다. 경우에 따라 과실범으로만 처벌할 수 있을 뿐이다. 그런데 인과관계는 모든 범죄에서 다 요구되는 것은 아니다. 폭행죄 주거침입죄 등과 같이 행위자의 어떤 거동만이 존재하면 객관적 구성요건이 충족되는 거동범(擧動犯)의 경우에는 인과관계는 구성요건 요소가 아니다. 상해죄 살인죄 등과 같이 거동 이외에 피해자의 신체 손상 또는 사망과 같은 결과발생이 추가로 요구되는 결과범(結果犯)의 경우에만 인과관계는 구성요건 요소가 된다.

인과관계가 인정되는가, 즉 행위가 결과를 이끈 원인인가를 판단할 때에는 단지 결과에 영향을 준 조건이 된 것만으로 항상 그를 인정하지는 않는다. 자연과학적으로 볼 때 행위가 하나의 조건이 되었다고 인정하였더라도 형법적 평가를 다시 거쳐 그 결과발생이 행위로 인한 것이라고 판단할 사회적 상당성 또는 중요성이 인정되는가를 개별적으로 판단하여 인과관계의 존재 여부를 결정한다. 가령 한 판례는, 뺨을 맞아 쓰러져 두개골이 바닥에 부딪혀 사망한 피해자가 원래 뇌수종을 앓고 있었던 사정이 있었다면 뺨을 친 행위는 사망에 대해 인과관계가 없어 과실치사죄로 벌할 수 없다고 했다. 반면 강간범의 피해자가 강간을 피하기 위해 창문으로 탈출하려다 추락사한 경우는 강간 행위와 사망사이에 인과관계를 인정하여 강간치사죄의 성립을 인정하였다.

3) 작위범과 부작위범

형법 각칙은 대부분 금지의 위반, 즉 작위를 벌하는 형식으로 서술하고 있다. 그와 같이, 하지 말고는 하는 규범에 반하여 적극적인 행동으로 나아간 것을 작위범(作爲犯)이라고 하고 반대로 명령의 위반, 즉 하여야할 것을 하지 않음으로써 성립하는 범죄를 부작위범(不作爲犯)이라고 한다.

부작위범에는 진정(眞正)부작위범과 부진정(不眞正)부작위범의 두 종류가 있다. 퇴거불응죄 다중불해산죄에서처럼 '불응' '불해산'과 같은 부작위에 의해서만 구성요건이 실현 가능한 경우를 진정부작위범이라고 하고 법문의 형식상 작위범이지만 작위의무가 있는 자가 부작위를 통해서 그 작위범의 구성요건을 실현시키는 경우를 부진정부작위범이라고 한다. 가령 어미가 아기를 살해할 의사로 방치하여 사망케 할 때 부진정부작위에 의한 살인죄가 성립된다.

부작위범이 성립하기 위해서는 작위 행위의 가능성이 인정되어야 한다. 또한 행위 주체에게 당해 작위행위가 기대 가능한 것 이여야 한다. 특히 부진정부작위범이 성립하기 위해서는 우선 행위 주체가 행위객체에 대하여 갖는 보호의무, 즉 보증인 지위가 인정되어야 한다. 보증인 지위는 부모나 보모가 아동에 대하여 갖게 되는 지위뿐만 아니라 계약이나 조리에 의해서도 발생되는 지위인 경우도 있다. 선행행위자, 즉 위험을 야기한 원인행위자에게도 보증인 지위가 인정된다. 부진정부작위범의 성립을 위해서는 또한 행위 주체의 부작위가 통상의 작위범의 작위와 동등한 가치를 갖는 것으로 평가될 수 있는 것이어야 한다.

3. 위법성 조각사유

객관적 주관적 구성요건 모두가 충족되어 구성요건해당성이 인정된 경우 통상은 당해 행위가 위법한 행위로 평가받을 것이다. 그러나 예외적으로 일정한 경우에는 구성요건에 해당하는 행위라도 위법하지 않고 적법하다고 평가받아야 하는 경우가 있다. 이에 해당하는 예외적인 사유들을 위법성조각사유라고 한다.

위법성조각사유(違法性阻却事由)에 의해 행위가 적법한 것으로 평가될 수 있으려면 객관적으로는 정당화 상황이 존재하여야 하고 주관적으로는 정당화의사, 즉 정당화상황의 인식과 그에 기해 행한다는 의사가 필요하다. 만약 객관적으로는 정당화 상황인데 행위자는 그 정당화 상황을 인식하지 못한 채 행위한 때에는 어떻게 평가할 것인가. 이 행위는 정당화되지 못하고 행위자는 그 공격행위의 미수범으로 처벌되어야 한다고 보는 것이 다수설이다. 만약 객관적으로는 정당화 상황이 아닌데 행위자가 정당화 상황이라고 착오하여 구성요건을 실현시키니 때에는 이를 '위법성조각사유의 전제 사실에 관한 착오'의 문제라고 하는데 과실범의 책임을 지우자는 것이 다수설이다.

위법성조각사유가 인정되면 행위자뿐만 아니라 당해 정당화 행위에 관여한 공범의 행위도 정당한 것으로 인정된다. 행위의 상대방이 그 정당화된 행위에 대해서 반격할 경우 그 반격행위는 위법한 것으로 평가된다.

1) 정당방위

정당방위(正當防衛)는 자기 또는 타인의 법익에 대한 현재의 부당한 침해를 방위하기 위한 상당한 이유 있는 행위를 말한다. '법은 불법에 양보할 필요가 없다'는 법언(法言)이 있다. 정당방위를 위법성조각사유로 인정하는 이유는 자기보호 본능이 인간의 자연적 본능이기 때문이며 정당방위 행위는 방위자에 대한 불법한 공격을 저지함으로써 법질서의 수호에도 기여하기 때문이다.

정당방위는 '현재의' 침해에 대해서만 인정한다. 법익의 침해가 현장에서 계속되는 상태에 있으면 침해의 현재성이 인정되지만(가령 절도의 현행범을 추격하여 도품을 탈환하는 행위) 침해가 종료된 후의 공격 또는 장래에 예견되는 침해에 대한 예방행위는 정당방위로 인정하지 않는다.

'부당한 침해'에 대해서만 정당방위가 가능하나 반드시 형법상 불법한 행위만을 의미하는 것은 아니고 전체 법질서의 견지에서 결정하는 것이므로 죄가 아닌 행위 가령 사용절도 과실손괴나 형사미성년자 정신병자 등의 공격에 대해서도 정당방위는 성립할 수 있다. 동물 자연현상의 공격은 인간의 행위가 아니므로 이에 대하여는 정당방위가 아니라 긴급피난만이 성립할 수 있다. 그러나 동물의 공격이 사람의 고의 과실에 의하여 야기된 경우에는 동물에 대한 반격은 그 배후의 사람에 대한 정당방위로 해석되므로 손괴죄의 성립을 피할 수 있을 것이다.

정당방위의 성립 요건인 '상당한 이유'가 인정되기 위하여서는 방위행위가 공격행위의 저지에 적합한 수단이어야 하며(적합성의 원칙) 적합한 여러 수단 중에서 상대적으로 손실이 경미한 것을 선택하여야(상대적 최소방위의 원칙) 한다. 다만 상대의 공격이 적법한 것이 아니므로 방위로써 지키려는 이익이 방위로써 침해될 이익보다 반드시 우월하여야 하는 것은 아니다. 가령 강도범에 대항하여 달리 적절한 방법이 없었다면 강도범을 살해하는 것도 정당방위로 인정될 수 있다.

어린아이와 같이 책임능력이 없는 자의 침해에 대해서도 정당방위가 성립할 수는 있으나 상당성의 범위가 상대적으로 제한된다. 보호의무가 있는 자가 그 피보호자에 대해 방위할 때도 극히 경미한 침해에 대해서도 방위행위자가 상대방의 침해행위를 도발하였다고 볼 책임이 있는 때에도 정당방위의 성립은 상대적으로 제한된다.

방위행위가 그 정도를 초과한 경우인 과잉방위는 위법성이 조각되지 않는다. 다만 정황에 의하여 형이 감면될 수 있으며 과잉방위가 야간 기타 불안스러운 상태에서 공포 경악 흥분 또는 당황으로 인한 때에는 처벌하지 않는다.

정당방위 상황이 아닌데 그를 오인하여 정당방위의 의사로 방위한 경우는 앞서 말한 '위법성 조각사유의 전제사실의 착오'의 경우가 되는데 이를 오상방위라고 칭한다. 이때는 위법성은 조각되지 않다. 과실범의 책임을 지우자는 것이 다수설이다.

2) 긴급피난

자기 또는 타인의 법익에 대한 현재의 위난을 피하기 위한 행위로서 상당한 이유가 있는 때에는 위법성이 조각된다.

긴급피난(緊急避難)은 현재의 위난에 대해서만 할 수 있다.(현재성 요건) 그러나 현재성 요건은 정당방위의 그것보다 다소 범위가 넓다. 위험 상태가 오랫동안 반복되어 앞으로도 같은 위험이 예상되는 경우를 이른바 '계속적 위난'이라고 하여 현재성을 인정한다. 가령 판례는 남편으로부터 상습적으로 구타를 당하던 아내가 취침중인 남편을 살해한 사건에서 위난의 현재성을 인정한 바 있다.

긴급피난이 성립하기 위해서는 위난의 원인은 사람의 행위이든 동물 천재지변에 의한 것이든 불문한다. 또한 위난은 꼭 위법한 것일 필요도 없고 적법한 위난에 대해서도 긴급피난이 가능하다. 위난이 피난자의 과실로 인하여 초래된 경우에도 긴급피난이 가능하다. 그러나 고의로 위난을 스스로 초래한 경우에는 긴급피난이 인정될 수 없다. 가령 강간범이 강간의 실행중 손가락을 깨물려서 손을 빼내다가 상대방의 치아를 부러뜨린 경우 그 상해행위가 긴급피난으로 정당화될 수는 없다는 판례가 있다.

피난행위는 위난의 원인에 대하여서 직접 반격을 가하거나 또는 위난을 유발한 당사자의 법익을 침해하는 방어적 긴급피난과 위난과 관계없는 제3자의 법익을 침해하는 공격적 긴급피난이 모두 허용된다. 이 점에서 정당방위의 경우가 제3자에 대한 공격적 정당방위를 인정하지 않는 것과 구별된다.

긴급피난은 정 대 정(正對正)의 관계이므로 부정 대 정(不正對正)의 관계인 정당방위에 비해 '상당한 이유'는 더 엄격하게 요구된다. 긴급피난에서 상당한 이유란 적합성 외에도 균형성과 보충성을 요구하는 개념이다.

즉 피난행위가 피난에 적합한 수단이라고 인정될지라도 피난에 의해 침해되는 법익과 수호되는 법익을 비교하여 수호되는 법익이 더 크지 않으면 긴급피난을 허용하지 않는다.(균형성) 가령 공격적 긴급피난의 경우에는 무고한 제3자의 법익을 침해하는 것이기 때문에 보호이익이 침해이익보다 본질적으로 우월하여야 한다. 다만 방어적 긴급 피난의 경우에는 그와 달리 위난을 유발한자의 이익이 보호가치가 상대적으로 낮으므로 보호이익이 침해이익보다 객관적으로 낮은 가치일 때도 정당화 가능성이 있다.

균형성 요건을 충족하더라도 다시 보충성의 요건을 충족하여야 하는데, 다시 말하면 그 피난이 법익 보호를 위한 유일한 수단이어야 하고(회피불가능성) 만약 그러한 수단이 여럿이 있을 경우 그 중 가장 법익침해의 정도가 작은 최소의 수단을 선택(최소피난의 원칙) 하였어야 한다. 과잉피난이나 오상피난은 과잉방위와 오상방위와 유사하게 취급한다.

3) 의무와 충돌

여러 개의 의무를 동시에 이행할 수 없는 긴급한 상태에서 어느 한 의무를 이행하기 위해 다른 의무를 방치한 결과 구성요건적 결과가 발생한 때를 의무의 충돌(衝突)이라고 한다. 가령 인공심폐기가 하나 뿐인 상황에서 두 명의 중환자 중 한 사람에게 이를 부착함으로써 다른 한 사람을 사망하게 한 경우가 이에 해당한다.

의무의 충돌로서 위법성이 조각되기 위해서는 충돌상황이 행위자의 고의 과실로 초래되지 않아야 하고 충돌하는 의무 중 적어도 동(同)가치의 의무를 이행하여야 한다.(다수설) 행위자가 충돌하는 의무의 서열을 착각하여 낮은 가치의 의무를 이행한 경우는 위법성이 조각될 수 없으나 예외적으로 그 착오에 정당한 이유가 있는 경우 책임이 조각되어 처벌에 이르지 않는 경우는 있을 수 있다.

4) 자구행위

법정 절차에 의해서는 청구권을 보전하기가 불가능하거나 현저히 곤란할 경우 청구권 보전을 위하여 스스로 행하는 구제행위를 자구(自救)행위라 한다. 정당방위와 긴급피난은 타인의 법익을 보호하기 위해서도 행할 수 있는 것이지만 자구행위는 자기의 청구권보전을 위해서만 할 수 있다.

자구행위는 법의 도움을 받을 수 없는 긴급한 경우에만 인정되는 것이다. 또한 청구권 실행행위가 아니라 청구권 보전행위를 정당화하는 데 그치는 것이다. 가옥명도청구, 토지반환청구 등 부동산 점유권의 회복을 위한 자구행위는 허용되지 않는다. 법정절차에 의한 청구권보전이 가능하기 때문이다. 같은 이유로 인적 담보나 물적 담보가 확보되어 있는 때에도 자구행위는 허용되지 않는다. 자구행위는 청구권의 보전수단이므로 보전의 범위를 벗어나 임의로 처분하거나 강제이행을 하는 것은 자구행위가 될 수 없다.

자구행위와 정당방위의 경계 구분에 유의하여야 한다. 현장에서 추적하여 도품을 탈환한 경우에는 정당방위가 성립하나 시일이 경과한 후 도품을 탈환하는 것은 자구행위가 될 수 있을 뿐이다.

과잉자구행위는 위법성이 조각되지는 않지만 형을 감경할 이유는 될 수 있다. 그러나 정당방위 긴급피난의 경우와는 달리 야간 등 특수한 상황에서의 과잉자구행위의 특칙은 규정되어 있지 않다.

5) 피해자의 승낙

처분할 수 있는 자의 승낙(承諾)에 의하여 그 법익을 훼손한 행위는 법률에 특별한 규정이 없는 한 위법성이 조각된다.

법률상 특별한 규정이란 다음과 같은 것들이 있다. 첫째, 촉탁살인죄에서와 같이 승낙이 형벌을 감하는 구성요건(감경적 구성요건)인 경우 둘째, 미성년자의 제강간죄에서와 같이 승낙이 있었다는 이유로 범죄성립에 어떠한 영향도 없는 경우 셋째, 절도죄나 주거침입죄처럼 승낙이 있으면 처음부터 구성요건해당성 조차 없게 되는 경우 등이다.

특히 세 번째의 경우의 승낙을 '양해'라고 한다. 양해가 있었다고 오인하여 타인의 물건을 가져간 경우에는 위법성조각 여부를 논하기 전에 이미 구성요건 단계에서 고의가 없어 절도죄의 성립이 부정된다. 위법성조각사유인 승낙의 오인에 관해서는 그와 달리 보아야 한다. 가령 승낙이 있었다고 오인하여 타인의 신체를 훼손한 행위는 상해죄의 구성요건해당성과 위법성이 모두 인정되고 다만 위법성조각사유의 전제사실의 착오에 해당하므로 다수설에 따르면 과실범의 죄책을 지워야 한다고 설명된다. '추정적 승낙'도 위법성 조각사유가 된다. 이는 피해자의 현실적 승낙은 없었지만 행위 당시 객관적 상황에 비추어 피해자가 사태를 알았더라면 당연히 승낙하였을 것이 기대되는 경우를 말한다.

6) 사회적 상당성

위에서 말한 사유들 이외에도 '법령에 의한 행위 또는 업무로 인한 행위 기타 사회상규에 위배되지 아니하는 행위'는 위법성이 조각된다. 다만 법령 또는 업무로 인한 행위라도 사회상규에 위배되면 위법성이 조각될 수 없음을 주의하여야 한다. 사회상규는 앞서 열거한 정당방위 등의 위법성조각사유에 해당하지 않은 여타의 상당한 행위를 포괄적으로 규정한 것이다.

상관의 위법한 명령에 대하여는 복종할 의무가 없으며 위법한 명령에 복종한 부하의 행위는 위법성이 조각되지 않는다. 상관의 명령이 절대적 구속력을 가지는 경우에는 기대불가능성을 이유로 책임이 조각될 수 있을 뿐이다.

친권자의 자녀에 대한 체벌은 방법이 지나치게 가혹하거나 상해의 정도에 이르지 않는 한 허용된다는 것이 일반적 견해이다. 학교장 또는 교사의 학생에 대한 체벌에 관하여도 징계권 행사의 범위를 벗어나지 않는 한 허용된다는 것이 다수설 및 판례의 태도이다. 다만 헌법정신이나 교육의 목적에 비추어 체벌 자체가 허용될 수 없다는 견해도 유력하다.

4. 책임성

1) 책임의 의미

책임(責任)이란 행위자에 대한 비난가능성을 의미한다. 범죄란 구성요건에 해당하고 위법하고 유책한 행위라고 할 때 책임은 범죄가 성립하기 위한 세 번째 단계의 요소이다. 책임 단계에서는 행위자에 비난의 초점을 맞춘다. 즉 위법하다고 판단된 행위(불법)를 한 자를 개인적으로 탓할 수 있느냐를 문제 삼는 것이다.

책임이 없으면 형벌도 없다는 근대 형법의 대원칙을 책임주의 또는 책임원칙이라고 한다. 책임은 형벌의 성립근거이며 또한 형벌의 양을 한도를 정하는 근거임을 의미하는 말이다.

책임의 구성요소는 ① 책임능력 ② 위법성의 인식 ③ 기대가능성(즉 책임조각사유의 부존재) ④ 책임 요소로서의 고의 과실의 존재 등이다. 각각에 대한 설명은 후술한다.

위법성이 조각되면 불법이 인정되지 않으므로 정범은 물론 그에 조력한 공범(共犯)도 성립하지 않는다. 그러나 책임이 조각되는 것은 책임조각의 사정이 존재하는 행위자에 한하여 처벌을 면하게 하는 것에 불과하므로 책임이 조각되는 행위에 가공한 공범은 스스로 책임조각 사유가 존재하지 않는 한 범죄가 유효하게 성립하여 처벌을 면할 수 없게 된다.

2) 책임능력

책임능력(責任能力)이란 유책한 행위를 할 수 있는 능력을 말한다. 책임능력은 사물을 변별할 능력 또는 의사를 결정할 능력을 말하고, 책임무능력은 이 둘 또는 어느 한 편에 장애가 있는 상태를 의미한다. 책임무능력에까지 이르지는 않지만 책임능력에 제약이 있는 자를 한정(限定)책임능력자라고 한다. 형법은 심신미약자와 농아자(聾啞者)를 한정책임능력자로 취급하고 있다. 책임무능력자의 행위는 비난가능성이 없으므로 처벌하지 않으며 한정책임능력자의 행위는 비난가능성이 미약하기 때문에 가벼이 처벌한다. 14세미만의 자는 형사미성년자로서 책임능력이 인정되지 않는다. 심신상실자도 책임능력이 없다. 형법은 농아자를 심신미약자에 준하여 취급하고 있는데 이는 장애인에 대한 차별과 편견이므로 시정되어야 할 것이다.

그런데 행위자가 자의로 자기 자신을 심신장애의 상태에 빠지게 한 후 이러한 상태에서 범죄를 실행한 경우, 행위자가 앞서 그 위험의 발생을 예견할 수 있었던 경우(원인에 있어서 자유로운 행위)라면 책임이 조각되거나 감경되지 않는다.

3) 위법성의 인식

위법성의 인식(認識)이란 자기의 행위가 법에 의해 금지되어 있다는 사실을 알았다는 것을 의미한다. 위법성의 인식은 책임요소이다. 따라서 위법성의 인식이 없으면 고의가 조각되지는 않고 다만 경우에 따라 책임이 조각될 수 있을 뿐이다. 위법성의 인식을 결여하여 책임이 조각되기 위해서는 그 결여에 정당한 이유가 있어야 한다. 형법은 '자기의 행위가 법령에 의하여 죄가 되지 않는 것으로 오인한 행위는 그 오인에 정당한 이유가 있는 때에 한하여 벌하지 않는다.'고 규정하고 있다.

4) 기대가능성

기대가능성(期待可能性)은 행위 당시의 구체적 상황에서 행위자가 범죄행위를 하지 않고 적법행위를 할 것이라고 기대할 수 있는 가능성을 의미한다. 기대가능성이 없는 경우에도 행위자에 대해서 비난가능성이 없다고 보아 책임이 조각된다. 강요된 행위(형법 제12조)나 과잉방위(형법 제21조 제3항) 과잉피난(형법 제22조 제3항) 그밖에 형법각칙상의 친족간 범인은닉과 증거인멸 등의 규정이 기대불가능성을 인정한 예이다.

5) 책임요소로서 고의 과실의 존재

고의 또는 과실이 있어야 주관적 구성요건의 충족이 인정되며 또한 책임요건의 충족이 인정된다. 즉 고의와 과실은 구성요건 요소이자 동시에 책임요소이다.(이중적 지위설) 고의 과실의 행위반가치(行爲反價値) 즉 불법행위의 내용이 되는 고의 과실은 구성요건 요소로 논하고 심정반가치(心情反價値) 즉 행위자의 법 적대적 심정으로써의 고의 과실은 책임요소로서 논한다. 통상의 경우 구성요건적 고의는 책임고의를 동반한다고 설명되지만 예외도 있다. 가령 오상방위나 오상긴급피난의 경우 해결 방법에 관하여 다수설은 과실범의 책임을 지우자고 주장하는데 그 근거는 구성요건적 고의는 인정되나 책임고의는 인정되지 않아서 고의범으로는 처벌이 불가능하지만 책임과실의 존재는 인정되므로 과실범 처벌은 가능하다는 논리에 기반하고 있다.

5. 미수론

1) 미수범 처벌의 의미

형법은 원칙적으로 기수범(旣遂犯)만을 처벌한다. 예외적으로 미수(未遂)를 처벌하기 위해서는 별도의 처벌규정이 있어야 한다. 가령 폭행죄는 미수범 규정이 없어 미수로는 처벌될 수 없지만 상해죄의 경우는 미수범 처벌 규정이 존재하므로 상해미수의 성립요건이 충족된 경우는 미수범 처벌이 가능하다. 형법은 미수에 그친 행위라도 특별히 위험성이 인정되어 처벌이 필요하다고 판단한 경우에 한하여 각 죄에 개별적으로 미수범 규정을 두어 처벌하게 하고 있다.

미수(未遂)란 범죄의 실행에 착수하였으나 행위를 종료하지 못하였거나 결과가 발생하지 않은 경우이다. 행위가 종료되었거나 결과가 발생한 경우는 기수라고 한다. 그런데 미수는 범죄의 실행착수 이전 단계인 예비·음모와는 구별하여야 한다. 예비·음모죄 역시 각칙에 특별히 규정이 있는 경우에만 처벌할 수 있는 범죄이지만 미수죄보다는 경하게 벌하고 있다. 어느 단계에서부터 비로소 실행의 착수가 있다고 볼 것인가, 즉 언제 미수가 성립하는가가 중요한 문제가 됨을 알 수 있다.

실행의 착수시기에 관해서는 학설의 대립이 있다. 객관설은 구성요건에 해당하는 정형적인 행위 또는 구성요건적 행위의 직접 전단계의 행위를 실행한 때 실행의 착수가 있다고 본다. 반면, 주관설은 범죄의사를 명백하게 인정할 수 있는 외부적 행위가 있을 때 실행의 착수가 있다고 한다. 이에 대해 절충설인 주관적 객관설은 행위자의 범죄계획을 기준으로 직접 범죄구성요건의 실현을 개시하는 활동이 있는 때에 실행의 착수가 있다고 한다. 어느 한 학설에 의하자고 해도 항상 착수의 시점이 분명히 확정될 수 있는 것은 아니다. 법원은 판결을 통해 각 죄의 착수시점을 밝히는 사례를 누적시키고 있다. 따라서 절도의 실행을 위해 밧줄을 구입하거나 재물이 있는 장소에 접근한 정도로는 절도미수는 성립하지 않는다.

미수는 행위자가 실행행위를 종료하지 못한 경우와 행위는 종료하였으나 예상했던 구성요건적 결과가 발생하지 않은 경우로 나누어 볼 수 있다. 전자를 착수미수, 후자를 실행미수라 한다. 우리 형법은 양자를 특별히 달리 취급하지 않으므로 이 구별은 큰 의미는 없다. 미수가 된 원인이 어디에 있는가에 따라서는 미수는 장애미수·중지미수·불능미수로 나뉘며 각각에 대한 처벌도 달라진다.

2) 장애미수

장애미수(障碍未遂)는 행위자가 자신의 의사에 반하여, 즉 외부에 장애 요인이 있어 범죄를 완성하지 못한 것을 말한다. 통상 미수라고 하면 이 장애미수를 의미한다.

장애미수가 성립하려면 우선, 범죄의 실행의 착수에 해당하는 행위가 있어야 한다. 둘째, 범죄가 완성되지 않아야 한다. 셋째, 기수에 이르려는 고의가 존재하였어야 한다. 처음부터 미수에 그치려는 의사에서 행한 때에는 미수범이 될 수 없다. 과실범의 미수라는 개념도 인정되지 않는다. 장애미수는 기수의 경우보다 감경할 수 있다.

3) 중지미수

예상하지 못했던 외부적 장애로 범죄가 완성되지 못한 경우와는 달리 중지미수(中止未遂)는 행위자가 범죄의 완성 전에 자의로 이를 중지하거나 결과의 발생을 방지한 경우를 말한다.

자의성은 중지미수와 장애미수의 구별기준이 된다고 할 수 있는데, 판단기준에 대해서 학설이 대립하지만 대체로 후회나 동정 등 윤리적 동기에 의하는 등 내부적 동기에 의해 범죄를 중지한 경우는 중지미수라고 보며 두려움 또는 발각 우려, 상황이 적당하지 않다는 판단 등 외부적 사정에 의한 경우는 장애미수로 본다.

중지미수는 반드시 감경하여 벌한다. 중지미수의 경우는 장애미수에 비해 경하게 처벌하려는 것임을 알 수 있다. 그 이유로는 첫째, 불법의 크기가 다르기 때문이라는 견해 둘째, 책임의 크기가 다르기 때문이라는 견해 셋째, 범행의 중지를 유도하기 위한 형사정책적 의도에서라는 견해 등이 제시되고 있다. 여러 이유들을 종합적으로 고려하여 이해하는 것이 바람직할 것이다.

4) 불능미수

결과의 발생이 처음부터 불가능하였지만 행위에 위험성이 있어 미수로 취급하여 처벌할 필요가 있는 경우를 불능미수(不能未遂)라 한다. 위험성이 없어 범죄로 논할 수 없는 경우는 불능범이라고 하여 이와 구별한다.

불능미수가 성립하기 위해서는 실행의 수단이나 대상의 착오로 인하여 결과의 발생이 불가능할 것과 위험성이 있을 것을 필요로 한다. 위험성의 판단기준에 대해서는 학설의 대립이 있다.

객관설은 절대적 불능과 상대적 불능을 구별하고자 한다. 객관설 중에는 일반인이 인식할 수 있었던 사정을 기초로 일반인의 관점에서 구체적 위험성의 유무를 판단하자고 주장하는 이들도 있다. 이에 대해 주관설은 위험한 의사가 표출된 경우에는 모두 불능미수로 보려 한다. 또 행위시에 행위자가 인식한 사설을 기초로 일반인의 관점에서 위험성을 판단하자는 '추상적 위험설'도 있다.

불능미수와 불능범을 구별하는 것이 항상 쉬운 것은 아니다. 가령 설탕을 먹여 살인하려는 행위는 불능범에 속한다고 하여야 하겠지만 행위자가 상대방이 당뇨환자인 것으로 오인한 경우, 보호자가 피보호자에게 장기간 지속적으로 식사 대신 설탕만을 먹인 경우 등은 위험도에 따라 점차로 살인의 불능미수 쪽으로 다가간다고 말할 수 있다. 불능미수의 형은 감경 또는 면제될 수 있다.

6. 공범론

하나의 범죄에는 여러 사람이 참여하여 죄가 범하여질 때에 공범(共犯) 문제가 생긴다. 처음부터 많은 사람의 참여를 예상한 필요적 공범(必要的共犯)에는 공범에 관한 규정이 적용되지 않는다. 형법은 공범에 관하여 공동정범(共同正犯) 교사범(敎唆犯) 방조범(幇助犯)의 3가지를 규정하였다.

공범은 고의범(故意犯)의 세계에서만 문제될 수 있다. 즉 A · B 두 사람이 각각 고의를 가지고 서로 범죄의사를 연락하면서 공동으로 실행하였으면 두 사람은 공동정범으로서 각자를 그 죄의 정범(正犯)으로 처벌한다.(형법 제30조) 또 B는 아무런 고의도 없었으나 A의 교사로 비로소 고의를 가지게 된 경우 B는 정범이 되고 A는 교사범으로서 정범과 동일한 형으로 처벌된다.(형법 제31조) B가 고의를 가지고 혼자 범죄의 실행을 하고 있는데 A가 그를 방조할 의사를 가지고 도와주었다면 B는 정범이 되고 A는 그 종범으로 처벌(형법 제32조 제1항)된다.

그리고 종범의 형은 정범의 형보다 감경(형법 제32조 제2항)한다. 만일 A에는 고의가 있지만 B에는 과실이 있는 경우 또는 과실도 없는 경우, 즉 과실범으로 처벌되든가 또는 처벌되지 않는 B를 이용하여 범죄행위의 결과를 발생하게 한 A는 간접정범(형법 제34조 제1항)이 된다. A에 과실이 있고 B에 고의가 있는 경우에는 각각 과실범 또는 고의범으로 처벌하면 되고 공범의 문제는 생기지 않는다. 신분범(身分犯)인 경우에 신분 없는 자는 단독으로는 그 죄를 범할 수 없지만 공동정범 교사범 방조범의 형식으로는 그 죄를 범할 수 있다.(형법 제33조, 본문) 다만 신분관계로 형에 경중(輕重)이 있는 경우에는 신분이 없는 공범은 중한 형으로 처벌되지 않는다.(형법 제33조, 단서)

제3절 형벌론

우리나라 형법 제41조는 형벌의 종류로 ①사형 ②징역 ③금고 ④자격상실 ⑤자격정지 ⑥벌금 ⑦구류 ⑧과료 ⑨몰수의 9가지를 두고 있다.

1) 사 형(死刑)

사형은 수형자의 생명을 박탈하는 것이다. 가장 중한 형벌이다. 현행 형법상 사형을 과할 수 있는 범죄로는 여적죄를 비롯해 내란죄 외환죄 간첩죄 폭발물사용죄 방화치사상죄 일수(溢水)치사상죄 교통방해치사상죄 음용수혼독치사상죄 살인죄 강도살인 치사죄 및 해상강도살인 치사 강간죄 등이 있다.(형법 제87조, 제92조, 제93조, 제98조, 제119조, 제164조, 제77조, 제250조, 제338조, 제340조)

여적죄(與敵罪)란 적국(敵國)과 합세하여 대한민국(大韓民國)에 항적(抗敵)함으로써 성립하는 범죄다.

2) 징 역(懲役)

수형자를 형무소 내에 구치하여 정역(강제노동)에 복무하게 하는 형벌(형법 제67조)이다. 수형자의 신체적 자유를 박탈하는 점에서 금고 및 구류와 같이 자유형이라 한다. 징역에는 무기와 유기의 2종이 있다.

무기는 종신형을 유기는 1월 이상 15년 이하이고 유기징역에 형을 가중하는 때에는 최고 25년까지 부과할 수 있다.(형법 제42조)

3) 금 고(禁錮)

수형자를 형무소에 구치하고 자유를 박탈하는 점에서 징역과 같으나, 정역에 복무하지 않는 점에서 징역과 다르다. 그러나 금고수형자에게도 신청에 의하여 작업을 과할 수 있다.(행형법 제38조) 금고에 있어서도 무기와 유기가 있으며 그 기간은 징역형과 같다. 금고는 주로 과실범 및 정치상의 확신범과 같은 비파렴치성 범죄자에게 과한다.

4) 자격상실(資格喪失)

수형자에게 일정한 형의 선고가 있으면 그 형의 효력으로서 당연히 일정한 자격이 상실되는 형벌. 범죄인의 일정한 자격을 박탈하는 의미에서 자격정지형과 더불어 명예형 또는 자격형이라고 한다.

형법상 자격이 상실되는 경우는 형법 제43조제1항의 사형 무기징역 또는 무기금고의 판결을 받은 경우다. 상실되는 자격은 ①공무원이 되는 자격 ②공법상의 선거권과 피선거권 ③법률로 요건을 정한 공법상의 업무에 관한 자격 ④법인의 이사 감사 또는 지배인 기타 법인의 업무에 관한 검사역이나 재산관리인이 되는 자격이다.

5) 자격정지(資格停止)

수형자의 일정한 자격을 일정한 기간 정지시키는 경우로 현행 형법상 범죄의 성질에 따라 선택형 또는 병과형으로 하고 있다. 유기징역 또는 유기금고의 판결을 받은 자는 그 형의 집행이 종료하거나 면제될 때까지 자격상실의 내용 중 ① ② ③의 자격이 당연 정지된다.

판결선고에 기하여 다른 형과 선택형으로 되어 있을 때 단독으로 과할 수 있고, 다른 형에 병과할 수 있는 경우 병과형으로 과(科)할 수 있다.

자격정지기간은 1년 이상 15년 이하로 하고 그 기산점으로 유기징역 또는 유기금고에 자격정지를 병과할 경우 징역 또는 금고의 집행을 종료하거나 면제된 날로부터 정지기간을 기산하고 자격정지가 선택형인 경우(단독으로 과할 경우) 판결이 확정된 날로부터 기산한다.

6) 벌 금(罰金)

범죄인에 대하여 일정액의 금전을 박탈하는 형벌로 과료 및 몰수와 더불어 재산형에 속한다. 형법 제45조는 '벌금은 50,000원 이상으로 한다. 다만, 감경하는 경우에는 50,000원 미만으로 할 수 있다.'라고 규정하고 있다. 벌금은 판결확정일로부터 30일 이내에 납입하여야 하며 벌금을 납입하지 아니한 자는 1일 이상 3년 이하 노역장에 유치하여 작업에 복무하게 하는데 이를 환형유치라고 한다.

7) 구 류(拘留)

금고와 같으나 그 기간이 1일 이상 30일 미만(형법 제46조)이다. 구류는 형법에서는 아주 예외적인 경우에만 적용되며(형법 제266조, 과실상해죄) 주로 경범죄에 과한다.(경범죄처벌법상의 경범죄 등)

8) 과 료(科料)

벌금과 같으나 그 금액이 2,000원 이상 5만원 미만이다. 판결확정일로부터 30일 이내에 납입하여야 하며 납입하지 아니한 자는 1일 이상 30일 미만의 기간 노역장에 유치하여 작업에 복무하게 할 수 있다.

9) 몰 수(沒收)

몰수는 원칙적으로 위에서 언급한 다른 형에 부가하여 과하는 형벌이다. 범죄행위와 관계있는 일정한 물건을 박탈하여 국고에 귀속시키는 처분이다. 몰수에는 필요적 몰수와 임의적 몰수가 있는데 임의적 몰수가 원칙이다.

몰수할 수 있는 물건으로는 ① 범죄행위에 제공하였거나 제공하려고 한 물건 ② 범죄행위로 인하여 생(生)하였거나 이로 인하여 취득한 물건 ③ 전① 또는 ②의 대가로 취득한 물건으로서 범인 이외의 자의 소유에 속하지 아니하거나 범죄 후 범인 이외의 자가 정을 알면서 취득한 물건의 전부 또는 일부다. 몰수하기 불가능한 경우 그 가액을 추징한다.(형법 제48조 제1항, 제2항)

제4절 형사소송절차

형사소송절차란 국가가 형벌권을 발동하여 범죄를 저지른 사람에게 형사책임을 부과하기 위한 절차를 말한다. 이러한 형사소송절차는 수사기관에 의한 수사절차와 법원에 의한 재판절차로 크게 구분된다.

1. 수사절차

1) 수사의 시작

수사기관이 수사(搜査)를 시작하는 단서에는 아무런 제한이 없다. 수사기관은 고소 고발과 같이 범죄신고를 받아서 수사를 시작할 수도 있고 풍문을 듣거나 신문기사를 보고 수사를 시작할 수도 있다.

고소(告訴)란 범죄의 피해자 등 고소권을 가진 사람이 수사기관에 대하여 범죄사실을 신고하며 범인을 처벌해 달라고 요구하는 것이다. 이와 달리 고발은 범죄의 피해자나 고소권자가 아닌 제3자가 수사기관에 대하여 범죄사실을 신고하여 범인을 처벌해 달라는 의사표시를 하는 것인데 형사소송절차에서는 대체로 고발과 고소를 같게 취급한다.

고소를 하는 방식은 제한이 없다. 고소인이 수사기관에 출석하여 구두로 고소할 수도 있고, 고소장을 작성하여 수사기관에 이를 제출할 수도 있다. 고소장은 일정한 양식이 정해져 있지 않으므로 고소인과 피고소인의 인적 사항, 피해를 입은 내용, 피고소인에 대한 처벌을 원한다는 뜻만 들어 있으면 족하고, 반드시 무슨 죄에 해당하는지 특정할 필요는 없다. 다만 피해사실 등의 내용이 무엇인지 알 수 있을 정도로 가능한 명확하고 특정되어야 한다.

2) 입 건

수사기관이 수사를 시작하여 형사사건이 되는 것을 입건(立件)한다고 하며, 어떤 사람이 입건이 되어 수사대상이 되면 형사소송법상 피의자가 되는 것이다. 그런데 우리는 가끔 내사라는 말과 용의자라는 말을 듣게 됩니다. 아직 범죄의 혐의가 뚜렷하지 않아 정식으로 입건하기에는 부족하지만 진정이나 투서가 있다든가 또는 진정 등이 없더라도 수사기관 스스로 조사를 해 볼 필요가 있다고 판단한 경우에는 정식으로 입건하지 않고 수사기관이 내부적으로 조사를 할 때가 있다. 이를 내사라고 한다.

그리고 범인이라는 의심이 상당히 가지만 아직 범인이라는 뚜렷한 증거가 발견되지 않은 사람을 용의자라고 부릅니다. 용의자에 대하여 수사가 더 진행된 결과 범죄의 혐의가 인정되어 정식으로 입건되면 그때부터는 피의자가 되는 것이다.

3) 체 포

수사기관은 입건된 피의자가 죄를 범하였다고 의심할 만한 상당한 이유가 있고 정당한 이유 없이 수사기관의 출석요구에 응하지 아니하거나 응하지 아니할 우려가 있는 때에는 피의자를 체포할 수 있다. 피의자를 체포하기 위해서는 원칙적으로 판사가 발부한 체포영장(逮捕令狀)이 있어야 하며, 판사는 기록을 검토한 결과 체포의 필요성이 인정되지 아니한다고 판단한 경우에는 체포영장의 청구를 받아들이지 않는 결정을 하는데 이를 체포영장의 기각이라고 한다.

다만, 수사기관은 범죄가 무겁고 긴급한 사정이 있어 판사로부터 체포영장을 발급받을 여유가 없을 때에는 피의자에게 그 사유를 알리고 영장 없이 피의자를 긴급체포할 수 있으며 범죄를 실행 중이거나 실행한 직후인 사람은 현행범으로서 누구든지 영장 없이 체포할 수 있다.

체포 또는 긴급체포한 피의자를 구속하고자 할 때에는 체포한 때부터 48시간 이내에 판사에게 구속영장을 청구하여야 하며, 그 기간 내에 구속영장을 청구하지 아니하거나 구속영장을 발부받지 못한 때에는 피의자를 즉시 석방하여야 한다.

4) 구 속

수사기관은 범죄가 무겁고 죄질이 나쁘며 피의자가 사는 곳이 일정하지 않거나 도망 또는 증거를 없앨 염려가 있는 경우에는 피의자를 구속할 수 있다. 피의자를 구속하기 위해서는 반드시 판사가 발부한 구속영장(拘束令狀)이 있어야 한다. 판사는 구속사유가 없다고 판단한 경우에는 구속영장의 청구를 받아들이지 않는데, 이를 구속영장의 기각이라고 한다.

피의자는 구속 여부가 결정되기 전에 판사 앞에서 변명의 기회를 가질 수 있는데, 이 제도가 바로 영장실질심사(令狀實質審査)제도이다. 수사기관에 체포된 피의자는 영장실질심사를 신청할 권리가 있고 그 외 피의자의 변호인 법정대리인 배우자 직계존속 형제자매 호주 가족이나 동거인 또는 고용인은 피의자와 별도로 영장실질심사를 신청할 수 있다. 피의자나 변호인 등의 영장실질심사신청이 없을 경우 판사는 피의자의 변명을 듣지 않은 채 사건기록만을 검토한 후 구속영장의 발부 여부를 결정하게 된다.

사법경찰관이 피의자를 구속한 때에는 구속한 날부터 10일 이내에 피의자를 검사에게 인계하여야 한다. 검사는 사법경찰관으로부터 피의자를 인계받은 날부터 10일 동안 피의자를 구속할 수 있고 판사의 허가를 얻어 최대 10일까지 구속기간을 연장할 수 있다. 따라서 피의자는 경찰 단계에서 최대 10일, 검찰 단계에서 최대 20일까지 구속되어 있을 수 있다.

5) 체포 구속의 적부심사

영장에 의하여 체포 또는 구속되었다고 하더라도 피의자는 다시 법원으로부터 체포 또는 구속의 적법 여부를 심사 받을 수가 있는데, 이를 체포 또는 구속의 적부심사(拘束適否審査)라고 한다. 이 절차에서 체포 또는 구속이 부당하다고 판단하여 법원이 피의자의 석방을 명하면 피의자는 즉시 석방되며 법원이 피의자의 석방을 결정한 이상 검사는 그 결정에 대하여 항고(검사가 법원의 석방결정에 대하여 상급법원에 불복하는 것을 항고라고 한다)할 수 없다.

체포 또는 구속적부심의 청구는 피의자 본인이나 변호인이 할 수 있고 그 외 배우자 직계친족 형제자매 호주 가족 나아가 동거인이나 고용주도 피의자를 위하여 청구할 수 있다. 체포 또는 구속적부심의 청구는 검사가 피의자를 기소(기소란 검사가 피의자를 법원의 재판에 회부하는 것을 말한다)하기 전에 가능하다는 점에서 이미 기소된 피고인에 대하여 인정되는 보석제도와 차이가 있다.

체포 또는 구속적부심을 청구 받은 법원은 지체 없이 구속된 피의자를 심문한 후 피의자의 석방 여부를 결정해야 한다. 법원은 피의자의 석방을 명함에 있어서는 단순히 석방을 명할 수도 있고 피의자의 출석을 보증할 만한 보증금의 납입을 조건으로 피의자의 석방을 명할 수도 있다.

6) 송 치

형사 입건된 모든 사건은 사건의 크고 작음에 구별이 없이 검사의 결정에 따라 기소되든지 아니면 불기소로 종결된다. 따라서 사법경찰관은 그가 수사한 모든 형사사건의 기록과 증거물을 관할 검찰청으로 보내야 하는데, 이를 송치(送致)한다고 한다. 사건을 송치 받은 검사는 사법경찰관의 수사 결과를 검토하고 부족한 부분이 있으면 추가로 조사한 후 피의자를 기소할지 여부를 결정하게 된다.

그리고 사법경찰관은 사건을 검찰로 송치할 때 그동안 수사한 결과를 종합하여

기소 여부에 대한 사법경찰관 나름대로의 의견을 붙여서 송치하는데 이를 송치의견이라고 한다. 사법경찰관의 송치의견은 검사가 기소 여부를 결정하는데 참고가 될 뿐이며, 검사가 그 의견에 전적으로 따라야 하는 것은 아니다. 검사는 사법경찰관의 수사 결과와 검사가 추가로 수사한 결과를 토대로 피의자를 기소할 것인지 여부를 최종적으로 결정하게 된다.

7) 기 소

검사는 사법경찰관으로부터 송치 받은 사건이나 풍문 등을 토대로 직접 수사한 사건에 대하여 유죄의 증거가 충분하고 죄질이 무겁다고 판단한 경우에는 피의자를 기소(起訴)한다. 검사에 의하여 기소된 사람을 피고인(被告人)이라고 한다.

그런데 사건이 경미하여 피의자로 하여금 징역형이나 금고형에 처하는 것보다 벌금형에 처함이 상당하다고 판단한 경우 검사는 기소와 동시에 법원에 대하여 피고인을 벌금형에 처해 달라는 뜻의 약식명령을 청구할 수 있는데, 이를 약식기소라고 한다. 이 경우 판사는 법정에서 정식으로 재판을 하지 않고 수사기관이 작성한 수사기록만을 검토하여 피고인에 대한 벌금형을 정하게 된다. 그러나 판사가 수사기록을 검토한 결과 약식절차에 의하는 것이 불가능 또는 부적당하다고 판단한 경우에는 당해 사건을 정식재판에 넘겨 공개된 법정에서 형사재판(이를 공판이라고 한다)을 열 수도 있다. 피고인이나 검사는 판사의 약식명령에 대하여 불복이 있으면 약식명령을 송달받은 날부터 7일 내에 정식재판을 청구할 수 있다.

8) 불기소처분

검사는 수사 결과 피의자의 죄를 인정할만한 증거가 부족하거나, 법리적으로 죄가 성립하지 않은 경우 또는 법리적으로 죄가 성립하고 증거도 충분하나 여러 사정을 참작할 때 피고인을 처벌하지 않는 것이 타당하다고 판단하는 경우에는 피의자를 기소하지 않고 사건을 종결하게 되는데, 이를 불기소처분(不起訴處分)이라고 한다.

불기소처분에는 공소시효가 완성되어 피의자를 더 이상 처벌할 수 없거나, 피의자의 행위가 정당방위에 해당하는 등의 법률적 이유로 인하여 기소가 불가능한 경우에 하는 ①공소권 없음 ②죄가 안 됨 (처분 범죄사실이 인정되지 않거나 증거가 불충분한 경우) ③혐의 없음 처분 (법률적으로 기소는 가능하지만 여러 사정을 참작하여 피의자를 기소하지 않는) ④기소유예 처분 (수사가 더 필요하지만 피의자가 소재불명인 경우에 하는) ⑤기소중지 처분 (중요한 참고인이 소재불명인 경우에 하는) ⑥참고인중지 처분 (고소인 또는 고발인의 진술에 의하더라도 기소를 위한 수사의 필요성이 더 이상 없음이 명백하다고 인정되는 경우에 하는) ⑦각하 처분이 있다.

검사의 불기소처분에 대하여 불복이 있는 고소인 또는 고발인은 검사의 불기소처분 통지를 받은 날부터 30일 이내에 그 검사가 속하는 지방검찰청 또는 지청을 거쳐 관할 고등검찰청 검사장에게 항고할 수 있다. 항고를 접수한 관할 고등검찰청에서는 검사의 불기소처분이 옳은지 여부에 대한 검토를 거쳐, 검사의 불기소처분이 옳다고 판단한 경우에는 항고를 기각하는 결정을 하고, 검사의 불기소처분이 옳지 않다고 판단한 경우에는 사건을 재수사하라는 결정을 하게 된다. 관할 고등검찰청 검사장의 항고기각 결정에 대하여 불복이 있는 항고인은 그 결정을 통지받은 날부터 30일 이내에 당해 고등검찰청을 거쳐 검찰총장에게 재항고를 할 수 있다

2. 재판절차

1) 공소장의 송달

공소장(公訴狀)이란 검사가 피고인에 대한 죄명과 구체적인 범죄사실 등을 기재하여 법원에 제출한 문서를 말하는데, 형사재판은 법원이 피고인 또는 변호인에게 공소장을 송달함으로써 시작된다. 공소가 제기되면 피의자는 피고인으로 신분이 바뀌게 되는데, 공소장을 송달받은 피고인은 자신이 어떤 범죄사실로 기소되었는지를 파악한 후 권리보호방법을 강구하게 된다.

2) 국선변호인의 선정

사형 무기 또는 단기 3년 이상의 징역 또는 금고에 해당하는 사건은 필요적 변호사건이므로 피고인이 별도로 사선변호인을 선임하지 아니할 경우 법원은 피고인을 위해 국선변호인을 선임하게 된다. 또한 피고인이 미성년자이거나 70세 이상인 경우 농아자인 경우 심신장애의 의심이 있을 경우에도 법원은 직권으로 국선변호인을 선임하게 되고 피고인이 경제적인 이유로 변호인을 선임하지 못할 경우에도 피고인의 신청이 있으면 국선변호인을 선임하게 된다.

3) 보 석

구속된 상태로 기소된 피고인은 재판을 담당하고 있는 법원에 일정한 보증금을 납부할 것을 조건으로 석방하여 줄 것을 청구할 수 있는데 이를 보석(保釋)이라고 한다. 보석은 피고인은 물론 변호인과 피고인의 법정대리인 배우자 직계친족 형제자매 호주도 청구할 수 있다.

법원은 보석을 결정함에 있어서 미리 검사의 의견을 물어야 하지만 그 의견에 구애받지 않고 자유로이 결정할 수 있다. 또한 보석은 피고인 등의 청구가 없더라도 법원이 직권으로 허가하는 경우도 있다. 다만, 피고인이 사형, 무기 또는 장기 10년 이상의 징역이나 금고에 해당하는 죄를 범하였거나, 피해자나 당해 사건의 재판에 필요한 사실을 알고 있다고 인정되는 사람 또는 그 친족의 생명 신체나 재산에 해를 가하거나 가할 염려가 있다고 믿을만한 충분한 이유가 있는 때에는 보석을 허가하지 않는다.

보석을 허가할 때는 피고인의 재력과 범죄의 성질, 증거 등을 고려하여 상당한 보석보증금을 납부할 것과 주거를 제한하는 등의 조건을 붙이는 것이 보통이다. 보석보증금은 현금으로 납부하지 않고 보석보증보험증권을 첨부한 보증서로써 대신할 수 있다.

4) 공판기일의 지정, 소환

피고인에게 공소장이 송달되고 국선변호인 선정 등의 절차가 완료되면 재판장은 재판날짜를 정하게 되는데 형사재판기일을 공판기일이라고 한다. 공판기일에는 피고인을 소환하여야 하고, 변호인과 검사에게 공판기일을 통지하여야 한다.

5) 공판기일의 진행절차

재판장은 먼저 피고인의 인적사항을 확인하여 공판정에 출석한 사람이 피고인 본인이 맞는지 확인하게 되는데, 이를 인정신문(認定訊問)이라고 한다.

인정신문이 끝나면 재판장은 검사에게 피고인에 대하여 공소를 제기한 요지를 진술하게 할 수 있고 피고인 또는 변호인에게 공소제기에 관한 의견을 진술할 기회를 줄 수도 있다. 검사와 피고인 등의 그와 같은 진술을 모두진술(冒頭陳述)이라고 한다.

위 절차를 마친 후 피고인에 대한 신문을 진행하게 된다. 피고인에 대한 신문은 검사 변호인 재판장의 순으로 진행한다. 피고인 신문(被告人訊問)은 피고인에게 공소장에 기재된 공소사실을 인정하는지 여부와 피고인에게 유리한 사정 등에 관하여 질문을 하게 되며, 이 때 피고인은 진술거부권이 인정되므로 개개의 질문에 대하여 진술을 거부할 수도 있다.

피고인신문이 끝나면 증거조사(證據調査)를 실시한다. 먼저 검사가 증거목록을 제출하면서 증거목록에 기재된 서류들을 증거로 제출하게 된다. 이 때 피고인 또는 변호인은 각 서류들을 증거로 사용하는데 동의하는지 여부를 밝히게 되는데, 만일 피고인 또는 변호인이 증거로 사용하는데 동의하지 않는 서류가 있을 경우 그 서류에 기재된 내용을 진술한 사람이 법정에 증인으로 직접 출석하여 그 서류에 기재된 진술내용이 자신의 실제 진술내용과 일치함을 확인해 주어야만 비로소 증거로 사용할 수 있게 된다. 한편 피고인 또는 변호인도 자신들에게 유리한 증거서류나 증인을 별도로 신청할 수 있다.

증거조사절차가 끝나면 검사 변호인 피고인 순으로 의견진술(意見陳述)을 하게 된다. 검사의 의견진술을 논고(論告)라고 하며, 특히 검사는 논고를 통해 피고인에게 어느 정도의 형을 선고할 것인지에 관한 검사의 의견을 진술하게 되는데 이를 구형(求刑)이라고 한다. 검사의 논고가 있은 후 변호인은 피고인을 위해 최후변론(最後辯論)을 하게 되고, 마지막으로 피고인이 사건과 관련한 최후진술(最後陳述)을 하게 된다.

피고인의 최후진술이 끝나면, 재판장은 심리를 종결하고 판결선고 기일을 지정한다. 판결선고 기일은 심리가 종결된 날부터 14일 이내로 지정하는 것이 원칙이다.

6) 구속 기소된 피고인에 대한 구속기간

구속된 상태로 기소된 피고인에 대한 구속기간은 2개월이다. 그리고 1심, 2심, 3심 법원은 각각 2개월을 한도로 2번에 걸쳐 위 구속기간을 연장할 수 있다. 따라서 구속 기소된 피고인은 1심 법원 단계에서 최대 6개월(구속기간 2개월 + 1차 연장 2개월 + 2차 연장 2개월) 2심 법원 단계에서 최대 4개월(1차 연장 2개월 + 2차 연장 2개월) 3심 법원 단계에서 최대 4개월(1차 연장 2개월 + 2차 연장 2개월)의 기간 동안 구속된 상태로 재판을 받을 수 있다.

7) 판결의 선고

재판 결과 피고인의 죄가 인정되면 유죄의 판결을 선고하게 된다. 죄질 범행횟수 피해의 규모 범행 동기 피해자와의 합의 여부 등 여러 사정을 참작하여 피고인에게 실형을 선고(宣告)할 수도 있고 집행유예를 선고할 수도 있다. 징역형 대신 벌금형을 선고할 수도 있고, 정상이 특히 참작될 때는 선고유예를 하는 수도 있다.

집행유예(執行猶豫)란 형을 선고하면서 일정 기간 동안 그 형의 집행을 미루어 두었다가 그 기간 동안 재범을 하지 않을 경우 형의 선고가 처음부터 없었던 것으로 보고 형을 아예 집행하지 않는 것이며, 선고유예(宣告猶豫)란 형의 선고 자체를 미루어 두었다가 일정기간 동안 재범을 하지 않을 경우 처음부터 재판에 회부되지도 않은 것으로 보는 것이다.

재판 결과 유죄로 인정할 증거가 부족하거나 법리적으로 죄가 되지 아니할 경우에는 무죄를 선고한다.

또한 피고인이 사망한 경우, 고소 또는 고발이 있어야만 피고인을 처벌할 수 있는 범죄에서 고소 또는 고발이 없었거나 취소된 경우와 같이 피고인을 처벌하는데 필요한 요건에 흠이 있어서 공소제기 자체가 부적법할 경우에는 공소기각의 결정 또는 공소기각의 판결을 선고하게 된다. 그러한 흠이 명백하여 법정에서 변론을 열 필요도 없을 경우에는 공소기각 결정을 선고하고, 그러한 흠의 발견이 비교적 용이하지 않아서 법정에서 변론을 열 필요가 있을 경우에는 공소기각 판결을 선고하게 된다.

그리고 일반사면이 있거나, 공소시효가 완성된 경우 등 일단 발생한 형벌권이 사후의 일정한 사유로 소멸하여 현재로서는 더 이상 피고인을 처벌할 수 없게 된 경우에는 면소판결을 선고하게 된다.

8) 재판에 대한 불복

우리 형사소송법은 공정한 재판을 위하여 3심 제도를 운영하고 있다. 그러므로 재판결과에 불만이 있으면 상급법원에 불복할 수 있는데, 1심 법원의 재판결과에 불복하는 것을 항소(抗訴) 2심 법원의 재판결과에 불복하는 것을 상고(上告)라고 한다. 항소 또는 상고는 판결선고일부터 7일 이내에 하여야 하고 항소장 또는 상고장은 상급법원에 제출하는 것이 아니라 당해 판결을 선고한 법원에 제출하여야 한다.

판결을 선고한 법원은 항소장 또는 상고장을 접수받은 날부터 14일 이내에 소송기록과 증거물을 상급법원으로 보내고, 상급법원은 당해 소송기록과 증거물을 받은 즉시 항소인 또는 상고인과 그 상대방에게 소송기록이 상급법원에 접수되었다는 통지를 하게 된다. 항소인 또는 상고인은 소송기록이 상급법원에 접수되었다는 통지를 받은 날부터 20일 이내에 상급법원에 구체적인 항소 또는 상고 이유를 서면으로 작성하여 제출해야 하며(이를 항소이유서 또는 상고이유서라고 한다) 만일 위 20일 이내에 항소이유서 또는 상고이유서를 제출하지 않을 경우 법원은 바로 항소 또는 상고를 기각(棄却)하게 되므로 특히 주의하여야 한다

9) 형의 집행

법원의 판결에 의하여 선고된 형이 확정되면 검사의 지휘에 의하여 집행한다. 징역형이나 금고형은 교도소에서 집행한다. 벌금형은 판결이 확정된 날부터 30일 이내에 벌금을 납부하여야 하며, 만일 벌금을 납부하지 않는 경우에는 피고인의 재산에 대하여 강제집행을 하거나, 벌금의 납부에 갈음하여 1일 이상 3년 이내의 기간 동안 노역장에 가두어져 일정한 작업에 종사하게 되는데 이를 노역장 유치라고 한다.

10) 가석방과 형집행정지

징역형 또는 금고형을 선고받고 집행 중에 있는 사람 가운데 수감생활이 모범적이며 뉘우침이 있는 때에는 무기형에 있어서는 10년, 유기형에 있어서는 형기의 3분의 1을 경과한 후에 법무부장관이 가석방을 할 수 있다.

가석방의 기간은 무기형에 있어서는 10년으로 하고, 유기형에 있어서는 남은 형기로 하되 그 기간은 10년을 초과할 수 없다. 가석방된 사람은 가석방 기간 중 보호관찰소로부터 재범의 여부, 거주지의 무단 이전 여부 등 일정사항을 정기적으로 감독받게 된다. 가석방 중에 행실이 나쁘거나 다시 죄를 저지르면 가석방이 취소 또는 실효되어 남은 형기를 마저 복역하여야 한다.

그리고 형의 집행으로 생명을 보전할 수가 없거나, 임신 6개월 이상인 때 또는 연령이 70세 이상인 때 기타 중대한 사유가 있으면 검사는 형집행을 정지시키고 피고인을 석방할 수도 있다.

11) 전과의 말소

징역형 또는 금고형의 집행을 종료하거나 집행이 면제된 사람이 피해자의 손해를 보상하고 자격정지 이상의 형을 받음이 없이 7년을 경과한 때에는 전과의 말소를 신청할 수 있다.

그러나 일반인들은 그와 같은 신청절차 등을 잘 모르기 때문에 '형의 실효 등에 관한 법률'이 제정되어 형의 집행을 종료 또는 면제 받은 후 일정기간 동안 자격정지 이상의 죄를 저지르지 않은 경우에는 자동적으로 전과가 말소되도록 하고 있다. 그 기간은 3년을 초과하는 징역 또는 금고는 10년, 3년 이하의 징역 또는 금고는 5년, 벌금은 2년이고 다만 구류나 과료는 형의 집행을 종료하거나 그 집행이 면제된 때에 그 즉시 전과가 말소된다.

제4장
민 법

제1절 민법총론

1. 민법의 규범적 성질

1) 개인들의 법률관계에 대한 규범

민법은 행정법이나 형법 등 공법과는 달리 자연인(自然人)과 법인(法人)의 개인적인 생활 내지 거래관계를 규율하는 법이다. 사람들의 개인적인 생활 내지 거래관계를 위시하여 친족상속관계가 그 중요내용을 이루며 개인들의 자유로운 의사와 법률에 의하여 스스로 형성해나가는 것이 원칙이다. 이렇듯 민법은 원칙적으로 사적자의의 원리에 의거하여 개인들의 법률관계를 규율하게 되며, 그 법률관계는 개인의 권리 의무라는 형태는 구성되며 드러난다.

이러한 민법의 관념이 성립하게 된 것은 역사적으로 봉건질서가 붕괴되고 근대시민사회가 성립하는 과정에서 봉건적 억압으로부터 해방된 개인의 자유로운 거래활동(경제활동)이 제도적으로 보장되면서 부터이다. 여기에서 국가 내지 법률은 개인의 자유로운 거래활동을 보장하고 가능한 한 그 개입을 억제한다. 국가 내지 법률과 개인의 의사 사이의 관계는 민법의 규범 영역마다 다르게 반영된다. 계약법에서는 개인의 자유로운 의사가 우선적 규범이지만 물권법이나 친족상속법 등에서 개인의 의사는 후퇴한다.

2) 실체법과 일반법으로서의 민법

민법은 본질적으로 개인들의 권리 의무를 규정하고 있는 실체법에 속한다. 그리고 민법이 규정하는 법의 실체는 주로 민사소송법, 부동산등기법, 가사소송법 및 민사집행법을 비롯한 절차법 및 집행법을 통하여 실현된다. 특히 실체법인 민법은 행위규범으로서 뿐만 아니라 법원에 의한 재판규범으로서도 기능한다. 또한 민법은 일반법이므로 개인들의 생활관계가 기업의 영업행위에 해당하거나 할부판매나 통신판매 등에 해당하면 관련 특별법이 우선 적용된다. 따라서 길거리에서 어느 영업사원의 권유 때문에 그에게서 구매한 문학전집에 관련해서는 민법의 매매법보다 방문판매법이 우선 적용된다.

3) 재산법과 가족법

민법은 그 규범의 대상에 따라 재산법과 가족법으로 크게 나뉜다. 재산법은 이익사회를 규율하는 법으로서 그 법적 성격이 합리적 타산적이며, 계수성(繼受性)이 강하다. 반면에 가족법은 공동사회를 기반으로 하는 가족의 질서를 규율하는 법으로서 습속적 보수적이며, 계수성이 재산법보다 약하다. 따라서 가족법은 마치 입맛이 보수적인 것처럼 느리게 변화하지만, 재산법은 유행하는 패션처럼 그 변화의 속도가 빠르며 그 내용에 있어서도 보편적인 성질을 갖는다. '채무불이행'이라는 독일법계의 계약법체계가 어느덧 영미법 중심의 계약책임체계로 단일화되는 과정은 가장 대표적인 경우에 해당한다. 그리고 재산법은 주로 불법행위법과 계약법의 성격이 중요하다.

2. 민법전의 제정역사와 구성

1) 의용민법의 시대

조선을 강점한 일본제국주의는 조선통감부제령(制令) 제7호 '조선민사령'을 통하여 기본적으로 일본민법을 의용하였지만, 조선인 상호간의 법률행위에 대해서는 법령에 관한 것이 아닌 규정과 다른 관습이 있는 경우에는 그 관습에 의하고, 조선인의 친족 및 상속에 관해서는 원칙적으로 조선의 관습에 따르도록 하였다.

해방이 된 후에도 미군정기에는 '미군정법령' 제21호에 의해 당시 조선에 시행중이던 법률의 효력이 유지됨으로써 일본민법의 의용이 계속되었다. 또한 단독정부가 수립된 후에도 현행민법이 제정되기 전까지는 당시 법령이 제헌헌법에 저촉되지 않는 한 그 효력이 유지되었다.(제헌헌법 제100조) 따라서 의용민법은 현행민법이 제정되기 전까지 개인과 법인들의 거래 및 생활관계에 관한 중심적 법의 모습이었다.

2) 민법전의 제정

미군정기에 설치된 법전기초위원회가 '민법기초요강'을 완성(1948년)하였고, 이에 기초하여 법전기초위원회는 재산편에 관해서는 '민법기초요강'(1950)을 가족편에 관해서는 '민법친족상속편찬요강'(1949)를 완성한 후 이것들을 토대로 민법전의 초안을 정부에 이송하였다. 정부가 1945년에 상정한 민법안을 심의하기 위하여 민의원의 법제사법위원회는 민법안을 심의하기 위해 민법안심의소위원회를 설치하였다. 민법안심의소위원회는 심의결과를 343개항의 수정안(본문 323개항, 부칙 20개항)을 발표하고, 그 내용 및 이와 관련된 자료들을 민법안심의록 및 민법안심의자료집으로 편찬하여 공간(1957.10.)하였다. 심의를 마친 1957년 11월 5일 본회의에 상정되었으며 국회에서 통과된 민법 수정안은 1958년 2월 22일에 법률 제471호로 공포되었고 1960년 1월 1일부터 시행되었다.

3) 민법전의 구성

현행 민법전은 총칙 물권 채권 친족 상속 및 부칙의 순으로 구성되어 있다. 이는 독일민법전의 편별식에 따른 것으로써 민법전을 사람 물건 소권으로 나누는 로마법적 편별식과 구별된다. 앞의 것은 논리체계를 우선한 방식이고 뒤의 것은 대상을 중심으로 하는 방식이다.

3. 민법의 법원

1) 민법 제1조

민법은 어떠한 모습을 띠고 있는가? 이를 법원(法源)이라고 하는데 법원이란 법의 연원(淵源)을 의미하는 것으로서 법의 존재형식 또는 법의 현상 형태라고 한다. 특히 민법은 제1조에서 '민사에 관하여 법률에 규정이 없으면 관습법에 의하고 관습법이 없으면 조리(條理)에 의한다'고 규정하고 있다.

2) 법원으로서의 법률

법률은 형식적 의미의 민법, 즉 민법전뿐만 아니라 개인의 생활관계에 관한 특별법 및 법규 등을 말한다. 명령과 대법원규칙도 민법의 법원이다. 앞의 예로서 주택임대차보호법시행령이 있고, 뒤의 예로써 부동산등기법시행규칙 등이 있다. 또한 비준 공포된 조약과 일반적으로 승인된 국제법규 및 헌법재판소의 결정도 법률과 동일한 효력을 가지므로 그 결정내용이 실질적으로 개인의 생활관계에 관한 것인 때에는 민법의 법원이 된다. 전자의 예로서 유엔국제물품매매에 관한 국제조약(CIGS)을 들 수 있다. 또한 대통령의 긴급명령 역시 마찬가지이다.

3) 조례의 민법 법원성 여부

조례(條例)는 법원이 될 수 없다는 학자들의 견해도 있으나, 지방의회 및 자치단체에 의한 조례나 규칙도 개인들의 생활관계에 관한 것일 때에는 민사법규에 대한 보충적 효력을 갖는다고 볼 수 있으므로 조례의 법원성은 인정된다.

4) 법원으로서의 관습법

관습법(慣習法)이란 자연적으로 발생한 관행이나 관례가 수범자에 의해 인정되어 법적 확신을 기초로 법규범화된 것을 말하며, 민법상 법원이 된다. 반면에 관행이란 일정기간 동안 동일한 거래행태가 단순히 반복되고 있는 상태에 지나지 않는다. 다시 말해서 관습법이란 사회의 거듭된 관행으로 생성된 사회생활규범이 사회의 법적 확신과 인식에 의하여 법적 규범으로 승인 강행되기에 이른 것을 말한다. 더욱이 이러한 관습법은 바로 법원으로서 법령과 같은 효력을 가지므로 헌법 및 법령에 저촉되지 않아야 한다. 따라서 일반적으로 관습법은 당사자의 주장 입증을 기다림이 없이 법원이 직권으로 이를 확정하여야 한다. 또한 관습법은 법률 내지 성문법에 규정이 없는 경우에만 개인들의 생활관계에 보충적으로 적용된다.

사 례

□ 판례에 의해 확인된 관습법의 사례 □

○ 분묘기지권(墳墓基地權)

타인의 토지에 분묘를 설치한 자는 지상권이나 임차권을 적법하게 취득하지 않더라도, 일정한 경우에 분묘기지권을 취득한다. 분묘기지권은 지상권과 유사한 물권으로 이해된다.

○ 관습법상 법정지상권

동일한 소유자에게 속해 있던 토지와 건물이 매매 등의 원인으로 그 소유자가 서로 다르게 된 경우에 그 건물을 철거하기로 하였거나 건물의 소유를 위한 지상권이나 임차권을 설정하는 등의 특별한 사정이 없는 한, 건물소유자는 토지소유자에 대하여 건물을 위한 관습법상 법정지상권을 당연히 취득한다.

○ 명인방법(明認方法)

부동산물권의 공시 방법으로서 토지등기, 건물등기 및 입목등기 외에도 수목의 집단, 벼 및 미 분리된 과실의 소유권에 대하여 관습법적으로 명인방법이 인정되고 있다. 명인방법이란 지상물의 소유권이 누구에게 귀속된다는 것을 알리는 계속적인 표시방법으로서 관습법상 인정되는 부동산소유권의 공시방법이다.

○ 사실혼(事實婚)

사실상 혼인관계를 유지하면서도 혼인신고를 마치지 않음으로써 법률상 혼인으로 인정되지 않는 혼인관계를 사실혼이라고 부른다. 혼인신고를 전제로 하여 부여되는 법률효과를 제외한 모든 효과가 사실혼에도 인정되므로 관습법이 라고 볼 수 있다.

사 례

□ 판례가 부정한 관습법의 사례 □

사회의 거듭된 관행으로 생성된 사회생활규범이 관습법으로 승인되었다고 하더라도 사회구성원들이 그러한 관행의 법적 구속력에 대하여 확신을 갖지 않게 되었다거나, 사회를 지배하는 기본적 이념이나 사회질서의 변화로 인하여 그러한 관습법을 적용하여야 할 시점에 있어서의 전체 법질서에 부합하지 않게 되었다면 그러한 관습법은 법적 규범으로서의 효력이 부정될 수밖에 없다.(따라서) 공동선조의 후손 중 성년 남자만을 종중의 구성원으로 하고 여성은 종중의 구성원이 될 수 없다는 종래의 관습은 종중의 활동에 참여할 기회를 출생에서 비롯되는 성별만에 의하여 생래적으로 부여하거나 원천적으로 박탈하는 것으로서 위와 같이 변화된 우리의 전체 법질서에 부합하지 아니하여 정당성과 합리성이 있다고 할 수 없다. 그러므로 종중 구성원의 자격을 성년 남자만으로 제한하는 종래의 관습법은 이제 더 이상 법적 효력을 가질 수 없다. (그렇다면) 종중의 목적과 본질에 비추어 볼 때 공동선조와 성과 본을 같이 하는 후손은 성별의 구별 없이 성년이 되면 당연히 그 구성원이 된다고 보는 것이 조리에 합당하다.(대판 2005.7.21, [2002다1178])

5) 판례의 법원성 여부

판례(判例)는 한 국가의 법원에 의하여 부단히 이루어진 판결의 집적체로서 특히 성문법을 중심으로 하는 국가에서는 실정법과 법 현실을 중개하는 역할을 한다. 특히 대법원의 판결은 사실적 구속력을 가지므로 판례는 실질적으로 민법의 법원이 된다는 일부 학자들의 견해도 있지만, 통설은 판례는 민법의 법원이 아니라고 한다. 법관은 헌법과 법률에 의하여 그 양심에 따라 독립하여 심판할 수 있을 뿐 아니라 판례에 구속되지 않기 때문에 판례는 법원이 될 수 없다고 한다.

6) 법원으로서의 조리

조리(條理)는 '사물의 본성' '사물 또는 자연의 이치' '사물의 본질적 법칙' '사물의 도리' '사람의 이성을 기초로 한 규범' 등으로 이해되며 민법상 법률과 관습법이 존재하지 않는 경우에 그 법원성이 보충적으로 인정된다. 즉 조리는 법률이나 관습법과 같이 객관적으로 존재하는 규범이다. 판례도 헌법 제103조와 민법 제1조를 그 근거로 조리의 법원성을 인정한다.

4. 민법의 구성원리와 그 변화

근대민법은 시민들의 자유로운 의사결정을 존중하고 자본주의적 상품교환을 가능하도록 다음과 같은 원리들을 마련하였다. 물론 우리 민법도 근대민법이 표방하고 있는 자유와 평등을 그대로 수용하고 있다. 그것은 사유재산제도를 주축으로 하는 사회질서 속에서 사적자치(私的自治)의 원칙이라는 모습으로 나타난다. 즉 모든 사람은 평등하고 자유롭게 계약을 통해서 생활관계를 형성해나갈 수 있어야 한다.

보다 구체적으로 민법이 권리능력의 평등, 소유권의 보호, 계약의 자유를 그 기본 골격으로 함으로써 이를 실현하고 있다.

또한 근대민법은 사람의 행위와 관련해서는 과실책임(過失責任)의 원칙을 근간으로 하는데, 이는 사람의 자유로운 활동의 한계를 긋는 원칙으로 이해된다. 근대민법 아래에서 모든 개인은 법률상 평등한 권리주체로서 인정된다. 즉 권리를 얻고 의무를 부담하는 데 모든 자연인은 평등하게 취급되어야 한다는 것이다. 예컨대 일정한 국적을 가진 자, 높은 신분을 가진 자, 또는 집안의 가장이 아니면 완전한 권리의 주체가 될 수 없다는 봉건적 불평등성은 더 이상 존재할 수 없다.

오늘날 국적 신분 노소 남녀를 불문하고 모든 자연인은 권리의 주체가 된다. 물론 모든 자연인에게 권리능력이 인정된다고 해서 자연인에게만 권리능력이 주어지는 것은 아니다. 회사 등 각종 단체에 대하여는 일정한 요건 아래에 서 법인격이 주어지고 있으며, 현실적으로 이와 같은 사단법인 또는 재단법인 들이 사회적으로 커다란 역할을 담당하고 있다.

1) 소유권 절대의 원칙

소유권(所有權)은 물건을 배타적으로 지배하는 권리이다. 따라서 소유자는 그의 소유물을 자유로이 사용 수익 처분할 수 있는 권리를 가진다. 더욱이 타인은 말할 것도 없고, 국가권력기관이라 하더라도 소유자의 이와 같은 권리행사를 침해할 수 없다. 이러한 원칙이 지배하는 한, 각 개인은 자기가 지배하는 물건에 자본을 투자함으로써 사업을 영위하여 이윤을 얻을 수 있다. 자본주의적 시장경제체제가 발달 할 수 있었던 물적 토대는 이와 같은 원칙에 힘입은 바가 크다.

이런 원칙 아래에서 자본주의경제가 발전하였지만, 곧 여러 폐단이 발생하게 되었다. 예컨대 도심 중에 공장을 설립하여 소음과 분진을 과도하게 배출하는 경우에 이를 소유권의 보장이라는 이름하에 보호할 수는 없다. 즉 소유권의 행사와 시민들의 건강권 내지 환경권 사이에는 긴장관계가 생기게 된다. 여기에 서 소유권 절대의 원칙에 대한 반성이 이어졌고 그 수정이 불가피하게 되었다. 그리하여 소유권은 의무를 수반한다는 바이마르헌법의 규정을 효시로 오늘날 헌법은 대부분 이러한 원리를 수용하고 있다.

2) 계약자유의 원칙

계약(契約)은 개인들의 사적 자치를 형성하기 위하여 그 체결 내용 방식 등 어느 분야에 있어서도 자유롭게 이루어져야 한다는 원칙을 말한다. 계약의 자유를 경제적으로 풀이하면 경쟁의 자유를 의미한다. 이런 사상은 궁극적으로 모든 개인이 합리적 판단력과 윤리적 자율성을 갖추고 있는 이성적 존재라는 전제를 깔고 있다. 따라서 인간을 자유로운 방임상태에 두더라도 사회는 조화롭게 발전할 수 있다는 믿음을 그 기본적 사고로 한다.

계약자유의 원칙 아래에서 자본주의경제는 비약적으로 발전하였지만 가진 자와 그렇지 못한 사람 사이의 대립은 더욱 심화되었다. 사람이 모두 평등하다는 이념은 이제 형식적인 명제에 불과하고, 실질적으로는 불평등한 현실이 사회적으로 커다란 문제로 등장하고 있다. 따라서 국가는 인간의 평등한 생활을 실질적으로 확보하기 위하여 계약자유의 원칙에 적극적으로 간섭하게 되었다. 근로기준법, 주택임대차보호법, 상가건물임대차보호법 및 토지거래규제에 관한 일련의 법률의 제정도 이러한 배경을 기초로 하고 있다.

한편 거래가 집단적 반복적으로 이루어지면서 계약의 내용이 정형화되는 현상 역시 필연적이다. 그리하여 약관(約款)이 출현하고 있다. 여기에서도 계약내용을 자유롭게 결정하지 못한다는 점에서 계약의 자유는 침해된다. 이와 같은 약관은 소비자들에게 계약상의 불이익을 가져올 수 있으므로 국가는 이에 강력히 개입하고 있다. 약관의 규제에 관한 법률·소비자보호법 및 전자상거래 등에서의 소비자보호에 관한 법률 등은 규제적 목적을 가지 법률들이다.

3) 과실책임의 원칙

'과실이 없이는 책임을 부담하지 않는다'는 원칙을 말한다. 이는 개인의 자유로운 활동을 최고의 이상으로 하는 근대법에서 과실과 관련해서 비난받을 만한 상태에 있는 자에 대해서만 책임을 부담케 하는 것이다. 이 원칙은 특히 불법행위와 관련하여 개인의 자유로운 활동을 보장하는데 크게 이바지하였다.

타인에게 피해를 주었더라도 행위자에게 과실이 없다면 책임을 부담하지 않기 때문에 자본주의사회에서 기업들이 자유로운 영업활동을 할 수 있었던 것도 이 원칙에 힘입은 바가 크다. 자본주의에 힘입어 기업이 왕성하게 활동하면서 일반인으로서는 예견하기 어려운 위험으로 인하여 손해를 입는 사람이 생기는가 하면, 이에 반해서 커다란 이익을 보는 기업들이 출현하게 되었다. 그 결과 과실책임 원칙에 대한 적용범위와 함께 그 타당근거의 한계성에 관한 문제가 제기되었다. 과실이 없다고 해서 기업들이 책임을 부담하지 않는다는 원칙은 공평하지 않다는 반성의 소리가 대두되었다.

민법에는 과실의 구성요건을 완화하거나, 공작물의 소유자에게 무과실책임을 인정하는 규정들이 있다. 또한 과실에 대한 입증책임의 전환, 표현증명(表現證明), 고도의 주의의무에 대한 요구 등을 통하여 과실책임의 원칙이 가지는 결함을 사실상 시정하고 있다. 한편 오늘날 과실책임의 원칙을 애초부터 배제하는 특별법도 적지 않게 출현하고 있다.

제2절 동산의 재산관계

재산관계(財産關係)를 여러 기준에 따라 구분할 수 있다. 소유관계(所有關係)와 거래관계(去來關係)로 나눌 수도 있고, 물건에 대한 소유권의 변동을 목적으로 하는 재산관계와 그렇지 않은 법률관계로 나눌 수도 있다. 후자의 경우에도 채무자가 종속적 노무를 제공하느냐에 따라 그 재산관계의 성질이 달라지며, 전자의 경우에도 그 물건이 부동산이냐 동산이냐에 따라 역시 달리 취급된다. 먼저 동산을 대상으로 한 재산 관계의 내용을 살펴본다.

1. 동산소유권의 취득

동산(動産)의 소유권을 어떻게 취득하는가? 민법의 기본원리에 의하면 개인 또는 법인은 타인과의 계약을 통하여 그가 이미 소유하고 있는 동산소유권을 넘겨받는 것이 원칙이다. 하지만 개인들 사이의 계약이 아니더라도 법률의 규정에 의거하여 그 소유권이 변동되는 경우도 있다.

1) 동산매매

(1) 동산매매의 의의

매매는 매도인이 재산권을 상대방에게 이전할 것을 약정하고, 매수인은 이에 대하여 그 대금을 지급할 것을 약정함으로써 성립하는 계약이다. 매매계약은 재산권의 이전의무와 대금의 지급의무가 서로 견련관계에 있으므로 쌍무계약이며, 양 급부의 이행은 서로 대가성을 갖는 출연관계에 서 있기 때문에 유상계약이다. 특히 매매는 유상계약 가운데 가장 대표적인 계약으로서 매매에 관한 규정은 다른 유상계약에 준용된다. 매매계약은 당사자 간의 의사의 합치만으로 성립하는 낙성계약이다. 약정한 재산권의 이전과 대금의 지급은 매매계약의 이행에 의하여 실현된다. 또한 매매계약은 어떠한 방식도 요구하지 않는다.(대판 2006.2.24, [2005다58656])

(2) 계약금계약

계약금(契約金)이란 계약을 체결할 때에 당사자 일방이 상대방에 대하여 교부하는 금전 기타의 말하며, 그 계약금지급을 약정하는 합의가 '계약금계약'이다. 계약금은 당사자 사이에 다른 약정이 없는 한 해제권의 유보를 위해 수수된 수익금(收益金)으로 추정된다. 판례 역시 계약금은 해약금의 성질을 가질 뿐이라고 한다. 다만 당사자 일방이 위약한 경우 그 계약금을 위약금으로 하는 특약이 있을 때에 한하여 손해배상액의 예정의 성질을 함께 갖는 것으로 해석한다.

해약금의 의미는 무엇인가? 매매관계의 당사자 가운데 어느 일방이라도 이행에 착수할 때까지 교부자는 이를 포기하고 수령자는 그 배액을 상환하여 계약을 해제할 수 있다. 교부자가 해제하면 당연히 계약금포기의 효력이 생기며 별도로 포기의 의사표시를 요하지는 않는다. 한편 수령자는 그 배액을 현실적으로 상환하여야 계약을 해제할 수 있다. 해제할 수 있는 기간은 당사자의 일방이 이행에 착수할 때까지이다. 이행의 착수란 중도금의 제공 등 채무의 이행행위의 일부를 행하거나 또는 이행하는 데 필요한 전제행위를 하는 것을 의미한다.

사 례

□ 주요 판례 □

〈계약금몰취약정의 효력〉

불이행시 계약은 자동무효가 되고 이미 불입된 금액은 일체 반환하지 않는다는 약정에 기하여 계약금을 지급하였더라도 매수인은 중도금을 지급기일에 지급하지 아니한 채 이미 지급한 계약금 중 과다한 손해배상예정액으로서 감액되어야 할 금액에 해당하는 금원의 반환을 구할 수 있다. 왜냐하면 그 계약금은 해약금으로서의 성질과 손해배상예정액으로서의 성질을 겸하기 때문이다.(대판 1996.10.25, [95다33726])

(3) 당사자들의 이행의무

체결된 계약의 효력에 문제가 없다면 매도인은 매수인에게 재산권을 이전할 의무를 부담한다. 따라서 매도인은 매수인에 대하여 재산권이전에 필요한 모든 행위, 즉 재산권변동에 필요한 급부를 종국적으로 이행하여야 한다. 그러므로 동산의 매매에서는 그 목적물의 인도가 이루어져야 한다. 또한 매도인은 별도의 특약이나 관습이 없는 한 매수인에게 매매목적물에 대한 직접점유를 취득케 할 의무를 부담한다.

한편, 매수인은 매도인의 재산권이전과 목적물의 인도에 대한 반대급부로서 대금지급의무를 부담한다. 특약이 없는 한 대금지급의무는 매도인의 재산권이전의무와 동시이행의 관계에 선다. 매도인의 의무이행에 대한 기한의 약정이 있는 때에는 매수인의 대금지급에 대해서도 동일한 기한이 있는 것으로 추정된다. 또한 특약이나 관습이 없는 한 매매목적물의 인도와 동시에 대금을 지급해야 하는 경우에는 목적물의 인도장소 에서 대금을 지급해야 한다. 그럼에도 불구하고 매매목적물에 대하여 권리를 주장하는 자 때문에 매수인이 매수한 권리의 전부나 일부를 상실할 염려가 있을 때에는 매수인은 그 위험의 한도에서 대금의 전부나 일부의 지급을 거절할 수 있다. 특히 제3자가 주장하는 권리에는 소유권을 비롯하여 저당권 등 담보권도 포함된다. 물론 매도인이 상당한 담보를 제공한 때에는 대금의 지급을 거절하지 못한다.

2) 계약위반과 그 책임

매도인의 재산권이전의무 및 목적물인도의무와 매수인의 대금지급의무는 서로 대가적 견련관계에 있다. 대가적 견련관계에서 계약을 위반하는 사태가 발생하는 경우에 민법은 여러 구제제도를 마련해 두고 있다. 채무불이행책임제도, 위험부담 및 담보책임제도가 그것이다.

채무불이행은 상대방의 귀책사유에 의해 생긴 계약위반에 대한 구제제도이고 위험부담은 양 당사자의 귀책사유 없이 일방당사자가 자신의 채무를 이행할 수 없게 경우에 대한 처리방법이다. 이에 반하여 담보책임은 매도인의 매매목적물인 물건이나 권리 등에 하자나 흠결이 있는 경우에 매도인의 귀책사유를 묻지 않고 일정한 책임을 매도인에게 부담시킴으로써 유상계약관계인 매매관계의 균형을 유지하기 위한 제도이다.

(1) 계약위반과 강제이행

계약위반에 대하여 채무자가 자신에게 귀책사유가 없음을 적극적으로 항변하지 못하는 한 그는 계약위반에 따른 책임을 져야 한다. 하지만 그 책임의 내용은 그 원인이 되는 계약위반이 어떠한 형태를 띠느냐와 채권자가 어떠한 책임을 원하느냐에 따라 달라질 수 있다. 채무자가 자신의 채무를 전혀 이행하지 않은 계약위반 이외에도 이행을 제공하였지만 계약의 목적에 부합하지 않는 불완전한 이행이 있을 수 있다. 이를 '불완전이행'이라고 하는데, 이 경우도 채권자의 입장에서는 계약위반이라고 볼 수 있다. 최근의 세계적 경향과는 달리 우리의 민법은 여전히 계약위반을 채무불이행이라고 부르고 있다. 여기에는 반드시 채무자의 귀책사유라는 표지가 전제되어 있다.

채무를 전혀 이행하지 않은 계약위반에도 두 종류가 있다. 이행하기로 약정한 시기에 객관적으로 이행이 가능함에도 불구하고 채무자가 이행제공을 전혀 하지 않은 경우인데 이를 '이행지체'라고 부른다. 반대로 이행기에 채무자가 주관적으로 이행하고 싶어도 객관적으로 이행할 수 없는 상태를 '이행불능'이라고 부른다. 이행불능의 경우를 제외한다면 채무자가 임의로 채무를 이행하지 않는 경우에 채권자가 국가기관의 강제력을 빌려 채무의 내용을 강제적으로 실현할 필요성이 제기된다.

민법은 제389조에서 강제이행에 관한 규정을 두는 한편, 절차법인 민사집행법에서는 상세한 집행절차를 규정하고 있다. 민법과 민사집행법이 인정하는 강제이행의 방법으로 직접강제, 대체집행 및 간접강제가 있다. 채무내용의 실현은 채무자 스스로의 행위를 매개로 하는 것이므로 일정한 급부내용의 강제적 실현에 있어서는 채무자의 자유로운 의사 및 인격이 존중되어야 할 경우가 있다. 따라서 채무의 강제적 실현과 관련해서는 어떠한 수단이 적절한 것인가에 대한 문제가 발생한다.

(2) 계약의 해제제도

어떠한 형태의 계약위반이라도 당사자에게는 해제권(解除權)이 발생한다. 계약위반으로 인하여 계약의 본래 목적을 달성하는데 어려운 상태에 빠진 계약을 해제함으로써 계약의 구속력에서 벗어날 수 있다. 당사자가 단독으로 기존의 계약 규범상태를 다른 상태로 변경할 수 있기 때문에 해제권을 '형성권'이라고 부른다. 채무가 이행불능에 빠진 이상 대체로 이를 치유하여 다시 이행을 요구하거나 이행할 가능성은 없기 때문에 이행불능으로 확정되면 채권자는 언제든지 해제권을 행사할 수 있다. 하지만 이행지체나 불완전이행의 경우에는 계약위반을 치유하여 다시 이행제공에 나설 수 있는 기회가 남아 있기 때문에 그러한 계약위반이 발생하였다고 하여 곧장 해제권이 발생되지는 않는다. 우리 민법은 채무자로 하여금 적법한 이행의 제공을 할 수 있는 시간적 여유를 한 번 주고 그렇게 유예된 기간 안에도 채무자가 이행을 제공하지 않은 경우에 최후의 수단으로 해제권을 행사할 수 있도록 규정해 놓았다.

해제권의 행사는 기존의 계약을 해제하여 그 구속으로부터 벗어난다는 취지의 의사표시를 상대방에게 하면 된다. 별도의 형식이나 서면이 요구되지는 않는다. 해제한다는 의사표시가 계약을 위반한 채무자에게 도달하면 그 법률효과가 발생한다. 원상회복의무와 손해배상의무가 그것이다. 원상회복의무에 관한 지배적인 학설에 의하면 기존의 계약관계는 소급적으로 소멸한다고 지적한다. 따라서 아직 이행하지 않은 채무는 그대로 소멸하고, 이미 이행한 채무의 결과는 다시 그 채무를 이행했던 당사자에게 반환되어야 한다. 원상회복은 원물반환을 원칙으로 한다. 즉 이행의 목적물이 중고자동차처럼 특정물인 경우에는 그 물건 자체를 반환하여야 하고, 신형 자동차처럼 종류물인 경우에는 그 물건 자체를 반환하여야 하고, 신형 자동차처럼 종류물인 경우에는 받은 물건과 동종 동질 동량의 다른 물건으로 반환하여야한다. 금전의 경우에는 받은 날로부터 반환할 때까지의 이자를 가산하여 반환하여야 한다. 노무 기타 물건의 이용 등 무형의 가치를 받은 경우에는 그 객관적 가격을 반환하여야 한다. 반환을 위한 운송비 및 인건비 등은 해제원인에 대하여 책임을 질 상대방이 부담해야 한다. 그러나 각 당사자가 받은 물건이나 권리로부터 생긴 동조는 반환되어야 한다. 한편 해제가 되더라도 손해배상에는 영향이 없다. 왜냐하면 유책한 계약위반으로 인하여 해제한 당사자에게 준 손해는 현실적으로 그대로 남게 되므로 실제적 공평의 관점에서 볼 때 그 손해가 발생하는 데 원인을 제공한 상대방이 배상책임을 지는 것은 당연하기 때문이다.

(3) 손해배상책임

유책한 계약위반으로 인하여 발생한 손해가 존재한다면 이를 배상(민법 제390조)하여야 한다. 유효하게 성립된 계약으로 인하여 발생한 손해를 배상해야 하는 계약법적 기초가 된다. 다만 지배적인 견해에 의하면 그 손해는 '이행이익'에 이른다고 한다. 다시 말해서 계약당사자가 유효한 계약이 만약 약정대로 이행이 되었을 때 얻을 수 있다고 기대되는 이익을 손해배상의 대상으로 한다. 구체적으로 우리 민법은 제393조에서 이를 자세하게 규정하고 있다. 제393조제1항에 의하면 '통상손해'는 사회일반의 관념에 따라 어떤 선행사실이 있으면 그 후행사실로서 보통 발생되는 손해를 말한다. 그리고 제2항의 '특별손해'는 그 손해가 특별한 사정으로 인한 것이라 하더라도 채무자가 그 사정을 알았거나 알 수 있었을 때의 손해를 의미한다. 따라서 통상손해에 있어서는 상당인과 관계가 그 규준이 되고 채무자 자신의 예견가능성은 문제되지 않는 데 반하여, 특별손해에 있어서는 채무자 자신의 예견가능성이 규준이 되고 상당인과관계는 문제되지 않는다. 특별사정에 대한 채무자의 예견 또는 예견가능성에 대해서는 이행기를 기준으로 판단한다.

예를 들어, 토지매도인의 소유권이전등기의무가 이행불능에 이른 경우 매도인이 매수인에게 배상해야 할 통상의 손해배상액은 그 토지의 채무불이행 당시의 교환가격에 한한다. 그러나 만약 그 매도인이 매매당시 매수인이 이를 매수하여 그 위에 건물을 신축할 것이라는 사정을 이미 알고 있었고 매도인의 채무불이행으로 인하여 매수인이 신축한 건물이 철거될 운명에 이르렀다면 그 손해는 적어도 특별한 사정으로 인한 것이고, 나아가 매도인은 이러한 사정을 알고 있었으므로 위 특별손해를 배상할 의무가 있다.

손해배상은 금전으로 함이 원칙이기 때문에(민법 제394조) 손해배상의 대상이 되는 통상손해와 특별손해를 금전으로 평가하는 '손해배상의 산정'이 필요하고, 특히 그 산정기준이 문제된다. 손해가 금전의 형태로 나타나지 않은 경우에는 계약위반의 유형에 따라 그 산정방법이 다르다. 이행지체의 경우에는 지체된 기간 동안 목적물의 사용료에 의하여, 이행불능으로 인해 목적물이 인도되지 않은 경우에는 불능된 목적물의 시가에 의하여 손해액이 산출된다. 그리고 하자 있는 목적물을 받은 것이 손해인 경우에는 하자없는 목적물과 하자있는 목적의 시가 차액에 의하여 손해액이 산출하면 된다.

그렇다면 손해를 금전으로 산정하는 시기는 언제를 기준으로 할 것인가? 이에 대하여 학설은 사실심의 변론종결시설과 책임원인발생시설로 나뉘는데 각 학설은 손해배상의 제도적 취지 및 발생시점을 달리 이해하고 있다. 손해배상액의 산정시점에 대한 판례의 태도 역시 통일되어 있지 않다. 지배적인 견해에 의하면, 책임원인발생시를 기준으로 하여 그 배상액을 산정하고 그 후의 손해에 대해서는 상당인과관계 범위내의 손해만을 가산해야 한다고 한다. 실제 손해의 전보와 손해분담의 공평이라는 손해배상제도의 이상에 비추어 책임원인발생시와 변론종결시 사이의 가격변동을 특별손해로 이해하고, 채무자의 예견 또는 예견가능성이 입증된 경우에만 채권자는 손해배상을 청구할 수 있다는 견해이다. 손해산정을 통하여 손해배상액이 확정되더라도 이것이 손해배상의 최종적인 금액이 되지는 못한다. 왜냐하면 계약위반이 발생하거나 그로 인한 손해가 확대되는데 채권자 측의 잘못이 어느 정도 반영되는 경우가 많으며, 이 경우에 이를 그 책임에 반영해야 하기 때문이다. 이를 '과실상계'라고 한다.

특히 계약위반에 채권자의 과실이 잇는 경우에는 법원은 손해배상의 책임 및 그 금액을 정할 때에 이를 반드시 참작하여야 한다. 채권자 자신의 과실뿐만 아니라 수령 보조자의 고의과실도 과실상계에서 고려된다. 주의할 것은 채권자의 과실 개념은 채무자의 경우와는 달리 법적 의무를 전제로 하는 것이 아니다. 한편 채권자의 과실이 인정되는 한 채무자의 주장 입증이 없더라도 반드시 이를 참작하여야 한다. 그러나 어느 정도로 참작할 것인가는 법원의 자유재량에 맡겨져 있다. 또한 유책한 계약위반에 의하여 채권자에게 손해가 발생함과 동시에 이익이 생긴 경우에는 손해배상액을 산정함에 있어서 이러한 이익을 공제하여야 하는데, 이를 '손익상계'라고 한다. 민법상 명문규정은 없으나 손해배상법의 취지상 당연히 인정된다.

(4) 매도인의 담보책임

우리 민법은 계약위반에 대한 책임을 구성하는데 위에서 언급한 채무불이행책임을 계약책임으로 정하면서도 동시에 담보책임(擔保責任)이라는 별도의 계약책임을 두는 이원론를 인정하고 있다. 채무자의 귀책사유를 전제한 유책한 계약위반에 대해서는 채무불이행책임을 물을 수 있고, 채무자의 귀책사유가 없더라도 매매목적물의 하자나 그 목적 권리의 흠결을 이유로 담보책임을 물을 수도 있다. 따라서 담보책임은 그 근거에 있어서 법정책임이며, 그 요건에서 무과실책임이다.

담보책임에서는 그 하자가 권리나 물건 가운데 어느 쪽에 존재하는가에 따라 담보책임의 유형이 달리 규정되므로, 하자의 유형과 종류에 따라 책임의 요건과 내용이 달라진다. 먼저 타인의 권리도 매매의 목적으로 할 수 있으나 매도인이 타인의 권리를 취득해서 이전할 수 없는 경우에 매도인은 담보책임을 부담한다. 매매목적물은 현존하나, 타인의 권리에 속하기 때문에 그 권리를 이전할 수 없어야 한다. 매수인은 해제와 더불어 손해배상을 청구할 수 있다. 손해배상의 범위는 이해이익에 미친다. 특히 해제권 및 손해배상청구권의 행사에 대해서는 그 기간이 제한되지 않는다.

다음으로 매매의 목적인 권리의 일부가 타인에게 속하기 때문에 매도인이 그 부분의 권리를 매수인에게 이전할 수 없는 경우에도 매도인은 담보책임을 부담한다. 권리의 일부가 타인에게 속하기 때문에 이를 이전할 수 없는 경우를 말한다. 하자의 성질상 매수인은 권리가 타인에게 속하는 비율만큼 대금감액을 청구할 수 있다. 또한 하자가 없이 잔존한 부분만이면 이를 매수하지 아니하였을 때에는 계약의 전부를 해제할 수 있으며, 대금감액청구 또는 계약해제 외에 손해배상도 청구할 수 있다. 매수인의 이러한 권리는 매수인이 하자를 안 날로부터 1년 내에 행사하여야 한다.

또한 매매의 목적물이 지상권 지역권 전세권 질권 또는 유치권의 목적이 되어 있는 경우, 목적부동산을 위하여 존재해야 할 지역권이 설되어 있지 않은 경우, 목적부동산 위에 등기된 임차권, 주택임대차보호법에 의하여 대항력을 가지는 임차권이나 채권적 전세 또는 상가건물임대차보호법에 의해 대항력을 갖춘 임차권이 있는 경우에도 매도인은 담보책임을 부담한다. 다만 매수인은 이러한 하자를 인식하지 않은 경우에 한하여 매도인에게 담보책임을 물을 수 있다. 특히 위의 제한물권 때문에 매수인이 계약의 목적을 달성할 수 없는 경우에는 계약을 해제할 수 있으며, 아울러 손해배상을 청구할 수도 있다. 따라서 계약의 목적을 달성할 수 있는 선의의 매수인은 손해배상청구권을 행사 할 수 있을 뿐이다. 손해배상청구권과 해제권은 매수인이 그 사실을 안 날로부터 1년 이내에 행사하여야 한다.

한편 위와 같이 권리의 흠결이 아니더라도 매매목적물의 성질에 하자 내지 결함이 있고 매수인의 손해배상만을 청구할 수 있다. 손해배상의 범위는 매수인이 계약을 해제하지 아니하고 하자있는 목적물 자체를 그대로 보유 활용하여야 하는 상태에서 받게 되는 손해, 즉 매매목적물에 하자가 없을 것을 신뢰함으로써 입게 된 손해로써 하자보수비용, 하자로 인한 감가 등의 소극적 손해의 전보에 국한된다. 하지만 목적물의 하자로 계약의 목적을 달성할 수 없을 때에는 계약을 해제할 수 있다. 특히 매매목적물이 신형 자동차처럼 종류물의 경우에는 손해배상청구권이나 해제권을 행사하지 않고, 다른 완전한 물건으로 교체하여 인도할 것을 청구할 수도 있다. 무엇보다도 이러한 권리들의 행사기간은 그 하자를 안 지 6개월 한정된다.

3) 동산매매에서 소비자보호

근대민법이 전제하는 거래형태의 전형은 면대면 교섭에 이은 계약체결인데 최근에는 새로운 거래형태가 출현하고 있다. 할부판매, 계약의 체결방법, 계약성립의 조건, 목적물의 품질결정방법, 대금지급방법, 계약의 이행벙법 등에서 여러 특징을 가지고 성립하는 경우가 많다. 면대면 교섭이 아닌 형태에서 동산매매가 체결되기 때문에 계약과 관련한 정보의 제공이나 획득 등에서 일방당사자가 불리한 경우가 많다. 이러한 당사자의 법적 지위를 보완하여 동산매매관계의 균형을 유지함으로써 계약관계의 목적을 달성하려는 경향의 규범을 소비자(보호)법이라고 한다.

(1) 할부거래에서 소비자보호

할부매매(割賦賣買)란 매수인이 매도인에게 일정기간 이상에 걸쳐 매매대금을 분할하여 지급하고 목적물의 대금을 완납하기 전에 목적물을 인도받는 특수한 형태의 매매이다. 특히 할부매매에는 언제나 신용이라는 요소가 끼어드는데, 흔히 금융부할부거래의 형태로 금융기관이 개입하게 된다. 매수인을 보호하고 올바른 할부거래질서를 확립하기 위하여 할부거래에 관한 법률(1991.12.31)이 제정되었다. 할부거래는 대금의 분할지급과 소유권유보의 특약이 있는 특수한 매매라고 볼 수 있으나, 그 성질상 쌍무 유상 낙성 불요식의 계약이며, 특히 대금의 분할지급이 시간적 계속성을 가지므로 일종의 계속적 계약이다. 일반적으로 동산의 할부매매에서는 대금채권의 이행을 확보하기 위하여 약관에 '대금완불시 까지는 목적물의 소유권이 매도인에게 유보되고 완불과 동시에 당연히 매수인에게 이전된다'는 소유권유보특약을 두고 있으며, 통설과 판례도 그 유효성을 인정하고 있다. 특히 명시적인 특약이 없더라도 소유권이 유보되는 것으로 추정된다. 할부매매는 매도인이 목적물의 대금을 완불받기 전에 목적물을 매수인에게 인도하여 사용 수익하게 하는 내용의 계약이므로, 매도인은 매수인의 할부금납부채무의 이행을 담보하기 위해서 목적물의 소유권을 대금완불시 까지 유보하는 약정을 하는 것이 보통이다.

무엇보다도 할부거래에서는 매수인의 충동구매에 대한 보호방책이 필요하다. 법률에 의하면 판매자는 할부조건을 명시 고지할 의무를 부담하며 계약의 체결은 서면에 의해야 한다. 특히 매수인은 계약서를 교부받은 날 또는 목적물을 인도받은 날로부터 7일 이내에 서면으로 청약을 철회(cooling-off)할 수 있다. 매도인은 매수인에게 철회권의 존재를 고지할 의무를 부담하며, 매수인과 매도인 사이의 특약에 의해서도 매수인은 철회권을 포기할 수 없다. 철회권의 행사에 따른 효과는 계약의 해제와 다르다. 매수인이 철회권를 행사함으로써 매수인은 인도받은 동산 또는 제공받은 용역을 매도인은 이미 지급받은 할부금을 동시에 반환하여야 한다. 이때 반환에 필요한 비용은 매도인이 부담하며, 특히 매도인은 매수인에게 위약금 또는 손해배상을 청구할 수 없다. 또한 매수인이 할부금납부를 지체한 경우 매도인은 14일 이상의 기간을 정하여 매수인에게 그 이행을 서면으로 최고한 후 할부계약을 해제할 수 있다.

할부계약이 해제되면 매도인의 할부금반환의무와 매수인의 목적물반환의무는 동시이행의 관계에 서게 된다. 특히 할부계약이 무효 취소 또는 해제된 경우, 목적물의 전부 또는 일부가 인도되지 않은 경우, 매도인이 하자담보책임을 이행하지 않은 경우, 기타 매도인의 채무불이행으로 계약의 목적달성이 불가능한 경우에 매수인은 매도인 혹은 신용제공자에게 할부금의 지급을 거절 할 수 있다.

(2) 방문판매

방문판매(訪問販賣)란 상품의 판매업자 또는 용역을 유상으로 제공하는 것을 업으로 하는 자가 방문 등의 방법으로 그의 영업소 및 대리점 기타 영업장소 외의 장소에서 계약의 청약을 받거나 계약을 체결하여 상품을 판매하거나 용역을 제공하는 것을 말한다. 이에 대해서는 방문판매 등에 관한 법률이 민법에 앞서 적용된다.

판매업자나 용역제공자가 방문판매를 하는 경우에는 상대방에 대하여 자기의 성명이나 명칭과 상품의 종류 또는 용역의 내용을 미리 밝혀야 한다. 또한 방문판매자가 상품의 판매 또는 용역의 제공에 관한 계약의 청약을 받거나 계약을 체결하는 경우에는 소비자가 계약의 내용을 이해할 수 있도록 총리령에 정한 바에 따라 방문판매업자의 성명 및 상품의 판매가격 등 일정사항을 소비자에게 서면으로 고지하여야 한다. 할부거래와 마찬가지로 판매업자와 계약을 체결한 상대방은 계약서를 교부받은 날부터 혹은 계약서보다 물건을 늦게 받은 경우에는 그때부터 14일 이내에 서면으로 청약을 철회할 수 있다. 만약 이 경우에 소비자가 신용카드로 상품의 대금 또는 용역의 대가를 지급한 때에는 방문판매업자는 즉시 당해 신용카드업자에게 상품대금의 청구를 정지 또는 취소할 것을 요청하여야 한다. 특히 방문판매업자는 위약금이나 손해배상을 청구할 수 없다. 방문판매에 관한 규율은 전화권유판매의 경우에도 적용된다. 전화를 이용하여 소비자에게 권유하여 계약의 청약을 받거나 계약을 체결하는 등의 방법으로 재화 등을 판매하는 행위를 말한다.

또한 위 규율은 다단계판매의 경우에도 적용된다. 다단계판매라 함은 판매업자가 공급하는 재화 등을 소비자에게 판매하는 등의 활동을 하면 일정한 이익(다단계판매에 있어서 다단계판매원이 소비자에게 지급하는 후원수당을 말한다. 이하 같다)을 얻을 수 있다고 특정인에게 권유하여 판매원의 가입이 단계적(판매조직에 가입한 판매원의 단계가 3단계 이상인 경우를 말한다)으로 이루어지는 다단계판매조직(판매조직에 가입한 판매원의 단계가 2단계 이하인 판매조직 중 사실상 3단계 이상인 판매조직으로 관리 운영되는 경우로서 대통령령이 정하는 판매조직을 포함한다)을 통하여 재화 등을 판매하는 것을 말한다.

4) 동산의 선의취득

우리민법은 부동산등기의 공신력을 인정하지 않고 있지만 동산의 점유에는 공신력을 인정하고 있다. 그 결과 동산물권은 권리가 없는 자로부터도 유효하게 취득될 수 있다. 예컨대 철수가 만수 소유의 자전거를 빌려서 타고 있는데 철수를 소유자로 믿고 영희가 철수로부터 그 자전거를 매수한 때에는 영희는 자전거의 소유권을 적법하게 취득하게 된다. 소유권 취득의 근거가 바로 선의취득이다. 동산을 점유하고 있는 자를 권리자로 믿고 평온 공연 선의 무과실로 거래하였다면 비록 그 양도인이 정당한 권리자가 아니더라도 양수인에게 그 동산에 대한 소유권 또는 질권의 취득을 인정하는 제도이다. 동산의 거래는 부동산거래와 달리 매우 빈번하게 이루어지므로 매번 거래를 할 때마다 양수인의 양도인과 그 앞 권리자의 소유권의 유무와 계속성을 확인해야 한다면 거래의 안전과 신속을 기할 수 없게 되기 때문이다.

2. 동산에 대한 담보제도

금전채무 등의 정상적인 이해을 확보하기 위하여 동산을 목적물로 한 담보제도(擔保制度)가 발달하였다. 부동산을 목적물로 하는 담보제도는 주로 고액의 채무를 위하여 발전하였지만 동산을 목적물로 하는 담보제도는 소액의 채무를 위하여 설정되는 경향이 강하다. 일정한 요건 아래에서 법률규정이 당연히 인정하는 유치권 이외에도, 당사자의 합의에 의하여 설정되는 질권 및 비전형담보물권이 있다.

1) 유치권

타인의 물건 또는 유가증권을 점유한 자가 그 물건(부동산도 포함됨)이나 유가증권에 관하여 생긴 채권을 가지는 경우에, 그 채권의 변제를 받을 때까지 그 물건 또는 유가증권을 유치함으로써 채무자의 변제를 간접적으로 강제하는 담보물권을 유치권(留置權)이라고 한다. 예컨대 타인의 구두를 수선한 자가 수선비의 지급을 받을 때까지 또는 임차인이 임차한 자전거의 핸들을 수리하는데 소요된 필요비의 상환을 받을 때까지 구두나 자전거를 어느 누구의 방해도 없이 유치할 수 있는 권리이다. 물론 그 점유가 불법행위로 인한 경우에는 인정되지 않는다.

유치권은 해당물건에 관해서 생긴 채권의 채권자에게 법률상 당연히 주어지는 법정담보물권이며 이에 의하여, 채권자와 채무자 사이의 공평성이 실현된다고 볼 수 있으나, 질권과는 달리 환가변제권이 인정되지 않으므로 그러한 한도에서 담보적 효력이 상대적으로 약하다고 할 수 있다. 하지만 채권의 변제를 받을 때까지 그 물건이나 유가증권의 반환을 거절할 수 있으므로 다른 채권자보다 사실상 우선변제를 받게 된다. 따라서 유치권자는 채권의 변제를 받을 때까지 누구에 대해서도, 즉 그 물건의 양수인 경락인 등에 대해서도 목적물의 인도를 거절할 수 있다. 그러나 유치권은 그 목적물과 채권 사이에 관련 관계가 있는 경우에만 성립한다. 목적물에 지출한 비용의 상환청구권, 목적물로부터 받은 손해의 배상청구권, 목적물을 인도받은 후 매매계약이 취소된 경우에 매매대금의 상환청구권 등을 확보하기 위하여 유치권이 인정된다.

특히 유치권자는 채권의 변제를 받기 위하여 담보권의 실행을 위한 경매의 예에 따라 유치물을 경매할 수 있다. 만약 유치권을 위한 경매절차 진행 중 강제경매 또는 담보권 실행을 위한 경매절차가 개시된 경우에는 이를 정지하고 강제경매 또는 담보권 실행을 위한 경매절차를 계속하여 진행한다. 다만 유치권에 의한 경매는 유치권자의 채권을 위한 환가에 그 목적이 있는 것이므로 경매에 의한 배당절차에서 유치권자는 다른 담보물권자와 달리 우선변제권을 갖지 못한다. 그러나 채무자나 제3자가 목적물을 인도받으려면 유치권자에게 일단 변제해야 하므로 실제로는 우선변제권이 있는 것과 마찬가지가 된다. 이외에도 유치권자는 채무자가 파산하여 유치권자가 변제권을 가지는 경우, 유치권자가 유치물을 간이변제에 충당하는 경우, 유치권자가 유치물로부터 생기는 승낙을 수취하여 다른 채권자보다 먼저 채권의 변제에 충당하는 방법 등을 통하여 실질적으로 우선변제를 받을 수 있다.

한편 유치권자는 채무자의 승낙이 있는 때에 한하여 유치물의 사용 대여 또는 담보제공을 할 수 있다. 따라서 유치권자는 채무자의 승낙이 없는 이상 유치물을 임대하더라도 그것을 가지고 소유권자나 경매로 인한 매수인에게 대항할 수 없다. 그럼에도 불구하고 유치권자는 승낙을 얻지 않더라도 보존에 필요한 범위에서 유치물을 사용할 수 있다.

2) 동산질권

질권(質權)이나 채권자가 그의 채권의 담보로서 채무자 또는 제3자인 물상보증인으로부터 받은 물건 또는 재산권을 채무의 변제를 간접적으로 강제하는 동시에, 변제가 없는 때에는 그 목적물로부터 우선적으로 변제를 받는 권리인이다. 예컨대, 철수가 민수에게 500만원을 빌려주고 그 담보로 민수 소유의 보석을 인도받으면, 민수의 차용금변제가 있을 때까지 그 보석을 유치하여 인도를 거절할 수 있고, 만약 민수가 이행기에 차용금을 변제하지 않는 경우에는 그 보석을 경매 기타의 방법으로 매각하여 그 가액으로부터 다른 채권자에 우선하여 변제를 받을 수 있다. 이처럼 질권에는 유치적 효력과 우선변제적 효력이 모두 인정되는 약정담보물권이다.

특히 질권은 경매를 통해 우선 변제를 받고, 나머지가 있으면 질권설정자에게 반환하는 것이 원칙이다. 그러므로 질권설정자는 채무변제기 전의 특약을 맺고서 질권자에게 변제에 갈음하여 질물의 소유권을 취득하게 하거나 법률에 정한 방법에 의하지 아니하고 질물을 처분할 것을 약정하지 못한다. 이렇게 유질계약을 금지하는 것은 궁박한 상태에 있는 채무자가 폭리행위에 의해 희생되는 것을 막기 위한 것이다. 하지만 상행위에 의하여 생긴 채권을 담보하기 위하여 설정된 질권에는 유질계약금지의 원익이 적용되지 않으며, 채무의 변제기후에 하는 유질계약 역시 유효하다. 이때에는 채무자의 궁박을 이용한다는 사정이 없기 때문이다.

3) 양도담보

양도담보(讓渡擔保)란 채권담보의 목적으로 물건의 소유권을 채권자에게 이전하고, 채무자가 이행하지 아니한 경우에는 채권자가 그 목적물로부터 우선변제를 받게 되지만, 채무자가 이행을 하는 경우에는 목적물을 다시 원소유자에게 반환함으로써 채권을 담보하는 비전형담보이다.

부동산도 목적물이 될 수 있지만 동산도 가능하다. 부동산의 양도담보에 관해서는 대부분 '가등기담보법'이 적용된다. 동산의 양도담보가 설정되기 위해서는 어느 채무를 담보하기 위하여 동산을 담보로 한다는 양 당사자의 설정계약과 이에 기초하여 동산을 양도담보권자에게 인도하면 된다. 질권과는 달리 점유개정의 방법에 의한 인도도 허용된다. 동산양도담보의 경우 동산을 점유 사용하면서 이를 저당화하여 기업 등의 금융에 편리하게 이용될 수 있다는 점, 공시방법이 없는 재산권의 경우 양도담보 이외에는 담보방법이 마땅치 않다는 점, 우선변제절차가 간편하다는 점 등에서 질권 저당권 가등기담보권이 설정될 수 있는 재산보다 폭넓게 활용되어 왔다. 그럼에도 불구하고 양도담보는 소유권을 이전하는 형식을 취하므로 채권자의 불성실이나 배신 등으로 채무자는 자칫 목적물의 소유권을 잃게 될 우려가 있고, 채권자의 폭리행위 수단으로 악용될 가능성도 있다. 그래서 그 유효성과 성질에 관하여 논쟁이 이어지고 있다.

동산의 양도담보에 관한 판례의 법리에 의하더라도, 양도담보권자는 목적물의 완전한 소유권을 취득하지만 그 소유권을 행사함에 있어서는 양도담보권설정자에 대하여는 담보 목적을 넘어서 그 소유권을 행사하지 않을 채무를 부담할 뿐이라고 한다. 따라서 이에 위반하면 채무불이행으로 인한 손해배상의무를 지게 된다. 그러므로 채무변제기 전이라도 목적물을 제3자에게 양도하면 양수인은 선의 악의를 불문하고 목적물의 소유권을 유효하게 취득한다. 따라서 양도담보설정자는 목적물에 대한 처분권한을 갖지 못하므로 목적물을 제3자에게 처분할 수 없으며, 제3자가 선의취득의 요건을 충족하는 경우에만 권리를 취득할 수 있다.

양도담보에서 그 목적물을 누가 이용하느냐는 당사자의 합의에 정해진다. 그러나 양도담보의 기능상 설정자가 이용하는 것이 보통이다. 따라서 반대의 특약이 없는 한 설정자가 목적물을 점유 이용할 권한을 가지는 것으로 새겨야 한다. 특히 양도담보권자가 양도담보권을 실행하기 위해서는 피담보채권에 관하여 '이행지체'가 성립하여야 한다. 양도담보의 목적물은 피담보채권 전액을 담보하는 것이기 때문에 그 일부의 변제가 있더라도 채권자는 잔액에 관하여 양도 담보권을 행사할 수 있다. 양도담보의 실행도 '실행통지' → '청산' → '소유권 취득'의 순서로 진행된다.

제3절 부동산의 재산관계

1. 부동산소유권의 취득

1) 취득의 방법

부동산소유권을 취득하기 위해서는 부동산을 매수하고자 하는 사람이 매도인과의 계약을 통하여 종국적으로 그 소유권을 취득하는 게 일반적이다. 하지만 당사자끼리의 자유로운 계약이 아니더라도 법률이나 재판을 통하여 부동산소유권을 취득할 수도 있다. 구체적으로 상속, 공용징수, 판결 및 경매 등에 의하여 타인의 부동산소유권을 취득할 수 있다. 그 외에도 취득시효제도에 의해서 등기함으로써 타인의 부동산소유권을 취득할 수 있다.

(1) 부동산매매계약과 소유권의 변동

매매는 매도인의 재산권을 상대방에게 이전할 것을 약정하고 매수인은 이에 대하여 그 대금을 지급할 것을 약정함으로써 성립하는 계약이다. 매매의 목적이 무엇인가에 따라 매매에 의한 권리 의무관계는 상이하게 전개된다. 물건에 대한 매매를 비롯하여 권리의 매매 및 기업양도 등 다양한 매매관계가 성립할 수 있다. 따라서 부동산의 소유권이전을 목적으로 하는 계약을 부동산매매라고 할 수 있다.

매도인은 매수인에게 재산권을 이전할 의무를 부담한다. 따라서 매도인은 매수인에게 재산권이전에 필요한 모든 행위, 즉 재산권변동에 필요한 자신의 행위를 종국적으로 실현하여야 한다. 그러므로 부동산매매에서는 그 재산권을 등기하는데 협력하여야 한다. 한편 매수인은 매도인의 재산권이전과 목적물의 인도에 대한 반대급부로서 대금지급의무를 부담한다. 특약이 없는 한 대금지급의무는 매도인의 재산권이전의무와 동시에 이행되어야 한다. 매도인이 의무를 이행하는데 그 기한이 약정되어 있다면 매수인의 대금지급에 대해서도 동일한 기한이 있는 것으로 추정된다. 그러나 어느 의무에 대해서도 기한의 약정이 없다면, 당사자는 계약이 성립한 후에 언제든지 상환으로 이행을 청구할 수 있다고 해석된다. 또한 특약이나 관습이 없는 한 매매목적물의 인도와 동시에 대금을 지급해야 하는 경우에는 목적물이 인도된 장소에서 대금을 지급해야 한다.

부동산에 관한 법률행위로 인한 물권의 득실변경은 등기하여야 효력이 생긴다. 따라서 매매계약을 통한 부동산물권변동은 물권적 합의와 등기의 두 요건을 갖추었을 때 성립 내지 효력이 발생한다. 무엇보다도 등기가 물권변동의 효과를 가지려면 등기의 형식적 실질적 유효요건을 갖추어야 한다. 부동산등기법상의 절차를 밟아 적법하게 등기를 하는 것이 형식적 유효요건이고 등기를 물권적 합의와 부합시키는 것이 실질적 유효요건이다.

매도인의 재산권이전의무 및 목적물인도의무와 매수인의 대금지급의무는 서로 대가적 관계에 있다. 대가적 관계가 실현되지 않을 경우에 민법은 여러 구제제도를 마련해 두고 있다. 채무불이행책임제도, 위험부담 및 담보책임제도가 그것이다. 채무불이행책임제도는 상대방의 귀책사유로 인하여 이행함으로써 기대되었던 이익의 상실에 대한 구제제도이고, 위험부담은 양 당사자의 귀책사유 없이 일방당사자의 급부가 불가능하게 되었을 경우에 대한 처리 방법이다. 이에 반하여 담보책임은 매도인의 매매목적물인 물건이나 권리 등에 하자가 있는 경우에 매도인의 과실을 묻지 않고 일정한 책임을 매도인에게 부담시킴으로써 유상계약관계인 매매관계의 대가적 균형을 유지하기 위한 제도이다. 담보책임에서는 그 하자가 재산권 또는 부동산 가운데 어느 쪽에 존재하는가에 따라 담보책임의 유형이 달리 규정되므로 하자의 유형과 종류에 따라 책임의 요건과 내용이 달라진다.

사 례

□ 등기 및 그 절차 □

국가기관인 등기공무원이 법정절차에 따라 등기부라는 공적인 장부에 부동산에 관한 일정한 권리관계를 기재하는 것 또는 기재된 것을 등기(登記)라고 한다. 부동산에 관한 권리관계를 기재하는 공적 장부가 등기부이며 이에는 토지등기부와 건물등기부가 있다. 등기부에는 1필의 토지 또는 1동의 건물에 대하여 1용지를 사용한다.(1부동산 1용지의 원칙=물적 편성주의) 즉 등기부는 권리의 객체인 1개의 부동산을 단위로 하여 편성된다. 그리고 하나의 등기용지는 등기번호란 표제부 갑구 을구의 4부분으로 되어 있으며(아파트 등 집합 건물은 건물의 특성상 표제부가 2부분으로 되어 있음) 등기번호란과 표제부가 동일지면에 있으므로 구체적으로는 3장으로 구성된다. 한편 우리나라에서는 수목의 집단을 입목(立木)이라고 하여 이를 독립된 부동산으로 보고 입목등기부를 별도로 운영하고 있다.

사 례

□ 등기의 종류 □

○ 사실등기와 권리등기

사실등기는 부동산의 상황을 명시하는 등기이고 권리등기는 갑구와 을구란에 행하는 부동산의 권리관계에 관한 등기이다.

○ 보존등기와 권리변동등기

보존등기는 소유자가 신청하여 미등기의 부동산에 관하여 처음으로 행해지는 소유권의 등기이고 권리변동등기는 보존등기를 기초로 차후에 이루어진 권리변동에 관한 등기이다.

○ 기입등기 경정등기 변경등기

이는 등기의 내용에 따른 분류로서 기입등기란 새로운 등기원인에 의하여 어떤 사항을 기부에 새로이 기입하는 등기이다. 경정등기는 등기를 하는 과정에서 착오나 탈루가 발생하여 원시적으로 등기와 실체관계 사이에 불일치가 생긴 경우에 이를 바로잡기 위한 등기이다. 변경등기는 등기와 실체관계 사이의 후발적 불일치를 시정하기 위하여 행하여지는 등기이다. 예컨대 등기 후 소유자의 주소가 변경된 때에 변경등기를 행하게 된다.

○ 말소등기 멸실등기

어떤 사실 권리관계에 관한 기존등기의 전부를 말소하는 등기이다. 전부를 소멸하게 하는 점에서 일부만을 보정하는 변경등기와 구별된다. 반면에 멸실등기는 부동산이 멸실한 경우에 행해지는 등기이다.

○ 회복등기

기존등기가 부당하게 소멸된 경우에 이를 회복시키는 등기이다. 회복등기에는 멸실회복등기와 말소회복등기가 있다.

○ 주등기 부기등기

등기의 방법 내지 형식에 따른 분류로서 주등기는 표시란의 표시번호란 또는 갑구 을구의 순위번호란에 독립한 번호를 붙여서 행해진 등기이다. 부기등기는 독립된 번호 없이 주등기의 번호에 따라서 행해지는 등기이다.

○ 종국등기 예비등기

등기의 효력에 따른 분류로서 종국등기는 물권변동의 효력을 발생케 하는 본래의 등기를 말하고 예비등기는 물권변동에는 관계가 없고 간접적으로 이에 대비하는 등기를 뜻한다. 예비등기는 다시 예고등기와 가등기로 나뉜다. 예고등기는 등기원인의 무효 또는 취소로 인한 등기의 말소 또는 회복의 소가 제기된 경우에 법원 직권으로 등기소에 맡겨서 행해지는 등기이다. 제3자에게 부동산에 관한 기존등기에 어떤 소의 제기가 있다는 것을 경고해 주는 사실상의 효과만이 있을 뿐이고 그 부동산에 관하여 처분금지의 효력이 생기는 것은 아니다.

○ 가등기

가등기는 부동산물권 및 그에 준할 권리의 설정 이전 변경 소멸의 청구권을 보전하기 위해 예비로 하는 등기이다. 예컨대 부동산에 대해 매매계약을 체결하고 중도금을 지급한 상태에서 매수인은 장래의 소유권이전청구권을 보전하기 위해 미리 가등기를 할 수 있다. 이와 같은 가등기는 실제로 많이 활용되고 있으며 특히 담보의 목적으로 이용되기도 한다. 이를 담보가등기라고 한다.

(2) 법률규정에 의한 부동산소유권의 취득

20년간 소유의 의사로 평온하고 공연(公然)하게 부동산을 점유하는 자는 등기함으로써 그 소유권을 취득한다. 이를 점유취득시효라고 하는데 그 요건으로서의 점유는 소유의 의사로 하는 점유, 즉 자주점유(自主占有)이어야 한다. 자주점유에 대한 판단은 부동산을 점유하게 된 권원의 성질에 의하여 객관적으로 정하여지고, 권원의 성질이 불분명하여 자주점유인지 타주점유인지 확정하기 어려운 경우에는 자주점유로 추정된다. 평온한 점유라고 함은 강폭한 점유가 아닌 점유로서 점유자가 그 점유를 취득 또는 보유함에 있어 법률상 허용되지 않는 강폭행위 없이 행한 점유를 말한다. 점유자는 특별한 사정이 없는 한 평온 공연하게 선의이며 과실 없이 그 부동산을 점유한 때에는 소유권을 취득한다. 이를 등기부취득시효라고 하는데 앞의 점유취득시효와는 달리 그 부동산에 관하여 취득자의 명의로 등기되어 있을 것과 점유가 선의 무과실이어야 된다는 특별요건이 더 요구된다.

자연인의 사망에 의해 그의 공동상속인들은 피상속인의 부동산소유권을 이전받는다. 부동산소유권의 변동이 일어나는 시기는 피상속인이 사망하는 순간이다. 이전등기가 없어도 소유권이 변동된다.

공용징수(公用徵收)란 공익사업을 위하여 국민의 특정 재산권을 법률의 힘에 의해서 강제적으로 취득하는 제도를 말한다. 수용절차에서 공용징수는 기업자와 토지소유자의 협의에 의한 협의수용과 그러한 협의가 성립하지 않은 경우에 토지수용위원회의 재결로 성립하는 재결수용이 있다. 협의수용은 협의에서 정하여진 시기에, 재경수용은 재결에서 정한 수용개시일에 부동산소유권의 변동이 있게 된다. 따라서 수용에 의한 소유권이전등기는 등기권리자가 단독으로 신청하나 관공서가 기업자인 때에는 등기를 촉탁하여야 한다.

사경매와는 달리 국가기관이 행하는 공경매에는 민사집행법의 집행절차에 의한 경매와 국세징수법에 의한 경매가 있다. 앞의 공경매에서는 경매매수인이 매각대금을 완납한 때, 뒤의 경우에는 매수인이 매수대금을 납부한 때 소유권을 취득한다.

2. 타인의 부동산에 대한 임대차

타인의 부동산을 매매계약을 통하여 구입하지 않더라도 타인과 일정한 법률관계를 맺음으로써 그의 부동산을 이용할 수도 있다. 부동산임대차, 지상권 및 전세권이 그러한 역할을 담당한다.

1) 부동산임대차계약의 내용

부동산임대차는 당사자일방이 상대방에게 토지 또는 건물 등 부동산을 사용 수익하게 할 것을 약정하고, 상대방이 이에 대한 대가로서 차임을 지급할 것을 약정함으로써 그 효력이 생기는 계약이다. 이러한 토지나 건물의 임대차에서 경제적 약자인 임차인은 불리한 내용의 계약체결을 감수하여야 하는 경우가 많다. 또한 임대차계약에 의하여 임차인이 취득하는 임차권은 채권이므로, 부동산의 양도에 의하여 임대인이 바뀌면 새로운 부동산소유자가 기존 임대인의 임대차관계를 당연히 승계하지 않는다. 따라서 임차인은 부동산의 양수인에 대하여 임차권을 가지고 대항할 수 없다. 이러한 이유에서 부동산임차인의 법률상 지위를 보호하기 위하여 주택임대차보호법 및 상가건물임대차보호법을 제정하여 시행하고 있다.

2) 부동산임차인의 보호

우리 민법은 부동산임차인을 보호하기 위하여 다양한 법리를 모색하는데 그 지향점은 부동산임차권을 물권에 접근시키는 방법이다. 먼저 원칙적으로 임차인은 채권인 임차권을 가지고 부동산의 양수인에게 대항할 수 없다. 즉 매매에 의한 소유권의 양도는 임대차를 깬다고 하는 법리가 일반화되어 있는 한 임차인은 임차물의 사용수익권을 상실하게 된다. 다만 건물의 소유를 목적으로 하는 토지임대차는 이를 등기하지 않더라도 임차인이 그 지상건물을 등기한 때에는 제3자에 대하여 대지임차권을 가지고 대항할 수 있다. 또한 주택 및 상가건물의 임차인은 일정한 요건 아래에서 양수인 등 제 3자에게 대항할 수 있다. 둘째로 부동산임차인의 사용수익상 지위를 보호하기 위해서는 임차권의 최단기간을 보장하는 것이 중요한데 민법은 임차권의 최단기간을 강행규정으로써 보장하지 않는 한계를 지니고 있다. 다만, 주택 및 상가건물임대차의 최단기간은 특별법에 의해 보장된다. 셋째로 민법은 외국과는 달리 차임이나 보증금액 등을 제한하는 제도를 두고 있지 않다. 다만, 민법은 임대인과 임차인의 차임증감청구권을 인정하고 있을 뿐이며, 주택임대차보호법과 상가건물임대차 보호법에서도 이에 관한 특별규정을 두고 있다. 넷째로 임대인의 해지권 행사를 제한함으로써 임대차 기간이 계속되도록 하는 것 역시 임차인보호를 위하여 매우 중요하다. 그러나 민법에서는 기간을 정하지 않은 임대차의 양 당사자가 언제든지 해지의 통고를 할 수 있다. 즉 임대인의 해지로부터 임차인을 보호할 아무런 법적 장치가 없다. 다만 주택임대차보호법과 상가건물임대차보호법에서는 최단기간을 보장함으로써 임차인을 보호하고 있다. 다섯째로 제3자가 목적물에 대한 임차인의 사용 수익을 방해하는 경우에 임차인은 임차권에 기하여 방해배제를 청구할 수 있는가? 먼저, 임차권이 공시되어 대항력을 갖추지는 못했으나 적법한 임차권에 기하여 목적물을 점유하는 경우에도 점유권에 기하여 임차목적물의 반환 내지 방해제거 및 예방을 청구할 수 있다. 그러나 임차권이 대항력이나 점유를 모두 갖추지 못한 경우에는 대외적으로는 임차권의 존재를 객관적으로 인식할 수 있는 징표가 없으므로 채권인 임차권 자체에 기하여 방해배제를 청구할 수는 없다.

3) 부동산임차권 존속기간과 그 갱신

상당기간 임대차의 존속을 보장받는다는 것은 임차인이 주거의 안정을 얻거나 사업의 지속을 위해 필수적이다. 그러나 임대인은 일반적으로 임대차기간을 가능한 한 단기로 정함으로써 임차물에 대한 처분가능성을 확보해 두거나 차임을 올릴 수 있는 길을 열어두려고 한다. 이와 같이 임대인과 임차인의 이익은 서로 상반되므로 임대차기간의 최장기간을 제한하는 한편, 적정한 기간 동안 임차인이 임차물을 안심하고 사용할 수 있도록 법률을 통해 임대차계약에 개입하여 임차인을 보호한다. 먼저 양 당사자가 임대차의 존속기간을 약정하더라도 지나친 장기임대차 때문에 임차물의 관리가 소홀하게 될 수 있기 때문에 민법은 원칙적으로 임대차의 최장기간을 제한하여 원칙적으로 20년을 넘지 못하게 한다. 당사자가 약정한 기간이 20년을 넘는 때에도 20년으로 단축된다. 한편 단기의 임대차는 임차인의 지위를 열악하게 하고 임차인의 생활에 불안정을 가져오기 쉽기 때문에 임대차의 최단기간에 대하여 아무런 제한을 두고 있지 않다. 다만, 특별법에서는 특별규정을 두어 최단존속기간을 보장하고 있다. 물론 임대차의 존속기간을 약정하지 않은 때에는 당사자는 언제든지 계약해지를 상대방에게 통고할 수 있으며, 그 통고가 있은 날로부터 일정한 기간이 경과하면 해지의 효과가 발생한다.

부동산임대차는 원칙적으로 그 존속기간이 20년으로 제한되나, 당사자의 합의로 10년을 넘지 않는 범위에서 약정기간을 갱신할 수 있다. 갱신을 몇 번이나 할 수 있는가는 문제되지 않는다. 한편 민법은 특정한 경우에 간접적으로 그 기간의 갱신을 강제하는 경우가 있다. 예를 들어, 건물 기타의 공작물의 소유 또는 식목 체염 목축을 목적으로 하는 토지임대차의 기간이 만료된 경우에 건물 수목 기타의 지상시설이 현존한 때에는 임차인은 계약의 갱신을 청구할 수 있으며, 만일 임대인이 갱신을 원하지 않을 때에는 임차인은 임대인으로 하여금 상당한 가액으로 그 공작물이나 수목을 매수하라고 청구할 수 있다. 또한 임대차기간이 만료한 후에도 임차인이 임차물의 사용 수익을 계속하는 경우에 임대인이 상당한 기간 내에 이의를 제기하지 않은 때에는 종래의 임대차와 동일한 조건으로 다시 임대차한 것으로 본다. 다만 그 존속기간은 기간의 약정이 없는 것으로 된다.

4) 부동산임대인과 임차인의 의무

임대인은 임대차관계가 존속하는 동안 임차인이 목적물을 사용 수익할 수 있도록 목적물을 임차인에게 인도하고 임대차기간중 사용 수익에 필요한 상태를 계속 유지하여야 한다. 특히 목적물이 사용 수익에 적합하지 아니하면 임대인은 다른 약정이 없는 한 이를 수선할 의무를 진다. 수선이 필요한지 여부는 수선하지 않으면 계약에서 정한 목적에 좇아 임차목적물을 사용 수익할 수 없는지 여부에 따라 판단된다. 또한 임대인은 임차한 부동산의 보존을 위하여 지출한 필요비를 임차인에게 돌려주어야 한다. 마찬가지로 임차인이 유익비를 지출한 경우에는 임대인은 부동산가액의 증가가 현존한 때에 한하여 임차인이 지출한 금액이나 그 증가액을 돌려주어야 한다. 임대인의 동의가 없거나 임대인의 의사에 반해서 지출된 유익비도 상환되어야 한다.

사 례

□ 주요 판례 □

〈수선의무면제특약에 대한 제한해석〉

임대인의 수선의무는 특약에 의해 이를 면제하거나 임차인의 부담으로 돌릴 수 있다. 하지만 이러한 특약에서 수선의무의 범위를 명시하고 있는 등의 특별한 사정이 없는 한 그러한 특약에 의해 임대인이 수선의무를 면하거나 임차인이 그 수선의무를 부담하게 되는 것은 통상 생길 수 있는 파손의 수선 등 소규모의 수선에 한한다. 따라서 건물의 주요 구성부분에 대한 대수선, 기본적 설비부분의 교체 등과 같은 대규모의 수선에 대해서는 임대인이 부담한다.

임차인은 임차부동산을 사용 수익하는 대가로서 임대인에게 차임을 지급할 의무를 부담한다. 차임은 반드시 금전일 필요는 없으면 물건으로 지급하여도 무방하다. 차임액수 및 지급시기에 대해서는 민법에 제한이 없으므로 당사자가 자유로이 정할 수 있다. 또한 임차인은 임대차관계의 종료로 임차물을 임대인에게 반환할 때까지 선량한 관리자의 주의로 임차물을 보관할 의무가 있다. 임차물이 수리를 요하거나 임차물에 대하여 권리를 주장하는 자가 있을 때에는 임차인은 지체 없이 이를 임대인에게 통지하여야 한다. 물론 임대차가 종료한 때에는 임차인은 임차물을 반환하여야 할 계약상의 의무를 부담한다. 임차인이 임차물을 반환할 때에는 이를 원상으로 회복하여 반환하여야 한다.

3. 타인 부동산에 대한 지상권 및 전세권

1) 지상권

지상권자는 타인의 토지 위에 건물 기타 공작물이나 수목을 소유하기 위하여 그 토지를 사용할 수 있다. 지상권은 일반적으로 토지소유자와 지상권자의 설정계약, 즉 지상권의 설정을 목적으로 하는 물권적 합의를 하고 이를 등기함으로써 취득된다. 지상권은 타인의 토지에 대한 권리이다. 지상권의 객체인 토지는 1필의 토지 전부뿐만 아니라 그 일부라도 무방하며, 지표 내지 지상에 한하지 않고, 지하의 사용을 내용으로 할 수도 있다.

공작물이란 주택·교량·연못·동상·기념비·광고탑·전주·담·궤도·터널·철관·지하철, 기타 지상·지하 및 공간에 인공적으로 설치된 모든 시설을 말한다. 공중의 건조물도 여기서 말하는 공작물에 포함된다. 건물 기타 공작물의 소유를 목적으로 하는 경우, 그 지상권은 그 공작물이 점거하고 있는 해당부분의 토지에만 미치는 것이 아니라, 그 주위의 적당한 범위의 토지에까지 미친다.

지상권자는 지상권이 설정된 토지를 사용할 권리가 있으며 지상권을 양도하거나 임대하여 투하자본을 회수할 수도 있다. 지료(地料)의 지급은 지상권의 요소가 아니지만 이를 정한 경우에는 지상권자는 지상권 설정자에게 지료를 지급할 의무를 부담한다. 지상권에는 당사자의 자유로운 설정계약에 의해서 취득되는 경우 외에도 법률상 당연히 성립되는 법정지상권이 있다.

2) 전세권

전세권은 전세금을 지급하고 타인의 부동산을 점유하여 그 부동산의 용도에 좇아 사용 수익하는 용익물권으로서, 전세권이 소멸하면 목적부동산으로부터 전세권자는 전세금을 다른 채권자나 후순위 담보물권자들보다 우선하여 변제를 받을 수 있다. 전세제도는 원래 채권관계로서 관행되어 온 이른바 전세(傳貰)를 물권의 일종으로 성문화한 한국의 특유한 제도이다. 특히 전세권은 타인의 부동산을 사용 수익한다는 용익물권적 기능과 함께 전세금반환의 확보를 위한 담보물권적 기능이 있다.

전세권은 타인의 부동산을 목적으로 하는 제한물권인데, 그 부동산은 반드시 1필의 토지 또는 1동의 건물이어야 할 필요는 없고, 1필의 토지 또는 1동의 건물의 일부라도 가능하다. 전세권은 목적부동산을 점유하여 그 부동산의 용도에 좇아 사용 수익하는 권리이다. 용도에 좇은 사용 수익이라 함은 목적물을 경제적 목적에 적합하도록 사용 수익하는 것을 의미하므로, 전세권자는 전세목적물에 대하여 중대한 손해를 가하거나 또는 회복이 어려울 정도로 변경할 수는 없다. 용도에 좇은 사용(使用)인지 여부는 그 부동산의 경제적 효용에 의하여 판단하지만, 구체적으로 설정계약에 의하여 결정되고 그렇지 않으면 그 부동산의 성직에 의하여 결정된다. 수익(收益)은 천연과실 또는 법정과실의 취득을 뜻한다. 그러나 전세권자가 부동산의 용법과 다르게 사용 수익을 하는 경우에 전세권설정자는 전세권의 소멸을 청구할 수 있을 뿐만 아니라 부동산의 원상회복 또는 손해배상을 청구할 수 있다. 또한 전세권자는 원칙적으로 전세권을 타인에게 양도하거나 담보로 제공할 수 있고 또 존속기간 내에 목적물을 타인에게 다시 전세권을 설정해주거나 임대할 수 있다. 그리하여 전세권자는 전세권의 존속기간이 만료하기 전이라도 부동산에 투하한 자금, 즉 전세금을 회수할 수 있다.

한편 전세권이 설정되기 위해서는 전세권자가 전세권 설정자에게 전세금을 교부하여야 하므로 전세권이 소멸하게 되면 전세권설정자가 이를 전세권자에게 돌려주어야 한다. 특히 전세금은 등기하여야 하며 등기된 금액에 한하여 제3자에게 대항할 수 있다.

제4절 불법행위론

형법은 가해자의 범죄에 대하여 국가의 형벌권을 행사하여 행위를 제재하거나 예방하지만, 불법행위법은 피해자에게 발생한 손해를 가해자의 책임 아래 원래대로 메우는 데 목적을 둔다. 한편 계약의 불이행에 대한 책임은 특정인과 특정인, 즉 당사자의 특별한 계약관계를 전제로 하는 책임인 반면에 불법행위책임은 불특정 다수인 사이에 존재하는 일반적 책임이다.

1. 불법행위의 구성요건

불법행위에 의한 손해배상청구가 인용되기 위해서는 법률요건이 마련되어야 한다. 가해자의 행위가 민법이 예정하고 있는 불법행위에 해당한다면 이는 곧 손해배상의무 내지 청구권을 위한 법적 원인으로서의 법률요건이 된다. 따라서 문제가 된 가해자의 행위가 불법행위에 해당하는지 여부를 그 근거가 되는 민법 내지 그 특별법에 의해 체계적으로 검토하여야 한다.

법적 원인으로서 불법행위가 되는 데에는 오늘날 두 가지 관점이 주장된다. 전통적으로 가해자의 고의 내지 과실행위를 전제하는 '과실책임주의'와 가해자의 그러한 유책성을 묻지않고 위험원(危險源)을 관리하거나 지배하였다는 현실적 조건만으로 그로부터 발생한 손해를 배상하여야 한다는 '위험책임주의'가 그렇다. 환경정책기본법 제31조가 가장 대표적인 후자의 예에 해당한다. 여기에서는 이론적 검토를 위해서 과실책임주의에서 요구되는 구성요건들을 살펴본다. 우리 민법은 일반규정으로서 제750조 및 제752조를 두고 있으며 특별규정으로서 제755조, 제756조 및 제760조 등을 두고 있다. 아래에서는 주로 일반규정인 제750조를 중심으로 살펴본다.

1) 가해자의 고의 내지 과실

가해자의 특정인에게 손해가 발생하리라는 것을 알면서도 가해행위를 한 경우에 가해자의 고의가 인정되지만 불법행위책임에서 고의와 과실의 가치는 원칙적으로 동등하게 취급된다. 따라서 행위자에게 고의가 없어도 과실이 있으면 고의가 있는 경우와 마찬가지로 그 행위자에게 손해배상책임이 귀속된다. 한편 가해자에게 과실이 있는지를 어떻게 판단할 것인가? 일정한 결과의 발생을 알고 있어야 함에도 불구하고 주의를 게을리 했기 때문에 그것을 알지 못하고서 해위를 하는 심리 상태를 과실이라고 한다. 다시 말해서 불법행위책임에 필요한 과실은 '추상적 경과실'이 원칙이고 이는 보통인(평균인) 또는 표준인의 주의정도를 기준으로 판단한다. 한편 이러한 가해자의 과실 여부는 그 입증책임을 누가 부담하느냐에 따라 그 결과가 판이하게 달라질 수 있다. 원칙적으로 계약책임을 면하기 위해서는 채무자가 자신에게 귀책사유 없음을 적극적으로 입증하여야 하지만, 불법행위법에서는 원칙적으로 불법행위의 설립 내지 그 존재를 주장하는 피해자가 가해자의 고의 혹은 과실을 입증하여야 한다.

제750조는 가해자 자신의 해위에 대하여 그에게 불법행위 책임을 묻지만, 현실적으로는 가해행위를 직접 한 당사자보다 그 뒤에서 이로써 이익을 보던 사람에게 책임을 물어야 하는 경우가 많다. 사용자책임이 대표적이다.

민법 제756조에 의하면, 피용자를 사용하는 사용자는 피용자의 불법행위와 관련하여 피해자에게 그 손해를 배상할 책임을 부담한다. 물론 가해행위를 직접 한 피용자의 불법행위책임이 면책되는 것은 아니므로, 피해자로서는 두 개의 손해배상청구권을 이론적으로 갖는 셈이다. 피해자에게 먼저 배상을 마친 사용자는 그 과실 정도에 따라 피용자에게 다시 구상할 수 있는데, 그 구상범위와 관련하여 이를 제한하고자 하는 판례와 배상액의 전액 구상이 가능하다는 학설이 대립한다.

2) 책임능력

민법은 불법행위책임에 대한 변식능력이 없는 미성년자와 심신상실자(心神喪失者)의 손해배상의무를 면책시키는 규정을 둠으로써 책임능력의 요건을 불법행위책임의 전제로서 소극적으로 인정하고 있다. 따라서 다른 요건과는 달리 책임능력의 존재 여부를 피해자가 입증할 것이 아니라, 오히려 가해자가 자신의 불법행위 책임을 면하기 위해 자신에게 책임능력이 결여되었음을 적극적으로 입증하여야 한다. 판례 역시 책임능력을 법률상 불법행위 책임을 변식할 지능 또는 능력이라고 하면서, 구체적으로 13세 3개월 된 자의 책임능력을 인정하는가 하면, 14세 2개월 된 자의 책임능력을 부정하기도 하여 개별적 사안에 따라 책임능력을 구체적으로 판단하고 있다.

그렇다면 책임무능력자에 의해 이루어진 위법행위에 관해서는 불법행위책임을 논할 수 없는가? 다시 말해서 책임무능력자의 위법행위에 의해서도 피해자에게는 손해가 발생하였다는 점을 어떻게 이해해야 하는가? 우리 민법 제755조에 의하면, 책임무능력자를 보호해야 할 법정대리인이나 그 감독자는 책임무능력자의 위법행위로 인하여 발생한 손해를 배상할 책임을 부담한다. 즉 책임무능력자는 불법행위책임을 면하나 그 법정대리인이나 감독자가 이를 부담하게 되는데 법정대리인 등이 부담하는 이러한 책임의 성질이 과연 자기 자신의 책임인지 아니면 책임무능력자의 책임을 대위하거나 보상하는 것인지에 관하여 오랫동안 관점이 나뉘어 왔다.

3) 행위의 위법성

가해자의 가해행위는 위법성을 띠어야 하며, 위법이란 법질서에 반하는 인간의 행위를 말한다. 그러나 민법은 가해자의 행위가 어떠한 경우에 위법성의 판단기준에 대하여는 전통적으로 학설에 맡겨져 있다. 통설에 의하면 위법성은 사회질서를 해치는 것으로 허용될 수 없는 행위에 대한 평가라고 하며, 그 평가의 기준은 다름 아니라 실정 법질서와 사회질서를 표준으로 하여 객관적 실질적으로 행하여져야 한다고 한다. 그리고 그렇게 해서도 위법성을 판단할 수 없으면 비교형량이론을 동원한다. 침해행위 때문에 발생하는 사회적 혹은 개인적 유익성과 기대되는 불이익의 개연성 및 정도를 서로 비교하여 그 비교가 침해자에게 불리하면, 즉 침해로 사회적 개인적 불이익이 더 많으면 그 침해행위는 위법하다고 판단된다.

4) 손 해

가해자에게 손해배상책임을 지우기 위해서 피해자는 자신에게 손해가 발생했음을 증명해야 한다. 일반적으로 손해는 불법행위로 인하여 발생된 재산상의 불이익을 말한다. 가해원인이 없었다면 존재하였을 이익상태와 가해가 행하여진 현재의 이익상태와의 차이가 재산적 손해 내지 불이익이다. 그리고 판례는 손해를 기존의 이익이 상실되는 적극적 손해와 장차 얻을 수 있는 이익(일실이익)을 얻지 못한 소극적 손해로 구분하기도 한다. 물론 손해의 모습은 매우 다양하다. 예컨대 물적 손해로서 물건(소유권)의 멸실 훼손, 이용권의 침해, 담보권의 침해, 지적재산권의 침해, 기타 재산권의 침해로 인한 손해가 있는가 하면, 생명 신체 건강의 침해와 정신적 침해에 의한 손해가 있다.

그런데 2인 이상이 함께 불법행위를 한 경우에 피해자에게 발생한 손해항목이 구체적으로 누구의 고의 내지 과실에 의하여 발생하였는지, 다시 말해서 각자의 행위에 의한 손해가 어느 정도 비례하는지에 관하여 피해자가 입증할 수 없는 경우에는 어떻게 할 것인가? 일반규정인 제750조만 적용해야 한다면 피해자로서는 각 가해자에게 배상 청구할 손해를 구체적으로 나누어서 입증해야할 것이다. 하지만 우리 민법은 제760조2항에서 공동불법행위책임을 마련하여 이를 원활하게 해결하고 있다. 따라서 피해자(=원고)는 자신에게 배상되어야 할 손해에 관하여 공동가해자 모두에게 그 배상을 청구할 수 있다.

5) 인과관계

불법행위가 구성되기 위해서는 가해자의 위법행위로 인해 피해자에게 손해가 발생했다는 사실의 경과가 객관적으로 확인될 필요가 있으며, 더욱이 이러한 사실관계에 의해 가해행위 때문에 피해자에게 발생한 손해를 가해자에게 배상하도록 하는 것이 법적으로 타당한지를 검토할 필요가 있다. 특히 위법한 원인행위에 의해 손해결과가 발생하였다는 사실의 경과가 입증되어야 하는데, 불법행위법에서 이러한 증명책임은 원고 즉 피해자에게 있다.

그런데 집단폭행처럼 2인 이상이 집단적으로 불법행위를 한 경우에 누구의 고의 내지 과실에 의하여 손해가 발생했는지를 피해자가 입증할 수 없는 경우에는 어떻게 할 것인가? 이 역시 공동불법행위라고 하는데 우리 민법은 제760조제2항에서 이를 규정하고 있다. 따라서 피해자(=원고)는 자신에게 배상되어야 할 손해에 관하여 공동가해자 모두에게 그 배상을 청구할 수 있다. 결국 이러한 공동불법행위책임은 인과관계를 입증해야 할 피해자에게 도움을 주는 셈이다.

6) 책임조각사유

타인의 법익을 침해한 가해행위가 있더라도 불법행위가 성립하지 않는 경우가 있다. 정당행위 정당방위 긴급피난 등이 그렇다. 먼저 타인의 법익을 침해하더라도 그것이 정당한 업무로서 허용되는 정당행위가 있다. 근로자의 쟁의행위, 친권자의 징계권 행사, 교원의 징계권 행사, 권한 있는 공무원이 적법한 절차를 밟아서 행하는 피의자의 체포나 형의 집행행위와 같이 법령에 의해 허용된 행위는 타인의 법익을 침해하는 행위이더라도 불법행위가 되지 않는다. 다만 법령이 정한 권한을 남용하거나 한계를 벗어난 행위는 그렇지 않다. 그 외에도 개인의 권리나 이익이 침해되었지만 사회통념상 사회적으로 허용되면 정당행위가 된다. 명예훼손에 해당하지만 그것이 공공의 이익을 위한 보도행위로서 상당한 이유가 있을 때, 또한 운동경기나 오락중의 상해가 사회통념상 허용된 경우가 그 예이다. 뿐만 아니라 의사의 수술에 의한 신체침해와 같이 피해자가 자유의사로 가해행위 이전에 가해를 승낙한 경우에도 불법행위가 성립하지 않는다.

다음으로 타인의 불법행위로부터 자기 또는 제3자의 이익을 방위하기 위하여 부득이 그 타인에게 손해를 가한 경우를 정당방위라고 하는데, 정당방위가 있으면 방위자는 손해배상책임을 지지 않는다. 그리고 정당방위에 의한 제3자의 손해에 대해서는 가해행위자가 손해배상 책임을 부담한다. 또한 자기나 제3자에게 닥친 급박한 위난을 피하기 위하여 부득이 타인에게 손해를 가한 경우를 긴급피난이라고 하는데, 타인은 그가 받은 손해에 관하여 위난의 원인을 제공한 사람에게 손해배상을 청구할 수 있다. 정당방위가 위법한 행위에 대한 방위인데 비하여 긴급피난은 위법하지 않은 침해에 대한 피난이라는 점에서 구별된다.

2. 손해배상

불법행위가 성립하면 그 효과로서 가해자는 손해배상 책임을 부담하며, 피해자는 손해배상청구권을 가진다. 손해배상은 금전으로 행하여지는 것이 원칙이나 그 이외의 방법이 가능한 경우도 있다. 손해의 종류와 배상범위, 손해액의 산정은 손해배상과 관련하여 문제된다.

1) 손해배상 청구권자

자연인 법인을 불문하고 불법행위에 의하여 손해를 입은 피해자가 손해배상청구권자이다. 특히 피해자가 손해배상청구권을 취득하는 것과는 별도로 피해자와 일정한 관계에 있는 사람 예컨대, 사망한 교통사고 피해자의 유족도 재산상 혹은 정신적 손해를 입을 수 있다. 그들이 손해를 입었다면 관련 법률규정에 의하여 가해자에게 손해배상을 청구할 수 있다. 또한 법인에게도 재산상손해에 대해서는 당연히 손해배상청구권이 인정된다. 판례도 법인의 명예나 신용이 침해되어 그 법인의 수업수행에 영향을 미치게 되는 등 법인의 사회적 평가가 침해된다면 가해자에게 손해배상을 청구할 수 있다고 한다.

2) 손해배상 의무자

배상의무를 부담하는 사람은 가해자이다. 그러나 가해자의 위법한 행위로 말미암아 가해자와 일정한 관계에 있는 사람, 예건대 감독의무자 사용자 도급인 등이 불법행위 책임을 부담하는 경우도 있다. 뿐만 아니라 법인의 대표기관이 불법행위 책임을 지는 경우에도 이사 등 대표기관 개인이 부담하는 책임과는 별도로 법인 자신이 불법행위 책임을 부담하기도 한다. 더욱이 가해자가 누구인지 명확하지 않은 경우에도 공동불법행위로 평가되어 모두 연대하여 손해배상 책임을 진다.

3) 손해배상 범위

불법행위가 성립하면 가해자는 '가해행위 때문에 생긴' 손해의 결과에 대하여 배상책임을 부담한다. 가해행위 때문에 발생한 손해의 결과는 피해자에 의해 그 입증이 성공하는 한 무한히 연결되어 확장될 수 있다. 그러나 모든 후속손해에 대하여 가해자가 배상하여야 한다고 하면 이는 공평한 손해의 분담을 목적으로 하는 불법행위법의 이상에 반한다. 따라서 일정한 법적 기준에 의하여 그 배상범위를 확정할 필요가 있다. 결국 가해자는 자기가 야기한 손해 중에서 그러한 가해행위에 의해서 통상 발생할 수 있는 손해와 특별한 사정에 의한 손해라도 가해자가 그 특별한 사정을 예견할 수 있었던 손해를 배상하여야 한다. 그러한 손해(결과)는 가해자의 침해행위(원인)와 상당인과관계에 있다고 한다.

한편 민법은 손해배상의 방법으로 금전배상주의를 택하고 있기 때문에, 손해배상 청구권자는 배상범위에 들어간 손해를 금전으로 산정한 후 그 금액의 지급을 청구해야 한다. 예외적으로 명예훼손의 경우 법원은 피해자의 청구에 의하여 손해배상에 갈음하거나 또는 손해배상과 함께 명예회복에 적합한 처분을 명할 수 있다.

제5절 신분관계론

개인의 신분관계를 규율하는 친족 및 상속법은 종족의 생산, 재생산을 중심으로 하는 가족과 친족의 공동생활 그리고 이러한 공동생활에 기초한 재산의 승계관계를 규율하는 법이다. 친족상속법은 타산적이고 합리적 성격을 지닌 재산법과는 달리 습속적이고 비합리적 성질을 지니고 있다. 재산법(특히 채권법)은 대체로 임의법인데 비하여 친족상속법(특히 친족법)은 원칙적으로 강행법이다.

1. 친족과 그 신분관계

1) 친족의 유형

민법은 8촌 이내의 혈족, 4촌 이내의 인척, 그리고 배우자를 친족(親族)으로 한다.(민법 제777조) 먼저, 혈족 가운데 혈연의 연락이 닿는 사람을 자연혈족(自然血族)이라고 하는데 자기의 직계존속(直系尊屬)과 직계비속(直系卑屬)을 직계혈족이라고 한다. 반면에 자기의 형제자매와 형제자매의 직계비속 및 직계존속의 형제자매와 그 직계비속을 방계혈족(傍系血族)이라고 한다.

한편 법률이 입양(入養) 등의 사실에 입각하여 혈연관계가 없는 사람들 상호간에 자연혈족과 동일한 관계를 인정한 사람을 법정혈족이라고 한다. 양자 및 친양자[6] 는 입양한 날로부터 그의 양부모 및 양부모의 혈족 및 인척과 혈족관계가 인정된다. 양자의 배우자, 양자의 직계비속과 그 배우자도 양친과 그 혈족에 대하여 법정혈족관계가 발생한다.

다음으로 혼인으로 결합된 남녀를 배우자(配偶者)라 한다. 배우자 사이에는 촌수가 없다. 사실혼의 배우자나 첩(妾)은 배우자가 아니다. 다만 특별법이나 판례 및 학설에서 법률혼의 배우자에 준하여 사실혼의 배우자도 보호하는 경우가 많다.

끝으로 '혈족의 배우자' '배우자의 혈족' '배우자의 혈족의 배우자'를 인척(姻戚)으로 한다. 인척관계는 혼인에 의하여 발생하고 혼인의 무효, 혼인의 취소 또는 이혼, 부부 일방의 사망 후의 재혼으로 종료된다.[6] 특히 친양자의 입양 전의 친족관계는 민법 제908조의2제1항의 청구에 의한 친양자 입양이 확정된 때에 종료한다.(민법 제908조의 3 제2항)

○ **혈족의 배우자**

2촌 이내 자매부(姉妹夫) 3촌 이내 고모부(姑母夫) 등이 이에 해당한다. 특히 적모(嫡母) 및 계모(繼母)가 여기에 해당하는 혼인(姻戚)이다. 적모서자(嫡母庶子) 관계란 부의 인지를 받은 혼인 외의 출생자와 부의 처 사이에 그들의 의사에 의하지 않고 당연히 발생하는 관계를 말한다. 계모자관계란 자의 부가 자의 모 아닌 다른 여자와 혼인함으로써 그 여자와 전처(前妻)의 출생자 사이에 그들의 의사에 의하지 않고 당연히 발생하는 관계를 말한다.

○ **배우자의 혈족**

시부모 및 처부모, 남편의 전처소생이나 혼외자, 처형 또는 처제, 시형제자매 등이 이에 해당한다.

○ **배우자의 혈족의 배우자**

배우자의 계모 또는 적모, 배우자의 형제자매의 처나 부, 배우자의 백숙모(伯叔母) 등이 이에 해당한다.

2) 친족의 범위와 촌수

민법은 제777조에 규정된 친족에게 일반적으로 인정되는 법률상의 효과뿐만 아니라, 친족 사이의 원근과 친밀도 및 친족관계의 성질을 고려해서 개별적으로 각각 상이한 일정범위의 친족에게만 인정되는 법률상의 효과들을 규정하고 있다.

한편 촌수는 혈연의 원근만으로 세대수를 정하되 방계친의 계산을 공공시조에서 각자에 이르는 세대수를 통산하는 방법을 취하는데, 이를 세수등친제(世數等親制)라고 한다. 배우자의 혈족에 대하여는 배우자의 그 혈족에 대한 촌수에 따르고 혈족의 배우자에 대하여는 그 혈족에 대한 촌수에 따르면 된다. 특히 부부 사이에는 혈연관계가 없으므로 촌수가 없다. 그리고 양자는 입양한 때부터 혼인 중의 출생자와 동일하게 계산한다.

3) 친족관계의 변동

친족관계의 발생원인은 출생, 혼인, 인지(認知), 입양 등이며 소멸원인은 사망, 혼인의 취소, 이혼, 입양의 취소, 파양(罷養), 인지의 취소 등이다. 부부의 일방이 사망한 경우에는 생존 배우자가 재혼한 때에만 친족관계가 소멸한다. 다만 부부일방이 사망하면 죽은 사람과 직접 연결된 친족관계는 소멸하나 그자를 통하여 연결된 생존자와의 친족관계는 소멸되지 않는다.

2. 혼인과 그 신분관계

1) 혼인과 그 법률효과

(1) 혼인의 성립

우리나라는 법률이 정하는 일정요건을 갖추면 혼인이 성립하는 법률혼주의를 취한다. 법률혼주의는 혼인신고가 있으면 혼인의 성립이 인정된다. 즉 혼인이 성립하려면 민법이 요구하는 당사자 사이의 혼인의사가 합치하고(=실질적 요건) 혼인신고(=형식적 요건)가 있어야 한다.

먼저, 혼인의사란 정신적 육체적으로 부부관계를 성립시킨다는 의사를 말한다. 따라서 육체적 관계를 맺지 않겠다는 의사, 당사자간에 정신적 육체적 결합을 생기게 할 의사가 전혀 없이 혼인신고를 하는 가장혼인, 사기나 강박에 의한 혼인, 선량한 풍속이나 사회질서에 반하는 조건부 혼인 등은 혼인이 아니다.

다음으로 혼인은 가족관계의 등록 등에 관한 법률(이하 가족등록법)이 정한 바에 의하여 신고함으로써(임의혼인신고) 그 효력이 생긴다. 신고는 단순한 효력발생요건이 아니라 그것에 의하여 부부관계 및 친족관계가 형성되는 창설적 행위로서 혼인의 성립요건이다. 신고는 당사자 쌍방과 성년자인 증인 2인이 연서한 서면으로 하여야 한다. 혼인신고서에는 ① 당사자의 성명 · 본 · 출생연월일 · 주민등록번호 및 등록기준지(당사자가 외국인인 때에는 그 성명 · 출생연월일 및 국적) ② 당사자의 부모와 양부모의 성명 · 등록기준지 및 주민등록번호 ③ 민법 제781조제1항 단서에 따른 협의가 있는 경우 그 사실(혼인당사자의 협의서 첨부) 그리고 ④ 민법 제809조제1항에 따른 근친혼에 해당되지 아니한다는 사실을 기재하여야 한다.(가족등록법 제71조)

한편 조정(調停) 내지 재판에 의한 혼인신고도 가능하다. 사실상 혼인관계에 있는 자는 '사실상 혼인관계존재확인청구'를 할 수 있는데 그 전에 조정을 신청하여야 하고 조종에 의하여 합의가 이루어지지 않을 때에는 소를 제기할 수 있다.

(2) 혼인무효의 사유

첫째로 당사자 사이에 혼인의 합의가 없는 때, 예를 들어 합의된 내용이 사회통념상 부부관계의 실질을 가지지 못할 경우, 가장혼인(假裝婚姻), 심신상실자가 혼인신고 당시에 의사능력을 결여하고 있을 경우, 혼인신고 없이 호적에 혼인된 것으로 기재되었을 경우, 당사자의 일방 또는 쌍방이 혼인신고가 수리되기 전에 혼인의사를 철회한 경우 등은 혼인의 무효사유에 해당한다.

둘째로 당사자 사이에 직계혈족, 8촌 이내의 방계혈족 및 그 배우자인 친족관계가 있거나 또는 있었던 경우에도 그 혼인은 무효로 한다.

셋째로 당사자 사이에 직계인척, 남편의 8촌 이내의 혈족인 인척관계가 있거나 또는 있었던 경우에도 그 혼인은 무효로 한다. 특히 혼인무효는 재판에 의한 무효선언이 없더라도 당연무효로 된다. 혼인이 무효로 되면 그 당사자는 처음부터 부부가 아니었던 것으로 됨으로 부부임을 기초로 한 상속 또는 권리변동도 무효로 된다. 또한 당사자 일방은 과실 있는 상대방에 대하여 재산상 정신상의 손해배상청구를 할 수 있다. 특히 그 사이에서 출생한 아이는 '혼인 외의 자'가 되며, 자의 양육문제는 당사자의 청구에 의하여 법원이 정한다.

(3) 혼인의 취소사유

취소사유가 있는 혼인은 취소되기 전까지는 유효하다. 먼저 남자는 만 18세, 여자는 만 18세에 달하지 못한 때 당사자 또는 그 법정대리인이 그 취소를 청구할 수 있다. 미성년자 또는 금치산자는 법정대리인의 동의를 구해야 혼인할 수 있는데 그 동의를 얻지 않은 미성년자와 금치산자의 혼인은 당사자 또는 그 법정대리인이 취소를 청구할 수 있다. 또한 중혼(重婚)인 경우에는 당사자 및 그 배우자, 직계존속, 8촌 이내의 방계혈족 또는 검사가 그 취소를 청구할 수 있다. 뿐만 아니라 혼인 당사자의 일방에 부부생활을 계속할 수 없는 악질 기타 중대한 사유가 있음을 알지 못하고 혼인한 때에는 상대방이 그 사유가 있음을 안 날로부터 6월 이내에 취소를 청구할 수 있다.

또한 사기 또는 강박으로 인하여 혼인의 의사표시를 한 때에는 법원에 혼인의 취소를 청구할 수 있다. 이 취소는 사기를 안 날 또는 강박을 면한 날로부터 3월을 경과하면 그 취소를 청구하지 못한다. 특히 혼인의 취소를 하려고 하는 자는 우선 가정법원에 조정을 신청하여야 한다. 조정을 하지 않기로 하는 결정이 있거나 조정이 성립되지 않고 조정에 갈음하는 결정이 없는 때에는 신청인은 조정등본이 송달된 날로부터 2주일 내에 가정법원에 혼인의 취소를 청구할 수 있다.

혼인취소의 판결이 확정되더라도 혼인은 장래에 향해서만 해소된다. 따라서 혼인에 의하여 출생한 자는 혼인중의 출생자라는 신분을 잃지 않는다. 물론 과실 있는 상대방에 대하여 재산상 정신상의 손해배상청구가 가능하다.

(4) 혼인의 신분상 효과

먼저 부부는 상대방의 4촌 이내의 혈족과 4촌 이내의 혈족의 배우자 사이에 서로 인척관계가 생긴다. 그리고 부부는 동거, 부양 및 협조의무를 부담한다. 그러나 정당한 이유로 일시적으로 동거하지 않는 경우에는 서로 인용하여야 한다. 동거의무를 불이행한 경우에 동거를 명하는 직접강제 혹은 간접강제는 허용되지 않으며 이혼원인이 될 뿐이다.

부부 사이의 부양의무는 친족 사이의 부양과는 달라서 일방이 경제적 여유가 있을 때만 부양하는 것이 아닌 무조건적 부양이다. 부양의무위반은 악의의 유기(遺棄) 또는 혼인을 계속하기 어려운 중대한 사유에 해당되므로 이혼원인이 될 수 있다.

명문규정은 없으나, 중혼의 금지규정이나 배우자의 부정행위를 재판상 이혼원인으로 규정한 것으로 보아 양 당사자가 정조의무를 진다는 것은 명백하다.

(5) 혼인의 재산상 효과

부부가 될 자가 혼인신고 전에 계약을 체결한 재산에 관해서는 민법의 적용을 받지 않는다. 그러나 제3자에 대항하기 위해서는 이러한 부부재산계약을 혼인신고 전에 등기하여야 한다. 한 번 체결한 계약내용은 혼인신고 후에는 원칙적으로 변경할 수 없으나, 정당한 사유가 있는 때에 한하여 법원의 허가를 얻어 변경할 수 있다. 그러나 부부가 혼인신고 전에 재산계약을 맺지 않으면 당연히 민법의 적용을 받는다. (법정재산제)

우리나라는 재산의 귀속과 그 관리에 관하여 부부별산제(夫婦別産制)를 취한다. 즉, 부부의 일방이 혼인 전부터 가진 고유재산과 혼인 중 자기명의로 취득한 재산은 그이 특유재산으로 한다. 그 특유재산은 부부가 각자 관리, 사용, 수익하고 귀속불명재산은 부부의 공유재산으로 추정한다. 또한 부부의 공동생활에 필요한 비용의 부담은 당사자 사이에 특별한 약정이 없으면 부부가 공동으로 부담한다. 특히 부부는 일상가사에 관하여 서로 대리권이 있고, 부부의 일방이 일상가사에 관하여 제3자와 법률행위를 한 때에는 다른 일방은 이로 인한 채무에 대하여 연대책임을 진다.

일상가사란 가정생활에서 늘 이루어지는 행위로서 아내와 남편으로서의 동거생활을 유지하기 위한 각각 필요한 범위내의 법률행위를 말한다. 일상가사의 범위 밖의 것으로 볼 수 있는 것은 부동산의 매각, 저당권의 설정, 가등기담보 등 처분행위와 금전차용, 신원보증, 연대보증 등과 같은 것들이다.

일상가사에 해당되는 행위들은 ① 의식주에 관한 사무(식료, 연료, 세금, 의복류의 구입, 주택임차, 전세, 방세의 지급과 수령, 가구나 결혼용품의 구입, 사용인 등의 고용, 각종 요금의 지급 등) ② 가족의 보건 오락 교제 ③ 자녀의 양육 교육 등 이다.

2) 이혼과 그 법률효과

(1) 협의이혼

부부는 협의에 의하여 이혼할 수 있다. 우선 당사자 사이에 이혼의사가 합치되어야 한다. 이혼의사는 혼인의 실체를 해소할 의사라기보다는 이혼신고를 하려는 의사라고 이해하는 게 최근 판례의 태도이다. 혼인의사는 이혼 신고서를 작성할 때는 물론이고, 그 서면이 수리되는 때에도 존재하여야 한다. 특히 혼인신고의 경우와 달리 축출이혼(逐出離婚)의 방지를 위하여, 협의상 이혼을 하고자 하는 사람은 등록기준지 또는 주소지를 관할하는 가정법원의 확인을 받아 신고하여야 한다.[8] 다만, 국내에 거주하지 아니하는 경우에 그 확인은 서울가정법원의 관할로 한다.

한편 이혼율의 증가가 자유로운 이혼제도에 있었음을 이유로 그 도입을 둘러싸고 찬반논란에 있던 이혼숙려제도관련 규정이 최근 신설되었다.(2007.12.21.) 즉 협의이혼을 하려는 자는 가정법원이 제공하는 이혼에 관한 안내를 받아야 하고, 가정법원은 필요한 경우 당사자에게 상담에 관하여 전문적인 지식과 경험을 갖춘 전문상담인의 상담을 받을 것을 권고 할 수 있다.(민법 제836조의 2 제1항)

가정법원에 이혼의사의 확인을 신청한 당사자는 위 이혼안내를 받은 날부터 양육하여야 할 자(포태 중인 자를 포함)가 있는 경우에는 3개월 또는 그렇지 않은 경우에는 1개월이 지난 후에 이혼의사의 확인을 받을 수 있다.(제2항) 특히 가정법원은 폭력으로 인하여 당사자 일방에게 참을 수 없는 고통이 예상되는 등 이혼을 하여야 할 급박한 사정이 있는 경우에는 위 3개월 또는 1개월의 기간을 단축 또는 면제할 수 있다.(제3항)

또는 개정민법은 협의이혼시 자녀 양육사항 및 친권자 지정 합의를 의무화하였다.(제4항) 즉 양육하여야 할 자가 있는 경우 당사자는 양육자의 결정, 양육비용의 부담, 면접교섭권의 행사여부 및 그 방법 등이 기재된 양육사항과 친권자결정에 관한 협의서 또는 가정법원의 심판정본을 의무적으로 제출하여야 한다.[8] 협의이혼신고서에 가정법원의 이혼의사확인서등본을 첨부한 경우에는 민법 제836조제2항에서 정한 증인 2인의 연서가 있는 것으로 본다.(가족등록법 제76조)

(2) 재판이혼

재판이혼사유와 관련하여 현행 민법은 절대적 이혼원인 이외에 상대적 이혼원인 사유를 인정한다. 재판이혼사유로서 먼저 민법은 '배우자의 부정행위'를 든다. 이는 간통을 포함하는 보다 넓은 개념으로서 부부의 정조의무에 충실하지 않은 일체의 행위가 포함된다. 그렇지만 다른 일방이 사전에 동의하였거나 사후에 용서를 한 때는 이를 이유로써 이혼을 청구할 수 없다. 또한 부정한 행위는 이를 안 날로부터 6월이 경과하거나 그 사유가 있은 날로부터 2년을 경과한 때에는 이혼을 청구하지 못한다.

두 번째 이혼사유로서 악의의 유기(遺棄)를 든다. 정당한 이유 없이 동거, 부양 또는 협조의 의무를 포기하는 것으로서, 예컨대 일방이 정당한 이유 없이 배우자를 버리고 부부공동생활을 폐지하는 행위를 말한다.

다음으로 배우자 또는 그 직계존속으로부터의 심히 부당한 대우를 받을 때에도 이혼사유가 된다. 부당한 대우란 신체적 정신적인 학대 또는 명예에 대한 모욕을 의미한다. 뿐만 아니라 배우자에 의하여 자기의 직계존속이 심히 부당한 대우를 받을 때에도 마찬가지이다. 또한 생사불명의 상태가 3년 이상 지속된 때에도 이혼사유가 된다.

무엇보다도 '기타 혼인을 계속하기 어려운 중대한 사유'가 발생한 때에도 이혼사유가 된다. 혼인관계가 심각하게 파탄되어 다시는 혼인에 적합한 생활공동관계를 회복할 수 없는 정도에 이른 객관적 사실이 있고, 이러한 경우에 혼인생활의 계속을 강요하는 것이 일방배우자에게 참을 수 없는 고통이 되어야 한다. 물론 이처럼 혼인을 계속 유지할 수 없게 한 사실에 반드시 일방의 과실이 전제될 필요는 없다.

특히 민법이 규정한 이혼사유마다 재판상 이혼청구를 할 수 있는 것이므로 법원은 원고가 주장한 이혼사유에 관하여만 심판하여야 하며 원고가 주장하지 아니한 이혼사유에 관하여는 심판할 필요가 없다. 따라서 다른 이유로써 이혼을 명하여서는 안 된다.

한편 재판이혼을 하려는 자는 우선 가정법원에 조정을 신청하여야 한다. 만약 조정을 신청하지 아니하고 소(訴)를 제기한 때에는 가정법원은 그 사건을 조정에 회부하여야 한다. 이혼판결은 선고로써 그 효력이 생긴다. 이혼재판이 확정된 경우에 소를 제기한 사람은 재판확정일부터 1개월 이내에 재판서의 등본 및 확정증명서를 첨부하여 그 취지를 신고하여야 한다.(가족등록법 제78조 및 제58조)

(3) 이혼의 신분상 효과

이혼으로 혼인관계는 종료하며 혼인의 존속을 전제로 했던 일체의 권리의무가 소멸한다. 인척관계도 소멸하며 재혼도 가능하게 된다. 자녀에 대해서는 부모의 협의로 친권을 행사할 당사자를 정하고 협의할 수 없거나 협의가 이루어지지 아니하는 경우에는 당사자의 청구에 의하여 가정법원이 정한다. 친권자를 다시 변경할 필요가 있는 경우에도 또한 같다. 친권자와 양육자는 다를 수 있다. 자녀의 양육자와 양육에 관한 필요한 사항 역시 우선 부모의 협의에 의하여 정하며 협의되지 아니하거나 협의할 수 없는 때에는 가정법원이 당사자의 청구에 의하여 그 자녀의 연령, 부모의 재산상황, 기타 사정을 참작하여 양육에 관한 사항을 정한다.

친권자나 양육자가 아니기 때문에 현실적으로 자녀를 보호 양육하고 있지 않은 어버이는 그 자녀와 직접 면접, 서신교환 또는 접촉하는 면접교섭권을 갖는다. 하지만 가정법원은 자녀의 복리를 위하여 필요한 때에는 당사자의 청구에 의해 면접교섭을 제한하거나 배재할 수 있다. 그러나 교섭권은 양육권을 침해해서는 안 된다. 한편 유엔아동권리협약상 '아동이익 최우선의 원칙'을 실현함과 아울러 아동의 권리를 강화할 목적으로 개정민법에서는 자녀에게도 면접교섭권을 인정하고 있다.

(4) 이혼의 재산상 효과

재판이혼에서 이혼에 따른 피해당사자는 과실(過失) 있는 상대방에 대하여 재산상 손해와 정신적 고통에 대한 손해배상을 청구할 수 있다. 또한 이혼 후에 재활공동체의 해소로 인하여 발생된 재산관계를 남녀평등의 원칙에 어긋나지 않게 청산하고 이혼 후에 경제적 생활능력이 없는 이혼배우자를 부양하기 위하여 '재산분할청구권'이 마련되었다. 혼인재산은 부부 중 어느 일방의 특유 재산이 되거나 공유재산이 되는데, 특유재산과 그 재산으로부터의 증가된 재산, 혼인 중 일방이 상속, 증여 또는 유증 받은 재산 등은 재산분할청구권의 대상에서 제외된다. 따라서 재산분할대상이 되는 재산은 당사자 쌍방의 협력으로 이룩한 재산이다.

재산분할 여부, 그 액수와 방법은 당사자가 협의 또는 조정에 의하여 정하게 되는데, 그 액수와 방법에 대해서는 기준이 없다. 협의가 없거나 불가능한 때에는 가정법원이 당사자의 청구에 의하여 당사자 쌍방의 협력으로 이룩한 재산의 액수 기타 사정을 참작하여 분할의 액수와 방법을 정한다. 특히 재산분할청구권은 이혼한 날로부터 2년 내에 행사하여야 하고 그 기간이 경과하면 소멸되어 이를 청구할 수 없다.

한편 개정민법에서 재산분할청구권 보전을 위한 사해행위취소권이 별도로 인정되고 있다.(민법 제839조의 3) 즉 부부의 일방이 다른 일방의 재산분할청구권 행사를 해함을 알면서도 재산권을 목적으로 하는 법률행위를 한 때에는 다른 일방은 '채권자 취소의 소'(민법 제406조 제1항)를 통하여 그 취소 및 원상회복을 가정법원에 청구할 수 있다. 물론 이 소송은 채권자가 취소원인을 안 날로부터 1년 또는 법률행위가 있은 날로부터 5년 내에 제기하여야 한다.

3. 상속과 유언

1) 상 속

(1) 재산상속인

사망한 사람(피상속인)의 직계비속(아들 · 딸), 직계존속(부모 · 조부모), 형제 · 자매, 4촌 이내의 방계혈족의 순으로 상속받게 된다. 만약 상속인이 될 직계비속 또는 형제자매가 상속개시 전에 사망하거나 결격자가 된 경우에 그 상속인의 직계비속이 있는 때에는 그 직계비속은 사망하거나 결격된 자의 순위에 가름하여 상속인이 된다. 한편 피상속인의 배우자는 직계비속과 직계존속에 해당하는 상속인이 있는 경우에는 그 상속인과 공동순위로 공동상속인이 되고, 그 상속인이 없는 때에는 단독상속인이 된다.

상속인(상속인)이 없을 때는 사망자와 최후까지 생계를 같이 하고 있던 사람, 예를 들어 사실혼의 배우자나 요양 간호한 사람, 그밖에 특별한 연고가 있던 사람도 재산을 상속할 수 있다.(특별연고자에 대한 분여청구권) 특별연고자의 분여(分與)청구가 없거나 분여하고 남은 재산이 있으면 상속재산은 국가에 귀속한다. 직계혈족은 자연혈족(친생자)과 법정혈족(양자), 혼인 중의 출생자와 혼인 외의 출생자, 기혼과 미혼을 차별하지 않고 동순위로 상속인이 된다. 물론 인척관계에 있는 계모자(繼母子) 사이와 적모서자(嫡母庶子) 사이에는 상속권이 없다.

태아(胎兒)도 상속순위에 관하여는 이미 출생한 것으로 보기 때문에 상속권이 있다. 직계존속이 여럿인 경우에는 촌수가 같으면 동순위로 공동 상속인이 되고, 촌수를 달리하면 최근친이 먼저 상속인이 된다. 직계존속이면 부계 모계를 불문하며 또한 이혼한 부모도 상속권이 있다.

(2) 재산상의 비율

상속분(相續分)을 결정하는 방식에는 피상속인의 의사에 의하여 상속분을 결정하는 지정상속분과 법률규정에 의하여 상속분이 정하여지는 법정상속분이 있다. 피상속인이 공동상속인의 상속분을 지정하지 않았을 때에는 그 상속분은 민법이 규정한 법정상속분에 따른다. 이에 의하면 균분상속(均分相續)의 원칙에 따라 같은 순위의 상속인이 여럿인 때에는 그들의 상속분은 똑같다. 다만 피상속인의 배우자의 상속분은 직계비속이나 직계존속의 상속분에 5할을 가산한다.

(3) 유류분제도

개인의 사적 소유를 보장하는 헌법체제 아래에서 누구나 자기의 소유재산을 증여하거나 유증(遺贈)할 자유(재산처분의 자유)를 가진다. 그런데 이러한 자유를 무제한 허용한다면 상속재산의 전부가 타인에게 넘어감으로써 상속인의 생활기반이 붕괴할 우려가 있고, 특히 상속인이 노령의 생존배우자이거나 미성숙한 자녀인 경우 피상속인이 사망하는 순간부터 생활이 곤궁하게 되거나 부양받을 가능성을 잃게 된다. 또한 피상속인의 재산이라 하더라도 실질적으로는 상속인의 재산이 혼재되어 있거나, 상속인이 재산형성에 협력한 경우도 있을 수 있다. 따라서 법질서는 유류분(遺留分)을 둠으로써 개인의 재산처분의 자유와 상속인의 보호라는 양 측면을 조화시키고 있다.

따라서 상속이 개시되면 일정한 범위의 상속인이 피상속인의 재산의 일정한 비율을 환급할 수 있는 지위를 가지는데 이를 유류분권이라 한다. 유류분권을 가지는 사람은 피상속인의 직계비속 배우자 직계존속 형제자매이다. 태아도 살아서 출생하면 유류분권을 갖는다. 피상속인의 직계비속과 배우자는 법정상속분의 1/2이고, 직계존속과 형제자매는 법정상속분의 1/3이다. 반환청구를 받은 사람이 증여의 목적물을 타인에게 이미 양도한 때에는 제3자를 보호하기 위하여 유류분권자는 증여받은 자에 대하여 그 가액(價額)을 청구할 수 있을 뿐이다. 한편 반환청구권은 유류분 권리자가 상속의 개시와 반환하여야 할 증여 또는 유증을 한 사실을 안 때로부터 1년 내에 행사하지 아니하면 시효에 의하여 소멸한다. 또한 상속이 개시된 때로부터 10년이 경과하여도 반환청구권은 소멸한다.

(4) 진정상속인의 상속회복청구

상속권이 참칭상속인(僭稱相續人)으로 인하여 침해된 때에는 상속권자 또는 그 법정대리인은 상속회복의 소를 제기하여 상속재산을 회복할 수 있다. 상속회복청구권의 상대방은 참칭상속인이나 참칭상속인으로부터 상속재산을 취득한 제3취득자이다. 정당한 상속권이 없음에도 재산상속인임을 신뢰케 하는 외관(가족관계등록부 등 공부상 상속인으로 기재되거나 상속을 원인으로 경료된 등기 등)을 갖추고 있는 자나 상속인이라고 참칭하여 상속재산의 전부 또는 일부를 점유하고 있는 자를 참칭상속인이라고 하는데, 자신이 진정상속인이 아니라는 사실을 알고 있는지는 문제되지 않는다. 상속회복청구권은 반드시 재판상 행사할 필요는 없으나, 민사소송을 제기할 경우에 소송관할은 가정법원이 아닌 일반법원이다.

또한 참칭상속인으로부터 제3자가 양수한 재산이 동산, 지시채권, 무기명채권, 지명소지인출급채권 또는 유가증권이면 선의취득에 의하여 보호되나, 부동산의 경우에는 비록 상속등기가 있더라도 보호되지 않는다. 한편 상속회복청구권은 상속인 또는 그 법정대리인이 상속권을 침해당한 사실을 안 날로부터 3년이 경과하거나 상속권이 침해된 날로부터 10년을 경과하면 소멸한다.

(5) 상속의 한정승인

상속인이 상속으로 인하여 얻은 재산의 한도 내에서 피상속인의 채무와 유증을 변제하는 상속 형태를 말한다. 상속개시 있음을 안 날로부터 3개월 이내에 상속재산의 목록을 첨부하여 가정법원에 한정승인신고를 해야 한다. 예외적으로 상속인은 상속채무가 상속재산을 초과하는 사실을 중대한 과실 없이 위 3개월 내에 알지 못하고 단순승인을 한 경우에는 그 사실을 안 날로부터 3개월 내에 한정승인(限定承認)을 할 수 있다.

한편 ① 상속인이 상속재산에 대한 처분행위를 한 때 ② 상속인이 승인 또는 포기를 하여야 할 기간 내에 한정승인 또는 포기를 하지 않은 때 ③ 상속인이 한정승인 또는 포기를 한 후에 상속재산을 은닉하거나 부정 소비하거나 고의로 재산목록에 기입하지 아니한 때에는 법률상 당연히 단순승인(單純承認)한 것으로 본다.

(6) 상속의 포기

상속을 포기하기 위해서는 상속이 개시된 사실을 안 날로부터 3개월 내에 가정법원에 포기의 신고를 하여야 한다. 이를 취소할 수 없다. 포기자는 상속 개시된 때부터 상속인이 아니었던 것으로 된다. 또한 자기의 상속분을 특정인을 위하여 포기하는 것은 허용되지 않으며, 여럿의 공동상속인 가운데 1인이 포기하더라도 포기상속인의 대습상속인이 이를 상속하지는 않는다.

2) 유 언

(1) 유언능력

사람이 사후에 가족문제, 특히 재산상속관계에 관하여 어떤 법률관계를 정하는 생전의 최종적 의사표시를 유언(遺言)이라고 한다. 민법에 유언제도를 두고 있으나 실제에 있어서는 법률상 의미 있는 유언이 행하여지는 것은 예외적이고 대부분 상속은 법정상속으로 이루어진다. 만17세 이상이면 누구나 자유롭게 유언을 할 수 있다. 유언의 방식은 법률이 정한대로 해야만 법적 효력이 있다. 유언은 자필증서, 녹음, 공정증서, 비밀증서, 구수증서의 5가지 방식이 있다.

① **자필증서에 의한 유언 :** 유언자가 유언서의 전문과 그 작성의 연월일, 주소·성명을 자서하고 날인함으로써 성립한다.

② **녹음에 의한 유언 :** 유언자가 유언의 취지·그 성명과 연월일을 구술 녹음하고, 이에 참여한 증인이 유언의 정확성과 그 성명을 구술 녹음함으로써 성립한다.

③ **공정증서에 의한 유언 :** 증인 2인의 참여하에 유언자가 공증인의 면전에서 유언의 취지를 구수하고 공증인이 이를 필기한 후 낭독하여 유언자와 증인이 그 정확함을 승인한 다음에 각자 서명 또는 기명하고 날인함으로써 성립한다.

④ **비밀증서에 의한 유언 :** 서면자체에 각별한 방식이 없고, 다만 유언서를 봉하고 유언서가 봉인되어 있음을 공정증서로써 공증해 두는 것이다.

⑤ **구수증서에 의한 유언 :** 유언자가 급박한 사정으로 위 4종의 방식에 의한 유언을 할 수 없는 때에 할 수 있는 방식으로 유언자가 2인 이상의 증인이 참여한 가운데서 그 1인에게 유언의 취지를 구수하고, 구수를 받은 자가 이를 필기 낭

독하여 유언자와 증인이 정확함을 승인한 후, 각자 서명 또는 기명하고 날인함으로써 성립한다.

(2) 유언의 내용과 효력발생시기

유언으로 할 수 있는 내용은 재산의 증여(=유증), 재단법인의 설립, 인지(認知), 친생부인(親生否認)의 소(訴), 후견인(後見人) 지정, 상속재산 분할방법의 지정 또는 위탁, 상속재산분할금지, 유언집행자의 지정 또는 위탁, 신탁 등에 한정된다. 그리고 유언이 일정한 방식에 따라 작성된 때에는 그 효력이 생기는 것은 유언자가 사망할 때이다. 물론 유언은 유언자가 사망한 후에 효력이 발생되므로 본인이 살아있는 한 언제라도 유언의 전부 또는 일부를 철회할 수 있고, 내용이 다른 유언을 새로이 하면 먼저 한 유언은 효력이 없어진다.

(3) 유 증

유증은 유언이라는 일방행위에 의한 재산권의 증여이며, 그 수증자가 재산상속인과 동일한 권리의무를 갖는 포괄적 유증과 특정 재산에 관한 특정적 유증으로 구분된다. 포괄적 유증은 상속과는 달리 법인에게도 수증능력이 인정된다.

제6절 민사소송절차

1. 소송외의 분쟁해결방법

1) 당사자 사이의 합의(민사상 화해)

통상 개인 간의 민사적인 문제를 해결하는 가장 좋은 방법은 합의를 하는 것인데, 이를 법적으로 표현하자면 '화해'라고 할 수 있다. 갑돌이와 을순이가 서로 합의를 하여 을순이가 갑돌이에게 금원을 지급하고 민사상의 책임을 묻지 않기로 합의하는 경우, 이는 화해라고 할 수 있다. 실무상 추후 분쟁을 방지하기 위해서 '합의서'를 작성, 교환하고 있다.

2) 화해 및 조정신청

위와 같이 법원을 통하지 않는 (민법상)화해는 절차가 간단하나, 당사자들 간의 합의가 되지 않는 경우에는 법원의 조력을 받아서 분쟁을 해결할 수밖에 없다. 통상 법원을 통한 분쟁해결방법은 소송을 제기하는 것인데, 소송을 통한 분쟁해결은 시간과 노력이 상당히 소요되기 때문에 소송을 제기하기 전에 법원에 화해신청 내지 조정신청을 하여 분쟁을 해결하는 경우도 종종 있다. 당사자 일방이 화해신청을 하면 법원에서 당사자들을 소환하여 화해를 유도하고, 만약 당사자들이 서로 양보하여 화해가 성립하면 법원에서 화해조서가 작성된다. 이 조서는 법원의 확정판결과 동일한 효력이 있다.

한편, 화해신청을 하였음에도 화해가 성립하지 않는 경우, 화해신청인은 소제기신청을 할 수 있고 이 경우, 통상적인 소송절차가 진행된다. 한편 당사자 일방이 조정신청을 하면 법원은 조정기일을 잡아 당사자들을 소환하여 조정을 유도하고 당사자 사이에 조정이 성립하면 조정조서가 작성된다. 이 조서는 확정판결과 동일한 효력이 있다. 다만 조정이 성립하지 않는 경우에도 법원은 조정에 갈음하는 결정을 할 수 있고, 만약 당사자가 이 결정을 송달받은 후 2주 이내에 이의를 제기하지 아니하면 위 조정에 갈음하는 결정은 확정판결과 동일한 효력을 가지게 된다. 한편 조정이 성립하지 아니하는 경우 및 당사자 일방이 조정에 갈음하는 결정에 대해서 이의제기를 한 경우, 통상적인 소송절차가 진행된다. 갑돌이와 을순이 사이에 민사상 화해(합의)가 되지 않을 경우, 갑돌이는 소송을 제기할 수도 있지만 소송을 제기하기에 앞서서 화해신청 혹은 조정신청(실무에서는 조정신청을 주로 한다)을 법원에 할 수 있다. 갑돌이가 조정신청서를 법원에 제출하면 법원은 조정기일을 정하여 당사자들을 법원의 조정실로 소환하고 갑돌이와 을순이는 조정기일에 조정실에 출석하여 조정을 하게 된다. 만약 갑돌이와 을순이 사이에 조정이 성립하면 담당판사는 합의사상을 조정조서에 기재함으로써 확정판결과 동일한 효력이 발생하고,(이의제기할 수 없다) 조정이 성립하지 않으면 담당판사는 조정에 갈음하는 결정을 내릴 수 있고, 추후에 갑돌이와 을순이는 위 강제조정 결정문을 송달받은 후 2주일 내에 이의를 제기하지 않으면 그 결정은 확정판결과 동일한 효력이 있고, 만약 일방이 이의를 제기하면 조정절차는 소송절차로 진행된다.

2. 민사소송의 제기

1) 민사소송의 흐름도

원고 소장 제출 → 피고 소장본부 송달 → 피고 답변서 제출 → 변론준비절차 (준비서면 교환 및 증거신청) → (쟁점정리기일) → 변론기일 → (변론속행) → 조정 및 화해 → 변론종결 → 판결선고 → (항소) → (상고) → 판결확정 → (재심) → 강제집행

2) 소송의 제기

(1) 소송의 당사자

법원을 통해서 분쟁의 해결을 요청하는 자를 원고, 그 상대방을 피고라 한다. 원고와 피고를 민사소송의 당사자라고 한다. 당사자와 관련해서 구체적으로 누가 원고이고 피고인지(당사자의 확정), 소송을 제기할 수 있는 능력이 있는지(당사자능력), 정당한 판결을 받을 수 있는 자격이 있는지(당사자적격), 소송수행을 할 수 있는 능력이 있는지(변론능력) 등이 문제된다. 다음에서는 실무상 주로 문제되는 당사자확정, 당사자능력, 소송능력, 변론능력 등을 살핀다.

① 당사자의 확정

민사소송이 진행되기 위해서는 누가 원고인지, 피고인지가 확정되어야 하는데 소장에 기재된 것을 기준으로 원 피고를 확정한다. 소장을 기재함에 있어서 갑돌이와 을순이를 원 피고로 정확하게 확정하여야 한다. 만약 피고를 (무돌이로) 잘못 기재하여 소송을 제기한 경우, 다시 을순이를 상대로 소송을 제기하여야 하는데 이러한

과정에서 소멸시효 등이 완성된다면 소송을 할 수가 없는 경우도 있다.

② 당사자 능력

민사소송에서는 원 피고가 될 수 있는 능력을 당사자 능력이라고 하며 민법상 권리능력에 대응한다. 자연인 법인은 당사자 능력이 있으며 권리능력이 없는 사단이나 재단이라도 대표자 또는 관리인이 있는 경우에는 그 사단 또는 재단도 당사자능력이 인정되어 그 사단 또는 재단을 상대로 소송할 수 있다. 회사는 법인이므로 피고가 될 수 있다.

③ 소송능력

당사자로서 소송행위를 하거나 소송해위를 받을 수 있는 능력을 말하며 민법상 행위능력에 대응한다. 민법상 행위능력이 있는 자는 소송능력이 있는 자는 소송능력이 있으며, 행위무능력자의 경우에는 특별한 규정이 없는 경우에는 소송능력이 없으므로 소송행위를 할 수가 없고 법정대리인(친권자 혹인 후견인)이 소송행위를 하여야 한다. 갑돌이 혹은 을순이가 미성년자 등 소송무능력자인 경우에는 갑돌이 혹은 을순이의 법정대리인(통상 그 부모)이 소송행위를 하여야 한다.

④ 변론능력

법원에 나와 실제로 유효하게 변론 등의 소송행위를 할 수 있는 능력을 변론능력이라고 한다. 우리나라의 경우, 당사자 본인이 직접 변론을 할 수 있으므로(본인 소송주의) 소송능력이 있다면 변론능력이 인정된다. 하지만, 변호사강제주의를 채택하는 국가 혹은 변호사 강제주의가 인정되는 헌법소송 등의 경우에는 변호사에 한하여 변론능력이 있다. 갑돌이가 소송능력이 있다면 당연히 변론능력이 있을 것이다.

(2) 당사자가 여러 명인 경우-다수 당사자 소송

① 공동소송

민사소송에서는 원 피고가 각 한 명일 경우가 통상적인지만 원 피고가 여러 명일 경우도 있다. 원 피고가 여러 명이 되는 경우를 공동소송이라고 한다. 만약 을순이를 연대보증한 병식이가 존재한다면 갑돌이는 을순이와 병식이를 공동피고로 하여 소송을 제기할 수 있을 것이고, 을순이와 회사를 공동피고로 하여 소송을 제기할 수 있다.

② 제3자의 소송참가

당사자가 여러 명인 소송의 경우에는 처음부터 원 피고가 여러 명인 형태가 있고(공동소송), 처음에는 원 피고가 한 명이었는데 소송 중에 제3자가 원 피고의 소송에 참가하는 경우가 있다. 제3자가 타인 간에 계속 중인 소송에 참가하는 경우를 소송참가라 하며, 소송참가에는 독립당사자참가(민사소송법 제79조) 공동소송참가(민사소송법 제83조) 보조참가(민사소송법 제71조)가 있다. 실무에서 종종 행해지는 보조참가란, 타인간의 소송의 결과에 이해관계가 있는 자가 현재 진행되고 있는 소송의 원고 또는 피고 어느 일방의 승소를 보조하기 위하여 참가하는 경우를 말한다. 보조참가인이 소송에 참가한 경우에는 재판은 보조참가인에 대해서도 효력이 있고 보조 참가인은 패소 등에 대해서 책임을 진다. 만약 을순이의 채무에 대하여 병식이가 보증을 섰다면 갑돌이는 을순이 혹은 병식이만을 상대로(혹은 양자를 공동피고로 하여) 소송을 제기할 수 있다. 그런데 갑돌이가 병식이만을 피고로 하여 소송을 제기한 경우, 병식이가 소송에서 패소하면 병식이는 을순이에게 구상권을 행사할 수 있으므로 을순이로서는 병식이의 소송에 참가할 실익이 있는 것이다. 한편 참가할 이해관계 있는 자가 스스로 소송에 참가하지 않는 경우, 소송의 당사자로서는 제대로 소송을 수행하지 못할 염려가 있다. 이러한 경우 당사자는 현재 소송의 진행 중이라는 사실을 보조참가할 자격이 있는 제3자에게 고지하여 제3자가 스스로 보조참가를 할 수 있는 기회를 제공할 수 있고(이를 소송고지라고 한다), 이러한 고지를 하였음에도 불구하고 제3자가 고지를 받은 시점부터 보조참가를 한 것으로 취급되므로 결국 제3자도 재판의 결과에 대한 책임을 져야 한다.(민사소송법 제84조) 갑돌이가 보증인인 병식이만 피고로 하여 소송을 제기한다면 병식이로서는 을순이가 협조를 하지 않으면 갑돌이와 을순이 사이에 정확하게 어떠한 약정이 있었는지, 이자 지급을 하기로 하였는지, 소멸시효는 언제 완성되는지 등을 잘 알지 못하여 소송 수행을 제대로 할 수 없을 것이다. 그럼에도 불구하고 주채무자인 을순이가 소송에 참가하지도 않고 또한 소송에 협조를 하지 않는다면, 병식이는 을순이를 상대로 소송고지를 하여 을순이가 소송에 참가하도록 유도할 수 있다. 소송고지를 받은 을순이는 소송에 참가하지 않더라도 소송의 결과에 대한 책임을 져야 한다. 한편 갑돌이는 가해자인 을순이를 상대로 손해배상청구 소송을 제기할 수 있고 자동차손해배상보장법 제9조에 의하여 회사를 상대로 손해배상청구(보험금청구) 소송을 제기할 수 있다. 갑돌이가 을순이를 상대로 소송을 제기한 경우라면 일반인인 을순이로서는 제대로 소송 진행을 하기 어려운 경우가 대부분이므로 을순이로서는 회사에 대해서 소송고지를 하여 회사가 보조참가를 하도록 할 수 있을 것이다.(을순이가 소송에서 패소하여 갑돌이에게 금원을 지급하게 되면 을순이는 자동차손해배상보장법 제9조제2항에 의거하여 병회사에 보험금청구를 할 수 있으므로 회사도 소송에 참가할 실익이 있다)

(3) 소송대리인

우리나라 민사소송 제도 하에서는 당사자가 직접 소송을 수행할 수 있다.(본인소송주의) 하지만, 소송무능력자의 경우에는 소송능력이 없어 소송행위를 수행할 수 없으므로 법정대리인이 소송을 대리하여야 하고 설령 당사자에게 소송 능력이 있다고 하더라도 당사자의 사정에 의하여 본인이 소송을 하지 않고 소송대리인을 별도로 선임하여 소송을 하게 할 수도 있다. 소송대리인이란 당사자의 이름으로 소송행위를 하거나 소송행위를 부여받은 제3자를 말하는데 소송대리인에는 법정대리인과 임의대리인이 있다.

① 법정대리인

법정대리인이란 통상 본인의 의사에 의하지 않고 대리인이 된 자를 말한다. 법률에 의하여 미성년자의 친권자 등이 이에 해당한다. 갑돌이가 미성년자인 경우라면 갑돌이의 법정대리인인 부모가 소송을 대리하여야 하고 을순이의 경우도 마찬가지이다.

② 임의대리인(소송대리인)

한편 임의대리인이라 함은 당사자의 의사에 기하여 대리권이 수여된 대리인을 말한다. 실무에서 '소송대리인'이라 불린다. 설령 갑돌이가 성년자로서 소송능력이 있다고 하더라도 갑돌이의 사정으로 다른 사람에게(예컨대, 변호사) 소송 수행을 하도록 할 수 있는데, 이 때 그 다른 사람이 소송대리인이 된다. 다만, 소액사건(2천만원 이하의 사건)의 경우 배우자, 직계혈족, 형제자매, 호주 등이 법원의 허가 없이 소송대리를 할 수 있고, 단독사건의 경우 배우자, 직계혈족, 형제자매, 호주 등이 법원의 허가를 받아 소송대리를 할 수 있으며, 법률구조법에 의한 법률구조공단 소속 공익법무관도 소송대리인으로서 법률구조사업을 수행할 수 있다. 갑돌이는 소송능력이 있다면 본인이 소송을 수행할 수도 있고 2천만원 미만의 소액사건이므로 배우자 혹은 부모, 형제가 신분관계를 증명하는 서류(가족관계등록부 혹은 주민등록등본 및 위임장 등)를 법원에 제출하여 배우자 등이 소송대리를 할 수도 있으며, 변호사를 선임하여 소송을 수행하게 할 수도 있다.

3. 법 원

1) 민사법원의 종류와 구성

민사사건을 다루는 법원을 민사법원이라 하며 대법원 고등법원 지방법원이 있다. 대법원은 서울에 한 곳, 고등법원은 서울 부산 대전 대구 광주 등 다섯 곳에 있고 지방법원은 각 지방에 20곳이 있으며 그 외에도 각 지방법원에 부속된 지방법원 지원 및 시 군법원이 있다. 대법원과 고등법원의 경우 수인의 법관으로 구성된 합의를 채택하고 있는데, 지방법원의 경우 1인의 법관으로 구성된 단독제와 합의제를 병행하여 채택하고 있다. 한편, 우리나라 심급제도는 3심제이므로 당사자는 3번에 걸쳐서 재판을 받을 수 있다.

2) 단독판사와 합의부의 기준(사물관할)

1심 법원인 지방법원에 소를 제기하였을 경우, 지방법원 합의부(3인의 법관으로 구성)와 단독판사(1인의 법관으로 구성) 중 누가 사건을 맡을 것인지가 문제 된다. (이러한 업무분장의 기준을 사물관할이라고 한다) 현재 합의부는 소송물의 가액이 1억원을 초과하는 사건, 소송물의 가액을 산정하기 어려운 사건 등의 경우를 관할을 하며 그 외의 것은 단독판사가 재판을 하게 된다. 갑돌이가 1억원 미만을 청구한다면 우선 지방법원 단독판사가 1심을 진행할 것이고 만약 1심 결과에 불복하여 항소를 한다면 갑돌이는 당해 지방법원 합의부에서 2심을 진행할 것이고 2심 결과에도 불복하여 당사자가 상고를 한다면 대법원에서 3심을 진행할 것이다.

3) 법원의 선택(토지관할)

소송을 제기하기 위해서는 법원을 선택하여야 하는데, 같은 심급의 법원 여러 곳이 존재하므로 어느 법원에 소송을 제기하여야 하는지가 문제된다.(서울에는 5곳의 지방법원이 있다) 이렇게 소재지를 달리하는 동종의 법원사이에서 재판을 어느 곳에서 할 것인지를 정해 놓은 것은 토지관할(재판적)이라고 한다. 통상적으로 피고의 편의를 위해서 보통재판적 외에도 특별재판적이 인정되는데 채무자의 의무이행지를 관할하는 법원에 소를 제기할 수도 있고(민사소송법 제8조) 불법행위지를 관할하는 법원에 소를 제기할 수도 있다.(민사소송법 제18조) 피고 을순이 혹은 피고 회사의 주소를 관할하는 법원에 소를 제기할 수 있고(통상재판적) 손해배상권은 금전채권으로서 채무의 의무이행지는 채권자의 주소라고 할 수 있으므로 원고의 주소를 관할하는 법원에 소를 제기할 수도 있으며, 불법행위(교통사고)가 발생한 장소를 관할하는 법원에 소를 제기할 수도 있다. 통상 사례와 같이 금전채권을 구하는 소송은 원고의 편의를 위해서 원고의 주소를 관할하는 법원에 소송을 제기한다. 한편 공동소송의 경우처럼 토지관할(재판적)이 여러 곳인 경우에는 별도로 각 법원에 소송을 제기하지 않고 모두 한 법원에 소송을 제기할 수 있다.(민사소송법 제25조) 이를 관련 재판적이라고 한다. 갑돌이가 을순이와 회사를 모두 피고로 하였는데 피고 을순이와 피고 회사를 관할하는 법원이 모두 다른 경우라면 갑돌이는 아무 법원이나 한 법원에 소송을 제기하면 족하다.(물론, 갑돌이는 자신의 주소를 관할하는 법원 혹은 불법행위가 발생한 곳을 관할하는 법원에 소송을 제기할 수 있다)

4) 합의에 의한 관할의 결정 및 소송의 이송

관할은 대부분의 경우, 당사자의 합의로 정할 수 있으며 원고가 관할권이 없는 법원에 소를 제기하였는데 피고가 이의를 제기하지 않고 소송에 응하는 경우에는 그 법원에 관할이 발생 한다.(이를 변론관할이라고 한다) 한편 관할권을 잘못 지정하여 관할권 없는 법원에 소송을 제기한 경우에는 피고가 응소를 하지 않는 경우에는 적법한 관할이 있는 법원으로 사건이 이송되는 것이 원칙이고 경우에 따라서는 법원의 재량으로 다른 법원으로 이송할 수도 있다.

5) 재판부 변경

법관은 중립성이 요구되므로 법관이 사건의 당사자이거나 당사자와 친족관계가 있는 경우 등에는 법률에 의해서 그 사건의 재판을 맡을 수 없으며(이를 법관의 제척이라고 한다) 당사자가 법관의 중립성 및 공정성에 의심을 품는 경우, 신청에 의해서 법관이 변경될 수 있으며(이를 기피라고 한다) 법관 스스로가 자발적으로 재판을 맡지 않을 수 있다.(이를 회피라고 한다) 실무상 재판부가 당사자 일방에게 불공정한 소송 진행을 하는 경우, 그 당사자는 기피신청을 하는 경우가 종종 있다. 기피신청의 경우, 신청인의 주관적인 의혹이라는 이유로 대부분 신청이 기각된다.

4. 소송절차

1) 소송과 소장 작성

(1) 소송의 종류

소송의 종류에는 이행의 소, 확인의 소, 형성의 소, 세 가지로 분류되며 소송의 성질과 내용에 따라서 하나의 형식을 정하여서 소장을 작성한 후, 소송을 진행하여야 한다. 이행의 소란 특정인에 대하여 일정한 급부를 청구하는 형태의 소송을 말하며 실무상으로 가장 많은 부분을 차지한다. 확인의 소란 어떤 권리나 법률관계의 존재 혹은 부존재의 확인을 구하는 소를 말하며 채무부존재확인의 소, 사실혼관계존재확인의 소 등이 있다. 확인의 소는 자기의 권리 또는 법률상의 지위에 현존하는 위험이 있고 확인판결을 받는 것이 유효적절한 수단일 경우에만 제기할 수 있다. 이행의 소나 형성의 소를 제기할 수 있는 경우에는 바로 이행의 소 등을 제기하는 것이 타당하므로 확인의 소를 제기할 수 없다. 갑돌이는 을순이에 대하여 바로 대여금 청구의 소(이행의 소)를 제기하면 될 것이고 구태여 대여금 존재확인의 소(확인의 소)를 제기할 수는 없는 것이다. 형성의 소란 권리 또는 법률관계의 발생, 변경 혹은 소멸을 구하는 소를 말하며 '인지청구의 소'나 '이혼의 소' 등이 있으며 법률이 규정한 경우에만 제기할 수 있다.

(2) 소장의 작성

소장을 작성함에 있어서 소장에는 당사자, 대리인(대리인이 있는 경우), 청구의 취지, 청구원인을 기재하여야 하고, 입증방법 및 첨부서류(특히 인지세 및 송달료 영수증 및 대리인이 있는 경우 위임장)를 첨부하여야 한다. 당사자는 원 피고의 성명, 주소 등을 정확히 기재하여야 하며 법인이 당사자인 경우에는 그 명칭과 소재지 및 대표자 성명을 기재한다. 청구취지는 원고가 구하는 판결의 결론을 간략하게 특정하여 기재하고, 청구원인은 청구를 하게 된 이유를 구체적으로 적는다.

2) 소송상의 청구

(1) 소송물의 개념

법원은 당사자가 대상과 범위를 확정한 청구 외에는 재판을 할 수 없는 것이 원칙이므로 원고가 소장을 작성하여 소송을 제기함에 있어서 무엇을 청구하는 것인지 명백히 하여야 한다. 이와 같이 당사자가 소송을 청구함에 있어서 법원에 대하여 판단을 구하는 심판의 대상이 되는 대상을 소송상의 청구 내지 '소송물'이라고 한다. 법원은 소송상의 청구(소송물)가 무엇인지를 판단함에 있어서 소장의 청구취지 외에도 청구원인을 참작하여야 할 것이다.(이에 반해서 소송물은 청구취지만을 기준으로 판단하여야 한다는 주장이 있다)

(2) 청구의 객관적 병합

원고의 청구가 여러 가지일 경우, 구태여 별소를 여러 번 제기함이 없이 하나의 소송에서 수 개의 청구를 할 수 있는데 이를 청구의 객관적 병합이라고 한다.(민사소송법 제 253조) 청구를 병합하기 위해서는 각 청구가 동종의 절차에서 심리될 수 있어야 한다.(예컨대 민사사건과 행정사건은 병합할 수 없으며, 1심 사건과 2심 사건은 병합할 수 없다) 갑돌이가 을순이에게 돈을 빌려준 적도 있고, 한편 갑돌이가 을순이로부터 교통사고를 당하기까지 했다면, 갑돌이는 하나의 소송에서 청구를 병합하여 을순이를 상대로 금원을 청구할 수 있을 것이다.

(3) 청구의 변경

소송을 진행하는 도중 원고가 청구를 변경하는 것을 청구의 변경 혹은 소의 변경이라고 한다.(민사소송법 제262조) 청구의 변경에는 원래의 청구를 대신하여 새로운 청구를 하는 '청구의 교환적 변경'과 원래의 청구에 별도의 청구를 추가하여 변경하는 '청구의 추가적 변경'이 있다.(실무적으로는 추가적 변경이 대부분이다) 갑돌이가 을순이에게 소송을 제기하면서 청구금액을 100만원으로 하였는데 추후에 다시 금원 100만원을 빌려 준 사실이 드러난 경우에, 별도로 소송을 제기할 필요 없이 청구변경신청서(실무상 '소변경신청서'라고 한다)를 법원에 제출하여 청구금액을 100만원에서 200만원으로 변경하면 될 것이다. 갑돌이가 을순이 혹은 회사를 상대로 손해배상청구소송을 제기할 경우, 소를 제기할 당시에는 그 금원이 확정되지 않는 경우가 대부분이다. 손해배상 소송의 경우, 소송 과정에서 신체감정을 하여 사고로 인하여 발생한 갑돌이의 장애가 어느 정도인지, 장래치료비는 어느 정도인지, 개호인이 필요한지 등을 파악한 후에야 손해배상청구금원을 확정할 수 있기 때문이다. 따라서 갑돌이는 손해배상청구금원의 일부만을 청구하는 일부청구의 소장을 법원에 제출하고, 그 후에 신체감정촉탁신청을 하여 법원에서 지정하는 병원에서 신체감정을 받은 후, 신체감정결과가 법원에 도달하면 신체감정결과를 기준으로 다시 금액 등을 산정하여 청구취지 및 청구원인을 변경(주로 확장)한 소변경신청서를 제출한다. 이러한 소변경신청서는 청구의 추가적 변경에 해당한다.

(4) 반 소

반소는 원고가 제기한 본소에 편승하여 피고가 원고에 대한 자기의 청구에 대하여 심판해 달라고 제기하는 소를 말한다.(민사소송법 제269조) 반소를 제기하기 위해서는 반소청구가 본소의 청구 혹은 본소의 방어방법과 법률상, 사실상 공통이 있어야 한다. 반소가 제기되면 본소청구에 반소청구가 병합되어 같이 심판을 받게 된다. 갑돌이가 을순이에게 100만원을 청구하였는데, 실은 을순이도 갑돌이에게 200만원을 빌려준 사실이 있다면, 을순이는 갑돌이에게 100만원에 대해서는 상계 항변을 하고 나머지 100만원에 대해서 오히려 갑돌이가 을순이게게 갚을 것을 청구하는 반소를 제기할 수 있다. 실무상 갑돌이는 병원에서 치료를 받는 동안 회사는 을순이를 대신하여 치료비 등을 지급하는데, 만약 갑돌이가 부당하게 장기치료 등을 받고 있다는 판단을 하게 되면 회사는 갑돌이를 상대로 채무부존재확인의 소를 제기하면서 갑돌이에 대한 치료비 지급을 중단하는 경우가 종종 있다. 이 경우 갑돌이는 회사를 상대로 손해배상청구의 반소를 제기하여 한꺼번에 분쟁을 해결할 수 있다.

3) 소의 제기

(1) 보전소송(가압류 및 가처분)

소장을 법원에 제출함으로써 소송이 시작되는데 소송이 종결되기 위해서는 많은 시간이 소요되므로 소송종결까지 상대방이 재산을 유지하고 있을지는 확실치가 않다.(실제로 소송 과정에서 피고가 재산을 빼돌리는 경우도 종종 있다) 따라서 이행의 소에 있어서 원고는 소송에서 승소한 후의 판결의 실효성을 확보하기 위하여 피고(채무자)의 재산을 보전할 필요가 있다. 통상 금전지급을 구하는 이행의 소를 제기하고자 하는 경우, 원고는 먼저 채무자인 피고의 동산이나 부동산에 가압류를 하여 재산의 이동을 방지하여 추후 승소한 경우, 강제집행의 대상을 확보할 수 있다.(민사집행법 제276조) 한편 금전이 아니라 특정물에 관련된 소송(부동산소유권이전의 청구 등 경우)을 할 경우에는 부동산처분금지가처분 등의 '가처분'을 하여 특정물을 이동할 수 없도록 하여 추후 승소한 경우, 특정물에 대해서 강제집행을 할 수 있을 것이다.(민사집행법 제300조) 금전 지급을 구하는 소송이므로 갑돌이는 을순이의 자력이 의심될 경우, 을순이의 동산 혹은 부동산에 대하여 가압류신청을 먼저 한 후 소송을 진행할 수 있다.(한편 보험회사의 경우 자력이 풍부하므로 실무상 가압류를 하지 않는다)

(2) 소의 제기 및 효과

소의 제기는 소장을 작성하여 인지를 붙이고, 송달료를 납부하여, 관할법원에 제출함으로써 시작된다. 소장 부본은 법원에 1통, 피고에게 1통을 보내므로, '피고의수 + 1통'을 제출하면 되고, 소장에는 서증 등 입증방법을 첨부하여 제출한다. 한편 소가 제기되면 실체법상으로는 소멸시효중단 등의 효과가 소송법적으로는 동일한 사건으로 다시 소송을 제기할 수 없는 효과(이를 중복제소금지의 원칙이라고 한다)등이 발생한다.(민사소송법 제259조) 갑돌이는 을순이에 대한 채권의 소멸시효를 중단하기 위해서 비록 을순이가 자력이 없는 경우에도 소송을 제기하는 경우가 있다.

4) 간이소송절차

(1) 소액소송의 경우

① 소액심판제도의 의의

민사소송의 경우 시간과 비용이 상당히 소요되기 때문에 일반인들로서는 소송을 진행하기 쉽지 않는데 소액의 사건에서 까지 일반적인 민사절차를 유지한다면 일반인들로서는 법원을 통한 분쟁의 해결을 할 수 없다. 따라서 소액사건의 경우 소액사건 심판법을 제정하여 일반사건보다 간편한 심판절차를 통하여, 많은 시간과 비용을 소요함이 없이 일반인이 소송을 진행할 수 있는 제도를 두게 된 것이다.

② 소액심판의 대상

소가(소송물의 값)가 2,000만원 이하의 금전 기타 대체물 또는 유가증권의 일정수량의 지급을 구하는 사건(이를 소액사건이라고 한다)은 소액사건으로 분류되어 소액심판 절차가 진행된다.(당사자가 선택할 수 있는 절차가 아니다) 소가란 소를 통해 얻고자 하는 경제적 이익을 평가한 가액을 말하는데 금전 청구의 경우, 청구취지에 기재된 금액(구하는 금액) 대체물(예컨대, 쌀 등)의 경우는 그 객관적인 평가액이 소가가 된다. 원고인 갑돌이가 구하는 금원은 100만원이므로 소액사건 심판절차로 소송이 진행될 것이다. 청구금액을 얼마로 하는가에 따라 소액사건이 될 수도 있고, 단독 또는 합의사건이 될 수도 있을 것이다. 갑돌이가 처음에 소를 제기할 때에 2,000만원 이하를 일부 청구하였다면 소액사건 심판절차가 진행되지만, 후에 청구변경(확장) 신청을 통하여 청구금액을 3,000만원으로 변경하였다면 단독사건이 되어 일반소송절차로 넘어가게 된다. 하지만, 그 반대로 갑돌이가 청구금액을 3,000만원 청구하였다가 청구변경(축소)신청을 통하여 청구금액을 2,000만원으로 감액했다 하더라도 소액사건이 되는 것은 아니다.

③ **소액심판 개괄**

소의 제기(구술 또는 서면) → (결정에 의한 이행권고) →

피고에 소장 부본 송달 및 답변서 제출 → 준비서면의 교환 → 변론기일 지정

→ 변론종결 및 판결 선고 → (항소) → 확정

④ **소액심판의 특칙**

첫째, 일반사건과 달리 구술에 의한 소의 제기를 인정하고 있다. 따라서 서면을 작성하기 어려운 당사자는 법원에 방문하여 법원직원이 당사자를 대신하여 제소하게 할 수 있다. 둘째, 일반사건과 달리 당사자와 배우자, 직계혈족, 형제자매 또는 호주의 관계에 있는 자는 법원의 허락 없이 당사자의 소송대리인이 될 수 있다.(소액사건심판법 제8조) 다만, 위와 같은 신분관계를 증명하는 서류(주민등록등본 혹은 가족관계등록부) 및 위임장(소송대리 권한을 부여한다는 취지의 서면)을 법원에 제출하여야 한다. 셋째, 법원은 소가 제기된 경우, 변론기일 등을 지정함이 없이 피고에게 원고의 청구취지대로 이행하라는 이행권고 결정을 할 수 있다.(소액사건심판법 제5조의 3 제1항) 피고가 이행권고결정을 받은 후, 2주 이내에 이의제기를 하지 않으면 이행권고결정은 확정판결과 동일한 효력이 있고, 이의신청을 하게 되면 소액재판절차가 진행된다. 넷째, 법원은 소액심판에 대한 주도권을 가지므로 직권으로 증거조사, 당사자본인심문 등을 할 수 있다. 다섯째, 법원은 소장이 접수되면 신속하게 변론기일을 정하여야 하고, 변론기일은 1회로서 종결하는 것이 원칙이며, 변론종결과 동시에 판결 선고를 할 수 있다. 여섯째, 법원은 소액사건의 판결과 관련하여 판결이유를 설시하지 아니할 수 있고 실무에서도 판결이유를 거의 설시하지 않는다. 일곱째, 소액재판의 경우 '법률, 명령, 규칙 또는 처분이 헌법위반 여부와 명령, 규칙 또는 처분의 법률위반 여부에 대한 판단이 부당한 때', '대법원의 판례에 상반되는 판단을 한 때'에만 상고 또는 재항고를 할 수 있어서(소액사건심판법 제3조) 실무상 소액사건은 상고의 길이 거의 막혀 있다. 참고로 소액심판에서 패소한 당사자의 경우, 패소이유를 알 수 없으므로 항소를 제기함에 있어서 항소이유서 등의 작성에 어려움이 있고 항소심 진행도 형식적으로 될 수밖에 없는데다 상고심 제기 또한 극히 제한되어

있기 때문에 판결이유를 설시하지 않는 것은 소액사건 당사자들의 헌법상 보장된 재판청구권을 제한한다는 견해가 있다.(헌재 2004.9.23, [2003헌마19] 참조)

(2) 지급명령(독촉절차)제도

① 지급명령제도의 의의

지급명령절차(독촉절차)는 금전 기타 대체물 또는 유가증권의 일정수량의 지급을 구하는 경우, 채권자의 (지급명령)신청에 따라 변론을 열지 않고 바로 지급명령을 발령하는 간이절차를 말한다. 소액심판절차와 달리 지급명령절차는 소가와 관계없이 신청을 할 수가 있다.

② 지급명령제도 절차

㉮ 지급명령의 신청은 금전 기타 대체물이나 유가증권의 일정수량의 지급을 목적으로 하여야 하고 채무자의 주소가 국내에 있어야 한다.

㉯ 지급명령신청은 서면으로 제출하여야 하고, 소장 인지세의 절반만 납부하면 되며, 지급명령신청은 소가에 관계없이 단독판사가 취급한다.

㉰ 채권자의 지급명령의 신청에 대해서는 법원은 신청이 이유 없음이 명백하면 신청을 각하하고 그 외의 경우에는 지급명령을 당사자 쌍방에게 송달한다. 지급명령이 송달된 후 2주일 내에 채무자가 이의신청을 하지 아니하면 지급명령이 확정된다. 확정된 지급명령은 집행력이 발생하므로 이를 집행권원으로 하여 채무자의 재산에 강제집행 등을 할 수가 있다.

㉱ 다만, 지급명령에는 기판력이 없으므로 채무자는 통상의 민사소송을 제기하여 다시 다툴 수도 있다. 갑돌이는 을순이에 대하여 금전 100만원의 지급을 구하고 있으므로, 지급명령신청을 할 수 있다. 실무상 상대방이 이의제기를 하지 아니할 것이 명백한 경우에만 신속한 절차 및 비용절감 등을 위해서 지급명령 신청한다.(예컨대, 신용카드회사가 채무자에게 지급명령을 신청하는 경우 등)

5) 그 밖의 소송절차

위와 같이 소액사건이 아니거나 지급명령신청을 하지 아니한 경우, 통상 소송절차가 진행된다. 소송물의 가액이 1억원을 초과하는 사건 등은 지방법원 합의부가 관할을 하게 되며 그 외의 사건(소액사건이 아닌 사건)은 지방법원 단독판사가 재판을 한다.

5. 일반소송절차

1) 개 괄

원고의 소장 제출 → (단독 내지 합의부 배당) → 피고 소장부본 송달 →

피고 답변서 제출 → 변론준비절차(준비서면의 교환 및 증거의 신청) →

(쟁점정리기일) → 변론기일 → (화해 및 조정) → (변론속행) →

변론종결 → 판결 선고 → (항소) → (상고) → 판결의 확정

2) 소제기 후 보정명령 및 소장 부본의 송달

원고가 소장을 관할법원에 제출하면 재판장은 이를 심사하여 소장에 하자가 있다면 보정명령을 하고 하자가 없다면 피고에게 소장 부본을 송달한다. 한편 피고의 주소를 알 수 없는 경우, 공시송달신청 등을 하여야 한다.

3) 답변서의 제출과 무변론판결

소장부본이 피고에게 송달되면 피고는 30일 이내에 답변서를 법원에 제출하여야 하고 만약 피고가 위 기간 내에 답변서를 제출하지 않거나 원고가 소장에서 주장하는 사실 전부를 시인하는 답변서를 제출하는 경우 등에는 변론을 별도로 열지 않고 원고의 청구를 인용하는 무변론판결을 할 수 있다. 한편, 피고가 답변서를 제출하는 경우, 법원은 원고에게 답변서 부본을 송달하면 준비명령(준비서면 제출 및 증거신청 요구)을 동시에 보낸다.

4) 준비서면의 교환 및 증거신청

(1) 변론준비절차

변론이란 당사자가 자기에게 유리한 주장을 하고 그 주장을 뒷받침할 수 있는 증거를 제출하는 것(입증)을 말한다. 변론은 변론기일에 하는 것이 원칙인데, 무변론 판결이 아니라면 변론기일 전에 충분히 변론을 준비한 후(이를 변론준비절차라고 한다) 변론기일을 한 번 열고서 재판을 종결하는 것을 원칙으로 한다.

변론기일을 열기 전에 변론을 준비하는 변론준비절차에는 준비서면의 교환 등 서면에 의한 준비와 쟁점의 정리를 위하여 법원에서 별도로 쟁점정리기일을 여는 경우의 두 가지의 절차가 있다. 통상 준비서면을 몇 차례 교환하는 등 서면에 의한 변론준비를 한 후 쟁점정리기일을 열어서 쟁점정리 및 증거조사를 마친 후에 변론기일을 연다.

한편, 쟁점정리기일은 변론기일 전에 별도로 여는 경우가 대부분이고 간단한 사건의 경우 변론기일에 쟁점정리를 동시에 하기도 한다. 실무상 민사소송에 있어서는 준비서면 및 증거신청 등을 준비하는 변론준비절차가 실제로 중요하며 변론기일은 증인신청을 하여 증인신문을 하는 경우가 아니라면 큰 비중을 차지하지 않는다.

(2) 변론준비절차에서의 주장과 입증

① 주장과 항변

변론을 열기 전에 서면을 통해서 변론을 준비하는데 우선, 원고는 소장을 통해서 일정한 주장을 하고, 피고는 소장을 받아본 후, 답변서를 통해 원고의 주장에 대해서 자백을 하거나 부인을 한다. 만약 피고가 답변을 하지 않는다면(침묵이라고 한다), 이는 자백으로 간주되고, 피고가 답변서를 통해 잘 모르겠다는 취지의 답변(이를 부지라고 한다)을 한다면 이는 부인으로 간주된다. 한편, 피고는 답변서를 통해서 자백을 하면서도 원고의 청구에 응할 수 없다는 취지의 주장을 할 수 있는데 이를 항변이라고 한다.

② 입증책임

원고의 청구에 대해서 피고가 자백하는 경우 등이 아니라면 원고는 자신의 주장이 진실이라는 것을 증명하기 위해서 증거를 제출하여야 한다. 이를 입증이라고 한다. 만약 이러한 입증을 하지 못하면 패소를 하게 되는 불이익을 지게 되는데 누가 불이익을 부담할 것인가가 입증책임의 문제이다.

입증책임을 누가 부담할 것인가에 대해서는 학설이 나뉘는데 원, 피고는 주장하고 있는 법규의 권리의 근거가 되는 구성요건에 따라서 각자 자기에게 유리한 요건사실에 대하여 입증책임을 부담한다는 학설이 통설이다.(법률요건분류설이라고 한다) 통상 원고는 소장을 통해서 어떤 주장을 하는데, 피고가 부인하면 원고가 그 주장에 대해서 입증을 하여야 하는 것으로 이해하면 될 것이다.

한편, 입증책임과 관련하여 권리를 주장하는 원고 측이 주장의 근거가 되는 법규의 요건사실을 모두 입증하여야 하는데 의료사건 등의 경우에는 의료지식이 없고 수술과정에 참석하지도 않은 원고가 의사에게 어떤 과실이 있었는지 등을 입증하기가 매우 어렵다. 따라서 의료사고 등과 같이 전문적인 입증기술이 필요하거나 입증자체가 어려운 경우에는, 원고가 일정한 사실(예컨대, 위의 예에서 피해자는 이 사건 수술 전까지 건강하였는데 이 사건 수술로 사망하였으며, 그 사이에 다른 사망 이유가 존재하지 않는다는 사실)만을 입증하면 족하거나 입증책임을 상대방에게 넘기는 등으로 입증책임 완화를 위한 이론들이 제시되고 있으며 입증책임을 의사 등 전문가에게 부담하도록 입법을 하여야 한다는 주장이 있다. 갑돌이는 을순이에게 대여금을 변제하라는 취지의 주장을 하고 있는데 을순이가 만약 대여금을 빌린 사실이 없다는 취지(부지)의 답변을 한다면, 갑돌이는 자신이 대여금을 빌려주었다는 점에 대한 입증을 하여야 한다. 이와 같이 갑돌이의 주장에 대해서는 갑돌이가 입증을 하여야 하고 구태여 을순이는 자신이 돈을 빌리지 않았음을 입증할 필요가 없는데, 이는 자신에게 유리한 주장을 하고 있는 갑돌이에게 입증책임이 있기 때문이다. 만약 갑돌이의 청구에 대하여 을순이가 자신은 돈을 빌린 사실이 있지만 그 후에 변제를 하였다고 주장을 하거나 빌린 날로부터 10년이 지나서 소멸시효가 완성하였기 때문에 줄 수 없다고 주장을 한다면, 이는 을순이가 갑돌이의 주장에 대해 자백하면서 새로운 주장을 하는 것이므로 항변이라고 할 수 있다. 이러한 항변에 대해서는 을순이가 입증을 하여야 하는 것이다. 따라서 을순이는, 자신이 갑돌이에게 돈을 변제하였다는 점 혹은 소멸시효가 10년을 지났다는 점 등을 입증하여야 할 것이고, 만약 이러한 입증을 하지 못한다면 패소(원고승소)를 면치 못할 것이다.

③ 요증 사실과 불요증 사실

원고가 주장한 사실에 대하여 피고가 부인하는 경우, 원고는 주장사실이 진실임을 증명하여야 하고, 피고가 항변을 하는 경우, 피고가 주장사실이 진실됨을 증명하여야 한다. 위와 같이 당사자의 주장사실은 다툼이 있는 경우 대부분 증명을 요하는데 이러한 사실을 요증 사실이라고 한다.

한편, 증명을 요하지 않는 사실을 불요증 사실이라고 한다. 불요증 사실은 (재판상) 자백, 현저한 사실(통상 일반인들이 알고 있는 공지의 사실, 법원이 알고 있는 현저한 사실 등), 법률상 추정되는 사실 등이 있다. 하급심 판례는 공지의 사실을 '경험칙 상 인정'되는 것으로 표현하고 있는데 예컨대, 일용 노임을 청구하는 경우, 일용노동자의 월 평균 가동 일수는 경험칙 상 22일이라고 하고 일용노동에 종사하는 사람은 만 60세가 될 때까지 가동할 수 있다고 보는 것이 경험칙 상 타당하다고 한다. 갑돌이는 손해배상책임의 발생 및 손해배상책임의 범위를 입증하여야 하는데 손해배상책임의 범위 중 갑돌이가 한 달 동안 입원을 하여 제대로 일을 하지 못하였다면, 설령 갑돌이가 직업이 없었다고 하더라도 대한건설협회 발간 보통 인부의 시중노임단가를 기준으로(2012년 상반기 기준으로 보통 인부의 하루 노임단가는 80,732원이다) 일실 손해를 청구할 수 있다. 갑돌이의 월 평균 가동 일수와 관련하여, 갑돌이는 구태여 자신이 실제로 월 평균 22일을 일용 노임에 종사하였다는 점을 입증하지 않더라도 법원은 (갑돌이의 주장만으로도) 도시일용노동자의 경우, 적어도 월 평균 22일을 근무하였다는 점을 경험칙 상 인정하고 있다.

(3) 입증을 위한 증거신청 및 증거조사

① 증거의 종류

당사자의 주장을 증명하기 위해서 제출하는 증거에는 여러 가지가 있다. 우선, 당사자가 주장하는 주요 사실을 직접 증명하는 직접 증거, 간접사실(당사자가 주장하는 주요사실이 있었음을 추정케 하는 사실)과 보조사실(증거의 신빙성에 관한 사실) 등을 증명하기 위한 간접증거가 있다. 한편, 당사자에게 입증책임이 있는 사실을 증명하기 위한 증거를 본증이라고 하고, 본증의 신빙성을 부인하기 위한 증거를 반증이라고 한다.

② 증거의 신청 및 조사

당사자는 요증 사실에 대하여 입증책임이 있으므로 필요한 증거신청을 하여 입증활동을 하여야 한다. 증거신청에는 실무적으로 가장 중요하고 많이 활용되는 서증의 신청이 있고, 서증신청 외에도 증인신청, 감정신청, 검증신청, 당사자신청, 사실조회신청 등이 있다. 당사자의 증거신청이 있으면 법원은 증거조사를 실시하여야 하고 이를 통해서 사실관계에 대하여 심증을 형성하게 된다.

첫째, 서증신청은 문서를 열람, 조사하여 달라는 신청이며 통상 당사자가 직접 문서를 제출하면 된다. 만약 당사자 일방이 문서를 가지고 있으면서 제출을 하지 않는다면 문서제출명령을 하며 원, 피고 외에 제3자가 문서를 가지고 있다면 문서 송부촉탁신청을 하면 된다. 만약 문서제출명령에도 불구하고 일방이 문서를 제출하지 않으면 상대방의 문서에 대한 주장이 진실한 것으로 인정되는 등의 불이익을 입게 된다.(민사소송법 제349조) 위와 같은 서증신청의 결과를 토대로 법관은 그 기재된 내용을 조사하게 된다. 갑돌이의 대여금 반환청구소송에 대하여 을순이가 대여금을 빌린 사실을 부인을 한다면 갑돌이는 차용증을 증거로 신청(제출)하면 될 것이고, 만약 을순이가 돈을 갑돌이에게 벌써 변제하였고 변제한 영수증이 있다고 주장하면서 그 영수증을 제출하지 않는다면, 갑돌이는 을순이에 대하여 문서제출명령을 신청할 수 있을 것이다.(물론, 을순이의 변제항변에 대해서는 을순이에게 입증책임이 있는 것이므로 구태여 갑돌이가 문서제출명령을 신청할 필요가 없을 것이지만, 을순이가 병식이 등을 증인으로 신청하여 항변을 입증하려 한다면 갑돌이로서는 문서제출명령신청을 할 여지가 있을 것이다) 을순이가 교통사고의 가해자라는 사실을 부인하는 경우나 갑돌이의 과실이 100%라는 등의 주장을 한다면 갑돌이는 을순이의 교통사고에 대해서 조사를 마친 경찰서 혹은 검찰청 등에 대하여 형사기록송부촉탁신청을 하면 될 것이다.

둘째, 증인신청은 당사자와 법정대리인 등을 제외한 제3자를 신청하는 것을 말하며 채택된 증인이 신문기일에 이유 없이 출석하지 않으면 과태료 혹은 7일 이내의 감치에 처해 질 수 있다. 갑돌이가 만약 차용증을 확보하고 있지 않고 을순이가 부인을 한다면, 당시 그 자리에 있었던 병식이 등을 증인으로 신청할 수 있을 것이다.

셋째, 감정신청은 전문적인 분야에 대하여 감정이 필요할 경우, 그 분야에 지식과 경험이 있는 감정인을 통하여 감정을 받도록 법원에 신청하는 것을 말한다. 당사자는 법원에 감정신청서를 제출하여야 하고 법원은 여러 감정인 중 임의로 감정인을 선정하여 감정을 하도록 명한다. 감정결과는 길게는 수개월이 지나서 법원에 도착하게 되며 그 감정결과에 만족하지 못하는 당사자는 감정신청을 하기도 한다. 한편, 법관은 위 감정결과를 통상 존중하지만 이에 구속되는 것은 아니다. 갑돌이가 제출한 차용증에 대하여 을순이가 자신의 필적이 아니라고 주장하거나 인영이 다르다고 주장한다면, 갑돌이는 필적감정 혹은 인영감정을 신청할 수 있을 것이다.

한편, 갑돌이는 자신의 손해액을 산정하기 위해서 자신이 얼마나 다쳤으며, 장애가 남는지, 장래 수술비 등 치료비가 소요되는지, 개호인(간병인)이 필요한지, 장래 보조구를 착용하였는지 등에 대한 부분에 대한 전문적인 감정이 필요할 것이므로 통상 신체감정(촉탁)신청을 한다. 신체감정촉탁신청은 갑돌이가 신체감정촉탁신청서를 법원에 제출하면 법원에서 일정한 병원을 지정하게 되고, 갑돌이는 정해진 날짜에 감정 병원에 가서 신체감정을 받게 되며, 신체감정이 끝나면 법원의 담당의사는 신체감정(결과)서를 작성하여 법원에 송부하고, 법원에서는 이를 증거자료로 사용할 수 있는 것이다.

넷째, 검증신청은 법관이 오관을 통하여 직접 증거 혹은 현상을 조사하도록 신청하는 것을 말한다. 검증신청이 있으면 당사자, 법관, 사무관 등이 참여하여 검증을 하게 된다. 을순이가 사고 발생을 부인하거나 자신의 잘못이 없다는 취지로 거짓 주장을 하고 있어서 사고 장소의 조사가 필요한 경우라면, 갑돌이는 현장검증신청을 할 수 있을 것이고 신청이 채택되면 갑돌이 을순이 및 법관 등은 지정된 일시에 현장검증을 가게 되는 것이다.

다섯째, 사실조회신청이란 당사자 외 제3자에 대한 조사가 필요한 경우, 당사자가 법원에 사실조회를 신청하는 것을 말하고 이러한 신청이 있으면 법원은 제3자에 대하여 일정한 사항에 대한 조사 및 답변을 할 것을 요청하고 제3자는 이에 응하여 일정한 사실에 대하여 답변서 등을 보낸다. 을순이가 사고 발생 자체를 부인한다면, 갑돌이는 사고 당시 경찰관의 조사가 있었다는 점을 입증하기 위하여 사고 장소를 관할하던 경찰서에 사고 당일 사고가 있었는지 등의 여부를 밝히기 위해(법원에 사실조회신청서를 제출하여) 사실조회신청을 할 수가 있을 것이다.

여섯째, 당사자신청은 통상 위와 같은 증거로서 입증을 하기가 어려울 경우, 최후의 수단으로써 사실관계를 가장 잘 알고 있는 당사자를 신문할 것을 신청하는 것을 말한다. 갑돌이가 을순이에게 돈을 빌려주었다는 점을 별달리 입증할 방법이 없다면, 을순이를 당사자신청하여 을순이에게 여러 가지 사항을 신문함으로써 을순이가 돈을 빌렸다는 심증을 법관으로 하여금 일으키게 할 수 있을 것이다.(실무에서는 많이 이용되지 않는다)

(4) 쟁점정리기일

당사자들의 서면에 의한 주장의 교환 및 증거신청에 의한 입증이 어느 정도 구체화되면 법원은 쟁점정리 및 증거조사 등을 위해서 쟁점 정리 기일을 연다. 통상 준비기일 전에 별도로 쟁점정리기일이 열어서 주장의 정리 및 신청한 증거를 조사하고 증인신청 채부 등을 결정한다.

6. 변론기일

1) 변론기일의 실시

원고의 소장제출 및 피고의 답변서 제출 후에 원, 피고의 준비서면 교환 및 증거신청으로 주장과 입증이 어느 정도 정리되면 법원은 변론기일을 연다. 개정 민사소송법은 증인신청이 없다면 변론기일은 1회로 열고 바로 종결하는 것을 목표로 한다. 갑돌이가 손해배상청구의 소장을 제출하였는데 을순이가 답변서를 작성하면서 첫째, 자신의 과실을 부인하고 둘째, 설령 과실이 있다고 하더라도 손해배상금액이 너무 과다하다고 주장한다면 갑돌이는 수사기관에 사실조회 혹은 형사기록송부촉탁신청을 하여 을순이의 과실이 있는지, 있다면 어느 정도인지 등을 입증하여야 할 것이고 손해배상금의 액수에 대해서는 신체감정촉탁신청을 하여 자신의 손해(노동능력상실률 등)가 어느 정도인지 입증한 후에 청구변경(신청서)을 통해서 청구하는 금원을 확정하여야 할 것이다.

변론준비절차에서 위와 같은 주장과 입증을 마친 경우라면 갑돌이는 변론기일에 출석하여 소장, 준비서면의 요지를 진술하거나 입증방법을 제출하고, 기타 증거신청결과를 원용하는 등의 소송절차를 수행하면 된다. 이러한 절차는 이전에는 형식적인 절차였으나, 최근 구두변론이 강조되면서 변론기일이 실질화되고 있다. 변론준비기일에 어느 정도 주장이 정리되고 입증이 이루어진 경우, 첫 기일에 변론종결이 가능하나, 만약 증거신청결과(예컨대, 신체감정결과 등)가 도착하지 아니하였거나 증인신문이 더 필요한 경우 등에는 변론기일이 다시 열리는데 이를 속행이라고 한다.

2) 변론의 기본원칙

첫째, 재판의 공정성, 신뢰성을 확보하기 위해 공개심리주의를 원칙으로 한다. 둘째, 당사자 쌍방을 출석시켜 쌍방에게 평등한 진술기회를 주는 쌍방심리주의를 원칙으로 한다. 셋째, 변론 및 증거조사에 당사자를 출석시켜 구술로 진행하는 구술심리주의를 원칙으로 한다. 이러한 이유로 실제로 변론준비기일의 서면교환 및 증거신청을 통하여 쟁점이 정리되고 심증이 형성되어 실제로 변론기일에서는 진행하는 사항이 없다고 하더라도 변론기일은 열려야 한다. 넷째, 소송절차의 개시, 진행, 종결은 당사자에게 맡기는 처분권주의를 원칙으로 한다. 다섯째, 재판의 기초가 되는 사실과 증거의 수집을 당사자에게 맡기는 변론주의를 원칙으로 한다. 이러한 변론주의 원칙상 당사자의 주장, 입증이 부족하더라도 법원은 이에 따라 재판을 하여야 하며 다만, 당사자의 주장이 불명료 혹은 모순되는 경우에는 석명권을 행사하여 주장을 정리할 수 있도록 한다. 여섯째, 자신의 주장을 입증하기 위한 공격, 방어방법은 미리 제출하여야 한다는 적시제출주의를 원칙으로 한다. 일곱째, 심리를 담당한 법관이 재판을 한다는 직접심리주의를 택한다. 하지만, 실무상 법관은 자주 이동을 하므로 이러한 경우에는 바뀐 법관이 심리를 계속한다.(직접심리주의의 원칙을 고수하기 위하여 변론의 갱신이라는 절차를 밟는다)

3) 증인신문

실무상으로 변론기일은 이미 제출된 서면 및 증거의 확인절차만이 존재한다. 다만, 증인신청이 있는 경우 변론기일에 증인신문을 한다.(이를 집중증거조사기일이라고도 한다) 당사자는 증인신청을 하기 위해서 증인의 성명, 주소, 신청이유 등이 적힌 증인신청서를 법원 제출하여야 하고 신문할 사항도 미리 법원에 제출하여야 한다. 증인신청이 있으면 별다른 이유가 없으면 증인은 법원으로부터 증인소환을 받게 되고 정해진 기일에 법정에 출석하여 증언을 하여야 한다. 증인은 증언을 하기 전에 만약 자신이 거짓을 말하면 위증죄로 처벌받는다는 취지의 선서를 하며, 그 후에 증인석에 앉아서 증인을 신청한 당사자가 먼저 증인신문을 한 후에 상대방 당사자가 반대신문을 하게 된다. 증인은 보통 긴장을 하므로 실무적으로 증인이 간결하게 '예, 아니오'로 답할 수 있도록 신문사항을 작성하는 경우가 많다. 만약 을순이에 대한 경찰조사 자체가 없다면, 갑돌이는 당시 현장을 목격한 목격자를 증인으로 신청한 후에 증인신문을 할 수 있다. 이러한 증인신문절차가 끝나면 통상 변론을 종결한다.

7. 조정, 화해 및 소송의 종료

위와 같이 분쟁의 쟁점이 어느 정도 정리가 되고 입증이 완료되어 재판부에서 판단을 할 수 있는 정도에 이르면 바로 변론종결하고 판결을 하기도 하지만 최근 재판부는 당사자들의 조정 및 화해를 권유하는 경우가 많다.(화해 혹은 조정을 위한 별도의 기일을 잡는다) 물론 조정 및 화해권고는 시간적 제약이 없으므로 재판부는 쟁점이 정리되기 전에도 화해권고 혹은 조정절차회부 등을 하기도 한다. 화해가 이루어지면 법원은 화해조서를 작성하고 소송을 종료하는데, 화해조서는 확정판결과 동일한 효력을 가지며(민사소송법 제222조) 화해조항대로 일방이 이행하지 않는다면 이 조서를 집행권원으로 하여 강제집행을 할 수 있다.

한편, 법원이 강제로 화해권고결정을 하는 경우가 있는데 화해권고결정이 당사자에게 도달한 날로부터 2주 이내에 이의제기를 하지 않으면, 이 역시 판결과 동일한 효력을 가지게 되나, 만약 이의를 제기하면 다시 재판절차가 진행된다.(민사소송법 제225조)

손해배상청구소송 등의 경우에는 대부분 조정을 하기 위한 조정기일을 잡는다. 조정기일이 잡히면 당사자는 정해진 기일에 법정이 아닌 조정실에서 판사(간단한 사건의 경우 판사가 아닌 조정위원이 조정에 임하기도 한다), 당사자, 변호인, 법원 직원만이 참석하여 조정을 시도한다. 조정기일에 임의로 당사자 간에 조정이 이루어지면(임의조정) 조정조서가 작성되며 이러한 조서는 재판상 화해와 동일한 효력을 가지게 되어 분쟁은 종결된다. 조정이 이루어지지 않는 경우, 판사는 변론기일을 다시 잡은 후 변론종결을 하여 판결을 선고하기도 하지만 강제조정을 하기도 한다. 강제조정의 경우 조정조서가 당사자에게 도달한 후 2주 안에 일방이 이의를 제기하면 재판으로 다시 진행되어 변론기일이 잡히고, 만약 서로 이의를 제기하지 않으면 분쟁은 종결된다. 참고로 조정과 관련해서 재판부의 적극적인 조정 강요로 당사자 일방의 재판청구권이 부당하게 침해당한다는 견해가 있다.

한편, 위와 같이 조정 및 화해 외에도 원고가 소의 취하를 하거나 청구의 포기를 하면 소송이 종료되며 피고가 청구의 인락을 하여도 소송이 종료된다. 소의 취하는 소 제기 후 판결 선고 전까지 언제든지 원고가 심판청구의 전부 혹은 일부를 철회하여 소의 제기가 없었던 상태로 하는 것을 말한다. 소의 취하는 추후에 다시 제소할 수가 있으나 법원의 종국판결이 난 후에 소 취하를 한 경우에는 제소할 수가 없다. (재소금지의 원칙)

8. 변론종결 및 판결의 선고

위와 같은 절차를 거쳐서 법관의 심증형성이 된 경우에는 변론이 종결되고 약 2주 후에 판결이 선고된다. 판결의 선고는 반드시 공개하여야 하고 주문을 낭독하여야 하며 판결이유는 필요한 경우에만 요지를 설명한다. 판결 선고시에는 당사자들은 출석을 할 필요가 없고 법원에서는 판결문을 당사자에게 송달한다.

종국적인 판결에는 소송요건의 불비를 이유로 청구내용(본안)을 살피지도 않고 하는 각하판결(예컨대, 피고가 잘못 지정된 경우 등), 청구내용을 살핀 후에 원고의 승소판결인 인용판결, 원고패소판결인 기각판결이 있다.

9. 판결의 불복

판결이 선고되어 당사자에게 송달된 후 2주 이내에 항소를 하지 아니하면 판결은 확정되는데, 재판이 확정되기 전에 당사자의 일방이 불복하여 상급법원에 원심판결의 취소 또는 변경을 구하는 것을 상소라고 한다.

1심의 판결에 대하여 불복 신청하는 경우를 항소라고 하는데, 항소는 당사자가 1심 판결문을 송달받은 날로부터 2주 이내에 항소장을 1심 법원에 제출하여야 한다. 항소장을 제출할 때 항소이유를 같이 작성하기도 하고 항소장을 제출한 이후에 추후에 항소이유서를 제출하여도 상관없다.(실무상 항소이유서는 항소법원에 제출한다)

항소심의 종국판결에 대하여 불복을 신청하는 경우를 상고라고 한다. 상고심은 대법원에서만 판단하며 사실관계에 대해서는 더 이상 다투지 못하고 법률적인 문제만 다룰 수 있기 때문에 변론 없이 서면으로 진행되는 것이 원칙이다. 상고는 항소판결문이 송달된 날로부터 2주 이내에 항소법원에 상고장을 제출하여야 하고 상고이유서 역시 상고장 제출 이후에 대법원에 제출하면 된다.

대법원은 상고심 절차에 관한 특례법에 의거하여 상고이유가 포함되지 않는 사건은 심리 없이 판결로 상고기각을 할 수 있다. 판결 선고 후 판결문은 각 당사자에게 송달되는데 각 당사자는 판결문이 송달된 날로부터 2주 이내에 항소를 제기할 수 있다.

10. 항고와 재항고

판결 이외의 재판인 결정, 명령에 대한 불복방법에는 항고 및 재항고가 있다. 항고는 법에 정하여 놓은 때만 할 수 있는 즉시항고, 그 외의 통상항고가 있다. 예컨대, 갑돌이가 소장을 제출하였는데 소장의 기재사항을 제대로 기재하지 아니하여 재판장이 보정명령을 내렸고, 갑돌이는 이에 응하여 적법하게 보정을 하였는데도 불구하고 재판장이 민사소송법 제254조제2항에 의해서 소장각하 명령을 내렸다면, 갑돌이는 위 명령에 대하여 즉시항고를 할 수 있다.(민사소송법 제254조 제3항)

제 5 장

사회법

제1절 사회법총론

1. 헌법에서의 규정

헌법은 국민의 기본적 권리와 의무를 정하는 기본법이며, 국가 통치기구의 조직과 작용에 관한 근본적인 사항을 정하는 통치법이고, 법의 단계에 의한 최고법이다.

우리나라 헌법은 1048년 7월 17일 제정된 이래로 9차에 걸쳐 개정되었다. 그런데 현행 제6공화국 헌법은 1987년 10월 29일 제정된 후 역대 헌법 중 가장 최장기간 동안 시행되고 있다. 헌법은 전문(前文)과 본문 총10장, 130개조, 부칙 6개조로 구성되어 있고, 자유민주주의와 법치주의, 사회국가의 기본 원리를 바탕으로 하고 있다. 사회국가란 모든 국민에게 최소한의 인간다운 생활은 물론 적정한 생활수준의 보장(평등)을 목표로 하는 국가로 복지국가라고도 한다. 헌법 전문에서 '모든 영역에 있어서 각인의 기회를 균등히 하고 …… 안으로는 국민생활의 균등한 향상을 기하고'라고 명시함으로써 사회국가임을 알리고 있다. 헌법에 규정한 사회국가 관련 규정은 다음과 같다.

제10조 모든 국민은 인간으로서의 존엄과 가치를 가지며, 행복을 추구할 권리를 가진다. 국가는 개인이 가지는 불가침의 기본적 인권을 확인하고 이를 보장할 의무를 진다.

제34조 ① 모든 국민은 인간다운 생활을 할 권리를 가진다.

② 국가는 사회보장·사회복지의 증진에 노력할 의무를 진다.

③ 국가는 여자의 복지와 권익의 향상을 위하여 노력하여야 한다.

④ 국가는 노인과 청소년의 복지향상을 위한 정책을 실시할 의무를 진다.

⑤ 신체장애자 및 질병·노령 기타의 사유로 생활능력이 없는 국민은 법률이 정하는 바에 의하여 국가의 보호를 받는다.

⑥ 국가는 재해를 예방하고 그 위험으로부터 국민을 보호하기 위하여 노력하여야 한다.

2. 사회국가의 개념과 범위

사회법은 인간으로서의 존엄과 가치를 가지며, 행복을 추구하는 사회복지에 관한 법이라 할 수 있다. 그런데 사회복지(社會福祉)란 인간으로 하여금 인간다운 생활을 할 수 있도록 하기 위한 모든 사회적 노력을 말한다. 따라서 인간다운 생활을 위한 개인적인 노력은 사회복지라 할 수 없다.

헌법 제34조제2항은 '국가는 국민의 사회보장·사회복지의 증진에 노력할 의무를 진다.'고 규정하고 있다. 이 규정은 '사회보장'과 '사회복지'를 대비시켜 열거함으로써, 사회보장과 사회복지가 다른 개념인 것처럼 규정하고 있다. 그러나 다수설은 사회보장과 사회복지를 동일한 개념으로 파악하고 있다.

그런데 사회보장기본법 제3조는 사회보장을 '사회보험·공공부조·사회복지서비스 및 관련복지제도'라고 정의하고 있다.

사회복지 및 사회보장에 관한 법규들을 살펴보면 다음과 같다.

① **사회보험 :** 국민연금법, 국민건강보험법, 산업재해보상보험법, 고용보험법, 노인장기요양보험법, 군인연금법, 공무원연금법, 사립학교교직원연금법 등

② **공공부조 :** 국민기초생활보장법, 의료급여법, 재해구호법, 기초노령연금법, 국가유공자 등 예우 및 지원에 관한 법률 등

③ **사회복지서비스 :** 사회복지사업법, 노인복지법, 아동복지법, 장애인복지법, 영유아보육법, 한부모가족지원법, 정신보건법 등

④ **관련복지제도 :** 사회복지공동모금회법, 가정폭력방지 및 피해자보호 등에 관한 법률, 건강가정기본법, 청소년기본법, 특수교육진흥법, 근로기준법, 최저임금법, 장애인고용촉진법, 고령자고용촉진법 등

그런데 사회보험은 갹출(醵出)을 원칙으로 하고, 공공부조는 무상급여(無償給與)를 원칙으로 한다.

3. 사회복지법의 법적 성격

사회복지법은 사회법(社會法)의 일종이다. 사회법이란 사적 자치의 원칙이 적용되는 사법의 영역에 공법적인 제한을 가하기 위하여 제정된 법들을 말한다. 전술한 바와 같이 '사법의 공법화 현상'에 의하여 나타나게 된 중간적인 법 영역이 사회법이

다. 국민기초생활보장법 제35조가 규정하고 있는 수급권 압류의 제한에 관한 규정은 사법의 영역에 대한 공법적 제한의 사례라 할 수 있다.

사회복지법은 자본주의의 발전과 동시에 자본주의 자체의 모순으로 인하여 발생하는 사회적 약자를 보호하려는 것에 일차적인 관심이 있으며, 나아가 각종 사회문제로 인하여 국민의 생활을 위협하는 사회적 사고와 예방정책에도 관심을 기울여 전 국민의 삶의 질을 향상시키려는 것이 입법의 취지다. 특히, 자본주의의 폐단을 시정하기 위하여 사권(특히 소유권과 계약의 자유)에 대해서 공법적 제한을 가한다. 그러므로 사회복지법은 사적 소유와 계약 자유의 원칙을 존중하여 평등한 법률관계를 중심으로 하는 사법적 성격과 주로 불평등한 법률관계를 중심 관념으로 하는 공법적 성격을 함께 가지고 있다.

4. 사회복지법의 구성요소

1) 구 성

사회복지법의 구성요소로는 일반적으로 주체, 객체, 개입의 대상, 목적, 방법, 제재 등을 들 수 있다. 사회복지법상의 행위 주체는 국민의 인간다운 생활을 보장하기 위하여 사회복지급여를 제공하는 것으로 예정된 주체를 말한다. 이러한 의미의 행위 주체는 국가와 민간이다.

오늘날 모든 국가들이 복지국가를 표방하는 것처럼 사회복지의 실현에서 국가의 책임은 매우 막중하다. 그러나 실제로 국민의 복지실현은 국가(정부)만으로는 불가능하다. 오히려 민간의 다양한 참여에 의해서 사회복지는 보다 효과적으로 달성될 수 있다. 그러므로 사회복지의 실현에는 국가와 민간, 양자의 책임이 존재하고, 결과적으로 공적 사회복지와 민간 사회복지의 영역으로 구별된다.

사회복지의 주체에 따라 사회복지의 영역을 공적 사회복지와 민간 사회복지로 구별한다면, 국가는 예방적 제도적 재정적 책임을 담당하고, 민간은 자발적 전문적 개입적 책임을 담당한다. 국가는 국민의 복지 실현을 위한 정책을 세우고, 법제도를 만들며, 필요한 재정적 지원을 제공하는 책임을 갖는다. 민간은 사회복지법인 및 사회복지시설의 운영을 통하여 전문적 실천의 역할을 담당하는데, 이는 주로 국가의 위임을 받아 사회복지의 법령 안에서 행하게 된다.

2) 적용대상

사회복지법의 적용 대상(객체)은 1차적으로 요보호성의 미자립자들이다. 요보호성의 미자립자는 전형적인 복지의 대상자들인데, 이들은 노령·질병·장애·실업·사망 등으로 도움이 필요한 사람들이다. 이들은 사회의 도움이 없으면, 사회에서 독자적인 삶을 영위할 수 없는 사람들이다.

현대사회는 자본주의적 시장경제로 인하여 모든 국민이 언제 어떠한 문제로 비복지적 상황에 처해지게 될지 알 수 없는 상황에 있다. 뿐만 아니라 기계문명의 발달로 인간의 생활이 편리해 졌지만 한편으로는 어디에든지 생명과 신체에 대한 위험에 노출되어 있다. 이에 대비하여 사회복지법은 국민이 겪게 될 수 있는 미래의 사고를 사회공동체 속에서 분산 시키는 사회보험제도를 갖고 있다. 이 보험제도는 미래의 사고로 인하여 발생할 수 있는 예상지출을 미리 축적해 놓는다는 의미가 있다.

따라서 미래의 위험에 처할 가능성이 있는 일반 국민도 사회복지의 대상이 된다. 여기에는 건강보험 산재보험 고용보험 국민연금 등이 해당한다. 결국 사회복지의 대상은 전 국민이라 할 수 있다.

3) 개입의 대상

사회복지법이 다루는 현상은 국민의 복지를 저해하는 문제현상들이다. 이러한 문제현상에는 노령·질병·장애·실업·사망 등 인간다운 생활을 저해하는 모든 것이 해당된다.

그런데 사회복지가 개입하려는 문제들은 시대 환경에 따라 변화하기도 한다. 과거에는 노령·질병·장애·실업·사망 등이 주요한 개입의 대상이었는데, 지금은 가정폭력·마약·학대 등 새로운 개입 대상들이 추가되고 있다.

위와 같이 새로운 개입 대상들이 추가되어 감에 사회복지법도 변화되어 간다. 최근에 제정된 성매매방지법, 가정폭력방지법, 고엽제후유의증환자(枯葉劑後遺疑症患者)지원법, 일본군위안부생활안정지원법 등은 우리 사회의 새로운 현상을 반영한 것이다.

4) 목 적

사회복지법의 목적은 인간다운 생활(생존권)의 보장이다. 사회복지법은 생존권을 중심으로 발달하여 왔다.

시민사회에서 보장되는 기본적 인권은 평등권, 자유권, 수익권, 참정권이 핵심이었다. 그러나 자본주의가 발달하고 산업화를 겪으면서 노동자 계층의 인간다운 생활을 보장하여야 한다는 관점에서 노동법과 사회보장법을 중심으로 한 사회법이 발달하였으며, 그에 따라 생존권이 등장 하였다. 생존권은 1919년에 독일 바이마르헌법에서 최초로 규정된 이래로 현대 사회의 모든 국가에서 인정하고 있다.

5) 개입의 방법

사회복지의 개입의 필요성은 사회문제로 인한 욕구의 결핍에서 출발한다. 인간의 욕구는 다양하지만, 기본적으로 화폐적 욕구와 비화폐적 욕구로 구별된다. 화폐적 욕구는 경제적 지원에 의해서 해결될 수 있다. 그러나 비화폐적 욕구는 비금전적이며 심리적 사회적이며 의존적 성격을 갖고 있기 때문에 해결이 쉽지 않다.

결국 사회복지의 개입의 방법에는 경제적 지원과 사회적 심리적 지원이 있다.

제2절 사회법 원리

1. 근대 시민법의 발달

1789년 프랑스 대혁명 등 근대 시민혁명은 개인의 자유와 권리를 쟁취하기 위한 자연법사상을 이념적 기초로 하여 이루어진 거대한 역사적 전환점이었다. 시민혁명의 성공을 통하여 이루어진 변화 가운데 특히 법 분야에서 두드러진 특징은 시민혁명의 성과를 법적으로 제도화하는 것이 있으며, 그것은 바로 자유민주주의적 법제도 및 법체계의 확립에 있었다.

공법분야에 있어서는 1776년의 미국 성문헌법의 제정이 그리고 사법분야에서는 1804년의 프랑스 민법전의 제정이 그러한 변화의 흐름을 증명해 주는 것이었다.

이러한 흐름의 결과, 각 국은 공법분야에서는 국민의 기본권 보장을 위한 법치주의와 권력분립주의 등 자유민주주의적 법제도가 확립되는 계기가 마련되었고, 사법분야에서는 사적 소유제도 및 자유 경쟁의 원리에 입각한 자유주의적 경제체제의 성립을 법적으로 뒷받침하는 근대 시민법이 확립되는 계기가 되었다.

특히, 1804의 프랑스민법(code Napoleon)에 포함되어 있는 시민법의 원리는 개인의 자유와 평등을 기초로 하는 계약자유의 원칙, 사유재산권 절대의 원칙 및 자기의 행위에 대한 과실책임의 원칙 등이다. 한 마디로 근대 시민법의 원리는 사적 자치의 원칙에 입각하여 국가의 간섭을 최소한으로 줄이고, 개인의 자유로운 의사에 따라 그 생활관계를 영위하도록 하는 데 있었다.

그런데 시민법(市民法)이란 18세기 말 19세기 초에 봉건사회의 붕괴와 더불어 생성된 시민사회를 지배하는 법을 지칭하며, 그 대표적인 법은 1804년에 나폴레옹 황제에 의하여 제정된 프랑스의 민법전이었다.

그런데 시민사회의 성립 배경에는 경제적 능력과 지식을 갖춘 시민계층의 힘이 있었다. 이 시민사회는 신분적 상하 지배체계의 부정, 시민의 친부인권 인정, 자유 평등과 독립적 인격을 특징으로 하여 경제적 자본주의와 정치적 민주주의의 기초가 되었다. 이 시민사회의 국가관은 자유방임주의적 야경국가로서 개인의 자유를 극대화시키고 국가의 간섭을 극소화시키는 입장에 있었다.

그리고 이는 당시 아담 스미스(Adam Smith)가 국부론(國富論, 1776년)에서 주장한 '보이지 않는 손'으로 상징되는 자유방임주의적 경제사상과 그 맥을 같이하고 있다.

2. 시민법의 문제점과 새로운 모색

시민법의 관점에서 보면 모든 인간은 평등하다고 보고, 평등한 인간들에게 자유를 보장하였다. 따라서 모든 사람들은 최선을 다하여 경제활동에 전념하게 되었다. 그리고 경제활동의 결과 얻어진 사유재산을 철저하게 보장하였다.(재산권 보장) 이러한 시민법의 원리는 초기의 자본주의 발전에 지대한 공헌을 하였으며, 그에 따라 엄청난 산업 발전과 경제적 발전이 이루어졌다.

그러나 자본주의의 발전에 따르는 모든 변화가 인간의 삶의 질을 향상시키는 긍정적인 효과만을 가져왔던 것은 아니다. 자유주의적 국가체제가 확립되고, 경제생활 및 부의 증대를 위한 모든 계획과 실행을 전적으로 개인의 자유에 맡기고, 그에 따른 결과에 대해서도 개인이 책임을 지도록 한 결과, 각 개인이 소유하는 재산의 차이가 시간이 흐르면서 극심해져 갔다. 이러한 경제적 사회적 불평등은 사회의 여러 측면에서 심각한 부조리와 문제점을 야기하게 되었으며, 이에 대한 대안들이 다각도로 모색되기 시작하였다.

이러한 사회적 문제점에 대한 해결 방안은 그 성격에 있어서 두 가지 형태로 나타났다. 첫째는 기존의 자유민주주의 및 자본주의의 경제적 법적 토대를 유지하는 것을 전제로 시민법원리에 대한 수정원리를 통하여 문제점들을 해결해 나가는 점진적 사회개혁의 방법이다. 둘째는 자본주의 및 자유민주주의의 기본원리에 대한 근본적인 변화를 통해서만 문제점을 해결할 수 있다는 혁명적 사회 변화의 방법이다.

먼저, 후자의 방법은 1848년 마르크스(K. Marx)와 엥겔스(F. Engels)의 〈공산당 선언〉에서 공산주의 건설의 방법으로 채택되었다. 실제로 1917년 러시아에서 프롤레타리아 혁명을 통하여 처음으로 사회주의 정부가 수립되었고, 뒤를 이어 중국(1949.10.1.)과 북한(1948.9.9.) 등에서도 사회주의 정부가 수립됨으로써 지구상에 공산주의 국가들이 등장하였다.

그러나 1990년 동독이 서독에 흡수 통합되고, 1991년 소련이 붕괴되면서 동구권 사회주의 국가들이 대거 자유화 내지는 민주화를 이룩하였을 뿐만 아니라 중국 역시 등소평에 의하여 사실상 자본주의 체재를 채택함으로써 70년 이상 존속해왔던 마르크스주의적 사회주의는 실패로 끝났다고 평가되고 있다.

반면 전자의 경우, 즉 점진적인 사회개혁의 방법을 통하여 사회적 문제점 및 모순을 해결하기 위하여 도입한 수정원리는 경제적 측면에서는 수정자본주의(修正資本主義) 정치적 측면에서는 사회민주주의(社會民主主義) 그리고 법적 측면에서는 사회법(社會法)의 원리 및 사회적 법치주의(社會的法治主義) 등으로 나타났다.

여기서 사회민주주의(社會民主主義)란 참정권의 확대로 민주주의가 발달함에 따라 폭력과 혁명 대신 의회정치를 통하여 점진적인 방법으로 사회주의를 실현하려는 정치성향을 말한다. 따라서 사회민주주의는 경제적 이념에 있어서는 사회주의를 지향하고, 정치적 이념에서는 민주주의를 지지한다. 스웨덴, 핀란드, 덴마크, 노르웨이 등 북유럽국가들과 프랑스 등의 국가는 사회민주주의적 성향이 강하다.

그리고 사회적 법치주의(社會的法治主義)란 법에 의한 통치를 의미하는 법치주의에서 특히 사회적 정의의 실현을 강조하는 흐름을 말한다. 이러한 사회적 법치주의는 법에 의하여 통치를 하기만 하면 그 법이 악법이라 하더라도 좋다는 형식적 법치주의에 대한 반성을 의미한다.

그런데 공산주의나 사민주의를 채택하지 아니한 자본주의 국가에서는 특히, 시민법의 기초였던 개인주의적 자유방임주의 원리가 공공복리의 이념에 입각하여 많은 변화가 이루어졌다. 이러한 변화의 기초가 된 법사상은 라드브르흐(Radbruch)가 지적하였듯이 개인주의적 법체계로부터 사회법으로의 전환을 뒷받침하는 사회법사상(社會法思想)이 있다.

3. 시민법의 한계와 사회법의 등장

사회법은 근대 시민법의 내용 및 그 원리에 대한 수정 보완의 목적을 갖고 성립된 현대적인 법의 형태다. 그러나 사실 사회법이란 처음부터 일정한 법체계로 확립되어 있는 것을 지칭했던 것이 아니라 근대 시민법의 원리와는 구별되는 법 원리를 기초로 점차 발달해온 일련의 법체계에 대한 개념이다.

제1차 세계대전(1914년 ~ 1918년) 이후 사회민주주의를 표방하면서 1919년에 제정된 독일 바이마르헌법 제153조는 처음으로 '소유권은 의무를 수반하며, 공공복리에 봉사하여야 한다.'고 규정하였다. 이는 소유권의 절대성을 표방했던 1789년 프랑스혁명의 '인간 및 시민의 권리선언'과 1804년 프랑스 민법전의 시민법적 기본원리에 대한 중대한 변화를 초래하는 사회법적 원리를 규정하고 있는 것이다.

독일 바이마르헌법은 제151조에서 국민의 '인간다운 생활'을 규정하고 있다. 이는 자유주의적 국가원리를 기초로 하고 있던 근대적 의미의 시민적 법치국가의 헌법 원리를 대신하여 새로운 복지주의적 사회국가의 헌법 원리를 도입했다는 의미를 갖는다.

오늘날 최소한의 질서 유지만을 목적으로 하는 자유방임적 근대적 야경국가(夜警國家)의 이념 및 형식적 법치주의의 원리는 현대적 의미에서 공공복리의 증진을 목적으로 하는 복지국가(福祉國家)의 이념 및 실질적 법치주의의 원리로 변화하였다.

그리고 사법체계도 이러한 국가 성격의 변화에 따라 그 이념 및 원리에 있어서 실질적인 변화가 이루어졌다. 그대 시민법의 3대 원리였던 ① 계약 자유의 원칙과 ② 재산권 절대의 원칙은 많은 제한을 받게 되었으며 ③ 과실 책임의 원칙 역시 무과실 책임의 원칙을 인정하는 예외적 법률들이 많이 제정되고 있다.

4. 사회법의 내용 및 종류

그런데 시민법의 관점에서는 자본가(사용자)와 노동자는 모두 평등하며 노동자 역시 계약의 자유를 가지지만 그러나 노동자는 사실상 형식적인 자유와 실질적인 불평등만을 가질 수 있게 됨에 따라 결과적으로는 노동자의 열악한 생활을 낳았다.

이러한 문제점이 나타남에 따라 노동자에게도 실질적인 자유와 실질적인 평등을 보장하기 위해서 사법의 체계인 민법과 상법에 공법적 요소들이 포함되어, 공법과 사법의 중간법이라 할 수 있는 사회법이 등장하게 되었다.

이미 전술한 바와 같이 법을 공법과 사법으로 분류해 오던 법체계는 19세기 말부터 20세기 초에 걸쳐서 사회법이라는 새로운 법체계의 성립으로 구조적 변화를 맞게 되었다. 사회법 체계는 사적 자치의 원리에 의하여 규율되어 오던 사법체계에 공법적 원리를 도입함으로써 성립될 수 있었던 것으로 노동법, 경제법 및 사회보장법을 포함한다.

5. 사회복지 원리의 등장

사회복지의 원리는 전통적으로 사법체계를 지탱해 온 근대 시민법 원리에 대한 수정원리와 더불어 사회적 법치주의 또는 복지주의 원리를 실현하는 새로운 법체계에 대한 법 원리로 등장하였다. 그러나 이는 어디까지나 자유주의에 입각한 자본주의적 경제원리 및 자유민주주의적 정치 원리를 바탕으로 하고 있다는 점에서, 이러한 원리를 근본적으로 부정함으로써 새로운 법질서를 수립하고자 했던 사회주의적 법 원리와는 개념상 구별된다.

제3절 사회법 이념

1. 생존권의 의의

사회국가에서 추구하는 가치와 지도이념은 국민의 기본권 중 하나인 생존권(生存權)의 보장이다. 생존권은 국민이 사회복지를 받을 수 있는 권리이며, 사회복지법의 이념이다. 그러므로 사회복지법에서는 생존권의 보장이 반영되어 있어야 한다.

헌법상 고전적 권리는 자유권, 수익권, 참정권이었다. 그러나 자본주의의 발달로 인한 모순을 해결하기 위한 방안으로서 인간다운 생활의 보장에 관심이 모아졌고, 20세기 들어서 1919년에 제정된 독일 바이마르헌법에서 '인간다운 생활을 위한 생존권'을 보장하는 규정을 둔 이후로 생존권이 국민의 중요한 권리가 되었다.

독일 바이마르헌법은 제151조제1항에 '경제생활의 질서는 모든 시민에게 인간다운 생활을 보장하는 목적을 갖는 정의에 적합하지 않으면 안된다.' '소유권은 의무를 수반한다.'는 규정과 '노동력에 대한 국가 보존'의 규정 등에 의하여 생존권적 기본권을 보장하고 있다. 이것은 자본주의 발달의 토대가 되었던 시민사회의 기본원리인 계약자유의 원칙, 사유재산권 절대의 원칙, 과실책임의 원칙이 수정된 것이다.

생존권이란 헌법상의 기본권으로서 국민이 자신의 최저 생활유지를 위해 필요한 조건을 국가로 하여금 확보해 주도록 요구할 수 있는 권리를 말한다. 그러므로 생존권 보장을 위해서는 국가의 적극적인 보장 의지와 노력이 필요하며 또한 권리의 수혜자로서 국민의 적극적인 주장이 필요하다.

헌법은 제10조에서 '모든 국민은 인간으로서의 존엄과 가치를 가지며, 행복을 추구할 권리를 가진다. 국가는 개인이 가지는 불가침의 기본적 인권을 확인하고 이를 보장할 의무를 진다.'고 규정하여 생존권의 기본 이념을 제시하고 있다.

2. 생존권의 내용

1) 국민의 인간다운 생활을 요구할 수 있는 권리

헌법은 34조제1항에서 '모든 국민은 인간다운 생활을 할 권리를 가진다.'고 규정하여 국민의 기본권으로서 생존권의 원칙을 밝히고 있다. 여기서 '인간다운 생활'이란 인간이 단순한 생물학적 생존뿐만 아니라 인간의 존엄성에 상응하는 건강하고 문화적인 생활을 누릴 수 있는 생존을 말한다. 그러므로 제34조제1항의 인간다운 생활을 누릴 권리도 인간의 인간다운 생활, 즉 건강하고 문화적인 생활을 보장하여 주도록 국가에게 요구하는 권리를 의미한다.

그런데 건강하고 문화적인 생활의 구체적인 수준을 정하는 것은 어렵다. 왜냐하면, 이것은 시간적 공간적 한계 속에서 계속 변화하기 때문이다. 구체적으로는 어느 정도, 어떤 내용의 생활수준이 이 권리의 내용을 구성하는가를 확정하기가 어렵다. 뿐만 아니라 국가 예산과의 관계도 무시할 수 없다. 그렇다고 해서 이러한 헌법의 인간다운 생활이라는 규정의 내용을 불확정적 추상적 개념이라 하여 법적 판단을 하지 않는다면, 그 권리 내용은 매우 불안정한 것이 될 것이다.

그러므로 건강하고 문화적인 생활수준은 이론적으로 특정한 시점의 특정 국가에서 일단 객관적으로 결정해야 한다. 또 이 수준의 결정이 결코 한 때의 국가 예산의 형편에 따라서 결정될 것이 아니라, 생존권 수준이 국가의 예산 편성의 방향을 제시하는 적극적인 기분이 되어야 할 것이다.

2) 국가의 인간다운 생활을 보장해야 할 의무

건강하고 문화적인 생활을 보장하는 방법은 다양하다. 첫째, 헌법은 제34조제1항에서 '인간다운 생활을 할 권리'가 실현될 수 있도록 하기 위해서 제34조제2항에서 '국가는 사회보장·사회복지의 증진에 노력할 의무를 진다.'고 규정하고 있다. 사회보장·사회복지는 국민의 생활 보장을 목적으로 하는 국가의 종합적 시책이다. 이러한 의미에서 사회보장·사회복지란 국민 특히 저소득층의 생활 안정을 위한 정책이나 제도를 말하고, 이에 소요되는 재원의 전부 또는 일부를 국가나 공공단체가 부담하는 것을 말한다. 둘째, 국가는 국민의 인간다운 생활을 보장하기 위해서 경제 질서에 관한 규제와 조정을 할 수 있다. 헌법은 개인과 기업의 경제상의 자유와 창의를 존중함을 경제 질서의 기본으로 삼으면서도(헌법 제199조 제1항) '국가는 균형있는 국민경제의 성장 및 안정과 적정한 소득의 분배를 유지하고, 시장의 지배와 경제력의 남용을 방지하며, 경제주체 간의 조화를 통한 경제의 민주화를 위하여 경제에 관한 규제와 조정을 할 수 있다.'고 규정(헌법 제119조 제2항)하고 있다.

3) 생활 미자립자의 보호

헌법 제34조제1항과 제2항은 국민 일반에 대해서 기술하고 있지만 제3항 내지 제6항은 여자, 노인, 청소년, 신체장애자, 생활무능력자 등에 대한 특별한 보호를 규정하고 있다. 구체적으로 살펴보면 제3항에서 '국가는 여자의 복지와 권익의 향상을 위하여 노력하여야 한다.'고 규정하고 제4항에서는 '국가는 노인과 청소년의 복지 향상을 위한 정책을 실시할 의무를 진다.'고 규정하였으며 제5항에서는 '신체장애자 및 질병, 노령, 기타의 사유로 생활능력이 없는 국민은 법률이 정하는 바에 의하여 국가의 보호를 받는다.'고 규정하였다. 또 6항에서는 '국가는 재해를 예방하고 그 위험으로부터 국민을 보호하기 위하여 노력하여야 한다.'고 규정하고 있다.

3. 생존권 이념의 실천적 원리

1) 서 설

생존권 이념의 실천적 원리는 인간다운 생활의 보장, 자활과 자립, 소득의 재분배, 사회적 통합이다. 그 구체적 설명은 다음과 같다.

2) 인간다운 생활의 보장

생존권의 실천이념은 국민의 인간다운 생활의 보장이다. 즉 국민의 건강하고 문화적인 삶을 영위하도록 보장하는 것이다. 인간의 사회적 위험이 노령·질병·장애·실업·사망 등은 인간의 건강하고 문화적인 생활을 저해한다.

생존권 보장을 추구하는 사회복지법은 소득보장, 의료보장, 사회복지서비스 등을 통해서 건강하고 문화적인 생활을 영위할 수 있도록 하는 것이다. 그러나 현대사회에서는 사회관계가 복잡해지고 복지의 이념이 발전함에 따라 국민의 최저생활 보장에 그치지 않고, 개인이 가진 능력과 재능을 계발할 수 있도록 적극적으로 기회를 보장하는 데까지 그 개념을 확장하고 있다. 이러한 사회복지의 목적을 구체적으로 구현하는 제도가 사회보장제도이다.

3) 자활과 자립

생존권 실현의 궁극적인 종착점은 자립적인 인간다운 삶이다. 인간은 다른 개인이나 국가로부터 도움을 통해서 의존적 삶을 살아가기 보다는 스스로 독립적인 삶을 꾸릴 수 있는 것이 바람직하다. 그런데 독립적이고 자립적인 측면의 삶을 보장하기 위하여 공공부조나 사회복지서비스에 관한 법이 있다. 이러한 법의 영역에서는 대상자의 자립 의지를 키워 주고, 자립 능력을 배양하는 목적을 갖는 여러 시책과 서비스를 시행하고 있다.

4) 소득의 재분배

소득의 재분배는 생존권 보장을 실현하기 위한 경로이다. 소득의 재분배를 위한 가장 강력한 수단은 조세(租稅)이지만, 사회복지에 의한 소득의 재분배도 중요하다. 소득 재분배의 효과는 의료보장제도나 공공부조제도에서 잘 나타난다. 예를 들면, 건강보험에서 가입자의 기여금은 사회적 위함의 대소에 의해서 결정되는 것이 아니라 소득에 비례해서 결정되고, 건강보험급여 역시 소득에 의해서가 아니라 질병의 치료에 소요되는 비용에 의해서 결정된다. 특히, 공공부조의 대상자들은 그들의 기여에 근거하지 않고, 단지 무소득 또는 저소득이라는 이유만으로 생존권 보장을 받을 수 있다.

5) 사회적 통합

생존권 보장은 사회적 통합을 낳는다. 사회 속의 인간은 다양한 삶을 통해서 계층간의 차이로 인한 위화감을 경험한다. 이는 사회 구성원으로서의 동질감을 저하시키는 결과를 낳는다. 이러한 동질감의 부족은 사회적 목표를 향한 결속과 협력을 저해하는 요인으로 작용하며, 그러한 사회는 결국 정체되거나 붕괴될 수 있다. 생존권 보장은 계층간의 합리적인 평등을 보장해 줌으로써 사회적 통합을 가져온다.

사회적 통합을 저해하고 사회적 갈등을 야기하는 원인으로는 절대적 빈곤감과 상대적 빈곤감이 있다. 그런데 사회적 갈등을 야기하는 요인으로서는 절대적 빈곤감보다 상대적 빈곤감의 영향이 더 크다고 한다. 그러나 상대적 빈곤감이란 개인적인 심리 성향일 뿐, 국가의 사회복지정책으로서도 해결하기 어려운 문제이다. 따라서 사회복지가 해결하고자 하는 것은 절대적 빈곤의 추방이라 할 수 있다.

제4절 시민법과 사회법

1. 근대 시민법의 개념

인류 역사상 최초의 시민혁명이라 할 수 있는 1789년의 프랑스 대혁명 당시 프랑스 시민들이 외친 혁명 구호는 자유(自由) 평등(平等) 박애(博愛)였으며, 그 중 특히 강조된 것이 자유와 평등이었다.

그리고 프랑스 대혁명의 정신을 세계에 전파하는 것을 사명으로 여겼던 나폴레옹 황제에 의하여 1804년에 제정된 프랑스 민법전(code Napoleon)의 정신 역시 시민의 자유와 평등이었다.

1804년의 프랑스 민법전에 이어 1888년에 공표된 독일민법 제1초안과 1907년에 제정된 스위스 민법 등은 모두 자유와 평등을 이상으로 하였는데, 이들 민법전들을 근대 민법 또는 근대 시민법이라 한다.

봉건제도와 절대왕권을 무너뜨리고 성립한 그대 사회의 기초법으로서의 근대 시민법은 개인을 봉건적인 여러 구속으로부터 해방하고, 모든 사람을 평등하게 다루며, 그 자유로운 활동을 보장하는 것을 지도원리로 하여 출발하였다. 따라서 근대 시민법에서는 무엇보다도 개인의 자유와 평등이 강조되었다.

당시의 사상가들은 모든 인간을 세상에 태어날 때부터 봉건적 신분적 제한으로부터 완전히 자유롭고, 서로 평등하며, 한편으로는 이성을 가진 인격체로 생각하였다. 이와 같이 모든 인간을 '평등하고, 이성을 가진 인격체'로 생각하였기 때문에, 모든 인간에게 자유를 인정하면 모두가 최선을 다하여 모두 다 똑같이 잘 살 수 있을 것이라 생각하였다.

다시 말하면, 모든 인간을 평등하고, 이성을 가진 인격체로 보고, 누구나 경제활동(계약)을 자유롭게 할 수 있도록 계약의 자유를 보장하고, 경제활동(계약)의 결과 취득하는 재산권의 절대성을 보장함으로써, 근대 사회가 지향하는 이상인 자유와 평등은 달성될 수 있다고 생각하였으며, 이러한 사상을 바탕으로 하여 사적자치의 원칙을 대 원칙으로 하는 근대 시민법의 체계가 세워졌던 것이다.

2. 근대 시민법의 3대 원칙

그리하여 근대 시민법의 3대 원칙으로서 계약자유의 원칙, 사유재산권 존중의 원칙, 과실책임의 원칙이 등장하게 되었다.

첫째, 계약자유의 원칙 – 모든 인간은 국가의 간섭을 받지 않고, 그의 자유로운 의사에 의하여 법률관계를 형성할 수 있다는 것을 인정하는 원칙이다. 이 계약 자유의 원칙은 경제적으로는 자유방임주의 내지 자유경쟁주의로 나타난다. 이 원칙은, 사람은 누구나 모두 이성을 가지고 있기 때문에, 합리적인 판단을 할 수 있다는 것을 전제로 하고 있으며, 개인의 활동에 국가가 간섭을 하지 않고 각자의 자유에 맡겨두면 개인은 물론 사회도 합리적으로 발전할 수 있다는 생각이 그 바탕으로 되어 있다.

그런데 계약(契約)이라 하면 우리는 보통 매매계약이나 임대차계약 등을 생각하고, '계약서'를 생각하기 쉽다. 그러나 계약이란 반드시 계약서에 의하여 체결하는 것은 아니며, 구두에 의한 계약도 계약이 된다. 예를 들면 우리가 상점에 가서 볼펜 한 자루를 사는 경우에도 매매계약에 해당한다. 그런데 우리가 돈을 벌 수 있는 방법은 모두 계약과 관련이 있다 할 수 있다. 즉, 취업을 하는 경우에는 근로계약과 관련이 있고, 사업을 하는 경우, 모든 거래 역시 계약에 해당한다. 심지어 부모가 자녀에게 용돈을 주는 경우에도 계약(증여계약)에 해당할 수 있다.

계약의 자유에는 계약을 체결할 것인가 말 것인가 하는 계약 체결의 자유, 계약을 체결한다면 누구와 체결할 것인가 하는 상대방 선택의 자유, 계약의 내용을 어떻게 할 것인가 하는 내용 결정의 자유, 계약에는 원칙적으로 특별한 방식이 필요하지 않다는 계약 방식의 자유가 포함된다.

이와 같은 계약자유의 원칙이 인정됨으로써 사람들은 누구의 간섭도 받지 않고, 그의 경제활동에 있어서 창의를 최대한 발휘하고, 자유롭게 경제활동을 할 수 있었으며, 그 결과 자본주의 경제가 고도로 발전할 수 있었다.

둘째, 사유재산권 존중의 원칙 - 각 개인의 사유재산권에 대한 절대적 지배를 인정하고, 국가는 이에 간섭하거나 제한하지 못한다는 원칙이다. 그런데 사유재산권 가운데서 가장 전형적인 것이 소유권이기 때문에, 이 원칙을 보통 소유권 절대의 원칙이라고도 한다.

소유권 절대의 원칙 내지 사유재산권 존중의 원칙이 인정됨으로써 사람들은 안심하고, 자기의 재산을 마음대로 투자하고 이용할 수 있게 되었을 뿐만 아니라 돈을 벌기 위해서 최선의 노력을 다 하게 되었는데, 그 결과 자본주의 경제가 고도로 발전할 수 있었다.

셋째, 과실책임의 원칙 - 개개인이 경제활동을 하다보면 부득이 타인에게 손해를 끼치게 될 수도 있다. 그런데 타인에게 손해를 끼친 경우에는 무조건 손해배상을 해야 한다면 개개인의 경제활동은 위축될 수밖에 없다. 따라서 개인이 타인에게 준 손해에 대해서는, 그 행위가 위법할 뿐만 아니라 동시에 고의 또는 과실에 의한 경우에만 책임을 지고, 그러한 고의나 과실이 없는 경우에는 책임을 지지 않는다는 원칙을 과실책임의 원칙이라 한다. 이러한 과실책임의 원칙이 인정됨으로써 사람들은 고의나 과실만 없다면 책임을 제게 될 염려가 없게 되므로, 안심하고 활동할 수 있게 되었는데, 그 결과 근대사회에서 기업이 크게 발전할 수 있었다.

이러한 근대 시민법의 3대 원칙은 개인을 봉건적인 여러 구속으로부터 해방하고, 개인의 사회적 경제적 활동의 자유를 보장하였으며, 이로써 근대 사회는 확립되고, 자본주의 경제는 급격한 발전을 이루었다. 인류 역사상 일찍이 보지 못하였던 근대 물질문명과 근대 문화의 발달은 법학의 입장에서 본다면 모두 근대 시민법의 3대 원칙의 결과였다.

3. 3대 원칙의 문제점의 등장

그런데 전술한 바와 같이 근대 초기의 사상가들은 모든 인간을 평등하고, 합리적인 이성을 가진 인격체라는 것을 전제로 하고, 이들에게 자유로운 활동을 보장하고,

그 결과 취득하는 재산권을 보장하면 모두가 평등하게 잘사는 세상이 될 것이라고 기대하였다. 그러나 시간이 흐를수록 빈부의 차가 나타나게 되었다.

예를 들면 마라톤 경주를 하는데, 모든 인간은 모두 다 잘 달릴 수 있다고 생각하고 모든 인간을 동일한 출발선에 세우고 동시에 출발을 하도록 하며 달리는 방법은 각자가 자유롭게 선택을 하라고 하면 어떻게 될까? 어떤 자는 스포츠카를 타고 달리고 어떤 사람은 중고차를 타고 달리고 어떤 사람은 오토바이를 타고 달리고 어떤 사람은 자전거를 타고 달리고 어떤 사람은 운동화를 신고 달리고 어떤 사람은 맨발로 달리고 어떤 사람은 목발을 짚고 달리고 어떤 사람은 휠체어를 타고 달리고 …… 그리하여 시간이 경과할수록 점점 차이가 나타나게 되었다.

그러나 근대 초기의 사상가들은 이러한 차이에 대해서 별로 심각하게 생각하지 않았다. 오히려 아리스토텔레스(Aristoteles)의 철학을 인용하여 사태를 낙관적으로 바라보고 있었다. 즉, 모든 사람을 동일한 출발선에 세우고 동시에 출발하도록 한 것은 평균적 평등이고 마음대로 달리게 한 것은 자유이며 그 결과 나타나는 빈부의 차는 배분적 평등이라는 것이다. 따라서 우리 인간은 드디어 자유와 평등을 모두 쟁취하였으며, 평등도 평균적 평등과 배분적 평등 모두 달성하였다는 것이다.

다시 말하면, 근대 초기의 사상가들은 모든 개인을 평등하고, 합리적인 이성을 가진 인격체임을 전제로 하고(평균적 평등) 이들에게 경제활동의 자유를 최대로 인정한다면 이 자유로운 인간들은 그들이 가진 계약 체결의 가능성과 재산 소유의 가능성을 최대로 활용하여 모두가 잘 사는 이상사회가 될 것이라고 확신하였다. 이와 같이 계약 체결의 가능성과 재산 소유의 가능성과의 평등으로 평균적 평등을 만족시키고, 그 결과로서 일어나는 빈부의 차는 이를 배분적 평등으로써 만족하였다.

특히, 이러한 빈부의 격차나 사회적 약자에 대한 무관심은 당시 '최대 다수의 최대의 행복'을 주장한 벤덤(J. Bentham) 등의 공리주의 철학자들이나 생물학 분야에서 주장된 적자생존(適者生存)이라는 다윈주의(Darwinism)를 인간 세상에 까지 확대 적용시키려는 스펜서(H. Spencer) 등 사회적 다윈주의자들의 주장에 의하여 조장되었다.

4. 3대 원칙의 변질

과연 우리 인간들은 자유와 평등을 모두 쟁취하였으며, 평균적 평등과 배분적 평등 모두를 달성하였다고 말할 수 있을까?

첫째, 계약의 자유라고 하지만, 그것은 가진 자들에 의한 계약의 강제가 있을 뿐이며, 따라서 계약의 자유는 점점 가진 자들의 무기가 되고, 가지지 못한 자들은 계약 자유의 원칙 아래서 점점 계약의 자유를 잃어 갔다.

예를 들면, "노사(勞使)는 평등하다. 따라서 국가는 노사관계에 일체 간섭을 하지 않겠으니, 모든 문제를 노사간에 알아서 하라"고 한다면 과연 노사가 상생하는 조화로운 사회가 올 수 있겠는가? 결국 근로자는 사용자가 일방적으로 제시하는 근로조건을 받아들여 일을 하던가, 아니면 굶어 죽든가 하는 택일의 문제만 남게 되는데, 이러한 상황에서 근로자에게도 계약의 자유가 있다고 한다면 그것은 미친 잠꼬대에 불과할 것이다.

둘째, 소유권이란 원래 물건에 대한 지배권을 의미하였다. 예를 들면 "이 핸드폰은 내 소유다"라고 하는 것은 그 핸드폰을 내 마음대로 할 수 있다는 것을 의미한다. 그런데 자본주의가 발전하면서 소유권은 물건에 대한 지배권을 벗어나 인간에 대한 지배권을 의미하게 되었다.

예를 들면, "이 회사는 내 소유다"라고 하는 것은 그 회사의 재산을 내가 마음대로 이용하고 처분할 수 있다는 것을 의미했는데, 어느 순간부터 그 회사에서 일하는 모든 사람을 내 마음대로 할 수 있다는 인간에 대한 지배권으로 변질되게 되었다. 그리하여 재벌 그룹의 회장은 그 그룹에 근무하는 전체 직원에 대한 생사여탈권(生死與奪捲)을 가지게 되고, '짐의 말이 곧 법이다'고 했던 봉건시대의 절대 군주들처럼 인간의 위에서 군림하게 되었다.

그리하여 봉건사회에 있어서 신분에 대신하여 부(富)에 의한 계급이 생기고, 평등의 사상은 자유의 이름으로 유린되는 현상을 가져왔다. 그리하여 이성을 가진 자유로운 인격체에게 평등하게 주어졌던 가능성은 실제로는 공허한 것이 되어버렸으며, 현실적으로 나타난 것은 단순한 법적 형식적 자유와 경제적 실질적 불평등이라는 상태였다.

5. 3대 원칙에 따른 폐해의 원인

그러면 근대 초기의 사상가들의 낙관적인 전망을 뒤집고 왜 이와 같은 예상외의 결과가 나타나게 되었을까? 그것은 모든 인간은 평등하지 않다는 것이었다. 근대 시민혁명 당시 시민들이 목 놓아 부르짖은 평등은 '모든 인간은 평등하게 대우하라'는 것이었지, '모든 인간은 평등하다'는 것은 아니었다. 또 모든 인간은 인격적으로는 평등하지만, 사람들 사이에서는 지능(知能) 적성(適性) 건강(健康) 인격(人格) 등에 있어서 거의 무한한 차등이 있다는 것은 부인할 수 없는 사실이다.

이와 같이 인간은 결코 평등하지 않은데도 평등하다는 것을 가정하고, 그들에게 무제한의 자유를 인정한 결과, 엄청난 불평등의 결과가 나타나게 된 것이다. 결국 실제의 사회제도가 이러한 사실상의 불평등에도 불구하고, 모든 개인을 현실적으로 전혀 똑같이 가정하고 있다면, 그것은 결코 공정한 인간관계의 질서라 할 수 없으며, 그것은 오히려 대단히 불합리한 악평등이 될 수밖에 없는 것이다.

19세기 말 이래 자본주의의 고도의 발달로 근대 시민법의 기본원리는 새로운 국면을 맞게 되었다. 즉, 자본주의가 진전함에 따라 사람들 사이의 빈부의 차는 점점 커져 갔고, 근로자와 자본가의 계급 대립은 격화되어 갔으며, 살아있는 구체적인 사람(즉, 개개인)은 결코 자유 평등한 인격이 아니라는 것이 명백해져 갔다.

6. 공산주의의 등장과 소멸

그런데 여기서 우리는 자유와 평등의 관계를 재음미해 볼 필요가 있다. 근대의 시민혁명 당시 시민들은 자유와 평등을 부르짖었지만, 자유와 평등은 서로 모순되는 관계라 할 수밖에 없다. 다시 말하면 우리는 자유와 평등을 동시에 모두 가질 수는 없다는 것이다. 즉 ① 자유를 인정하면 우리 인간은 결코 평등해질 수 없다. 그리고 ② 평등하게 되기 위해서는 자유를 제한할 수 밖에 없다.

여기서 자유를 가질 것이냐? 평등을 가질 것이냐? 하는 선택의 문제가 발생한다. 그리고 자유를 선택한 자들은 자본주의로 나가게 되고, 평등을 선택한 자들은 공산주의로 나가게 되었다.

이와 같이 공산주의란 그 출발부터 평등을 위하여 자유를 포기한 체제로서, 70년의 실험 끝에 구소련의 붕괴로 실패한 혁명임을 드러냈다. 그리하여 '능력에 따라 일하고, 필요에 따라 분배한다'는 유토피아(utopia)는 종말을 고하고 말았다.

7. 3대 원칙의 수정

그러나 공산주의에 대한 실험이 결코 무의미했던 것은 아니었다. 세계의 공산화에 겁을 먹은 자본가들은 자본주의의 폐해를 시정하기 위하여 수정자본주의의 노선을 택하게 되었던 것이다.

전술한 바와 같이 근대 시민법의 3대 원칙이 초래한 여러 가지 폐해의 근본적 원인은 구체적인 사람은 결코 평등하지 않으며, 커다란 차이가 있음에도 불구하고, 근대의 시민법이 사람을 추상적으로 자유 평등한 인격체로 파악한 데 있었다. 근대 시민법이 그 초기에 눈을 감았던 구체적인 사람들 사이의 차이는 자본주의 사회의 발달과 더불어 더욱 커져만 갔으며, 이러한 사정 아래서 3대 원칙을 그대로 강조한다는 것은 사회적 불안을 가져오고, 자본주의 체제 자체를 허물어뜨릴 위험을 갖게 되는 것이다.

여기서 인간을 합리적인 이성을 가진 추상적 인격체로서가 아니라 무한한 차이를 가진 구체적인 사람으로 바로 보고, 그러한 구체적인 사람들에게 실질적인 자유와 평등을 보장하여 인간다운 생활을 실현한다는 것이 새로운 지도원리가 되었다.

그리하여 근대 시민법의 대 원칙인 사적자치의 원칙 외에 단순히 개인의 행복이나 이익의 추구가 아니라 사회적인 공동의 행복과 이익을 추구하는 공공복리의 원칙이 현대 시민법의 이념으로 새롭게 추가되었다. 그것은 종래의 자유주의적 법사상을 경제적 사회적 민주주의 법사상으로 수정하려는 것이며, 계약의 자유, 소유권의 절대, 과실책임이라는 근대 시민법의 3대 원칙은 이 새로운 원리에 의하여 제한을 받게 되었다.

첫째, 계약 자유의 원칙은 대폭 수정되었는데, 때로는 계약의 체결을 강제하고, 때로는 계약의 내용을 수정하거나 그 효력을 부인하는 등 계약의 자유를 제한하는 법률들이 계속 제정되고 있다.

둘째, 소유권의 행사는 이제는 절대 자유가 아니며, 사회적 내지 국가적 견지에서 필요한 각종의 제한과 구속에 복종하는 것이 당연한 것으로 여기게 되었다. 그리하여 소유권을 제한하는 법률은 날로 늘어가고 있다.

셋째, 대규모의 현대적 기업이나 시설은 그 자체 속에 많은 위험을 내포하고 있음에도 불구하고 생기는 이익은 기업이 이를 독점하면서, 손해는 고의나 과실이 있는 경우에만 배상하면 된다는 것은 손해분담에 있어서 형평을 잃은 것이므로, 기업은 고의나 과실의 유무를 묻지 않고 손해배상책임을 져야 한다는 무과실책임의 원칙이 주장되고 있으며, 과실책임의 원칙 아래서도 입증책임의 전환 등에 관한 예외 규정들이 증가하고 있다.

8. 사회법과 사회복지의 등장

이와 같이 국가가 현실적인 불평등을 직시하고, 실질적인 자유와 평등을 이루기 위하여 적극적으로 관여하게 되었는데, 그 결과 경제상의 자유방임주의는 이제는 과거의 것이 되었으며, 경제에 대한 국가의 적극적인 간섭이나 계획은 각종의 경제정책적 또는 사회정책적 입법으로서 나타나, 마침내 사회법이라는 독자적인 법 영역을 형성하게 되었다.

다시 마라톤 경주로 돌아가 보다. 이제는 모든 인간을 동시에 출발하도록 하지 않고, 장애인과 노약자 등 사회적 약자들은 좀 더 앞에서 먼저 출발할 수 있도록 배려해야 한다. 또 수단과 방법을 가리지 않고 마음껏 달리게 할 것이 아니라, 그 수단과 방법을 제한하고, 제한속도를 설정하며, 맨발인 사람에게는 신발을 지급하고, 장애인은 차에 태워주는 등의 배려가 있어야 한다. 그리고 이러한 배려(配慮)가 바로 사회복지인 것이다.

위의 사례에서, 장애인과 노약자 등 사회적 약자들에게는 좀 더 앞에서 먼저 출발할 수 있도록 배려하고, 맨발인 사람에게는 신발을 지급하고, 장애인에게는 차를 태워주는 등의 배려를 하기 위하여 제정한 각종 법규가 사회보장법이다. 그리고 달리는 수단과 방법을 제한하고, 제한속도를 절정하는 등 규제와 제한을 하기 위하여 제정한 각종 법규가 노동법과 경제법이다.

결국 계약의 자유를 제한하고, 소유권의 행사를 제한하며, 사회적 약자를 보호하기 위한 법들이 계속 제정되고 있는데, 이러한 법들은 노동법, 경제법, 사회보장법에 속한다. 그리고 이러한 법들을 통칭하여 사회법이라 한다.

그렇다고 해서 1804년의 프랑스민법 등 근대 시민법의 기본 원칙이었던 계약자유의 원칙, 사유재산권 절대의 원칙, 과실책임의 원칙 등 사적 자치의 원칙이 그 효력을 상실한 것은 아니다. 아직도 민법과 상법에 있어서는 사적 자치의 원칙이 지도이념으로 유지되고 있고, 공공복리의 원칙은 노동법, 경제법, 사회보장법 등 사회법의 분야에서 지도이념이 되고 있다.

제5절 사회복지행정조직

1. 서 설

사회복지행정조직에는 공공사회복지행정조직과 민간사회복지행정조직이 있다. 전자는 국가 또는 지방자치단체에서 사회복지를 담당하는 조직을 말하고, 후자는 민간이 담당하고 운영하는 사회복지에 관한 기관과 시설의 조직을 말한다.

2. 공공 사회복지행정조직

현재 정부에는 기획재정부, 미래창조과학부, 교육부, 외교부, 통일부, 법무부, 국방부, 안전행정부, 문화체육관광부, 농림축산식품부, 산업통상자원부, 보건복지부, 환경부, 고용노동부, 여성가족부, 국토교통부, 해양수산부 등 17개 부가 있는데, 그 중 사회복지 업무를 담당하는 주무부서는 보건복지부이다. 그러나 복지의 대상과 성격에 따라 다른 부에서도 사회복지 업무를 담당한다.

보건복지부 외에 사회복지 업무를 담당하는 행정기관으로는 안전행정부의 공무원연금관리공단, 교육부의 사립학교교직원연금관리공단, 고용노동부의 근로복지공단, 법무부의 보호관찰소와 한국갱생보호공단, 국가보훈처의 보훈복지의료공단 등이 있다. 그리고 보건복지부에는 건강보험관리공단과 국민연금관리공단 등이 별도로 사회복지업무를 담당하고 있다.

보건복지부는 우리나라 사회복지행정조직의 중심기관으로서, 보건위생, 방역, 의

정(醫政), 약정(藥政), 생활보호, 자활지원, 사회보장, 아동(영유아보육), 노인 및 장애인에 관한 사무를 관장한다.(정부조직법 제33조 제1항)[6] 보건복지부에는 기획조정실, 보건의료정책실, 사회복지정책실, 인구정책실, 건강정책국, 건강보험정책국, 보건산업정책국, 장애인정책국, 연금정책국 등 4실 5국이 있다. 시·도 등 광역자치단체와 시·군·구(자치구) 등 기초자치단체의 사회복지행정조직은 보건복지부의 하부조직이 아니라 행정안전부의 하부조직이다.

3. 민간 사회복지행정조직

민간 사회복지행정조직은 국가 또는 지방자치단체 등 공공사회복지행정이 미치지 못하는 부문을 상호 보완적으로 담당한다. 국민의 생존권 보장에 대한 국가의 책임은 민간사회복지조직의 협조를 필요로 한다. 보통 이 경우 사회복지법인이나 사회복지시설에게 필요한 사업을 허가하거나 위탁하게 된다. 그리고 이러한 위탁사업을 하는 민간사회복지행정조직에 대해서 국가는 필요한 지도와 지원을 제공한다.

사회복지시설은 공공시설과 민간시설로 구분되는데, 국가나 지방자치단체가 직접 운영하는 경우도 있지만, 보통 민간에게 허가를 내주거나 위탁하는 형태로 사업을 실시한다.

6) 여성가족부는 여성정책의 기획 종합, 여성의 권익증진 등 지위향상, 청소년 및 가족(다문화가족과 건강가정사업을 위한 아동업무를 포함한다)에 관한 사무를 관장한다.

제2편

사회복지법제론

제 1 장

사회보장기본법

제1절 사회보장기본법총론

사회보장(社會保障)이란 용어는 1929년의 대공황을 극복하기 위하여 1930년 미국에서 사회보장법(Social Security Law)을 제정하면서 처음 사용되었다.

사회보장기본법 제3조1호는 '사회보장이란 질병·장애·노령·실업·사망 등의 사회적 위험으로부터 모든 국민을 보호하고 빈곤을 해소하며 국민생활의 질을 향상시키기 위하여 제공되는 사회보험 공공부조 사회복지서비스 및 관련복지제도를 말한다.'고 규정하고 있다.

여기서 사회보험(社會保險)이란 국민에게 발생하는 사회적 위험을 보험의 방식으로 대처함으로써 국민의 건강과 소득을 보장하는 제도를 말하고(법 제3조 2호) 공공부조(公共扶助)란 국가가 지방자치단체의 책임하에 생활유지능력이 없거나 생활이 어려운 국민의 최저생활을 보장하고 자립을 지원하는 제도를 말하며(법 제3조 3호) 사회복지서비스란 국가 지방자치단체 및 민간부문의 도움이 필요한 모든 국민에게 상담, 재활, 직업소개 및 지도, 사회복지시설의 이용 등을 제공하여 정상적인 사회생활이 가능하도록 지원하는 제도를 말한다.(법 제3조 4호) 그리고 관련복지제도란 보건 주거 교육 고용 등의 분야에서 인간다운 생활이 보장될 수 있도록 지원하는 각종 복지제도를 말한다.(법 제3조 5호)

그런데 사회보험은 갹출주의에 의하여 사회적 위험을 분산하는 것을 특징으로 하며, 건강보험, 산업재해보상보험, 고용보험 및 각종 연금 등이 있다. 그러나 공공부조는 현실적으로 생활이 어려운 상태에 있는 국민을 대상으로 국가 또는 공공단체가 최종적인 생활보장수단을 제공하는 것이다. 이것은 갹출을 전제로 하지 않고 최저생활에 필요한 급여를 행하는 제도이다. 그리고 사회복지서비스는 사회복지법인이나 사회복지시설 등 보통 민간의 사회복지사업에 의해서 시행된다.

제2절 사회보장기본법각칙

1. 사회보장법의 발달

우리나라에서 최초의 사회보장에 관한 법률은 1963년에 제정된 '사회보장에 관한 법률'이다. 당시 우리나라는 6·25 전쟁과 4·19혁명 이후 무능한 자유당 정권과 민주당 정권을 겪으면서 국민의 생활 안정이 최대의 국가적 과제로 등장하였다. 이에 5·16군사혁명 정부는 절대 빈곤으로부터의 해방이라는 공약을 내걸고 경제개발 우선의 국가 정책을 추진하였는데, 그 과정에서 사회보장에 관한 법률을 제정하였다.

2. 이념과 목적

사회보장은 모든 국민의 인간다운 생활을 할 수 있도록 최저생활을 보장하고 국민 개개인이 생활수준을 향상시킬 수 있도록 제도와 여건을 조성하여, 그 시행에 있어 형평과 효율의 조화를 도모함으로써 복지사회를 실현하는 것을 기본 이념으로 한다.(법 제2조)

사회보장기본법[7)]은 위와 같은 기본 이념을 실현하기 위하여, 사회보장에 관한 국민의 권리와 국가 및 지방자치단체의 책임을 정하고, 사회보장 제도에 관한 기본적인 사항을 규정함으로써 국민의 복지증진에 기여함을 목적으로 제정되었다.(법 제1조)

사회보장에 관한 법들을 제정하거나 개정하는 경우에는 사회보장기본법에 부합되도록 하여야 한다.(법 제4조) 따라서 사회보장기본법은 사회보장에 관한 기본법으로서의 지위를 갖는다.

7) 사회보장기본법 2010년 1월 18일 개정. 법률 제9932호

3. 사회보장에 관한 책임

국가와 지방자치단체는 국가 발전의 수준에 부응하는 사회보장제도를 확립하고, 매년 이에 필요한 재원을 조달하여야 한다.(법 제5조)

4. 사회보장수급권

1) 서 설

'사회보장수급권'이란 국민이 사회보장에 관한 관계 법령에서 정하는 바에 따라 사회보장급여를 받을 권리를 말한다. 그런데 모든 국민은 사회보장수급권을 가진다.(법 제9조)

사회복지서비스가 구빈(救貧)의 관점에서 베풀어지는 시혜적(施惠的)인 것이라면 사회복지수급권은 인정될 수 없다. 그러나 현대국가에서 사회복지수급권은 근대 시민법체계에 대한 수정원리에 의하여 시민의 기본적 권리(생존권 또는 생활권)로 인정된다.

사회보장기본법 제8조는 외국인의 사회보장수급권에 관하여 '국내에 거주하는 외국인에게 사회보장제도를 적용할 때에는 상호주의(相互主義)의 원칙에 따르되, 관계 법령에서 정하는 바에 따른다.'고 규정하고 있다.

2) 사회보장급여의 수준

국가가 행하는 사회보장의 수준은 국민이 건강하고 문화적인 생활을 유지할 수 있는 수준이어야 한다. 따라서 국가는 모든 국민이 건강하고 문화적인 생활을 유지할 수 있도록 사회보장급여의 수준 향상을 위하여 노력하여야 한다.(법 제10조①)

사회보장급여의 수준 향상을 위하여 국가는 관계법령에서 정하는 바에 따라 최저생계비를 매년 공표하여야 하며(법 제10조②) 국가나 지방자치단체는 위 최저생계비와 최저임금법에 따른 최저임금을 고려하여 사회보장급여의 수준을 결정하여야 한다.(법 제10조③)

3) 사회보장급여의 신청

사회보장급여를 받으려는 자는 관계 법령에서 정하는 바에 따라 국가나 지방자치단체에 신청하여야 한다.(법 제11조①)

4) 사회보장수급권의 보호

사회보장수급권은 관계 법령에서 정하는 바에 따라 타인에게 양도하거나 담보로 제공할 수 없으며, 이를 압류할 수 없다.(법 제12조)

제3자의 불법행위에 의하여 피해를 입은 국민이 그로 인하여 사회보장수급권을 가지게 된 경우, 사회보장제도를 운영하는 자는 그 불법행위의 책임이 있는 자에 대하여 관계 법령에서 정하는 바에 따라 구상권(求償權)을 행사할 수 있다.(법 제15조)

사회보장수급권은 정당한 권한이 있는 기관에 서면으로 통지하여 포기할 수 있다.(법 제14조①)

5) 권리구제

위법 또는 부당한 처분을 받거나 필요한 처분을 받지 못함으로써 권리 또는 이익을 침해받은 국민은 행정심판을 청구하거나 행정소송을 제기하여 그 처분의 취소 또는 변경 등을 청구할 수 있다.(법 제35조)

5. 장기발전방향 등의 수립

보건복지부 장관은 관계 중앙행정기관의 장과 협의하여 사회보장심의위원회의 심의를 거쳐 사회보장 증진을 위한 장기발전방향을 5년마다 수립하여야 한다.(법 제20조①)

보건복지부 장관 및 관계 중앙행정기관의 장은 장기발전방향을 기초로 하여 사회보장과 관련된 소관 주요 시책의 추진방안을 매년 수립·시행하여야 한다.(법 제22조①)

보건복지부 장관은 관계 중앙행정기과나 및 보건복지부 소관 주요 시책의 추진실적을 종합하여 성과를 평가하고, 그 결과를 사회보장심의위원회에 보고하여야 한다.(법 제22조③)

6. 사회보장심의위원회

사회보장에 관한 주요 시책을 심의하기 위하여 국무총리 소속으로 사회보장심의위원회를 둔다.(법 제16조)

사회보장심의위원회는 ① 사회보장 증진을 위한 사회보장 장기발전 방향 ② 사회보장 관련 주요 계획 ③ 사회보장제도의 개선 ④ 사회보장제도의 도입 또는 확대에 따른 우선 순위의 조정 ⑤ 둘 이상의 부처에 관련되는 주요 사회보장정책 ⑥ 사회보장급여 및 비용 부담의 조정 ⑦ 국가와 지방자치단체의 역할 및 비용 분담 ⑧ 그 밖에 위원장이 심의에 부치는 사항을 심의한다.(법 제18조)

사회보장심의위원회 위원장은 국무총리가 되고, 부위원장은 기획재정부장관 및 보건복지부 장관이 된다.(법 제17조②)

7. 사회보장제도의 운영

1) 사회보장제도의 운영 원칙

국가와 지방자치단체가 사회보장제도를 운영할 때에는, 사회보장제도를 필요로 하는 모든 국민에게 적용하여야 한다.(법 제24조①) 이것이 보편성(普遍性)의 원칙이며, 국가와 지방자치단체는 사회보장제도의 급여 수준과 비용 부담 등에서 형평성을 유지하여야 한다.(법 제24조②) 이것이 형평성(衡平性)의 원칙이다.

국가와 지방자치단체는 사회보장제도의 정책 결정 및 시행 과정에 공익의 대표자 및 이해관계인 등을 참여시켜 이를 민주적으로 결정하고 시행하여야 한다.(법 제24조③) 이것이 민주성(民主性)의 원칙이다.

국가와 지방자치단체가 사회보장제도를 운영할 때에는 국민의 다양한 복지 욕구를 효율적으로 충족시키기 위하여 연계성과 전문성을 높여야 한다.(법 제24조④) 이것이 연계성(連繫性)과 전문성(專門性)의 원칙이다.

2) 역할의 조정

국가는 지방자치단체와 사회보장에 관한 책임과 역할을 합리적으로 조정하여야 한다.(법 제25조①)

사회보험은 국가의 책임으로 시행함을 원칙으로 하고, 공공부조와 사회복지서비스는 국가와 지방자치단체의 책임으로 시행함을 원칙으로 하되, 국가와 지방자치단체의 재정 형편 등을 고려하여 이를 조정할 수 있다.(법 제25조②)

3) 민간의 참여와 지원

국가와 지방자치단체는 개인, 법인 또는 단체가 사회보장에 참여하는 데에 드는 경비의 전부 또는 일부를 지원하거나 그 업무를 수행하기 위하여 필요한 지원을 할 수 있다.(법 제26조③)

4) 비용의 부담

사회보험에 드는 비용은 사용자 피용자 및 자영업자가 부담하는 것을 원칙으로 하되, 관계 법령에서 정하는 바에 따라 국가가 그 비용의 일부를 부담할 수 있다.(법 제27조②) 부담 능력이 있는 국민에 대한 사회복지서비스에 드는 비용은 그 수익자가 부담함을 원칙으로 하되, 관계 법령에서 정하는 바에 따라 국가와 지방자치단체가 그 비용의 일부를 부담할 수 있다.(법 제27조④)

제 2 장

사회보험

제1절 국민연금법

1. 총 칙

1) 목 적

국민연금법(國民年金法)은 국민의 노령, 장애 또는 사망에 대하여 연금급여를 실시함으로써 국민의 생활 안정과 복지 증진에 이바지하는 것을 목적으로 한다.(법 제1조)

2) 정 의

'근로자'란 직업의 종류가 무엇이든 사업장에서 노무를 제공하고 그 대가로 임금을 받아 생활하는 자(법인의 이사와 그 밖의 임원을 포함한다)를 말하고, '사용자(使用者)'란 해당 근로자가 소속되어 있는 사업장의 사업주를 말한다.

'소득'이란 일정한 기간 근로를 제공하여 얻은 수입에서 대통령령으로 정하는 비과세소득을 제외한 금액 또는 사업 및 자산을 운영하여 얻는 수입에서 필요경비를 제외한 금액을 말한다. 이 경우 국민연금가입자(이하 '가입자'라 한다)의 종류에 따른 소득 범위는 대통령령으로 정한다. '평균소득월액'이란 매년 사업장가입자 및 지역가입자 전원(全員)의 기준소득월액을 평균한 금액을 말하며, '기준소득월액'이란 연금보험료와 급여를 산정하기 위하여 가입자의 소득월액을 기준으로 하여 대통령령으로 정하는 금액을 말한다.

'금보험료' 국민연금사업에 필요한 비용으로서 사업장가입자의 경우에는 부담금 및 기여금의 합계액을, 지역가입자·임의가입자 및 임의계속가입자의 경우에는 본인이 내는 금액을 말한다. '부담금'이란 사업장가입자의 사용자가 부담하는 금액을 말한다. '기여금'이란 사업장가입자가 부담하는 금액을 말한다.

3) 운 영

이 법에 따른 급여 수준과 연금보험료는 국민연금 재정이 장기적으로 균형을 유지할 수 있도록 조정(調整)되어야 하며(법 제3조①) 보건복지부장관은 대통령령으로 정하는 바에 따라 5년마다 국민연금 재정 수지를 계산하고, 국민연금의 재정 전망과 연금보험료의 조정 및 국민연금기금의 운용 계획 등이 포함된 국민연금 운영 전반에 관한 계획을 수립하여 국무회의의 심의를 거쳐 대통령의 승인을 받아야 하고, 승인받은 계획을 국회에 제출하고 대통령령으로 공시하여야 한다.

국민연금사업에 관한 다음 사항을 심의하기 위하여 보건복지부에 국민연금심의위원회를 둔다.(법 제5조①)

1. 국민연금제도 및 재정 계산에 관한 사항
2. 급여에 관한 사항
3. 연금보험료에 관한 사항
4. 국민연금기금에 관한 사항
5. 그 밖에 국민연금제도의 운영과 관련하여 보건복지부장관이 회의에 부치는 사항

2. 국민연금가입자

1) 가입자

국내에 거주하는 국민으로서 18세 이상 60세 미만인 자는 국민연금 가입 대상이 된다. 다만 공무원연금법, 군인연금법 및 사립학교교직원 연금법을 적용받는 공무원, 군인 및 사립학교 교직원, 그 밖에 대통령령으로 정하는 자는 제외한다.(법 제6조)

2) 가입자의 종류

가입자는 사업장가입자, 지역가입자, 임의가입자 및 임의계속가입자로 구분한다.(법 제7조)

(1) 사업장가입자

사업의 종류, 근로자의 수 등을 고려하여 대통령령으로 정하는 사업장(이하 '당연적용사업장'이라 한다)의 18세 이상 60세 미만인 근로자와 사용자는 당연히 사업장가입자가 된다.(법 제8조)

공무원연금법, 사립학교교직원 연금법 또는 별정우체국법에 따른 퇴직연금, 장해연금 또는 퇴직연금일시금이나 군인연금법에 따른 퇴역연금, 상이연금, 퇴역연금일시금을 받을 권리를 얻은 자(이하 '퇴직연금등수급권자라 한다) 다만, 퇴직연금등수급권자가 국민연금과 직역연금의 연계에 관한 법률 제8조에 따라 연계 신청을 한 경우에는 그러하지 아니하다.

(2) 지역가입자

법 제8조에 따른 사업장가입자가 아닌 자로서 18세 이상 60세 미만인 자는 당연히 지역가입자가 된다.(법 제9조)

노령연금 수급권자 및 퇴직연금등수급권자, 다만, 퇴직연금등수급권자가 국민연금과 직역연금의 연계에 관한 법률 제8조에 따라 연계 신청을 한 경우 국민기초생활보장법에 따른 수급자, 18세 이상 27세 미만인 자로서 학생이거나 군 복무 등의 이유로 소득이 없는 자, 1년 이상 행방불명된 자에는 그러하지 아니하다.

(3) 임의가입자

위의 어느 하나에 해당하는 자 외의 자로서 18세 이상 60세 미만인 자는 보건복지부령으로 정하는 바에 따라 국민연금공단에 가입을 신청하면 임의가입자가 될 수 있다.(법 제10조)

3. 국민연금공단

국민연금공단(이하 '공단'이라 한다)은 보건복지부장관의 위탁을 받아 제1조의 목적을 달성하기 위한 사업을 효율적으로 수행하기 위하여 설립하고 다음의 업무를 한다.

1. 가입자에 대한 기록의 관리 및 유지

2. 연금보험료의 부과
3. 급여의 결정 및 지급
4. 가입자, 가입자였던 자 및 제50조에 따른 수급권자를 위한 노후설계 상담, 소득활동 지원 및 자금의 대여와 복지시설의 설치·운영 등 복지증진사업
5. 가입자 및 가입자였던 자에 대한 기금증식을 위한 자금 대여사업
6. 이 법 또는 다른 법령에 따라 위탁받은 사항
7. 그 밖에 국민연금사업에 관하여 보건복지부장관이 위탁하는 사항(법 제25조)

공단은 대통령령으로 정하는 바에 따라 회계연도마다 사업 운영 계획과 예산에 관하여 보건복지부장관의 승인을 받아야 한다.(법 제41조①)

보건복지부장관은 공단에 대하여 사업에 관한 보고를 명하거나, 사업이나 재산 상황을 검사할 수 있으며, 필요하다고 인정하면 정관의 변경을 명하는 등 감독에 필요한 조치를 할 수 있다.(개정 2008.2.29, 2010.1.18.)

공단은 가입자, 가입자였던 자 및 수급권자의 복지를 증진하기 위하여 대통령령으로 정하는 바에 따라 다음 각 호의 복지사업을 할 수 있다.(법 제46조①)

1. 자금의 대여
2. 노인복지법에 따른 노인복지시설의 설치·공급·임대와 운영
3. 체육시설의 설치·이용에 관한 법률에 따른 체육시설의 설치 및 운영
4. 그 밖에 대통령령으로 정하는 복지사업

4. 급 여

이 법에 따른 급여의 종류는 노령연금, 장애연금, 유족연금, 반환일시금이 있으며(법 제49조) 연금액은 지급사유에 따라 기본연금액과 부양가족연금액을 기초로 산정한다. 기본연금액은 수급권자의 기본연금액은 다음 각 호의 금액을 합한 금액에 1천분의 1천200을 곱한 금액으로 한다.

다음 각 목에 따라 산정한 금액을 합산하여 3으로 나눈 금액

가. 연금 수급 3년 전 연도의 평균소득월액을 연금 수급 3년 전 연도와 대비한 연금 수급 전년도의 전국소비자물가변동률(통계법 제3조에 따라 통계청장이 매년 고시하는 전국소비자물가변동률을 말한다. 이하 이 조에서 같다)에 따라

환산한 금액

나. 연금 수급 2년 전 연도의 평균소득월액을 연금 수급 2년 전 연도와 대비한 연금 수급 전년도의 전국소비자물가변동률에 따라 환산한 금액

다. 연금 수급 전년도의 평균소득월액

가입자 개인의 가입기간 중 매년 기준소득월액을 대통령령으로 정하는 바에 따라 보건복지부장관이 고시하는 연도별 재평가율에 의하여 연금 수급 전년도의 현재가치로 환산한 후 이를 합산한 금액을 총 가입기간으로 나눈 금액.

다만, 다음 각 목에 따라 산정하여야 하는 금액은 그 금액으로 한다.

가. 제18조에 따라 추가로 산입되는 가입기간의 기준소득월액은 제1호에 따라 산정한 금액의 2분의 1에 해당하는 금액

나. 제19조에 따라 추가로 산입되는 가입기간의 기준소득월액은 제1호에 따라 산정한 금액

거짓이나 그 밖의 부정한 방법으로 급여를 받은 경우 그 금액을 환수하며, 수급권 소멸사유를 공단에 신고하지 아니하거나 늦게 신고하여 급여가 잘못 지급된 경우, 그 밖의 사유로 급여가 잘못 지급된 경우, 이자를 가산하여 환수한다.(법 제57조)

급여를 받을 권리는 양도·압류하거나 담보로 제공할 수 없다. 수급권자에게 지급된 급여로서 대통령령으로 정하는 금액 이하의 급여는 압류할 수 없다.(법 제58조 ① 내지 ②)

1) 노령연금

(1) 노령연금 수급권자

노령연금 수급권자는 가입기간이 20년 이상인 가입자 또는 가입자였던 자에 대하여는 60세(특수직종근로자는 55세)가 된 때부터 그가 생존하는 동안 노령연금을 지급한다.(법 제61조) 가입기간이 10년 이상 20년 미만인 가입자 또는 가입자였던 자에 대하여는 60세(특수직종근로자는 55세)가 된 때부터 그가 생존하는 동안 제1항에 따른 노령연금액에서 일정한 금액을 뺀 연금(이하 '감액노령연금'이라 한다)을 지급한다. 가입기간이 10년 이상인 자가 소득이 있는 업무에 종사하고 있으면 60세 이

상 65세 미만(특수직종근로자는 55세 이상 60세 미만)인 기간에는 일정한 금액의 연금(이하 '재직자노령연금'이라 한다)을 지급한다.

가입기간이 10년 이상인 가입자 또는 가입자였던 자로서 55세 이상인 자가 소득이 있는 업무에 종사하지 아니하는 경우 본인이 희망하면 제1항에도 불구하고 60세가 되기 전이라도 그가 생존하는 동안 일정한 금액의 연금(이하 '조기노령연금'이라 한다)을 받을 수 있다.

(2) 노령연금액

노령연금액은 기본연금액에 부양가족연금액을 더한 금액으로 한다.(법 제63조 ①) 노령연금액은 다음 각 호의 구분에 따른 금액에 부양가족연금액을 더한 금액으로 한다.

1. 가입기간이 20년 이상인 경우: 기본연금액
2. 가입기간이 10년 이상 20년 미만인 경우: 기본연금액의 1천분의 500에 해당하는 금액에 가입기간 10년을 초과하는 1년(1년 미만이면 매 1개월을 12분의 1년으로 계산한다)마다 기본연금액의 1천분의 50에 해당하는 금액을 더한 금액

조기노령연금액은 가입기간에 따라 노령연금액 중 부양가족연금액을 제외한 금액에 수급연령별로 비율(청구일이 연령도달일이 속한 달의 다음 달 이후인 경우에는 1개월마다 1천분의 5를 더한다)을 곱한 금액에 부양가족연금액을 더한 금액으로 한다.

2) 장애연금

(1) 장애연금의 수급권자

가입 중에 생긴 질병(당해 질병의 초진일이 가입 중에 있는 경우로서 가입자가 가입 당시 발병 사실을 알지 못한 경우를 포함한다. 이하 이 절 및 제4절에서 같다)이나 부상으로 완치된 후에도 신체상 또는 정신상의 장애가 있는 자에 대하여는 그 장애가 계속되는 동안 장애 정도에 따라 장애연금을 지급한다.(법 제67조)

장애 정도에 관한 장애등급은 1급, 2급, 3급 및 4급으로 구분하되, 등급 구분의 기준과 장애 정도의 심사에 관한 사항은 대통령령으로 정한다.

(2) 장애연금액

장애연금액은 장애 등급에 따라 장애등급 1급에 해당하는 자에 대하여는 기본연금액에 부양가족연금액을 더한 금액, 장애등급 2급에 해당하는 자에 대하여는 기본연금액의 1천분의 800에 해당하는 금액에 부양가족연금액을 더한 금액, 장애등급 3급에 해당하는 자에 대하여는 기본연금액의 1천분의 600에 해당하는 금액에 부양가족연금액을 더한 금액, 장애등급 4급에 해당하는 자에 대하여는 기본연금액의 1천분의 2천250에 해당하는 금액을 일시보상금으로 지급한다.(법 제68조)

3) 유족연금

(1) 유족연금의 수급권자

유족연금의 수급권자는 노령연금 수급권자, 가입기간이 10년 이상인 가입자였던 자, 가입자, 장애등급이 2급 이상인 장애연금 수급권자에 해당하는 자가 사망하면 그 유족에게 유족연금을 지급한다. 다만, 가입기간이 1년 미만인 가입자가 질병이나 부상으로 사망하면 가입 중에 생긴 질병이나 부상으로 사망한 경우에만 유족연금을 지급한다.(법 제72조)

유족의 범위는 유족연금을 지급받을 수 있는 유족은 가입자 또는 가입자였던 자가 사망할 당시 그에 의하여 생계를 유지하고 있던 배우자, 자녀, 부모(배우자의 부모를 포함한다. 이하 이 절에서 같다) 손자녀, 조부모로 한다. 이 경우 가입자 또는 가입자였던 자에 의하여 생계를 유지하고 있던 자에 관한 인정 기준은 대통령령으로 정한다.(법 제73조)

(2) 유족연금액

유족연금액은 가입기간에 따라 가입기간이 10년 미만이면 기본연금액의 1천분의 400에 해당하는 금액, 가입기간이 10년 이상 20년 미만이면 기본연금액의 1천분의 500에 해당하는 금액, 가입기간이 20년 이상이면 기본연금액의 1천분의 600에 해당하는 금액에 부양가족연금액을 더한 금액으로 한다. 다만, 노령연금 수급권자가 사망한 경우의 유족연금액은 사망한 자가 지급받던 노령연금액을 초과할 수 없다.(법 제74조)

유족연금 수급권자가 사망한 때, 배우자인 수급권자가 재혼한 때, 자녀나 손자녀인 수급권자가 다른 사람에게 입양되거나 파양된 때, 장애등급 2급 이상에 해당하지 아니한 자녀 또는 손자녀인 수급권자가 18세가 된 때, 부모, 손자녀 또는 조부모인 유족의 유족연금 수급권은 가입자 또는 가입자였던 자의 사망 당시의 태아가 출생하여 수급권을 갖게 되면 소멸한다.

4) 반환일시금 등

가입자 또는 가입자였던 자가 가입기간이 10년 미만인 자가 60세가 된 때, 가입자 또는 가입자였던 자가 사망한 때. 국적을 상실하거나 국외로 이주한 때에 해당하게 되면 본인이나 그 유족의 청구에 의하여 반환일시금을 지급받을 수 있다.(법 제77조)

제77조에 따라 반환일시금을 받은 자로서 다시 가입자의 자격을 취득한 자는 지급받은 반환일시금에 대통령령으로 정하는 이자를 더한 금액(이하 '반납금'이라 한다)을 공단에 낼 수 있다.

5. 국민연금기금

보건복지부장관은 국민연금사업에 필요한 재원을 원활하게 확보하고, 이 법에 따른 급여에 충당하기 위한 책임준비금으로서 국민연금기금(이하 이 장에서 '기금'이라 한다)을 설치한다.(법 제101조)

기금은 연금보험료, 기금 운용 수익금, 적립금, 공단의 수입지출 결산상의 잉여금으로 조성하며 보건복지부장관이 관리·운용한다.

보건복지부장관은 국민연금 재정의 장기적인 안정을 유지하기 위하여 그 수익을 최대로 증대시킬 수 있도록 국민연금기금운용위원회에서 의결한 바에 따라 관리·운용하되, 가입자, 가입자였던 자 및 수급권자의 복지증진을 위한 사업에 대한 투자는 국민연금 재정의 안정을 해치지 아니하는 범위에서 하여야 한다. 보건복지부장관은 기금의 운용 성과 및 재정 상태를 명확히 하기 위하여 대통령령으로 정하는 바에 따라 기금을 계리(計理)하여야 한다.

6. 심사청구와 재심사청구

가입자의 자격, 기준소득월액, 연금보험료, 그 밖의 이 법에 따른 징수금과 급여에 관한 공단 또는 건강보험공단의 처분에 이의가 있는 자는 그 처분을 한 공단 또는 건강보험공단에 심사청구를 할 수 있다.(법 제108조)

제108조에 따른 심사청구에 대한 결정에 불복하는 자는 그 결정통지를 받은 날부터 90일 이내에 국민연금재심사위원회에 재심사를 청구할 수 있다.

재심사위원회의 재심사와 재결에 관한 절차에 관하여는 행정심판법을 준용한다. 재심사청구 사항에 대한 재심사위원회의 재심사는 행정소송법 제18조를 적용할 때 행정심판법에 따른 행정심판으로 본다.

7. 보 칙

1) 연금의 중복급여의 조정

장애연금 또는 유족연금의 수급권자가 이 법에 따른 장애연금 또는 유족연금의 지급 사유와 같은 사유로 다음 각 호의 어느 하나에 해당하는 급여를 받을 수 있는 경우에는 제68조에 따른 장애연금액이나 제74조에 따른 유족연금액은 그 2분의 1에 해당하는 금액을 지급한다.(법 제113조)

1. 근로기준법 제80조에 따른 장해보상, 같은 법 제82조에 따른 유족보상 또는 같은 법 제84조에 따른 일시보상
2. 산업재해보상보험법 제57조에 따른 장해급여, 같은 법 제62조에 따른 유족급여, 같은 법 제91조의3에 따른 진폐보상연금 또는 같은 법 제91조의4에 따른 진폐유족연금
3. 선원법 제97조에 따른 장해보상, 같은 법 제98조에 따른 일시보상 또는 같은 법 제99조에 따른 유족보상
4. 어선원 및 어선 재해보상보험법 제25조에 따른 장해급여, 같은 법 제26조에 따른 일시보상급여 또는 같은 법 제27조에 따른 유족급여

2) 대위권 등

공단은 제3자의 행위로 장애연금이나 유족연금의 지급 사유가 발생하여 장애연금이나 유족연금을 지급한 때에는 그 급여액의 범위에서 제3자에 대한 수급권자의 손해배상청구권에 관하여 수급권자를 대위(代位)한다.(법 제114조)

3) 시 효

연금보험료, 환수금, 그 밖의 이 법에 따른 징수금을 징수하거나 환수할 권리는 3년간, 급여를 받거나 과오납금을 반환받을 수급권자 또는 가입자 등의 권리는 5년간 행사하지 아니하면 각각 소멸시효가 완성된다.(법 제115조)

4) 근로자의 권익 보호

사용자는 근로자가 가입자로 되는 것을 방해하거나 부담금의 증가를 기피할 목적으로 정당한 사유 없이 근로자의 승급(昇級) 또는 임금 인상을 하지 아니하거나 해고(解雇)나 그 밖의 불리한 대우를 하여서는 아니 된다.(법 제119조)

5) 소득축소 · 탈루자료 통보 등

공단은 제21조에 따른 소득월액 등의 신고내용에 축소나 탈루가 있다고 인정되는 경우에는 보건복지부장관에게 보고하고 소득축소 또는 탈루혐의 자료를 문서로 작성하여 국세청장에게 통보할 수 있다.(법 제125조)

6) 외국인에 대한 적용

이 법의 적용을 받는 사업장에 사용되고 있는 외국인과 국내에 거주하는 외국인으로서 대통령령으로 정하는 자 외의 외국인은 제6조에도 불구하고 당연히 사업장가입자 또는 지역가입자가 된다. 다만, 이 법에 따른 국민연금에 상응하는 연금에 관하여 그 외국인의 본국 법이 대한민국 국민에게 적용되지 아니하면 그러하지 아니하다.(법 제126조)

대한민국이 외국과 사회보장협정을 맺은 경우에는 이 법에도 불구하고 국민연금의 가입, 연금보험료의 납부, 급여의 수급 요건, 급여액의 산정, 급여의 지급 등에 관하여 그 사회보장협정에서 정하는 바에 따른다.

제2절 국민건강보험법

1. 목 적

국민건강보험법(國民健康保險法)은 국민의 질병·부상에 대한 예방·진단·치료·재활과 출산·사망 및 건강증진에 대하여 보험급여를 실시함으로써 국민보건을 향상시키고 사회보장을 증진함을 목적으로 한다.

2. 정 의

이 법에서 '근로자'라 함은 직업의 종별에 불구하고 근로의 대가로서 보수를 받아 생활하는 자(법인의 이사 기타 임원을 포함한다)로서 제4호 및 제5호의 규정에 의한 공무원과 교직원을 제외한 자를 말한다.

'사용자'라 함은 당해 근로자가 소속되어 있는 사업장의 사업주, 당해 공무원이 소속되어 있는 기관의 장으로서 대통령령이 정하는 자, 당해 교직원이 소속되어 있는 사립학교(사립학교교직원연금법 제3조에 규정된 사립학교를 말한다. 이하 이 조에서 같다)를 설립·운영하는 자이며 '사업장'이라 함은 사업소 또는 사무소를 말한다.

'공무원'이라 함은 국가 또는 지방자치단체에서 상시 공무에 종사하는 자를 말하며, '교직원'이라 함은 사립학교 또는 그 학교경영기관에서 근무하는 교원 및 직원을 말한다.

3. 가입자

가입자는 직장가입자 및 지역가입자로 구분하며 국내에 거주하는 국민으로서 의료급여법에 따라 의료급여를 받는 자,(이하 '수급권자'라 한다) 독립유공자예우에 관한 법률 및 국가유공자 등 예우 및 지원에 관한 법률에 의하여 의료보호를 받는 자,(이하 '유공자등의료보호대상자'라 한다)이며, 피부양자는 직장가입자의 배우자,

직장가입자의 직계존속(배우자의 직계존속을 포함한다), 직장가입자의 직계비속(배우자의 직계비속을 포함한다) 및 그 배우자 및 직장가입자의 형제, 자매이다.

4. 자격취득 변동 상실

가입자는 국내에 거주하게 된 날에 직장가입자 또는 지역가입자의 자격을 얻는다.

지역가입자가 적용대상사업장의 사용자로 되거나, 근로자, 공무원 또는 교직원(이하 '근로자등'이라 한다)으로 사용된 날, 직장가입자가 다른 적용대상사업장의 사용자로 되거나 근로자등으로 사용된 날, 또는 지역가입자가 다른 세대로 전입한 날에 따라 자격이 변동된 날부터 14일 이내에 보험자에게 신고하여야 한다.

가입자가 사망한 날의 다음 날, 국적을 잃은 날의 다음 날, 직장가입자의 피부양자가 된 날 상실한다.(법 제7조 내지 9조)

5. 국민건강보험공단

건강보험의 보험자는 국민건강보험공단(이하 '공단'이라 한다)으로 한다.(법 제12조) 공단은 가입자 및 피부양자의 자격관리, 보험료 기타 이 법에 의한 징수금의 부과·징수, 보험급여의 관리, 가입자 및 피부양자의 건강의 유지·증진을 위하여 필요한 예방사업, 보험급여비용의 지급, 자산의 관리·운영 및 증식사업, 의료시설의 운영 등을 수행한다.

6. 보험급여

1) 요양급여 기관

가입자 및 피부양자의 질병·부상·출산 등에 대하여 진찰·검사, 약제·치료재료의 지급, 처치·수술 기타의 치료, 예방·재활, 입원, 간호, 이송의 요양급여를 실시한다.(법 제39조)

요양급여(간호 및 이송을 제외한다)는 의료법에 의하여 개설된 의료기관, 약사법에 의하여 등록된 약국, 약사법 제72조의12의 규정에 의하여 설립된 한국희귀의약

품센터, 지역보건법에 의한 보건소·보건의료원 및 보건지소, 농어촌 등 보건의료를 위한 특별조치법에 의하여 설치된 보건진료소의 요양기관에서 행한다.(법 제40조)

요양기관은 요양급여비용의 지급을 공단에 청구하며(법 제43조) 요양급여비용의 청구를 하고자 하는 요양기관은 제55조의 규정에 의한 건강보험심사평가원에 요양급여비용의 심사청구를 하여야 하며, 심사청구를 받은 건강보험심사평가원은 이를 심사한 후 지체없이 그 내용을 공단 및 요양기관에 통보하여야 하며 심사의 내용을 통보받은 공단은 지체없이 그 내용에 따라 요양급여비용을 요양기관에게 지급한다.

2) 급여의 제한

공단은 보험급여를 받을 수 있는 자가 다음에 해당하는 때에는 보험급여를 하지 아니한다.(법 제48조)

1. 고의 또는 중대한 과실로 인한 범죄행위에 기인하거나 고의로 사고를 발생시킨 때
2. 고의 또는 중대한 과실로 공단이나 요양기관의 요양에 관한 지시에 따르지 아니한 때
3. 고의 또는 중대한 과실로 제50조의 규정에 의한 문서 기타 물건의 제출을 거부하거나 질문 또는 진단을 기피한 때
4. 업무상 또는 공무상 질병·부상·재해로 인하여 다른 법령에 의한 보험급여나 보상 또는 보상을 받게 되는 때

공단은 사위 기타 부당한 방법으로 보험급여를 받은 자 또는 보험급여비용을 받은 요양기관에 대하여 그 급여 또는 급여비용에 상당하는 금액의 전부 또는 일부를 징수한다.(법 제52조) 공단은 제3자의 행위로 인한 보험급여사유가 발생하여 가입자 또는 피부양자에게 보험급여를 한 때에는 그 급여에 소요된 비용의 한도내에서 그 제3자에 대한 손해배상청구의 권리를 얻는다.(법 제53조) 그러나 보험급여를 받을 권리는 양도 또는 압류할 수 없다.(법 제54조)

7. 보험료

공단은 건강보험사업에 소요되는 비용에 충당하기 위하여 납부의무자로부터 보

험료를 징수한다. 보험료는 가입자의 자격을 취득한 날이 속하는 달의 다음 달부터 가입자의 자격을 상실한 날의 전날이 속하는 달까지 징수한다.(법 제63조)

직장가입자의 월별 보험료액은 보수월액에 보험료율을 곱하여 얻은 금액으로 하며, 지역가입자의 월별 보험료액은 세대단위로 산정하되, 산정한 보험료부과점수당 금액을 곱한 금액으로 한다. 보험료부과점수는 지역가입자의 소득 · 재산 · 생활수준 · 경제활동참가율 등을 참작하여 정하되, 대통령령이 정하는 기준에 따라 상 · 하한을 정한다.

도서 · 벽지 · 농어촌 등 대통령령이 정하는 지역에 거주하는 자, 65세 이상, 장애인, 국가유공자, 휴직자, 그 밖에 생활이 어렵거나 천재지변 등의 사유로 보험료의 경감이 필요하다고 보건복지부장관이 정하여 고시하는 자는 보험료의 일부를 경감할 수 있다.

또한 직장가입자의 보험료는 직장가입자와 소속되어 있는 국가 또는 지방자치단체 사용자 등이 각각 보험료액의 100분의 50씩 부담한다.

가입자 및 피부양자의 자격 · 보험료등 · 보험급여 및 보험급여비용에 관한 공단의 처분에 이의가 있는 자는 공단에 이의신청을 할 수 있다.(법 제76조) 이의신청에 대한 결정에 불복이 있는 자는 제77조의2에 따른 건강보험분쟁조정위원회에 심판청구를 할 수 있다. 이 경우 제76조제3항의 규정은 심판청구에 관하여 이를 준용한다.(법 제77조) 공단 또는 심사평가원의 처분에 이의가 있는 자와 제76조의 규정에 의한 이의신청 또는 제77조의 규정에 의한 심판청구에 대한 결정에 불복이 있는 자는 행정소송법이 정하는 바에 의하여 행정소송을 제기할 수 있다.(법 제78조)

8. 보칙 및 벌칙

1) 시 효

보험료 · 연체금 징수, 과오납부한 금액 환급, 보험급여를 받을 권리는 3년간 행사하지 아니하면 소멸시효가 완성된다. 소멸시효기간, 시효중단 및 시효정지에 관하여 이 법에 정한 사항외에는 민법의 규정에 의한다. 또한 이 법 또는 이 법에 의한 명령에 규정된 기간의 계산에 관하여 이 법에 정한 사항외에는 민법의 기간에 관한 규정을 준용한다.

2) 업무정지

보건복지부장관은 요양기관이 속임수나 그 밖의 부당한 방법으로 보험자·가입자 및 피부양자에게 요양급여비용을 부담하게 한 때, 명령에 위반하거나 거짓 보고를 하거나 소속공무원의 검사 또는 질문을 거부·방해 또는 기피한 때에는 1년의 범위 안에서 기간을 정하여 요양기관의 업무정지를 명할 수 있다.(법 제85조)

3) 외국인등에 대한 특례

국내에 체류하고 있는 재외국민 또는 외국인에 대해 정부는 외국정부가 사용자인 사업장의 근로자의 건강보험에 관하여 외국정부와의 합의에 의하여 이를 따로 정할 수 있다.

4) 벌 칙

거짓 그 밖에 부정한 방법으로 요양급여비용의 청구를 한 자는 3년 이하의 징역 또는 3천만원 이하의 벌금에 처한다.(법 제94조) 규정에 위반하여 보고 또는 서류제출을 하지 아니한 자, 허위로 보고하거나 허위의 서류를 제출한 자 및 검사 또는 질문을 거부·방해 또는 기피한 자는 1천만원 이하의 벌금에 처한다.(법 제95조)

가입자 및 피부양자 또는 가입자 및 피부양자이었던 자가 그 자격을 잃은 후 그 자격을 증명하던 서류를 사용하여 보험급여를 받은 때에는 그 급여에 상당하는 금액 이하의 과태료에 처한다. 건강보험증 또는 신분증명서의 양도·대여, 그 밖의 부정한 사용을 통하여 보험급여를 받은 자에게는 그 보험급여에 상당하는 금액 이하의 과태료를 부과한다. 건강보험증 또는 신분증명서를 양도·대여하여 보험급여를 받게 한 자도 또한 같다.(법 제98조) 과태료처분에 불복이 있는 자는 그 처분의 고지를 받은 날부터 30일 이내에 보건복지부장관에게 이의를 제기할 수 있다.(법 제100조) 과태료처분을 받은 자가 규정에 의하여 이의를 제기한 때에는 보건복지부장관은 지체없이 관할법원에 그 사실을 통보하여야 하며, 그 통보를 받은 관할법원은 비송사건절차법에 의한 과태료의 재판을 한다. 규정에 의한 기간내에 이의를 제기하지 아니하고 과태료를 납부하지 아니한 때에는 국세체납처분의 예에 의하여 이를 징수한다.

제3절 산업재해보상보험법

1. 목 적

산업재해보상보험법(産業災害補償保險法)은 근로자의 업무상의 재해를 신속하고 공정하게 보상하며, 재해근로자의 재활 및 사회 복귀를 촉진하기 위하여 이에 필요한 보험시설을 설치·운영하고, 재해 예방과 그 밖에 근로자의 복지 증진을 위한 사업을 시행하여 근로자 보호에 이바지하는 것을 목적으로 한다.(법 제1조)

2. 정 의

이 법에서 사용하는 '업무상의 재해'란 업무상의 사유에 따른 근로자의 부상·질병·장해 또는 사망을 말한다. '근로자' '임금' '평균임금' '통상임금'이란 각각 근로기준법에 따르고, '유족'이란 사망한 자의 배우자(사실상 혼인 관계에 있는 자를 포함한다)·자녀·부모·손자녀·조부모 또는 형제자매를 말한다. '치유'란 부상 또는 질병이 완치되거나 치료의 효과를 더 이상 기대할 수 없고 그 증상이 고정된 상태에 이르게 된 것을 말한다. '장해'란 부상 또는 질병이 치유되었으나 정신적 또는 육체적 훼손으로 인하여 노동능력이 상실되거나 감소된 상태를 말한다. '폐질'이란 업무상의 부상 또는 질병에 따른 정신적 또는 육체적 훼손으로 노동능력이 상실되거나 감소된 상태로서 그 부상 또는 질병이 치유되지 아니한 상태를 말한다. '진폐'(塵肺)란 분진을 흡입하여 폐에 생기는 섬유증식성(纖維增殖性) 변화를 주된 증상으로 하는 질병을 말한다.(법 제5조)

이 법에 따른 보험사업에 드는 비용에 충당하기 위하여 징수하는 보험료나 그 밖의 징수금에 관하여는 고용보험 및 산업재해보상보험의 보험료징수 등에 관한 법률(이하 '보험료징수법'이라 한다)에서 정하는 바에 따른다.(법 제4조)

이 법은 근로자를 사용하는 모든 사업 또는 사업장(이하 '사업'이라 한다)에 적용한다.(법 제6조)

3. 근로복지공단

고용노동부장관의 위탁을 받아 제1조의 목적을 달성하기 위한 사업을 효율적으로 수행하기 위하여 근로복지공단(이하 '공단'이라 한다)을 설립한다.

공단은 보험가입자와 수급권자에 관한 기록의 관리 · 유지, 보험료징수법에 따른 보험료와 그 밖의 징수금의 징수, 보험급여의 결정과 지급, 보험급여 결정 등에 관한 심사 청구의 심리 · 결정, 산업재해보상보험 시설의 설치 · 운영, 업무상 재해를 입은 근로자 등의 요양 및 재활, 재활보조기구의 연구개발 · 검정 및 보급사업, 근로자의 복지 증진을 위한 사업을 수행하며(법 제11조) 의료기관, 연구기관 등을 설치 · 운영할 수 있다.

4. 보험급여

1) 보험급여의 종류와 산정 기준 등

보험급여는 요양급여, 휴업급여, 장해급여, 간병급여, 유족급여, 상병(傷病), 보상연금, 장의비(葬儀費), 직업재활급여로 나뉜다. 보험급여를 받을 수 있는 자(이하 '수급권자'라 한다)의 청구에 따라 지급한다. 보험급여를 산정하는 경우 해당 근로자의 평균임금을 산정하여야 할 사유가 발생한 날부터 1년이 지난 이후에는 매년 전체 근로자의 임금 평균액의 증감률에 따라 평균임금을 증감하되, 그 근로자의 연령이 60세에 도달한 이후에는 소비자물가변동률에 따라 평균임금을 증감한다. 다만, 제6항에 따라 산정한 금액을 평균임금으로 보는 진폐에 걸린 근로자에 대한 보험급여는 제외한다.

보험급여(장의비는 제외한다)를 산정할 때 그 근로자의 평균임금 또는 제3항부터 제6항까지의 규정에 따라 보험급여의 산정 기준이 되는 평균임금이 전체 근로자의 임금 평균액의 1.8배(이하 '최고 보상기준 금액'이라 한다)를 초과하거나, 2분의 1(이하 '최저 보상기준 금액'이라 한다)보다 적으면 그 최고 보상기준 금액이나 최저 보상기준 금액을 각각 그 근로자의 평균임금으로 한다. 다만, 휴업급여 및 상병보상연금을 산정할 때에는 최저 보상기준 금액을 적용하지 아니한다.(법 제36조)

2) 업무상 재해의 인정 기준

근로자가 업무상 사고(근로자가 근로계약에 따른 업무나 그에 따르는 행위를 하던 중 발생한 사고, 사업주가 제공한 시설물 등을 이용하던 중 그 시설물 등의 결함이나 관리소홀로 발생한 사고, 사업주가 제공한 교통수단이나 그에 준하는 교통수단을 이용하는 등 사업주의 지배관리하에서 출퇴근 중 발생한 사고, 사업주가 주관하거나 사업주의 지시에 따라 참여한 행사나 행사준비 중에 발생한 사고, 휴게시간 중 사업주의 지배관리하에 있다고 볼 수 있는 행위로 발생한 사고) 업무상 질병(업무수행 과정에서 물리적 인자(因子), 화학물질, 분진, 병원체, 신체에 부담을 주는 업무 등 근로자의 건강에 장해를 일으킬 수 있는 요인을 취급하거나 그에 노출되어 발생한 질병, 업무상 부상이 원인이 되어 발생한 질병, 그 밖에 업무와 관련하여 발생한 질병) 또는 장해가 발생하거나 사망하면 업무상의 재해로 본다. 다만, 업무와 재해 사이에 상당인과관계(相當因果關係)가 없는 경우에는 그러하지 아니하다.(법 제37조)

근로자의 고의·자해행위나 범죄행위 또는 그것이 원인이 되어 발생한 부상·질병·장해 또는 사망은 업무상의 재해로 보지 아니한다. 다만, 그 부상·질병·장해 또는 사망이 정상적인 인식능력 등이 뚜렷하게 저하된 상태에서 한 행위로 발생한 경우로서 대통령령으로 정하는 사유가 있으면 업무상의 재해로 본다.

업무상의 재해의 구체적인 인정 기준은 대통령령으로 정한다. 업무상 질병의 인정 여부를 심의하기 위하여 공단 소속 기관에 업무상질병판정위원회(이하 '판정위원회'라 한다)를 둔다. 판정위원회의 심의에서 제외되는 질병과 판정위원회의 심의 절차는 고용노동부령으로 정한다.(법 제38조)

3) 사망의 추정

사고가 발생한 선박 또는 항공기에 있던 근로자의 생사가 밝혀지지 아니하거나 항행(航行) 중인 선박 또는 항공기에 있던 근로자가 행방불명 또는 그 밖의 사유로 그 생사가 밝혀지지 아니하면 대통령령으로 정하는 바에 따라 사망한 것으로 추정하고, 유족급여와 장의비에 관한 규정을 적용한다. 공단은 제1항에 따른 사망의 추정으로 보험급여를 지급한 후에 그 근로자의 생존이 확인되면 그 급여를 받은 자가 선의(善意)인 경우에는 받은 금액을, 악의(惡意)인 경우에는 받은 금액의 2배에 해당하는 금액을 징수하여야 한다.(법 제39조)

5. 요양급여

1) 요양급여의 범위

요양급여는 근로자가 업무상의 사유로 부상을 당하거나 질병에 걸린 경우에 그 근로자에게 지급한다. 요양급여는 산재보험 의료기관에서 요양을 하게 한다. 다만, 부득이한 경우에는 요양을 갈음하여 요양비를 지급할 수 있다. 부상 또는 질병이 3일 이내의 요양으로 치유될 수 있으면 요양급여를 지급하지 아니한다.

요양급여의 범위는 진찰 및 검사, 약제 또는 진료재료와 의지(義肢) 그 밖의 보조기의 지급 처치, 수술, 그 밖의 치료, 재활치료, 입원, 간호 및 간병, 이송을 말한다.(법 제40조)

요양급여의 범위나 비용 등 요양급여의 산정 기준은 고용노동부령으로 정하며, 요양급여(진폐에 따른 요양급여는 제외한다. 이하 이 조에서 같다)를 받으려는 자는 소속 사업장, 재해발생 경위, 그 재해에 대한 의학적 소견, 그 밖에 고용노동부령으로 정하는 사항을 적은 서류를 첨부하여 공단에 요양급여의 신청을 하여야 한다.(법 제41조)

요양급여의 신청을 한 자는 공단이 이 법에 따른 요양급여에 관한 결정을 하기 전에는 국민건강보험법 제39조에 따른 요양급여 또는 의료급여법 제7조에 따른 의료급여(이하 '건강보험 요양급여등'이라 한다)를 받을 수 있다.(법 제42조)

2) 산재보험 의료기관의 지정 및 지정취소 등

업무상의 재해를 입은 근로자의 요양을 담당할 의료기관(이하 '산재보험 의료기관'이라 한다)은 공단에 두는 의료기관, 의료법 제3조의4에 따른 상급종합병원, 의료법 제3조에 따른 의료기관과 지역보건법 제7조에 따른 보건소(지역보건법 제8조에 따른 보건의료원을 포함한다. 이하 같다)로서 고용노동부령으로 정하는 인력·시설 등의 기준에 해당하는 의료기관 또는 보건소 중 공단이 지정한 의료기관 또는 보건소이다.(법 제43조)

공단은 산재보험 의료기관이 요양급여의 산정 기준을 위반하여 제45조에 따른 진료비를 부당하게 청구한 경우, 보고, 제출 요구 또는 조사에 응하지 아니하는 경우, 산재보험 의료기관의 지정 조건을 위반한 경우 등 어느 하나의 사유에 해당하면 12

개월의 범위에서 진료제한 등의 조치를 할 수 있다. 또한 산재보험 의료기관을 이용하는 근로자에게 심한 불편을 주거나 그 밖에 특별한 사유가 있다고 인정되면, 그 진료제한 조치를 갈음하여 거짓이나 부정한 방법으로 지급하게 한 보험급여의 금액 또는 거짓이나 부정·부당하게 지급받은 진료비의 5배 이하의 범위에서 과징금을 부과할 수 있다.

3) 재요양

요양급여를 받은 자가 치유 후 요양의 대상이 되었던 업무상의 부상 또는 질병이 재발하거나 치유 당시보다 상태가 악화되어 이를 치유하기 위한 적극적인 치료가 필요하다는 의학적 소견이 있으면 다시 제40조에 따른 요양급여(이하 '재요양'이라 한다)를 받을 수 있다.(법 제51조)

4) 부분휴업급여

요양 또는 재요양을 받고 있는 근로자가 그 요양기간 중 일정기간 또는 단시간 취업을 하는 경우에는 그 취업한 날 또는 취업한 시간에 해당하는 그 근로자의 평균임금에서 그 취업한 날 또는 취업한 시간에 대한 임금을 뺀 금액의 100분의 90에 상당하는 금액을 지급할 수 있다. 다만, 제54조제2항 및 제56조제2항에 따라 최저임금액을 1일당 휴업급여 지급액으로 하는 경우에는 최저임금액(별표 1. 제2호에 따라 감액하는 경우에는 그 감액한 금액)에서 취업한 날 또는 취업한 시간에 대한 임금을 뺀 금액을 지급할 수 있다.(법 제53조)

6. 장해급여

1) 장해급여의 범위

장해급여는 근로자가 업무상의 사유로 부상을 당하거나 질병에 걸려 치유된 후 신체 등에 장해가 있는 경우에 그 근로자에게 지급한다. 장해급여는 장해등급에 따라 별표 2에 따른 장해보상연금 또는 장해보상일시금으로 하되, 그 장해등급의 기준은 대통령령으로 정한다.(법 제57조)

2) 장해급여지급

장해보상연금 또는 장해보상일시금은 수급권자의 선택에 따라 지급한다. 다만, 대통령령으로 정하는 노동력을 완전히 상실한 장해등급의 근로자에게는 장해보상연금을 지급하고, 장해급여 청구사유 발생 당시 대한민국 국민이 아닌 자로서 외국에서 거주하고 있는 근로자에게는 장해보상일시금을 지급한다. 장해보상연금은 수급권자가 신청하면 그 연금의 최초 1년분 또는 2년분(제3항 단서에 따른 근로자에게는 그 연금의 최초 1년분부터 4년분까지)의 2분의 1에 상당하는 금액을 미리 지급할 수 있다. 이 경우 미리 지급하는 금액에 대하여는 100분의 5의 비율 범위에서 대통령령으로 정하는 바에 따라 이자를 공제할 수 있다. 장해보상연금 수급권자의 수급권이 제58조에 따라 소멸한 경우에 이미 지급한 연금액을 지급 당시의 각각의 평균임금으로 나눈 일수(日數)의 합계가 별표 2에 따른 장해보상일시금의 일수에 못 미치면 그 못 미치는 일수에 수급권 소멸 당시의 평균임금을 곱하여 산정한 금액을 유족 또는 그 근로자에게 일시금으로 지급한다.

3) 장해등급등의 재판정

공단은 장해보상연금 또는 진폐보상연금 수급권자 중 그 장해상태가 호전되거나 악화되어 이미 결정된 장해등급 또는 진폐장해등급(이하 이 조에서 '장해등급등'이라 한다)이 변경될 가능성이 있는 자에 대하여는 그 수급권자의 신청 또는 직권으로 장해등급등을 재판정할 수 있다.(법 제59조)

4) 간병 유족 급여등

간병급여는 제40조에 따른 요양급여를 받은 자 중 치유 후 의학적으로 상시 또는 수시로 간병이 필요하여 실제로 간병을 받는 자에게 지급한다.(법 제61조) 유족급여는 근로자가 업무상의 사유로 사망한 경우에 유족에게 지급한다.(법 제62조) 유족보상연금을 받을 수 있는 자격이 있는 자가 원하면 별표 3.의 유족보상일시금의 100분의 50에 상당하는 금액을 일시금으로 지급하고 유족보상연금은 100분의 50을 감액하여 지급한다.

유족보상연금을 받을 수 있는 자격이 있는 자(이하 '유족보상연금 수급자격자'라 한다)는 근로자가 사망할 당시 그 근로자와 생계를 같이 하고 있던 유족(그 근로자가 사망할 당시 대한민국 국민이 아닌 자로서 외국에서 거주하고 있던 유족은 제외한다) 중 처(사실상 혼인 관계에 있는 자를 포함한다. 이하 같다)와 남편(사실상 혼인 관계에 있는 자를 포함한다. 이하 같다) 부모 또는 조부모로서 각각 60세 이상인 자, 자녀 또는 손자녀로서 각각 18세 미만인 자, 형제자매로서 18세 미만이거나 60세 이상인 자로 한다.(법 제63조)

5) 상병보상연금

요양급여를 받는 근로자가 요양을 시작한 지 2년이 지난 날 이후에 그 부상이나 질병이 치유되지 아니한 상태일 것, 그 부상이나 질병에 따른 폐질(廢疾)의 정도가 대통령령으로 정하는 폐질등급 기준에 해당할 것, 요양으로 인하여 취업하지 못하였을 것에 해당하는 상태가 계속되면 휴업급여 대신 상병보상연금을 그 근로자에게 지급한다.(법 제66조)

상병보상연금을 산정할 때 그 근로자의 평균임금이 최저임금액에 70분의 100을 곱한 금액보다 적을 때에는 최저임금액의 70분의 100에 해당하는 금액을 그 근로자의 평균임금으로 보아 산정한다.

6) 장의비

장의비는 근로자가 업무상의 사유로 사망한 경우에 지급하되, 평균임금의 120일분에 상당하는 금액을 그 장제(葬祭)를 지낸 유족에게 지급한다. 다만, 장제를 지낼 유족이 없거나 그 밖에 부득이한 사유로 유족이 아닌 자가 장제를 지낸 경우에는 평균임금의 120일분에 상당하는 금액의 범위에서 실제 드는 비용을 그 장제를 지낸 자에게 지급한다.(법 제71조)

7) 직업재활급여

직업재활급여는 장해급여 또는 진폐보상연금을 받은 자나 장해급여를 받을 것이 명백한 자로서 대통령령으로 정하는 자(이하 '장해급여자'라 한다) 중 취업을 위하여 직업훈련이 필요한 자(이하 '훈련대상자'라 한다)에 대하여 실시하는 직업훈련에 드는 비용 및 직업훈련수당이다.(법 제72조)

훈련대상자에 대한 직업훈련은 공단과 계약을 체결한 직업훈련기관(이하 '직업훈련기관'이라 한다)에서 실시하게 한다. 직업훈련비용을 지급하는 훈련기간은 12개월 이내로 한다.

8) 보험급여의 지급

보험급여는 지급 결정일부터 14일 이내에 지급하여야 하며(법 제82조) 근로자의 보험급여를 받을 권리는 퇴직하여도 소멸되지 아니한다. 보험급여를 받을 권리는 양도 또는 압류하거나 담보로 제공할 수 없다.(법 제88조) 공단은 근로자가 요양 중인 근로자가 정당한 사유 없이 요양에 관한 지시를 위반하여 부상·질병 또는 장해 상태를 악화시키거나 치유를 방해한 경우, 장해보상연금 또는 진폐보상연금 수급권자가 제59조에 따른 장해등급 또는 진폐장해등급 재판정 전에 자해(自害) 등 고의로 장해 상태를 악화시킨 경우에 해당되면 보험급여의 전부 또는 일부를 지급하지 아니할 수 있다.

또한 공단은 보험급여를 받은 자가 거짓이나 그 밖의 부정한 방법으로 보험급여를 받은 경우에 해당하면 그 급여액에 해당하는 금액(그 급여액의 2배에 해당하는 금액)을 징수하여야 한다.

9) 제3자에 대한 구상권

공단은 제3자의 행위에 따른 재해로 보험급여를 지급한 경우에는 그 급여액의 한도 안에서 급여를 받은 자의 제3자에 대한 손해배상청구권을 대위(代位)한다. 다만, 보험가입자인 2 이상의 사업주가 같은 장소에서 하나의 사업을 분할하여 각각 행하다가 그 중 사업주를 달리하는 근로자의 행위로 재해가 발생하면 그러하지 아니하다.(법 제87조)

7. 심사 청구 및 재심사 청구

제103조(심사 청구의 제기) ① 다음 각 호의 어느 하나에 해당하는 공단의 결정 등(이하 '보험급여 결정등'이라 한다)에 불복하는 자는 공단에 심사 청구를 할 수 있다.

1. 제3장 및 제3장의2에 따른 보험급여에 관한 결정
2. 제45조 및 제91조의6제4항에 따른 진료비에 관한 결정

3. 제46조에 따른 약제비에 관한 결정
4. 제47조제2항에 따른 진료계획 변경 조치등
5. 제76조에 따른 보험급여의 일시지급에 관한 결정
6. 제84조에 따른 부당이득의 징수에 관한 결정
7. 제89조에 따른 수급권의 대위에 관한 결정

② 제1항에 따른 심사 청구는 그 보험급여 결정등을 한 공단의 소속 기관을 거쳐 공단에 제기하여야 한다.

③ 제1항에 따른 심사 청구는 보험급여 결정등이 있음을 안 날부터 90일 이내에 하여야 한다.

④ 제2항에 따라 심사 청구서를 받은 공단의 소속 기관은 5일 이내에 의견서를 첨부하여 공단에 보내야 한다.

⑤ 보험급여 결정등에 대하여는 행정심판법에 따른 행정심판을 제기할 수 없다.

제104조(산업재해보상보험심사위원회) ① 제103조에 따른 심사 청구를 심의하기 위하여 공단에 관계 전문가 등으로 구성되는 산업재해보상보험심사위원회(이하 '심사위원회'라 한다)를 둔다. 공단은 제103조제4항에 따라 심사 청구서를 받은 날부터 60일 이내에 심사위원회의 심의를 거쳐 심사 청구에 대한 결정을 하여야 한다. 다만, 부득이한 사유로 그 기간 이내에 결정을 할 수 없으면 1차에 한하여 20일을 넘지 아니하는 범위에서 그 기간을 연장할 수 있다. 공단은 심사 청구의 심리를 위하여 필요하면 청구인의 신청 또는 직권으로 의견을 진술, 감정, 질문, 검사, 진단행위를 할 수 있다.

제103조 및 제106조에 따른 심사 청구 및 재심사 청구의 제기는 시효의 중단에 관하여 민법 제168조에 따른 재판상의 청구로 본다.

또한 제106조에 따른 재심사 청구에 대한 재결은 행정소송법 제18조를 적용할 때 행정심판에 대한 재결로 본다. 제103조 및 제106조에 따른 심사 청구 및 재심사 청구에 관하여 이 법에서 정하고 있지 아니한 사항에 대하여는 행정심판법에 따른다.

8. 보칙 및 벌칙

1) 시 효

보험급여를 받을 권리, 산재보험 의료기관의 권리, 약국의 권리, 보험가입자의 권리, 국민건강보험공단등의 권리는 3년간 행사하지 아니하면 시효로 말미암아 소멸한다. 소멸시효에 관하여는 이 법에 규정된 것 외에는 민법에 따른다.(법 제112조)

소멸시효는 제36조제2항에 따른 청구로 중단된다. 이 경우 청구가 제5조제1호에 따른 업무상의 재해 여부의 판단을 필요로 하는 최초의 청구인 경우에는 그 청구로 인한 시효중단의 효력은 제36조제1항에서 정한 다른 보험급여에도 미친다.

2) 벌 칙

산재보험 의료기관이나 제46조제1항에 따른 약국의 종사자로서 거짓이나 그 밖의 부정한 방법으로 진료비나 약제비를 지급받은 자는 3년 이하의 징역 또는 3천만원 이하의 벌금에 처한다.

거짓이나 그 밖의 부정한 방법으로 보험급여를 받은 자는 2년 이하의 징역 또는 2천만원 이하의 벌금에 처한다.(법 제127조)

법인의 대표자나 법인 또는 개인의 대리인, 사용인, 그 밖의 종업원이 그 법인 또는 개인의 업무에 관하여 제127조제1항의 위반행위를 하면 그 행위자를 벌하는 외에 그 법인 또는 개인에게도 해당 조문의 벌금형을 과(科)한다. 다만, 법인 또는 개인이 그 위반행위를 방지하기 위하여 해당 업무에 관하여 상당한 주의와 감독을 게을리하지 아니한 경우에는 그러하지 아니하다.

제4절 고용보험법

1. 목 적

고용보험법(雇用保険法)은 실업의 예방, 고용의 촉진 및 근로자의 직업능력의 개발과 향상을 꾀하고, 국가의 직업지도와 직업소개 기능을 강화하며, 근로자가 실업한 경우에 생활에 필요한 급여를 실시하여 근로자의 생활안정과 구직 활동을 촉진함으로써 경제 · 사회 발전에 이바지하는 것을 목적으로 한다.

2. 정 의

'피보험자'란 고용보험 및 산업재해보상보험의 보험료징수 등에 관한 법률(이하 '보험료징수법'이라 한다) 에 따라 보험에 가입되거나 가입된 것으로 보는 근로자, 자영업자(이하 '자영업자인 피보험자'라 한다)를 말하며, '이직(離職)'이란 피보험자와 사업주 사이의 고용관계가 끝나게 되는 것을 말한다. '실업'이란 근로의 의사와 능력이 있음에도 불구하고 취업하지 못한 상태에 있는 것을 말한다. '실업의 인정'이란 직업안정기관의 장이 제43조에 따른 수급자격자가 실업한 상태에서 적극적으로 직업을 구하기 위하여 노력하고 있다고 인정하는 것을 말한다. '보수'란 소득세법 제20조에 따른 근로소득에서 대통령령으로 정하는 금품을 뺀 금액을 말한다. 다만, 휴직이나 그 밖에 이와 비슷한 상태에 있는 기간 중에 사업주 외의 자로부터 지급받는 금품 중 고용노동부장관이 정하여 고시하는 금품은 보수로 본다. '일용근로자'란 1개월 미만 동안 고용되는 자를 말한다.

3. 고용보험사업

고용보험사업(이하 '보험사업'이라 한다)으로 고용안정 · 직업능력개발 사업, 실업급여, 육아휴직 급여 및 산전후휴가 급여 등을 실시한다.(법 제4조) 국가는 매년 예산의 범위에서 보험사업의 관리·운영에 드는 비용을 부담할 수 있다.

보험사업에 드는 비용을 충당하기 위하여 징수하는 보험료와 그 밖의 징수금에 대하여는 보험료징수법으로 정하는 바에 따른다. 징수된 고용안정·직업능력개발 사업의 보험료 및 실업급여의 보험료는 각각 그 사업에 드는 비용에 충당한다. 다만, 실업급여의 보험료는 육아휴직 급여 및 산전후휴가 급여 등에 드는 비용에 충당할 수 있다.

4. 고용안정 · 직업능력개발 사업

1) 고용안정·직업능력개발 사업의 실시

피보험자 및 피보험자였던 자, 그 밖에 취업할 의사를 가진 자(이하 '피보험자등'이라 한다)에 대한 실업의 예방, 취업의 촉진, 고용기회의 확대, 직업능력개발·향상의 기회 제공 및 지원, 그 밖에 고용안정과 사업주에 대한 인력 확보를 지원하기 위하여 고용안정·직업능력개발 사업을 실시한다.(법 제19조)

2) 고용창출의 지원

고용노동부장관은 고용환경 개선, 근무형태 변경 등으로 고용의 기회를 확대한 사업주에게 대통령령으로 정하는 바에 따라 필요한 지원을 할 수 있다.(법 제20조) 고용기회가 뚜렷이 부족하거나 산업구조의 변화 등으로 고용사정이 급속하게 악화되고 있는 지역으로 사업을 이전하거나 그러한 지역에서 사업을 신설 또는 증설하여 그 지역의 실업 예방과 재취업 촉진에 기여한 사업주, 그 밖에 그 지역의 고용기회 확대에 필요한 조치를 한 사업주에게 대통령령으로 정하는 바에 따라 필요한 지원을 할 수 있다.(법 제22조)

3) 고용안정 및 취업 촉진

피보험자등의 고용안정 및 취업을 촉진하기 위하여 고용관리 진단 등 고용개선 지원 사업, 피보험자등의 창업을 촉진하기 위한 지원 사업을 직접 실시하거나 이를 실시하는 자에게 필요한 비용을 지원 또는 대부할 수 있다.(법 제25조)

피보험자등의 고용안정·고용촉진 및 사업주의 인력 확보를 지원하기 위하여 대통령령으로 정하는 바에 따라 상담 시설, 어린이집, 그 밖에 대통령령으로 정하는 고용촉진 시설을 설치·운영하는 자에게 필요한 지원을 할 수 있다.(법 제26조)

피보험자등의 직업능력 개발·향상을 촉진하기 위하여 직업능력개발 사업에 대한 기술지원 및 평가 사업, 자격검정 사업 및 숙련기술장려법에 따른 숙련기술 장려 사업을 실시하거나 이를 실시하는 자에게 그 사업의 실시에 필요한 비용을 지원할 수 있다.

5. 실업급여

1) 실업급여의 종류

실업급여는 구직급여와 취업촉진 수당으로 구분한다. 취업촉진 수당은 조기(早期)재취업 수당, 직업능력개발 수당, 광역 구직활동비, 이주비로 분류되고 실업급여를 받을 권리는 양도 또는 압류하거나 담보로 제공할 수 없다. 피보험자로서 65세 전에 이직한 자가 그 이직과 관련하여 실업한 상태에서 65세가 되면 제10조제1호에도 불구하고 이 장을 적용한다.

2) 구직급여

구직급여는 이직한 피보험자가 이직일 이전 18개월간(이하 '기준기간'이라 한다) 제41조에 따른 피보험 단위기간이 통산(通算)하여 180일 이상일 것, 근로의 의사와 능력이 있음에도 불구하고 취업(영리를 목적으로 사업을 영위하는 경우를 포함한다. 이하 이 장에서 같다)하지 못한 상태에 있을 것, 이직사유가 제58조에 따른 수급자격의 제한 사유에 해당하지 아니할 것, 재취업을 위한 노력을 적극적으로 할 것, 수급자격 인정신청일 이전 1개월 동안의 근로일수가 10일 미만일 것을 요건으로 하는 경우에 지급한다.

3) 급여의 기초가 되는 임금일액

구직급여의 산정 기초가 되는 임금일액(이하 '기초일액(基礎日額)'이라 한다)은 제43조제1항에 따른 수급자격의 인정과 관련된 마지막 이직 당시 근로기준법 제2조

제1항제6호에 따라 산정된 평균임금으로 한다. 다만, 마지막 이직일 이전 3개월 이내에 피보험자격을 취득한 사실이 2회 이상인 경우에는 마지막 이직일 이전 3개월간(일용근로자의 경우에는 마지막 이직일 이전 4개월 중 최종 1개월을 제외한 기간)에 그 근로자에게 지급된 임금 총액을 그 산정의 기준이 되는 3개월의 총 일수로 나눈 금액을 기초일액으로 한다.(법 제45조)

4) 이직 사유에 따른 수급자격의 제한

피보험자가 중대한 귀책사유(歸責事由)로 해고된 피보험자로서 다음 각 목의 어느 하나에 해당하는 경우, 형법 또는 직무와 관련된 법률을 위반하여 금고 이상의 형을 선고받은 경우, 사업에 막대한 지장을 초래하거나 재산상 손해를 끼친 경우로서 고용노동부령으로 정하는 기준에 해당하는 경우, 정당한 사유 없이 근로계약 또는 취업규칙 등을 위반하여 장기간 무단결근한 경우, 자기 사정으로 전직 또는 자영업을 하기 위하여 이직한 경우, 중대한 귀책사유가 있는 자가 해고되지 아니하고 사업주의 권고로 이직한 경우, 직업안정기관의 장이 인정하는 경우에는 수급자격이 없는 것으로 본다.(법 제58조)

5) 부정행위에 따른 급여의 지급 제한

거짓이나 그 밖의 부정한 방법으로 실업급여를 받았거나 받으려 한 자에게는 그 급여를 받은 날 또는 받으려 한 날부터의 구직급여를 지급하지 아니한다.(법 제61조) 직업안정기관의 장은 거짓이나 그 밖의 부정한 방법으로 구직급여를 지급받은 자에게 지급받은 전체 구직급여의 전부 또는 일부의 반환을 명할 수 있고, 이에 추가하여 고용노동부령으로 정하는 기준에 따라 그 거짓이나 그 밖의 부정한 방법으로 지급받은 구직급여액에 상당하는 액수 이하의 금액을 징수할 수 있다.

6. 취업촉진 수당

1) 조기재취업 수당

수급자격자가 안정된 직업에 재취직하거나 스스로 영리를 목적으로 하는 사업을 영위하는 경우 지급한다.(법 제64조) 조기재취업 수당의 금액은 구직급여의 소정급여일수 중 미지급일수의 비율에 따라 대통령령으로 정하는 기준에 따라 산정한 금액으로 한다.

2) 직업능력개발 수당

직업능력개발 수당은 수급자격자가 직업안정기관의 장이 지시한 직업능력개발 훈련 등을 받는 경우에 그 직업능력개발 훈련 등을 받는 기간에 대하여 지급한다.(법 제65조)

3) 광역 구직활동비

광역 구직활동비는 수급자격자가 직업안정기관의 소개에 따라 광범위한 지역에 걸쳐 구직 활동을 하는 경우로서 대통령령으로 정하는 기준에 따라 직업안정기관의 장이 필요하다고 인정하면 지급할 수 있다.(법 제66조)

4) 이주비

이주비는 수급자격자가 취업하거나 직업안정기관의 장이 지시한 직업능력개발 훈련 등을 받기 위하여 그 주거를 이전하는 경우로서 대통령령으로 정하는 기준에 따라 직업안정기관의 장이 필요하다고 인정하면 지급할 수 있다.(법 제67조)

5) 구직급여일액

자영업자인 피보험자로서 폐업한 수급자격자에 대한 구직급여일액은 그 수급자격자의 기초일액에 100분의 50을 곱한 금액으로 한다.(법 제69조의 5) 자영업자인 피보험자로서 폐업한 수급자격자에 대한 소정급여일수는 대기기간이 끝난 다음 날부터 계산하기 시작하여 피보험기간에 따라 별표 2에서 정한 일수가 되는 날까지로 한다.

7. 육아휴직 급여 등

1) 육아휴직 급여

고용노동부장관은 남녀고용평등과 일·가정 양립 지원에 관한 법률 제19조에 따른 육아휴직을 30일(근로기준법 제74조에 따른 산전후휴가기간 90일과 중복되는 기간은 제외한다) 이상 부여받은 피보험자 중 다음 각 호의 요건을 모두 갖춘 피보험자에게 육아휴직 급여를 지급한다.(법 제70조)

1. 육아휴직을 시작한 날 이전에 제41조에 따른 피보험 단위기간이 통산하여 180일 이상일 것
2. 같은 자녀에 대하여 피보험자인 배우자가 30일 이상의 육아휴직을 부여받지 아니하거나 남녀고용평등과 일·가정 양립지원에 관한 법률 제19조의2에 따른 육아기 근로시간 단축(이하 '육아기 근로시간 단축'이라 한다)을 30일 이상 실시하지 아니하고 있을 것

2) 산전후휴가 급여 등

산전후휴가 또는 유산·사산휴가를 받은 경우로서 다음 각 호의 요건을 모두 갖춘 경우에 산전후휴가 급여 등(이하 '산전후휴가 급여등'이라 한다)을 지급한다.(법 제75조)

1. 휴가가 끝난 날 이전에 제41조에 따른 피보험 단위기간이 통산하여 180일 이상일 것
2. 휴가를 시작한 날(제19조 제2항에 따라 근로자의 수 등이 대통령령으로 정하는 기준에 해당하는 기업이 아닌 경우는 휴가 시작 후 60일이 지난 날로 본다) 이후 1개월부터 휴가가 끝난 날 이후 12개월 이내에 신청할 것. 다만, 그 기간에 대통령령으로 정하는 사유로 산전후휴가 급여등을 신청할 수 없었던 자는 그 사유가 끝난 후 30일 이내에 신청하여야 한다.

8. 심사 및 재심사청구

1) 심사와 재심사

피보험자격의 취득 · 상실에 대한 확인, 실업급여 및 육아휴직 급여와 산전후휴가 급여등에 관한 처분(이하 '원처분(原處分)등'이라 한다)에 이의가 있는 자는 심사관에게 심사를 문서로 청구할 수 있고, 그 결정에 이의가 있는 자는 심사위원회에 재심사를 청구할 수 있다.(법 제87조)

확인 또는 처분이 있음을 안 날부터 90일 이내에, 재심사의 청구는 심사청구에 대한 결정이 있음을 안 날부터 90일 이내에 각각 제기하여야 한다.

기간이 지났거나 법령으로 정한 방식을 위반하여 보정(補正)하지 못할 것인 경우에 심사관은 그 심사의 청구를 결정으로 각하(却下)한다.

심사관은 심사의 청구에 대한 심리(審理)를 마쳤을 때에는 원처분등의 전부 또는 일부를 취소하거나 심사청구의 전부 또는 일부를 기각한다.(법 제96조)

2) 다른 법률과의 관계

재심사의 청구에 대한 재결은 행정소송법 제18조를 적용할 경우 행정심판에 대한 재결로 본다.(법 제104조) 또한 이 법에서 정하고 있지 아니한 사항은 행정심판법의 규정에 따른다.

9. 보칙 및 벌칙

1) 불이익 처우의 금지

사업주는 근로자가 제17조에 따른 확인의 청구를 한 것을 이유로 그 근로자에게 해고나 그 밖의 불이익한 처우를 하여서는 아니 된다.(법 제105조)

2) 소멸시효

지원금 · 실업급여 · 육아휴직 급여 또는 산전후휴가 급여등을 지급받거나 그 반환을 받을 권리는 3년간 행사하지 아니하면 시효로 소멸한다.(법 제107조) 소멸시효의 중단에 관하여는 산업재해보상보험법 제80조를 준용한다.

3) 벌 칙

제105조를 위반하여 근로자를 해고하거나 그 밖에 근로자에게 불이익한 처우를 한 사업주는 3년 이하의 징역 또는 1천만원 이하의 벌금에 처한다.(법 제116조)

거짓이나 그 밖의 부정한 방법으로 실업급여·육아휴직 급여 및 산전후휴가 급여 등을 받은 자는 1년 이하의 징역 또는 300만원 이하의 벌금에 처한다.

법인의 대표자나 법인 또는 개인의 대리인, 사용인, 그 밖의 종업원이 그 법인 또는 개인의 업무에 관하여 제116조의 위반행위를 하면 그 행위자를 벌하는 외에 그 법인 또는 개인에게도 해당 조문의 벌금형을 과(科)한다.(법 제117조)

제5절 노인장기요양보험법

1. 목 적

1) 목 적

노인장기요양보험법(老人長期療養保險法)은 고령이나 노인성 질병 등의 사유로 일상생활을 혼자서 수행하기 어려운 노인 등에게 제공하는 신체활동 또는 가사활동 지원 등의 장기요양급여에 관한 사항을 규정하여 노후의 건강 증진 및 생활 안정을 도모하고 그 가족의 부담을 덜어줌으로써 국민의 삶의 질을 향상하도록 함을 목적으로(법 제1조) 2007년 4월 27일 법률 제8403호로 제정되어 2008년 7월 1일부터 시행하였다.

장기요양급여 제공의 기본원칙은 다음과 같다.

① 장기요양급여는 노인 등의 심신상태·생활환경과 노인등 및 그 가족의 욕구·선택을 종합적으로 고려하여 필요한 범위 안에서 이를 적정하게 제공하여야

한다.(법 제3조①)

② 장기요양급여는 노인 등이 가족과 함께 생활하면서 가정에서 장기용양을 받는 재가급여을 우선적으로 제공하영 한다.(법 제3조②)

③ 장기요양급여는 노인등의 심신 상태나 건강 등이 악화되지 아니하도록 의료서비스와 연계하여 이를 제공하여야 한다.(법 제3조③)

2) 국가 및 지방자치단체의 책무

국가 및 지방자치단체는 노인이 일상생활을 혼자서 수행할 수 있는 온전한 심신 상태를 유지하는데 필요한 노인성질환예방사업을 실시하여야 한다.(법 제4조①)

국가는 노인성질환예방사업을 수행하는 지방자체단체 또는 건강보험 관리공단에 대하여 이에 소요되는 비용을 지원할 수 있다.(법 제4조②)

3) 정 의

노인장기요양보험법에서 '노인등'이란 65세 이상의 노인 또는 65세 미만의 자로서 치매·뇌혈관성질환 등 대통령령으로 정하는 노인성 질병을 가진 자를 말한다.(법 제2조 1호)

장기요양급여(長期療養給與)란 등급판정에 따라 6개월 이상 동안 혼자서 일상생활을 수행하기 어렵다고 인정되는 자에게 신체활동·가사활동의 지원 또는 간병 등의 서비스나 이에 갈음하여 지급하는 현금 등을 말한다.(법 제2조 2호)

장기요양사업(長期療養事業)이란 장기요양보험료, 국가 및 지방자치단체의 부담금 등을 재원으로 하여 노인 등에게 장기용양급여를 제공하는 사업을 말한다.(법 제2조 3호)

장기요양기관(長期療養機關)이란 노인장기요양보험법에 따라 지정을 받은 기관 또는 지정 의제된 재가장기요양기관으로서 장기요양급여를 제고하는 기관을 말한다.(법 제2조 4호)

장기요양요원(長期療養要員)이란 장기요양기관에 소속되어 노인 등의 신체활동 또는 가사활동 지원 등의 업무를 수행하는 자를 말한다.(법 제2조 5호)

2. 장기요양보험

장기요양보험사업은 보건복지부 장관이 관장하며(법 제7조①) 장기요양보험사업의 보험자는 국민건강보험관리공단으로 한다.(법 제7조②) 장기요양보험의 가입자는 국민건강보험 가입자로 한다.(법 제7조③)

건강보험관리공단은 장기요양사업에 사용되는 비용에 충당하기 위하여 장기요양보험료를 징수하고(법 제8조①) 장기요양보험료는 건강보험료와 통합하여 징수한다. 이 경우 건강보험관리공단은 장기요양보험료와 건강보험료를 구분하여 고지하여야 한다.(법 제8조②)

장기요양보험료는 건강보험료액에서 국민건강보험법에 따라 경감 또는 면제되는 비용을 공제한 금액에 장기요양보험료율을 곱하여 산정한 금액으로 한다.(법 제9조①) 그런데 장기요양보험료율은 장기요양위원회의 심의를 거쳐 대통령령으로 정하고 있다.(법 제9조②)

3. 장기요양인정

장기요양인정을 신청할 수 있는 자는 노인 등으로서 다음 각 호의 어느 하나에 해당하는 자격을 갖추어야 한다.(법 제12조)

① 장기요양보험가입자 또는 그 피부양자

② 의료급여법에 따른 의료급여수급권자

장기요양인정을 신청하는 자는 건강보험관리공단에 보건복지부령으로 정하는 바에 따라 장기요양인정신청서에 의사 또는 한의사가 발급하는 소견서를 첨부하여 제출하여야 한다. 그런데 의사소견서는 건강보험관리공단이 장기요양등급판정위원회에 자료를 제출하기 전까지 제출할 수 있다.(법 제13조②)

건강보험관리공단은 신청서를 접수한 때 보건복지부령으로 정하는 바에 따라 소속 직원으로 하여금 다음 각 호의 사항을 조사하게 하여야 한다.(법 제14조①)

① 신청인의 심신상태

② 신청인에게 필요한 장기요양급여의 종류 및 내용

③ 그 밖에 장기요양에 관하여 필요한 사항으로서 보건복지부령으로 정하는 사항

건강보험관리공단은 위 규정에 따른 조사가 완료된 때 조사결과서, 신청서, 의사

소견서, 그 밖에 심의에 필요한 자료를 장기요양등급판정위원회에 제출하여야 한다.(법 제15조①)

장기요양등급판정위원회는 신청인이 신청자격요건을 충족하고 6개월 이상 동안 혼자서 일상생활을 수행하기 어렵다고 인정하는 경우, 심신상태 및 장기요양이 필요한 정도 등 대통령령으로 정하는 등급판정기준에 따라 장기요양급여를 받을 자(수급자)로 판정한다.(법 제15조②)

그런데 등급판정기준은 심신의 기능상태 장애로 일상생활에서 전적으로 다른 사람의 도움이 필요한 자는 장기요양 1등급, 심신의 기능상태 장애로 일상생활에서 상당 부분 다른 사람의 도움이 필요한 자는 장기요양 2등급, 심신의 기능상태 장애로 일상생활에서 부분적으로 다른 사람의 도움이 필요한 자는 장기요양 3등급으로 한다.(령 제7조)

장기요양등급판정위원회가 심의·판정을 하는 때 신청인과 그 가족, 의사소견서를 발급한 의사 등 관계인의 의견을 들을 수 있다.(법 제15조③)

장기요양등급판정위원회는 신청인이 신청서를 제출한 날부터 30일 이내에 장기요양등급판정을 완료하여야 한다. 다만, 신청인에 대한 정밀조사가 필요한 경우 등 기간 이내에 등급판정을 완료할 수 없는 부득이한 사유가 있는 경우 30일 이내의 범위에서 이를 연장할 수 있다.(법 제16조①)

건강보험관리공단은 장기요양등급판정위원회가 장기요양인정 및 등급판정의 심의를 완료한 경우, 지체 없이 장기요양등급과 장기요양급여의 종류 및 내용 등이 포함된 장기요양인정서를 작성하여 수급자에게 송부하여야 한다.(법 제17조①) 그리고 건강보험관리공단은 장기요양등급판정위원회가 장기요양인정 및 등급판정의 심의를 완료한 경우, 수급자로 판정 받지 못한 신청인에게 그 내용 및 사유를 통보하여야 한다.(법 제17조②)

건강보험관리공단은 장기요양인정서를 송부하는 때, 장기요양급여를 원활히 이용할 수 있도록 월 한도액 범위 안에서 표준장기용양이용계획서를 작서하여 이를 함께 송부하여야 한다.(법 제17조③)

건강보험관리공단은 장기요양인정서를 작성할 경우, 장기요양급여의 종류 및 내용을 정함에 있어서 수급자의 장기요양등급 및 생활환경, 수급자와 그 가족의 욕구 및 선택, 시설급여를 제공하는 경우 장기요양기관이 운영하는 시설 현황을 고려하여 정하여야 한다.(법 제18조) 등급판정에 따른 장기요양인정의 유효기간은 최소 1년 이상으로서 대통령령으로 정한다.(법 제19조)

수급자는 장기요양인정의 유효기간이 만료 후 장기요양급여를 계속하여 받고자 하는 경우, 건강보험관리공단에 장기요양인정의 갱신을 신청하여야 한다.(법 제20조①) 그런데 장기요양인정의 갱신 신청은 유효기간이 만료되기 전 30일까지 이를 완료하여야 한다.(법 제20조②)

장기요양급여를 받고 있는 수급자는 장기요양등급, 장기요양급여의 종류 또는 내용을 변경하여 장기요양급여를 받고자 하는 경우 건강보험관리공단에 변경신청을 하여야 한다.(법 제21조)

4. 장기요양급여의 종류

장기요양급여의 종류는 재가급여, 시설급여, 특별현금급여등 3종으로 한다.(법 제23조①)

재가급여(在家給與)의 종류는 다음과 같다.(법 제23조① 1호)

① **방문요양 :** 장기요양요원이 수급자의 가정 등을 방문하여 신체활동 및 가사활동 등을 지원하는 장기요양급여

② **방문목욕 :** 장기요양요원이 목욕설비를 갖춘 장비를 이용하여 수급자의 가정 등을 방문하여 목욕을 제공하는 장기요양급여

③ **방문간호 :** 장기요양요원인 간호사 등이 의사·한의사 또는 치과의사의 방문간호지시서에 따라 수급자의 가정 등을 방문하여 간호, 진료의 보조, 요양에 관한 상담 또는 구강위생 등을 제공하는 장기요양급여

④ **주·야간보호 :** 수급자를 하루 중 일정한 시간 동안 장기요양기관에 보호하여 신체활동 지원 및 심신기능의 유지·향상을 위한 교육·훈련 등을 제공하는 장기요양급여

⑤ **단기보호 :** 수급자를 보건복지부령으로 정하는 범위 안에서 일정 기간 동안 장기요양기관에 보호하여 신체활동 지원 및 심신기능의 유지·향상을 위한 교육·훈련 등을 제공하는 장기요양급여

⑥ **기타재가급여 :** 수급자의 일상생활·신체활동 지원에 필요한 용구를 제공하거

나 가정을 방문하여 재활에 관한 지원 등을 제공하는 장기요양급여로서 대통령령으로 정하는 것

시설급여(施設給與)란 장기요양기관이 운영하는 노인의료복지시설(노인전문병원은 제외) 등에 장기간 동안 입소하여 신체활동 지원 및 심신기능의 유지·향상을 위한 교육·훈련 등을 제공하는 장기요양급여를 말한다.(법 제23조① 2호)

특별현금급여(特別現金給與)에는 가족요양비(가족장기요양급여) 특례요양비(특례장기요양급여) 요양병원간병비(요양병원장기요양급여)가 있다.(법 제23조① 3호)

건강보험관리공단은 다음 각 호의 어느 하나에 해당하는 수급자가 가족 등으로부터 방문요양에 상당한 장기요양급여를 받은 때 대통령령으로 정하는 기준에 따라 당해 수급자에게 가족요양비를 지급할 수 있다.(법 제24조①)

① 도서·벽지 등 장기요양기관이 현저히 부족한 지역으로서 보건복지부 장관이 정하여 고시하는 지역에 거주하는 자

② 천재지변이나 그 밖에 이와 유사한 사유로 인하여 장기요양기관이 제공하는 장기요양급여를 이용하기가 어렵다고 보건복지부 장관이 인정하는 자

③ 신체·정신 또는 성격 등 대통령령으로 정하는 사유로 인하여 가족 등으로부터 장기요양을 받아야 하는 자

건강보험관리공단은 수급자가 장기요양기관이 아닌 노인요양시설 등의 기관 또는 시설에서 재가급여 또는 시설급여에 상당한 장기요양급여를 받은 경우, 대통령령으로 정하는 기준에 따라 당해 장기요양급여비용의 일부를 당해 수급자에게 특례요양비(特例療養費)로 지급할 수 있다.(법 제25조①)

건강보험관리공단은 수급자가 노인전문병원 또는 요양병원에 입원한때 대통령령으로 정하는 기준에 따라 장기요양에 사용되는 비용의 일부를 요양병원간병비(療養病院看病費)로 지급할 수 있다.(법 제26조①)

5. 장기요양급여의 제공

수급자는 장기요양인정서가 도달한 날로부터 장기요양급여를 받을 수 있다.(법 제27조①) 위 규정에도 불구하고 수급자는 돌볼 가족이 없는 경우 등 대통령령으로 정하는 사유가 있는 경우, 신청서를 제출한 날부터 장기요양인정서가 도달되는 날

까지의 기간 중에도 장기요양급여를 받을 수 있다.(법 제27조②) 장기요양급여는 월 한도액 범위 안에서 제공한다. 이 경우 월 한도액은 장기요양등급 및 장기요양급여의 종류 등을 고려하여 산정한다.(법 제28조①)

건강보험관리공단은 장기요양급여를 받고 있거나 받을 수 있는 자가 다음 각 호의 어느 하나에 해당하는 경우, 장기요양급여를 중단하거나 제공하지 아니하게 하여야 한다.(법 제29조①)

① 거짓이나 그 밖의 부정한 방법으로 장기요양인정을 받은 경우

② 고의로 사고를 발생하도록 하거나 본인의 위법행위에 기인하여 중단하거나 제공하지 아니하게 하여야 한다.(법 제29조①)

건강보험관리공단은 장기요양급여를 받고 있는 자가 정당한 사유 없이 자료의 제출이나 보고 및 검사 요구에 응하지 아니하거나 답변을 거절할 경우, 장기요양급여의 전부 또는 일부를 제공하지 아니하게 할 수 있다.(법 제29조②)

노인장기요양보험료의 체납자 등에게는 장기요양급여를 제한 또는 정지한다.(법 제30조)

6. 장기요양기관

장기요양기관을 설치·운영하고자 하는 자는 소재지를 관할 구역으로 하는 시장·군수·구청장으로부터 지정을 받아야 한다.(법 제31조①)

장기요양기관으로 지정 받고자 하는 자는 보건복지부령으로 정하는 장기요양에 필요한 시설 및 인력을 갖추어야 한다.(법 제31조②)

재가급여(방문요양, 방문목욕, 방문간호, 주·야간보호, 단기보호, 기타 재가급여)중 어느 하나 이상에 해당하는 장기요양급여를 제고하고자 하는 자는 시설 및 인력을 갖추어 재가장기요양기관을 설치하고 시장·군수·구청장에게 이를 신고하여야 한다.(법 제32조①) 그런데 설치신고를 한 재가장기요양기관은 장기요양기관으로 본다.(법 제32조②)

의료기관이 아닌 자가 설치·운영하는 재가장기요양기관이 방문간호를 제공하는 경우, 방문간호의 관리책임자로서 간호사를 두어야 한다.(법 제32조③)

장기요양기관은 시설 및 인력 중 보건복지부령이 정하는 중요한 사항을 변경하는

경우, 보건복지부령으로 정하는 바에 따라 시장·군수·구청장에게 신고하여야 한다.(법 제33조)

장기요양기관은 수급자가 장기요양급여를 쉽게 선택하도록 하고 장기요양기관이 제공하는 급여의 질을 보장하기 위하여 장기요양기관별 급여의 내용, 시설·인력 등 현황자료 등을 건강보험관리공단이 운영하는 인터넷 홈페이지에 게시하여야 한다.(법 제34조①)

장기요양기관은 수급자로부터 장기요양신청을 받은 때 장기요양급여의 제공을 거부하여서는 아니 된다. 다만, 입소 정원에 여유가 없는 경우 등 정당한 사유가 있는 경우는 그러하지 아니한다.(법 제35조①)

장기요양기관은 폐업하거나 휴업하고자 하는 경우, 폐업이나 휴업 예정일 전 30일까지 시장·군수·구청장에게 신고하여야 한다.(법 제36조①) 재가장기요양기관의 장은 재가장기요양기관을 폐업 또는 휴업하고자 하는 때 시장·군수·구청장에게 이를 신고하여야 한다.(법 제36조④)

시장·군수·구청장은 장기요양기관이 다음 각 호의 어느 하나에 해당하는 경우 그 지정을 취소할 수 있다. 다만, 제1호에 해당하는 경우 지정을 취소하여야 한다.(법 제37조①)

① 거짓이나 그 밖의 부정한 방법으로 지정을 받은 경우
② 지정기준에 적합하지 아니한 경우
③ 장기요양급여를 거부한 경우
④ 거짓이나 그 밖의 부정한 방법으로 재가 및 시설 급여비용을 청구한 경우
⑤ 노인장기요양보험법에 따른 질문·검사 및 자료의 제출 요구를 거부·방해하거나 거짓으로 보고하거나 거짓 자료를 제출한 경우

장기요양기관의 종사자 등이 다음 각 호의 어느 하나에 해당하는 행위를 한 경우, 시장·군수·구청장은 장기요양기관의 지정을 취소할 수 있다.(법 제37조①)

① 수급자의 신체에 폭행을 가하거나 상해를 입히는 행위
② 수급자에게 성적 수치심을 주는 성폭행·성희롱 등의 행위
③ 자신의 보호·감독을 받는 수급자를 유기(遺棄)하거나 의식주를 포함한 기본적 보호 및 치료를 소홀히 하는 방임행위

시장·군수·구청장은 재가장기요양기관이 다음 각 호의 어느 하나에 해당하는 경

우 6개월의 범위 내에서 영업정지를 명하거나 폐쇄명령을 할 수 있다. 다만, 제1호에 해당하는 경우 폐쇄명령을 하여야 한다.(법 제36조③)

① 거짓이나 그 밖의 부정한 방법으로 신고한 경우
② 노인장기요양보험법에 따라 갖추어야 하는 시설 및 인력을 갖추지 아니한 경우
③ 장기요양기관의 지정취소사유에 해당하는 경우

지정취소 또는 폐쇄명령을 받은 자는 그 처분을 받은 날부터 대통령령으로 정하는 기간 동안에는 장기요양기관 또는 재가장기요양기관으로 다시 지정 받거나 신고할 수 없다.(법 제37조⑤)

7. 재가 및 시설 급여비용 등

장기요양기관은 수급자에게 재가급여 또는 시설급여를 제공한 경우 건강보험관리공단에 장기요양급여비용을 청구하여야 한다. 건강보험관리공단은 장기요양기관으로부터 재가 또는 시설 급여비용의 청구를 받은 경우 이를 심사하여 장기요양에 사용된 비용 중 공단부담금(재가 및 시설 급여비용 중 본인일부부담금을 공제한 금액)을 당해 장기요양기관에 지급하여야 한다. 건강보험관리공단은 장기요양기관의 장기요양급여평가 결과에 따라 장기요양급여비용을 가산 또는 감액 조정하여 지급할 수 있다.(법 제38조① 내지 ③)

재가 및 시설 급여비용은 다음 각 호와 같이 수급자가 부담한다. 다만, 수급자 중 국민기초생활보장법에 따른 수급권자는 그러하지 아니하다.

① 재가급여 : 당해 장기요양급여비용의 100분의 15
② 시설급여 : 당해 장기요양급여비용의 100분의 20

다음 각 호의 장기요양급여에 대한 비용은 수급자 본인이 전부 부담한다.

① 노인장기요양보험법의 규정에 따른 급여의 범위 및 대상에 포함되지 아니하는 장기요양급여
② 수급권자가 장기요양인정서에 기재된 장기요양급여의 종류 및 내용과 다르게 선택하여 장기요양급여를 받은 경우 그 차액
③ 장기요양급여의 월 한도액을 초과하는 장기요양급여

다음 각 호의 어느 하나에 해당하는 자에 대하여는 본인일부부담금의 100분의 50을 감경한다.

① 의료급여수급권자

② 소득·재산 등이 보건복지부 장관이 정하여 고시하는 일정 금액 이하인 자. 다만, 도서·벽지·농어촌 등의 지역에 거주하는 자에 대하여는 따로 금액을 정할 수 있다.

③ 천재지변 등 보건복지부령으로 정하는 사유로 인하여 생계가 곤란한 자(법 제40조① 내지 ③)

건강보험관리공단은 장기요양급여를 받은 금액의 총액이 보건복지부장관이 정하여 고시하는 금액 이하에 해당하는 수급자가 가족 등으로부터 방문요양에 상당한 장기요양을 받은 경우 보건복지부령으로 정하는 바에 따라 본인일부부담금의 일부를 감면하거나 이에 갈음하는 조치를 할 수 있다.(법 제41조①)

건강보험관리공단은 장기요양급여를 받은 자 또는 장기요양급여비용을 방은 자가 다음 각 호의 어느 하나에 해당하는 경우 그 장기요양급여 또는 장기요양급여비용에 상당하는 금액을 징수한다.(법 제43조①)

① 월 한도액 범위를 초과하여 장기요양급여를 받은 경우

② 장기요양급여의 제한 등을 받은 자가 장기요양급여를 받은 경우

③ 거짓이나 그 밖의 부정한 방법으로 재가 및 시설 급여비용을 청구하여 이를 지급받은 경우

④ 그 밖에 노인장기요양보험법상의 원인 없이 건강보험관리공단으로부터 장기요양급여를 받거나 장기요양급여비용을 지급 받은 경우

건강보험관리공단은 거짓 보고 또는 증명에 의하거나 거짓 진단에 따라 장기요양급여가 제공된 때에 거짓의 행위에 관여한 자에 대하여 장기요양급여를 받은 자와 연대하여 그 징수금을 납부하게 할 수 있다.(법 제43조②)

건강보험관리공단은 제3자의 행위로 인한 장기요양급여의 제공사유가 발생하여 수급자에게 장기요양급여를 행한 때 그 급여에 사용된 비용의 한도 안에서 그 제3자에 대한 손해배상의 권리를 얻는다.(법 제44조①)

건강보험관리공단은 장기요양급여를 받은 자가 제3자로부터 이미 손해배상을 받은 때 그 손해배상액의 한도 안에서 장기요양급여를 행하지 아니한다.(법 제44조②)

8. 장기요양위원회

장기요양보험료율, 가족요양비·특례요양비 및 요양병원간병비의 지급기준, 재가 및 시설 급여비용, 그 밖에 대통령령으로 정하는 주요 사항을 심의하기 위하여 보건복지부 장관 소속으로 장기요양위원회를 둔다.(법 제45조)

장기요양위원회는 위원장 1인, 부위원장 1인을 포함한 16인 이상 22인 이하의 위원을 구성하고, 위원장은 보건복지부 차관이 되고, 위원은 보건복지부 장관이 임명 또는 위촉한다.(법 제46조① 내지 ②)

9. 관리운영기관

1) 국민건강보험관리공단

장기요양사업의 관리운영기관은 건강보험관리공단으로 한다.(법 제48조①)

건강보험관리공단은 다음 각 호의 업무를 관장한다.(법 제48조②)

① 장기요양보험가입자 및 그 피부양자와 의료급여수급권자의 자격관리

② 장기요양보험료의 부과·징수

③ 신청인에 대한 조사

④ 장기요양등급판정위원회의 운영 및 장기요양등급 판정

⑤ 장기요양인정서의 작성 및 표준장기요양이용계획서의 제공

⑥ 장기요양급여의 관리 및 평가

⑦ 수급자에 대한 정보제공·안내·상담 등 장기요양급여 관련 이용지원에 관한 사항

⑧ 재가 및 시설 급여비용의 심사 및 지급과 특별현금급여의 지급

⑨ 장기요양급여 제공내용 확인

⑩ 장기요양사업에 관한 조사·연구 및 홍보

⑪ 노인성 질환의 예방사업

⑫ 노인장기요양보험법에 따른 부당이득금의 부과·징수 등

⑬ 장기요양급여의 제공기준을 개발하고 장기요양급여비용의 적정성을 검토하기 위한 장기요양기관의 설치 및 운영

⑭ 그 밖에 장기요양사업과 관련하여 보건복지부 장관이 위탁한 업무

건강보험관리공단은 장기요양기관이 장기요양급여의 제공 기준·절차·방법 등에 따라 적정하게 장기요양급여를 제공하였는지를 평가한 후 그 결과를 공개하는 등 필요한 조치를 할 수 있다.(법 제54조②)

2) 장기요양등급판정위원회

장기요양인정 및 장기요양등급 판정등을 심의하기 위하여 건강보험관리공단에 장기요양등급판정위원회를 둔다. 장기요양등급판정위원회는 시·군·구 단위로 설치한다. 다만, 인구수 등을 고려하여 하나의 시·군·구에 2 이상의 장기요양등급판정위원회를 설치하거나 2 이상의 시·군·구를 통합하여 하나의 장기요양등급판정위원회를 설치할 수 있다. 장기요양등급판정위원회는 위원장 1인을 포함하여 15인의 위원으로 구성한다.

장기요양등급판정위원회 위원은 건강보험관리공단 이사장이 위촉하며, 위원장은 위원 중에서 시장·군수·구청장이 위촉한다. 장기요양등급판정위원회 위원의 임기는 3년으로 한다. 다만, 공무원인 위원의 임기는 재임기간으로 한다.(법 제52조① 내지 ⑤)

10. 이의 신청 및 심사청구

장기요양인정·장기요양등급·장기요양급여·부당이득·장기요양급여비용 또는 장기요양보험료 등에 관한 건강보험관리공단의 처분에 이의가 있는 자는 건강보험관리공단에 이의신청을 할 수 있다.(법 제55조①) 이의신청은 처분이 있은 날부터 90일 이내에 문서로 하여야 한다. 다만, 정당한 사유로 그 기간 이내에 이의신청을 할 수 없었음을 소명한 때는 그러하지 아니하다.(법 제55조②) 건강보험관리공단은 장기요양심사위원회를 구성하여 이의신청사건을 심의하게 하여야 한다.(법 제55조③) 이의신청에 대한 결정에 불복하는 자는 결정처분을 받은 날부터 90일 이내에 장기요양심판위원회에 심사철구를 할 수 있다.(법 제56조①)

장기요양심판위원회는 보건복지부 장관 소속으로 두고, 위원장 1인을 포함한 20인 이내의 위원으로 구성한다.(법 제56조②)

건강보험관리공단의 처분에 이의가 있는 자와 이의신청 또는 심사청구에 대한 결정에 불복하는 자는 행정소송을 제기할 수 있다.(법 제57조)

11. 보칙 및 벌칙

국가는 매년 예산의 범위 안에서 당해 연도 장기요양보험료 예상수입액의 100분의 20에 상당하는 금액을 건강보험관리공단에 지원한다.(법 제58조①)

노인장기요양보험법에 따른 장기요양급여로 지급된 현금 등은 국민기초생활보장법의 소득 또는 재산으로 인정하지 아니한다.(법 제65조)

다음 각 호의 어느 하나에 해당하는 자는 2년 이하의 징역 또는 1천만원 이하의 벌금에 처한다.(법 제67조)

① 정당한 사유 없이 장기요양급여의 제공을 거부한 자

② 업무수행 중 알게 된 비밀을 누설한 자

③ 거짓이나 그 밖의 부정한 방법으로 장기요양급여를 받거나 타인으로 하여금 장기요양급여를 받게 한 자

법인의 대표자, 법인이나 개인의 대리인·사용인 및 그 밖의 종사자가 그 법인 또는 개인의 업무에 관하여 위 위반행위를 한 때에는 그 행위자를 벌하는 외에 그 법인 또는 개인에 대하여도 해당 조의 벌금형을 과한다. 다만, 법인 또는 개인이 그 위반행위를 방지하기 위하여 해당 업무에 관하여 상당한 주의와 감독을 게을리 하지 아니한 경우에는 그러하지 아니하다.(법 제68조)

정당한 사유 없이 다음 각 호의 어느 하나에 해당하는 자에게는 500만 원 이하의 과태료를 부과한다.(법 제69조)

① 재가장기요양기관을 설치하고 이를 신고하지 아니하거나, 거짓이나 그 밖의 부정한 방법으로 신고하고 재가장기요양기관을 설치·운영한 자

② 장기요양기관이 시설 및 인력 등 중요한 사항을 변경하고 이를 신고하지 아니하거나 거짓이나 그 밖의 부정한 방법으로 신고한 자

③ 장기요양기관의 장으로서 장기요양급여 제공에 관한 자료를 기록·관리하지 아니한 자

④ 장기요양기관의 장으로서 폐업·휴업 신고 또는 자료이관을 하지 아니하거나

거짓이나 그 밖의 부정한 방법으로 신고한 자

⑤ 건강보험관리공단에 장기요양급여비용을 거짓이나 그 밖의 부정한 방법으로 청구한 자

⑥ 거짓이나 그 밖의 부정한 방법으로 수급자에게 장기요양급여비용을 부담하게 한 자

⑦ 노인장기요양보험법에 규정된 자료의 제출·답변 또는 보고를 하지 아니한 자, 거짓 자료의 제출·답변 또는 보고를 하지 아니한 자, 거짓 자료의 제출·답변 또는 보고를 하거나 검사를 거부·방해 또는 기피한 자

과태료는 대통령령으로 정하는 바에 따라 보건복지부 장관이 부과·징수한다. 과태료 처분에 불복하는 자는 그 처분을 고지 받은 날부터 30일 이내에 보건복지부장관에게 이의를 제기할 수 있으며, 과태료 처분을 받은 자가 이의를 제기한때에는 보건복지부장관은 관할 법원에 그 사실을 통보하여야 하며, 그 통보를 받은 관할 법원은 비송사건절차법에 따른 과태료재판을 한다. 과태료 처분에 대하여 기간 이내에 이의를 제기하지 아니하고 과태료를 납부하지 아니한 때에는 국세 체납처분의 예에 따라 징수한다.(법 제70조① 내지 ④)

제 3 장

공공부조

제 1 절 국민기초생활보장법
제 2 절 의료급여법
제 3 절 재해구호법
제 4 절 기초노령연금법
제 5 절 국가유공자 예우 및 지원에 관한 법률

제1절 국민기초생활보장법

1. 목 적

국민기초생활보장법(國民基礎生活保障法)[8]은 생활이 어려운 자에게 필요한 급여를 행하여 이들의 최저생활을 보장하고 자활을 조성하는 것을 목적으로 제정되었다.(법 제1조)

국민기초생활보장법은 그 동안 실시되어 오던 빈곤층의 생계 보호를 위한 공공부조법인 생활보호법을 대체하는 획기적인 법으로서 ① 최저생계비 이하 국민의 지원 ② 보장 대상자의 근로유인방안 ③ 조건부 보장 등의 중요한 내용을 규정하고 있다.

국민기초생활보장법은 우리나라의 많은 사회복지서비스가 이 법의 수급자를 중심으로 이루어지고 있는 현실에서 매우 중요한 사회복지법이다.

2. 수급권자

1) 수급권자의 범위

국민기초생활보장법에서 '수급권자'라 함은 국민기초생활보장법에 의한 급여를 받을 수 있는 자격을 가진 자를 말하고(법 제2조 1호) '수급자'라 함은 국민기초생활보장법에 의한 급여를 받는 자를 말한다.(법 제2조 2호)

수급권자는 ① 부양의무자가 없거나, 부양의무자가 있어도 부양능력이 없거나 부양을 받을 수 없는 자로서 ② 소득인정액이 최저생계비 이하인 자로 한다.(법 제5조①)

따라서 수급권자의 범위를 정함에 있어서는 '부양의무자'와 '소득인정액' 및 '최저생계비'가 중요하다. 이를 나누어 설명하면 다음과 같다.

---

8) 국민기초생활보장법 2010년 1월 18일 개정, 법률 제9932호

2) 부양의무자

부양의무자(扶養義務者)라 함은 수급권자를 부양할 책임이 있는 자로서, 수급권자의 1촌의 직계혈족 및 그 배우자를 말한다.(법 제2조 5호)

'부양의무자가 있어도 부양능력이 없는 경우'란 부양의무자가 ① 수급자인 경우 ② 직계존속 또는 중증장애인인 직계비속을 자신의 주거에서 부양하는 경우 ③ 재산의 소득환산액이 보건복지부 장관이 정하여 고시하는 금액 미만인 경우 ④ 기타 질병·교육·가구특성 등으로 인하여 부양능력이 없다고 보건복지부 장관이 정하는 경우에 해당하는 경우 등을 말한다.(령 제4조)

'부양의무자가 있어도 부양을 받을 수 없는 경우'란 부양의무자가 ① 병역법에 의하여 징집 또는 소집된 경우 ② 해외이주자에 해당하는 경우 ③ 교도소·구치소·치료감호시설 등에 수용 중인 경우 ④ 보장시설에서 급여를 받고 있는 경우 ⑤ 실종선고·가출 또는 행방불명의 경우 ⑥ 부양을 기피 또는 거부하는 경우 ⑦ 기타 수급권자가 부양을 받을 수 없다고 시장·군수·구청장이 확인한 경우를 말한다.(령 제5조)

3) 소득인정액

소득인정액(所得認定額)이란 개별가구의 소득평가액과 재산의 소득환산액을 합산한 금액을 말한다.(법 제2조 8호)

'개별가구의 소득평가액(所得評價額)'이란 개별가구의 실제소득에 불구하고 보장기관(국가 또는 지방자치단체)이 급여의 결정 및 실시 등에 사용하기 위하여 산출한 금액을 말한다.(법 제2조 9호)

소득평가액은 실제 소득에서 다음에 해당하는 금액 등을 차감한 금액으로 한다.(규칙 제2조)

① 장애인복지법에 의한 장애수단·장애아동수당 및 보호수당

② 한부모가족지원법에 의한 아동양육비

③ 만성질환 등의 치료·요양·재활로 인하여 지속적으로 지출하는 의료비

④ 장애인이 직업재활사업에 참가하여 얻은 소득액의 30%에 해당하는 금액

⑤ 자활근로 및 자활공동체의 사업에 참가하여 받은 소득의 30%에 해당하는 금액

⑥ 학생이 얻은 근로소득 및 사업소득의 30%에 해당하는 금액

⑦ 근로소득 및 사업소득에 보건복지부 장관이 정하는 비율(10% 이내)을 곱한 금액

⑧ 기타 가구 특성에 따라 추가적인 지출이 필요하다고 인정되어 보건복지부 장관이 정하는 금액

'재산의 소득환산액(所得換算額)'이란 보장기관이 급여의 결정 및 실시 등에 사용하기 위하여 개별가구의 재산가액에 소득환산율을 곱하여 산출한 금액을 말한다. 이 경우 개별가구의 재산범위·재산가액의 산정기준 및 소득환산을 기타 필요한 사항에 관하여는 보건복지부령으로 정한다.(법 제2조 10호)

소득인정액의 계산에 있어서 개별가구(個別家口)란 수급자 또는 수급권자로 구성된 가구를 말한다. 이 경우 개별가구의 범위 등 구체적인 사항은 대통령령으로 정한다.(법 제2조 7호)

4) 최저생계비

최저생계비(最低生計費)란 국민이 건강하고 문화적인 생활을 유지하기 위하여 소요되는 최소한의 비용으로서 보건복지부 장관이 공표하는 금액을 말한다.(법 제2조 7호)

보건복지부 장관은 매년 9월 1일까지 중앙생활보장위원회의 심의·의결을 거쳐 다음 연도의 최저생계비를 공표하여야 한다.(법 제6조②)

5) 기타 특례사항

위 기준에 의한 수급권자에 해당하지 아니하여도 생활이 어려운 자로서 일정 기간 동안 국민기초생활보장법이 정하는 급여의 전부 또는 일부가 필요하다고 보건복지부 장관이 정하는 자는 수급권자로 본다.(법 제5조②)

3. 급여의 원칙 및 기준

1) 급여의 기본원칙

국민기초생활보장법에 의한 급여는 수급권자가 자신의 생활의 유지·향상을 위하여 그 소득·재산·근로능력을 활용하여 최대한 노력하는 것을 전제로 이를 보충·발전시키는 것을 기본원칙으로 한다.(법 제3조①)

부양의무자의 부양과 다른 법령에 의한 보호는 국민기초생활보장법에 의한 급여에 우선하여 행하여지는 것으로 한다. 다만, 다른 법령에 의한 보호의 수준이 국민기초생활보장법에서 정하는 수준에 이르지 아니하는 경우에는 나머지 부분에 관하여 국민기초생활보장법에 의한 급여를 받을 권리를 잃지 아니한다.(법 제3조②)

2) 급여의 구분

국민기초생활보장법에 의한 급여는 건강하고 문화적인 최저생활을 유지할 수 있는 것이어야 한다.(법 제4조①)

국민기초생활보장법에 의한 급여의 기준은 보건복지부 장관이 수급자의 연령·가구규모·거주지역 기타 생활여건 등을 고려하여 급여의 종류별로 정한다.(법 제4조③)

보장기관은 국민기초생활보장법에 의한 급여를 개별가구를 단위로 하여 행하되, 특히 필요하다고 인정하는 경우에는 개인을 단위로 하여 행할 수 있다.(법 제4조④)

4. 급여의 종류

1) 서 설

국민기초생활보장법에 의한 급여의 종류에는 생계급여, 주거급여, 의료급여, 교육급여, 해산급여, 장제급여, 자활급여가 있다.(법 제7조①) 그런데 의료급여는 별도의 법률(의료급여법)에 의한다.(법 제7조④)

수급권자에 대한 급여는 생계급여와 수급자의 필요에 따라 주거급여·의료급여·교육급여·해산급여·장제급여·자활급여를 함께 행하는 것으로 한다.(법 제7조③)

급여의 수준은 생계급여·주거급여·의료급여·교육급여·자활급여와 수급자의 소득인정액의 합산액이 최저생계비 이상이 되도록 하여야 한다.(법 제7조②)

국민기초생활보장법에서 '수급품'이란 국민기초생활보장법에 의하여 수급자에게 급여하거나 대여하는 금전 또는 물품을 말한다.(법 제2조 3호)

2) 생계급여

생계급여는 수급자에게 의복·음식물 및 연료비와 기타 일상생활에 기본적으로 필요한 금품을 지급하여 그 생계를 유지하게 하는 것으로 한다.(법 제8조)

생계급여는 금전을 지급함으로써 행한다. 다만, 금전에 의할 수 없거나 금전에 의하는 것이 적당하지 아니하다고 인정하는 경우에는 물품을 지급함으로써 행할 수 있다.(법 제9조①)

생계급여의 수급품은 대통령령이 정하는 바에 따라 매월 정기적으로 지급하여야 한다. 다만, 특별한 사정이 있는 경우에는 그 지급방법을 다르게 정하여 지급할 수 있다.(법 제9조②)

생계급여의 수급품은 수급자에게 직접 지급한다. 다만, 보장시설이나 타인의 가정에 위탁하여 생계급여를 행하는 경우에는 그 위탁받은 자에게 이를 지급할 수 있다. 이 경우 보장기관은 보건복지부 장관이 정하는 바에 따라 정기적으로 수급자의 수급 여부를 확인하여야 한다.(법 제9조③)

보장기관은 대통령령이 정하는 바에 따라 근로능력이 있는 수급자에게 자활에 필요한 사업에 참가할 것을 조건으로 하여 생계급여를 지급할 수 있다. 이 경우 보장기관은 자활지원계획을 감안하여 조건을 제시하여야 한다.(법 제9조⑤)

3) 주거급여

주거급여는 수급자에게 주거 안정에 필요한 임차료, 유지수선비 기타 대통령령이 정하는 수급품을 지급하는 것으로 한다.(법 제11조①)

4) 교육급여

교육급여는 수급자에게 입학금·수업료·학용품비 기타 수급품을 지원하는 것으로 하되, 학교의 종류·범위 등에 관하여 필요한 사항은 대통령령으로 정한다.(법 제12조①)

교육급여는 금전 또는 물품을 수급자 또는 수급자의 친권자나 후견인에게 지급함으로써 행한다. 다만, 보장기관이 필요하다고 인정하는 경우에는 수급자가 재학하는 학교의 장에게 수급품을 지급할 수 있다.(법 제12조②)

5) 해산급여

해산급여는 수급자에게 ① 조산(助産) ② 분만 전과 분만 후의 필요한 조치와 보호를 행하는 것으로 한다.(법 제13조①)

해산급여는 보건복지부령이 정하는 바에 따라 보장기관이 지정하는 의료기관에 위탁하여 행할 수 있다.(법 제13조②)

해산급여에 필요한 수급품은 보건복지부령이 정하는 바에 따라 수급자나 그 세대주 또는 세대주에 준하는 자에게 지급한다. 다만, 해산급여를 의료기관에 위탁하는 경우에는 수급품을 그 의료기관에 지급할 수 있다.(법 제13조③)

6) 장제급여

장제급여는 수급자가 사망한 경우, 사체의 검안·운반·화장 또는 매장 기타 장제조치를 행하는 것으로 한다.(법 제14조①)

장제급여는 보건복지부령이 정하는 바에 따라 실제로 장제를 행하는 자에게 장제에 필요한 비용을 지급함으로써 행한다. 다만, 이에 의할 수 없거나 이에 의하는 것이 적당하지 아니하다고 인정하는 경우에는 물품을 지급함으로써 행할 수 있다.(법 제14조②)

7) 자활급여

자활급여는 수급자의 자활을 조성하기 위하여 ① 자활에 필요한 금품의 지급 또는 대여 ② 자활에 필요한 근로능력의 향상 및 기능습득의 지원 ③ 취업알선 등 정보의 제공 ④ 자활을 위한 근로기회의 제공 ⑤ 자활에 필요한 시설 및 장비의 대여 ⑥ 창업교육, 기능훈련 및 기술·경영지도 등 창업지원 ⑦자활에 필요한 자산형성지원 ⑧ 기타 대통령령이 정하는 자활조성을 위한 각종 지원을 행하는 것으로 한다.(법 제15조①)

자활급여는 관련 공공기관·비영리법인·시설 그 밖에 대통령령이 정하는 기관에 위탁하여 이를 행할 수 있다. 이 경우 그에 소요되는 비용은 보장기관이 이를 부담한다.(법 제15조②)

5. 자활의 지원

1) 중앙자활센터

수급자 및 차상위자의 자활 촉진에 필요한 사업을 수행하기 위하여 중앙자활센터를 둘 수 있다.(법 제15조의 1 ①)

2) 지역자활센터

보장기관은 수급자 및 차상위자의 자활의 촉진에 필요한 ① 자활의욕 고취를 위한 교육 ② 자활을 위한 정보제공·상담·직업교육 및 위업 알선 ③ 생업을 위한 자금융자 알선 ④ 자영창업 지원 및 기술·경영지도 ⑤ 자활공동체의 설립·운영지원 ⑥ 기타 자활을 위한 각종 사업을 수행하게 하기 위하여 사회복지법인 등 비영리법인과 단체를 지역자활센터로 지정할 수 있다.(법 제16조①)

보장기관은 위 규정에 의하여 지정을 받은 지역자활센터에 대하여 ① 지역자활센터의 설립·운영비용 ② 사업수행비용의 전부 또는 일부 ③ 국·공유재산의 무상임대 ④ 보장기관이 실시하는 사업의 우선 위탁 등의 지원을 행할 수 있다.(법 제16조②)

지역자활센터는 수급자 및 차상위자에 대한 효과적인 자활 지원과 지역자활센터의 발전을 공통으로 도모하기 위하여 지역자활센터협회를 설립할 수 있다.(법 제16조④)

3) 자활기관협의체

시장·군수·구청장은 자활지원사업의 효율적인 추진을 위하여 지역자활센터·직업안정기관·사회복지시설의 장 등과 상시적인 협의체계를 구축하여야 하는데, 이 협의체를 자활기관협의체라 한다.(법 제17조①)

4) 자활공동체

수급자 및 차상위자는 상호 협력하여 자활공동체를 설립·운영할 수 있다.(법 제18조①)

보장기관은 자활공동체에게 직접 또는 중앙자활센터 및 지역자활센터를 통하여

① 자활을 위한 사업자금 융자 ② 국·유공자 우선 임대 ③ 국가 또는 지방자치단체가 실시하는 사업의 우선 위탁 ④ 국가 또는 지방자치단체 공동체 생산·우선 구매 ⑤ 기타 센터를 통하여 촉진을 위한 각종 사업의 지원을 할 수 있다.(법 제18조③)

6. 생활보장의 실시주체

1) 보장기관

보장기관(保障機關)이란 국민기초생활보장법에 의한 급여를 행하는 국가 또는 지방자치단체를 말한다.(법 제2조 4호)

국민기초생활보장법에 의한 급여는 수급권자 또는 수급자의 거주지를 관할하는 시·도지사와 시장·군수·구청장이 행한다. 다만, 주거가 일정하지 아니한 경우에는 수급권자 또는 수급자가 실제 거주하는 지역을 관할하는 시장·군수·구청장이 행한다.(법 제19조②)

보장기관은 수급자의 고용을 촉진하기 위하여 상시근로자의 일정비율 이상을 수급자로 채용하는 기업에 대하여 대통령령이 정하는 바에 따라 지원을 할 수 있다.(법 제18조의 2)

보장기관은 수급권자·수급자·차상위계층에 대한 조사와 수급자 결정 및 급여의 실시 등 국민기초생활보장법에 의한 보장업무를 수행하게 하기 위하여 사회복지전담공무원을 배치하여야 한다. 이 경우 자활급여 업무를 수행하는 사회복지전담공무원은 따로 배치하여야 한다.(법 제19조④)

2) 생활보장위원회

국민기초생활보장법에 의한 생활보장사업의 기획·조사·실시 등에 관한 사항을 심의·의결하기 위하여 보건복지부에 중앙생활보장위원회를 두고, 시·도 및 시·군·구에 각각 시·도 생활보장위원회 및 시·군·구 생활보장위원회를 둔다.(법 제20조①)

최저생계비의 결정 등은 중앙생활보장위원회의 심의·의결을 거쳐야 한다.(법 제20조②)

7. 급여의 실시

1) 급여의 신청

수급권자와 그 친족, 기타 관계인은 관할 시장·군수·구청장에게 수급권자에 대한 급여를 신청할 수 있다.(법 제21조①)

사회복지전담공무원은 국민기초생활보장법에 의한 급여를 필요로 하는 자가 누락되지 아니하도록 하기 위하여 관할지역 내에 거주하는 수급권자에 대한 급여를 직권으로 신청할 수 있다. 이 경우 수급권자의 동의를 구하여야 하며, 이를 수급권자의 신청으로 볼 수 있다.(법 제21조②)

2) 신청에 의한 조사

시장·군수·구청장은 급여신청이 있는 경우에는 사회복지전담공무원으로 하여금 급여의 결정 및 실시 등에 필요한 사항을 조사하게 하거나 수급권자에게 보장기관이 지정하는 의료기관에서 검진을 받게 할 수 있다.(법 제22조①)

위에서 '급여의 결정 및 실시 등에 필요한 사항'이란 ① 부양의무자의 유무 및 부양능력 등 부양의무자와 관련된 사항 ② 수급권자 및 부양 의무자의 소득·재산에 관한 사항 ③ 수급권자의 근로능력·취업상태·자활욕구 등 자활지원계획의 수립에 필요한 사항 ④ 기타 수급권자의 건강상태·가구특성 등 생활실태에 관한 사항을 말한다.(법 제22조①)

시장·군수·구청장은 급여를 신청한 수급권자 또는 그 부양의무자의 소득·재산 및 건강상태 등을 확인하기 위하여 필요한 자료의 확보가 곤란한 경우, 보건복지부령이 정하는 바에 따라 수급권자 또는 부양의무자에게 필요한 자료의 제출을 요구할 수 있다.(법 제22조②)

보장기관은 수급권자 또는 부양의무자가 신청에 의한 조사 또는 자료제출을 2회 이상 거부·방해 또는 기피하거나 검진 지시에 따르지 아니한 때에는 급여신청을 각하할 수 있다.(법 제22조⑧)

3) 확인조사

시장·군수·구청장은 수급자 및 수급자에 대한 급여의 적정성을 확인하기 위하여 매년 연간조사계획을 수립하고 관할구역 안의 수급자를 대상으로 매년 1회 이상 정기적으로 조사를 실시하여야 하며, 특히 필요하다고 인정하는 경우에는 보장기관이 지정하는 의료기관에서 검진을 받게 할 수 있다. 다만, 보건복지부 장관이 정하는 사항은 분기마다 조사를 실시하여야 한다.(법 제23조①)

보장기관은 수급자 또는 부양의무자가 위 확인조사나 자료제출 요구를 2회 이상 거부·방해 또는 기피하거나 검진지시에 따르지 아니한 때에는 수급자의 급여 결정을 취소하거나 급여를 정지 또는 중지할 수 있다.(법 제23조③)

4) 급여의 결정

시장·군수·구청장은 급여의 신청에 대한 조사를 할 때에는 지체없이 급여 실시의 여부와 급여의 내용을 결정하여야 한다.(법 제26조①)

시장·군수·구청장은 급여실시 여부와 급여 내용을 결정한 때에는 그 결정의 요지, 급여의 종류·방법 및 급여의 개시 시기 등을 서면으로 수급권자 또는 신청인에게 통지하여야 한다.(법 제26조③)

5) 급여의 실시 등

급여 실시 및 내용이 결정된 수급자에 대한 급여는 급여의 신청일부터 개시한다. 다만, 보건복지부 장관이 매년 결정·공표하는 최저생계비의 변경으로 인하여 매년 1월에 새로이 수급자로 결정되는 자에 대한 급여는 해당 연도의 1월 1일을 그 급여 개시일로 한다.(법 제27조①)

시장·군수·구청장은 급여 실시 여부의 결정 전이라도 수급권자에게 급여를 하여야 할 긴급한 필요가 있다고 인정될 때에는 급여의 일부를 행할 수 있다.(법 제27조②)

6) 차상위계층에 대한 급여

차상위계층(次上位階層)이라 함은 수급권자에 해당하지 아니하는 계층으로서 소득인정액이 최저생계비의 100분의 120 이하인 자를 말한다.(법 제2조 11호)

시장·군수·구청장은 최저생계비의 변경 등에 의하여 수급권자의 범위가 변동함에 따라 다음 연도에 국민기초생활보장법에 의한 급여가 필요할 것으로 예측되는 수급권자의 규모를 조사하기 위하여 보건복지부령이 정하는 바에 따라 차상위계층에 대하여 조사를 실시할 수 있다.(법 제24조①)

시장·군수·구청장은 차상위계층에 대한 조사를 실시하고자 하는 경우, 조사 대상자의 동의를 얻어야 한다. 이 경우 조사 대상자의 동의는 다음 연도의 급여 신청으로 본다.(법 제24조②)

차상위계층에 속하는 자에 대한 급여는 보장기관이 차상위자의 가구별 생활여건을 고려하여, 예산의 범위 안에서 급여의 전부 또는 일부를 행할 수 있다. 다만, 생계급여와 해산급여는 제외된다.(법 제7조③)

7) 자활지원계획의 수립

시장·군수·구청장은 수급자의 자활을 체계적으로 지원하기 위하여 보건복지부장관이 정하는 바에 따라 조사 결과를 감안하여 수급자 가구별로 자활지원계획을 수립하고, 그에 따라 국민기초생활보장법에 의한 급여를 실시하여야 한다.(법 제28조①)

8) 급여의 변경

보장기관은 수급자의 소득·재산·근로능력 등에 변동이 있는 경우에는 직권 또는 수급자나 그 친족 기타 관계인의 신청에 의하여 그에 대한 급여의 종류·방법 등을 변경할 수 있다.(법 제29조①)

9) 급여의 중지

보장기관은 ① 수급자에 대한 급여의 전부 또는 일부가 필요 없게 된 때 ② 수급자가 급여의 전부 또는 일부를 거부한 때, 급여의 전부 또는 일부를 중지하여야 한다.(법 제30조①)

근로능력이 있는 수급자가 근로 조건을 이행하지 않는 경우, 조건을 이행할 때까지 근로능력이 있는 수급자 본인의 생계급여의 전부 또는 일부를 지급하지 아니할 수 있다.(법 제30조②)

8. 보장시설

1 의 의

국민기초생활보장법에서 보장시설(保障施設)이라 함은 생계급여·주거급여·의료급여·교육급여·해산급여·장제급여·자활급여 등의 급여를 행하는 사회복지사업법에 의한 사회복지시설로서 대통령령이 정하는 시설을 말한다.(법 제32조)

2) 보장시설장의 의무

보장시설의 장은 보장기관으로부터 수급자에 대한 급여를 위탁받은 때에는 정당한 사유 없이 이를 거부하여서는 아니된다.(법 제33조①)

보장시설의 장은 위탁받은 수급자에게 급여를 행함에 있어서 성별·신앙 또는 사회적 신분 등을 이유로 차별대우를 하여서는 아니된다.(법 제33조③)

보장시설의 장은 위탁받은 수급자에게 급여를 행함에 있어서 수급자의 자유로운 생활을 보장하여야 한다.(법 제33조④)

보장시설의 장은 위탁받은 수급자에게 종교상의 행위를 강제하여서는 아니된다.(법 제33조⑤)

9. 수급자의 권리와 의무

1) 수급자의 권리 보호

수급자에 대한 급여는 정당한 사유 없이 이를 불리하게 변경할 수 없다.(법 제34조)

2) 수급자의 의무

수급자는 거주지역·세대의 구성에 변동이 있거나 기타 사항에 현저한 변동이 있는 때에는 지체없이 관할 보장기관에 이를 신고하여야 한다.(법 제37조)

3) 이의신청과 절차

수급자나 급여 또는 급여변경의 신청을 한 자는 그 결정의 통지를 받은 날부터 60일 이내에 시장·군수·구청장의 처분에 대하여 이의가 있는 경우에는 당해 보장기관을 거쳐 시·도지사에게 서면 또는 구두로 이의를 신청할 수 있다.(법 제38조①)

시·도지사는 위 규정에 의한 처분 등을 한 때에는 지체없이 신청인과 당해 시장·군수·구청장에게 각각 서면으로 이를 통지하여야 한다.(법 제39조②)

시·도지사의 처분 등에 대하여 이의가 있는 자는 그 처분 등의 통지를 받은 날부터 60일 이내에 시·도지사를 거쳐 보건복지부 장관에게 서면 또는 구두로 이의를 신청할 수 있다.(법 제40조①)

보건복지부 장관은 이의신청서를 송부 받은 때에는 30일 이내에 필요한 심사를 하고 이의신청을 각하하거나 당해 처분의 변경 또는 취소의 재결을 하여야 한다.(법 제41조①)

보건복지부 장관은 위 규정에 의한 재결을 한 때에는 지체없이 당해 시·도지사와 신청인에게 각각 서면으로 재결내용을 통지하여야 한다.(법 제41조②)

10. 보장비용

1) 서 설

국민기초생활보장법에서 보장비용(保障費用)이란 ① 국민기초생활보장법에 의한 보장업무에 소요되는 인건비와 사무비 ② 생활보장위원회의 운영에 소요되는 비용 ③ 생계급여·주거급여·교육급여·해산급여·장제급여·자활급여 등의 실시비용(의료급여의 실시비용은 제외한다) ④ 기타 국민기초생활보장법에 의한 보장업무에 소요되는 비용을 말한다.(법 제42조)

2) 보장비용의 부담구분

국가 또는 시·도가 직접 행하는 보장업무에 소요되는 비용은 국가 또는 당해 시·도가 부담한다.(법 제43조① 1호)

보건복지부 장관과 시·도지사가 수급자를 각각 국가 또는 당해 지방자치단체가 경영하는 보장시설에 입소하게 하거나 다른 보장시설에 위탁하여 급여를 행하는 경

우, 그 급여의 실시 비용은 국가 또는 당해 시·도가 부담한다.(법 제43조① 2호)

시·군·구가 행하는 보장업무에 소요되는 비용 중 ① 국민기초생활보장법에 의한 보장업무에 소요되는 인건비와 사무비 ② 생활보장위원회의 운영에 소요되는 비용은 당해 시·군·구가 부담한다.(법 제43조① 3호)

시·군·구가 행하는 보장업무에 소요되는 비용 중 ① 생계급여·주거급여·교육급여·해산급여·장제급여·자활급여 등의 실시비용과 ② 기타 국민기초생활보장법에 의한 보장업무에 소요되는 비용(시·군·구 보장비용)은 시·군·구의 재정여건, 사회보장비 지출 등을 고려하여 국가, 시·도 및 시·군·구가 다음과 같이 차등하여 분담한다.(법 제43조① 4호)

③ 국가는 시·군·구 보장비용의 총액 중40% 이상 90% 이하를 부담한다.

④ 시·도는 시·군·구 보장비용의 총액에서 국가부담분을 차감한 금액 중 30% 이상 70% 이하를, 시·군·구는 시·군·구 보장비용의 총액 중에서 국가와 시·도가 부담하는 금액을 차감한 금액을 각각 부담한다.

지방자치단체의 조례에 의하여 국민기초생활보장법에 의한 급여 범위 및 수준을 초과하여 급여를 실시하는 경우, 그 초과 보장비용은 당해 지방자치단체가 부담한다.(법 제43조⑤)

3) 비용의 징수

수급자에게 부양능력을 가진 부양의무자가 있음이 확인된 경우에는 보장비용을 지급한 보장기관은 생활보장위원회의 심의·의결을 거쳐 그 비용의 전부 또는 일부를 그 부양의무자로부터 부양의무의 범위 안에서 징수할 수 있다.(법 제46조①)

사위(詐僞) 기타 부정한 방법에 의하여 급여를 받거나 타인으로 하여금 급여를 받게 한 경우에는, 보장비용을 지급한 보장기관은 그 비용의 전부 또는 일부를 그 급여를 받은 자 또는 급여를 받게 한 자(이하 부정 수급자라 한다)로부터 징수할 수 있다.(법 제46조②)

제2절 의료급여법

1. 목 적

의료급여법(醫療給與法)은 생활이 어려운 자에게 의료급여를 실시함으로써 국민보건 향상과 사회복지의 증진에 이바지함을 목적으로 한다.

2. 정 의

이 법에서 사용하는 '수급권자'라 함은 이 법에 따라 의료급여를 받을 수 있는 자격을 가진 자를 말하며, '의료급여기관'이라 함은 수급권자에 대한 진료 · 조제 또는 투약 등을 담당하는 의료기관 및 약국 등을 말한다. 또한 '부양의무자'라 함은 수급권자를 부양할 책임이 있는 자로서 수급권자의 1촌의 직계혈족 및 그 배우자를 말한다.

3. 수급권자

이 법에 의한 수급권자는 국민기초생활 보장법에 의한 수급자, 재해구호법에 의한 이재민, 의사상자 등 예우 및 지원에 관한 법률에 따른 의상자 및 의사자유족, 입양촉진 및 절차에 관한 특례법에 의하여 국내에 입양된 18세 미만의 아동, 독립유공자예우에 관한 법률 및 국가유공자 등 예우 및 지원에 관한 법률의 적용을 받고 있는 자와 그 가족으로서 국가보훈처장이 의료급여가 필요하다고 요청한 자중 보건복지부장관이 의료급여가 필요하다고 인정한 자, 문화재보호법에 의하여 지정된 중요무형문화재의 보유자, 북한이탈주민의 보호 및 정착지원에 관한 법률의 적용을 받고 있는 자와 그 가족, 5 · 18민주화운동 관련자 보상 등에 관한 법률 제8조의 규정에 의하여 보상금등을 받은 자와 그 가족으로서 보건복지부장관이 의료급여가 필요하다고 인정하는 자, 그 밖에 생활유지의 능력이 없거나 생활이 어려운 자로서 대통령령이 정하는 자이다.(법 제3조)

4. 보장기관

이 법에 의한 의료급여에 관한 업무는 수급권자의 거주지를 관할하는 특별시장·광역시장·도지사·특별자치도지사(이하 '시·도지사'라 한다)와 시장·군수·구청장(자치구의 구청장을 말한다. 이하 같다)이 행한다.(법 제5조)

또한 이 법에 의한 의료급여사업의 실시에 관한 사항을 심의하기 위하여 보건복지부, 시·도 및 시·군·구에 각각 의료급여심의위원회를 둔다.

5. 의료급여의 내용 등

이 법에 의한 수급권자의 질병·부상·출산 등에 대한 의료급여는 진찰·검사, 약제·치료재료의 지급, 처치·수술과 그 밖의 치료, 예방·재활, 입원, 간호, 이송과 그 밖의 의료목적의 달성을 위한 조치 등 이다.(법 제7조)

의료급여는 의료법에 따라 개설된 의료기관, 보건소·보건의료원 및 보건지소, 보건진료소, 약사법에 따라 등록된 약국에서 행한다.(법 제9조)

급여비용은 대통령령이 정하는 바에 따라 그 전부 또는 일부를 제25조의 규정에 의한 의료급여기금에서 부담하되, 의료급여기금에서 일부를 부담하는 경우 그 나머지의 비용은 본인이 부담한다. 의료급여를 받을 권리는 양도 또는 압류할 수 없다.(법 제18조)

6. 이의신청 등

수급권자의 자격, 의료급여 및 급여비용에 대한 시장·군수·구청장의 처분에 이의가 있는 자는 시장·군수·구청장에게 이의신청을 할 수 있다.(법 제30조) 이의신청은 처분이 있은 날부터 90일 이내에 문서로 하여야 한다. 다만, 정당한 사유에 따라 그 기간내에 이의신청을 할 수 의료급여를 받을 권리, 급여비용을 받을 권리, 대불금을 상환받을 권리는 3년간 행사하지 아니하면 소멸시효가 완성된다. 소멸시효 및 시효중단에 관하여 이 법에 정한 사항 외에는 민법의 규정에 의한다.

7. 벌 칙

속임수 그 밖의 부정한 방법으로 의료급여를 받은 자 또는 제3자로 하여금 의료급여를 받게 한 자는 1년 이하의 징역 또는 1천만원 이하의 벌금에 처한다. 정당한 이유없이 제32조제2항의 규정에 위반하여 서류의 제출·보고를 하지 아니하거나 허위로 보고를 하거나 검사를 거부·방해 또는 기피한 자는 1천만원 이하의 벌금에 처한다.(법 제35조)

제3절 재해구호법

1. 목 적

재해구호법(災害救護法)은 이재민(罹災民)의 구호와 의연금품(義捐金品)의 모집절차 및 사용방법 등에 관하여 필요한 사항을 규정함으로써 이재민 보호와 그 생활안정에 이바지함을 목적으로 한다.

2. 정 의

이 법에서 사용하는 '이재민'이란 재난 및 안전관리 기본법 제3조제1호가목에 따른 재해(이하 '재해'라 한다)로 인하여 피해를 입은 사람을 말하며, '일시대피자'란 재해로 인한 피해가 예상되어 일시대피한 사람을 말한다. '구호기관'이란 이재민 및 일시대피자의 거주지를 관할하는 특별시장·광역시장·도지사·특별자치도지사(이하 '시·도지사'라 한다) 및 시장·군수·구청장(자치구의 구청장을 말한다. 이하 같다)을 말한다.. '구호지원기관'이란 구호기관의 업무를 지원하기 위하여 필요한 인력·시설 및 장비를 갖춘 기관 또는 단체로서 대한적십자사 조직법에 따른 대한적십자사 및 제29조에 따른 전국재해구호협회 등 대통령령으로 정하는 기관 또는 단체를 말한다.

'의연금품'이란 기부금품의 모집 및 사용에 관한 법률 제2조제1호에 따른 기부금품 중 재해의 구호를 위하여 반대급부 없이 취득하는 금전 또는 물품을 말한다. '모집'이란 서신·광고·인터넷 또는 그 밖의 방법으로 의연금품을 내도록 타인에게 의뢰하거나 권유하는 행위를 말한다. '모집자'란 제17조에 따라 의연금품의 모집허가를 받은 자를 말한다.

3. 재해구호계획의 수립 및 구호기관의 활동 등

이 법에 따른 구호는 이재민과 일시대피자를 대상으로 하고 구호의 종류는 임시 주거시설의 제공, 급식이나 식품·의류·침구 또는 그 밖의 생활필수품 제공, 의료 서비스의 제공, 전염병 예방 및 방역활동, 위생지도, 장사(葬事)의 지원을 말하며 구호기관은 필요하다고 인정하면 이재민에게 현금을 지급하여 구호할 수 있다.

소방방재청장은 매년 구호기관 및 구호지원기관의 재해구호업무에 관한 계획(이하 '재해구호계획'이라 한다)의 수립지침을 작성하여 구호기관 및 구호지원기관의 장에게 통보하여야 한다.(법 제5조) 구호기관은 지역별 재해발생 현황 및 지역실정 등을 고려하여 필요한 재해구호물자를 항상 확보하여 응급 구호할 수 있는 체제를 갖추어야 한다.

구호기관은 재해구호를 원활하게 하기 위하여 경찰관서, 소방관서, 군부대와 구호지원기관 등 재해구호 관련 기관과 협조하여야 한다.

재해구호기금은 지방세법에 따른 보통세의 수입결산액 연평균액의 1천분의 5에 해당하는 금액으로 한다.

4. 전국재해구호협회의 설립 및 운영 등

이재민의 구호에 필요한 의연금품의 모집·관리 및 구호활동 등을 위하여 전국재해구호협회(이하 '협회'라 한다)를 설립한다.(법 제29조) 협회는 법인으로 하고, 그 주된 사무소의 소재지에 설립등기를 함으로써 성립한다. 협회는 의연금품의 모집·배분 및 관리를 효율적으로 하기 위하여 이사회를 두며, 이 법에 규정된 것을 제외하고는 민법 중 사단법인에 관한 규정을 준용한다.

협회는 제29조제1항에 따른 목적을 달성하기 위하여 이재민의 구호를 위한 의연금품의 모집 · 배분 및 관리, 재해구호물품세트의 제작 · 공급 및 구호물자 보관창고의 운영, 재해구호에 관한 홍보 및 조사연구 등 재해구호 관련 사업, 배분위원회의 설치 · 운영, 재해구호 활동지원, 자원봉사자 및 자원봉사단체 관리 · 운영지원 사업을 수행할 수 있다.

5. 벌 칙

허가를 받지 아니하거나 속임수나 그 밖의 부정한 방법으로 허가를 받고 의연금품을 모집한 자, 강요한 자, 반환명령에 따르지 아니한 자, 의연금을 계좌에 납입하지 아니하거나 의연물품을 해당 지역구호센터에 전달하지 아니한 자, 의연금품의 목록을 제출하지 아니하거나 거짓으로 제출한 자, 의연금의 100분의 2를 초과하여 모집비용에 충당한 자, 감사보고서 또는 의연금품의 모집상황 및 목록, 구체적인 배분 내용 등에 대한 보고서를 제출하지 아니한 자, 속임수나 그 밖의 부정한 방법으로 이 법에 따른 구호를 받거나 다른 사람으로 하여금 구호를 받게 한 자는 3년 이하의 징역 또는 3천만원 이하의 벌금에 처한다.(법 제34조)

정당한 사유 없이 협조하지 아니하거나, 조사를 정당한 사유 없이 거부 · 방해 또는 기피한 자는 500만원 이하의 과태료를 소방방재청장 또는 구호기관이 부과 · 징수한다.

제4절 기초노령연금법

1. 목 적

기초노령연금법(基礎老齡年金法)은 노인이 후손의 양육과 국가 및 사회의 발전에 이바지하여 온 점을 고려하여 생활이 어려운 노인에게 기초노령연금을 지급함으로써 노인의 생활안정을 지원하고 복지를 증진함을 목적으로 하고 있으며,(법 제1조) 국가 및 지방자치단체는 기초노령연금이 노인의 생활안정을 지원하고 복지를 증진하는데 필요한 수준이 되도록 노력하여야 한다.(법 제4조①) 국가 및 지방자치단체는 기초노령연금의 지급에 따라 계층 간 소득역전현상이 발생하지 아니하고 근로의욕 및 저축유인이 저하되지 아니하도록 최대한 노력하여야 한다.(법 제4조③)

2. 지급대상

65세 이상인 자로서 소득인정액이 대통령령으로 정하는 금액 이하인자에게 기초노령연금(基礎老齡年金)을 지급하고,(법 제3조) 여기서 '대통령령으로 정하는 금액'(선정기준액)은 노인가구의 소득·재산수준과 생활실태, 물가상승률 등을 고려하여 전년도 11월 1일까지 보건복지부 장관이 결정·고시한다.(령 제2조①)

위에서 '소득인정액'이란 국민기초생활보장법에 따른 소득인정액(본인 및 배우자의 소득인정액에 한한다)을 말한다. 다만, 보건복지부령으로 정하는 바에 따라 그 산출기초가 되는 소득·재산의 범위, 소득평가액 산정 방식 및 재산의 소득환산액 산정방식을 다르게 정할 수 있다.(법 제2조 4호)

3. 기초노령연금

기초노령연금액은 국민연금법에 따른 가입자 전체의 평균소득월액의 100분의 5에 해당하는 액수로 한다. 다만, 소득인정액과 기초노령연금액을 합한 금액이 제3

조에 따라 대통령령으로 정하는 금액 이상인 경우에는 대통령령으로 정하는 바에 따라 기초노령연금액의 일부를 감액하여 지급할 수 있다.(법 제5조①)

위 제1항에도 불구하고 본인 및 그 배우자가 모두 기초노령연금을 지급받는 경우에는 각각의 기초노령연금금액에 대하여 100분의 20을 감액한다.(법 제5조②)

4. 기초노령연금의 신청

기초노령연금을 지급받고자 하는 자(기초노령연금수급희망자) 또는 그 친족, 그 밖의 관계인은 보건복지부 장관 또는 지방자치단체의 장에게 기초노령연금을 신청할 수 있다. 이 경우 보건복지부 장관 또는 지방자치단체의 장은 그 조사 결과에 따라 지체 없이 기초노령연금의 지급 여부를 결정하여야 한다.(법 제6조①)

5. 수급권

기초노령연금법에서 '수급권'이란 기초노령연금을 받을 권리를 말한다. 그리고 '수급권자'란 수급권을 가진 자를 말하고, '수급자'란 기초노령연금을 지급받는 자를 말한다.(법 제2조 1호 내지 3호)

보건복지부 장관 또는 지방자치단체의 장은 수급권의 발생 또는 상실을 확인하기 위하여 기초노령연금을 신청한 자, 수급권자, 수급자, 그 배우자 및 고용주(수급권자등)데 대하여 필요한 서류나 그 밖에 소득·재산 등에 관한 자료의 제출을 요구할 수 있으며, 소속 공무원으로 하여금 수급권자등의 주거, 그 밖의 필요한 장소에 출입하여 서류 등을 조사하게 하거나 관계인에게 필요한 질문을 하게 할 수 있다.(법 제7조①)

수급권은 이를 양도·압류하거나 담보에 제공할 수 없다.(법 제13조①) 그리고 기초노령연금으로 지급받은 금품은 이를 압류할 수 없다.(법 제13조②)

수급권자는 사망한 때, 국적을 상실하거나 국외로 이주한 때, 수급요건에 해당하지 아니하게 된 때에 수급권을 상실한다.(법 제11조)

수급자는 수급권의 상실사유가 발생하였을 때에는 보건복지부령으로 정하는 바에 따라 보건복지부장관 또는 지방자치단체의 장에게 신고하여야 한다. 다만, 수급자가 사망한 때에는 신고의무자가 보건복지부령으로 정하는 기한 이내에 그 사망 사

실을 보건복지부 장관 또는 지방자치단체의 장에게 신고하여야 한다.(법 제18조)

6. 기초노령연금의 지급

기초노령연금은 제6조에 따라 수급권자로 결정된 경우 기초노령연금을 신청한 날이 속하는 달부터 수급권이 소멸한날이 속하는 달까지 매월 정기적으로 지급한다.(법 제9조①) 기초노령연금은 그 지급을 정지하여야 할 사유가 발생한 때에는 그 사유가 발생한 날이 속하는 달의 다음 달부터 그 사유가 소멸한 날이 속하는 달까지는 이를 지급하지 아니한다.(법 제8조②) 수급자가 금고 이상의 형을 선고받고 그 집행이 종료되지 아니하거나 집행을 받지 아니하기로 확정되지 아니한 기간 동안에는 기초노령연금의 지급을 정지한다.(법 제10조)

7. 부당이득의 환수

보건복지부 장관 또는 지방자치단체의 장은 수급권이 없는 자가 기초노령연금을 지급받은 경우에는 대통령령으로 정하는 바에 따라 지급액을 징수하여야 한다.(법 제12조) 위 제12조에 따른 부당이득을 환수할 국가 및 지방자치단체의 권리는 5년간 행사하지 아니하면 시효의 완성으로 소멸된다.(법 제16조)

8. 비용의 부담

기초노령연금은 다음 각 호의 구분에 따라 국가 또는 지방자치단체가 부담한다.(법 제19조)

국가는 지방자치단체의 노인인구 비율 및 재정여건 등을 고려하여 100분의 40 이상 100분의 90 이하의 범위 안에서 대통령령으로 정하는 비율을 부담한다. 위 제1호에 따라 국가가 부담한 금액을 차감한 액수에 대하여는 시·도 및 시·군·구 가 상호 분담하되, 그 부담비율은 노인인구 비율 및 재정여건 등을 고려하여 시·도의 조례로 정하고, 미리 보건복지부 장관과 협의하여야 한다.

제5절 국가유공자 등 예우 및 지원에 관한 법률

1. 목 적

이 법은 국가를 위하여 희생하거나 공헌한 국가유공자, 그 유족 또는 가족을 합당하게 예우(禮遇)하고 지원함으로써 이들의 생활안정과 복지향상을 도모하고 국민의 애국정신을 기르는 데에 이바지함을 목적으로 한다. 대한민국의 오늘은 온 국민의 애국정신을 바탕으로 전몰군경(戰歿軍警)과 전상군경(戰傷軍警)을 비롯한 국가유공자의 희생과 공헌 위에 이룩된 것이므로 이러한 희생과 공헌이 우리와 우리의 자손들에게 숭고한 애국정신의 귀감(龜鑑)으로서 항구적으로 존중되고, 그 희생과 공헌의 정도에 상응하여 국가유공자와 그 유족의 영예(榮譽)로운 생활이 유지·보장되도록 실질적인 보상이 이루어져야 한다.

2. 정 의

이 법에 따른 국가유공자, 그 유족 또는 가족은 순국선열 애국지사 전몰군경(戰歿軍警) 전상군경(戰傷軍警) 순직군경(殉職軍警) 공상군경(公傷軍警) 무공수훈자(武功受勳者) 보국수훈자(保國受勳者): 가. 군인으로서 보국훈장을 받고 전역한 사람, 나. 군인 외의 사람으로서 간첩체포, 무기개발 및 그 밖에 대통령령으로 정하는 사유로 보국훈장을 받은 사람 6·25참전 재일학도의용군인(在日學徒義勇軍人) 참전유공자 4·19혁명사망부상공로자 순직공무원 공상공무원 국가사회발전 특별공로순직상이공로자이다.(법 제4조)

이 법에 따라 보상을 받는 국가유공자의 유족이나 가족의 범위는 배우자 자녀 부모 성년인 직계비속(直系卑屬)이 없는 조부모 60세 미만의 직계존속(直系尊屬)과 성년인 형제자매가 없는 미성년 제매(弟妹)이다.

국가유공자, 그 유족 또는 가족이 되려는 사람은 대통령령으로 정하는 바에 따라 국가보훈처장에게 등록을 신청하여야 한다. 국가보훈처장은 등록신청을 받으면 대통령령으로 정하는 바에 따라 요건을 확인한 후 국가유공자, 그 유족 또는 가족에 해당하는지를 결정한다. 결정할 때에는 보훈심사위원회 심의·의결을 거쳐야 한다. 신체검사 대상자의 상이등급은 그 상이정도에 따라 1급·2급·3급·4급·5급·6급 및 7급으로 구분하여 판정한다.

3. 보훈급여금

보훈급여금(報勳給與金)은 보상금(報償金), 수당 및 사망일시금(死亡一時金)으로 구분한다.

수당은 생활조정수당 간호수당 무공영예수당 6·25전몰군경자녀수당 부양가족수당 중상이(重傷痍)부가수당이며 보상금은 상이등급별로 구분하여 지급한다.

보상금의 지급수준은 통계법에 따라 통계청장이 지정하여 고시(告示)하는 통계 중 가계조사통계의 전국가구(全國家口) 가계소비지출액 등을 고려하여 국가유공자의 희생과 공헌의 정도에 상응하게 결정하여야 한다. 보훈급여금을 받을 권리는 양도하거나 압류할 수 없으며, 담보로 제공할 수 없다.

국가는 국가유공자와 그 유족 또는 가족이 학교 등(이하 '교육기관'이라 한다)에서 필요한 교육을 받음으로써 건전한 사회인으로 자립할 수 있도록 교육지원을 실시한다.(법 제21조)

국가는 국가유공자와 그 유족 등의 생활안정 및 자아실현을 위하여 취업지원을 한다.(법 제28조)

국가는 국가유공자와 그 유족 등이 건강한 생활을 유지하고 필요한 진료 등을 받을 수 있도록 의료지원을 한다.(법 제41조)

국가는 국가유공자와 그 유족 등의 자립과 생활안정을 위하여 장기저리(長期低利)로 대부(貸付)를 한다.(법 제46조)

4. 보칙 및 벌칙

국가보훈처장은 이 법에 따라 보상받은 사람이 거짓이나 그 밖의 부정한 방법으로 보상을 받은 경우 보상을 받은 후 그 보상을 받게 된 사유가 소급하여 소멸한 경우 잘못 지급된 경우 그가 받은 보훈급여금·학습보조비, 직업재활훈련비·직업능력개발훈

련비, 능력개발 장려금·지원비, 의료지원비, 보조금을 환수하여야 한다.(법 제75조)

국가보훈처장은 국가유공자가 이 법 또는 이 법에 따른 명령을 위반하거나 대통령령으로 정하는 품위손상행위를 한 경우에는 보훈심사위원회의 의결을 거쳐 3년의 범위에서 기간을 정하여 이 법 또는 다른 법률에 따라 그가 받을 수 있는 보상의 전부 또는 일부를 하지 아니하며, 금고 이상의 실형을 선고받고 그 형이 확정된 경우에는 그 확정된 날이 속하는 달의 다음 달부터 선고받은 실형의 기간 동안 그가 받을 보훈급여금을 지급하지 아니한다.

거짓이나 그 밖의 부정한 방법으로 이 법에 따른 보상을 받거나 보상을 받게 하는 사람은 5년 이하의 징역 또는 3천만원 이하의 벌금에 처한다.(법 제85조) 제34조제3항에 따라 고용할 것을 명하였으나 정당한 사유 없이 이에 따르지 아니한 자에게는 500만원 이하의 과태료를 부과한다.

제 4 장

사회복지서비스

제1절 사회복지사업법

1. 의 의

사회복지사업법(社會福祉事業法) 9)은 사회복지사업에 관한 기본적 사항을 규정하여 사회복지를 필요로 하는 사람의 인간다운 생활을 할 권리를 보장하고, 사회복지의 전문성을 높이며, 사회복지사업의 공정·투명·적정을 기하고, 지역사회복지의 체계를 구축함으로써 사회복지의 증진에 이바지함을 목적으로 제정되었다.(법 제1조)

사회복지사업(社會福祉事業)이란 사회복지관련 법률에 의한 보호·선도 또는 복지에 관한 사업과 사회복지상담·부랑인 및 노숙인 보호·직업보도·무료숙박·지역사회복지·의료복지·재가복지·사회복지관운영·정신질환자 및 한센병력자 사회복귀에 관한 사업 등 각종 복지사업과 이과 관련된 자원봉사활동 및 복지시설의 운영 또는 지원을 목적으로 하는 사업을 말한다.(법 제2조의 1)

위에서 '사회복지관련 법률'이란 국민기초생활보장법, 아동복지법, 노인복지법, 장애인복지법, 한부모가족지원법, 영유아보육법, 성매매 방지 및 피해자 보호 등에 관한 법률, 정신보건법, 성폭력 방지 및 피해자 보호 등에 관한 법률, 입양 촉진 및 절차에 관한 특례법, 일제하 일본군 위안부 피해자에 대한 생활안정 지원 및 기념사업 등에 관한 법률, 사회복지공동모금회법, 장애인·노인·임산부 등의 편의 증진 보장에 관한 법률, 가정폭력 방지 및 피해자 보호 등에 관한 법률, 농어촌 주민의 보건복지 증진을 위한 특별법, 식품 기부 활성화에 관한 법률, 의료급여법, 기초노령연금법, 긴급복지지원법, 다문화가족지원법, 장애인연금법, 장애인활동지원법을 말한다.(법 제2조의 2)

'사회복지서비스'란 국가·지방자치단체 및 민간부문의 도움을 필요로 하는 모든 국민에게 상담·재활·직업소개 및 지도, 사회복지시설의 이용 등을 제공하여 정상적인 사회생활이 가능하도록 제도적으로 지원하는 것을 말한다.(법 제2조의 4)

9) 사회복지사업법 2011년 1월 4일 개정, 법률 제10426호

사회복지사업의 내용과 절차 등에 관하여 위 22개의 사회복지관련 법률에 특별한 규정이 있는 경우를 제외하고는 사회복지사업법이 정하는 바에 의한다.(법 제3조①) 따라서 사회복지사업법은 사회복지관련 법률에 있어서 일반법(一般法)이라 할 수 있다.

그런데 사회복지사업법 제3조제2항은 위 22개의 사회복지관련 법률을 개정하는 경우에 사회복지사업법에 부합하도록 해야 한다고 규정하고 있다.

2. 복지증진의 책임

국가와 지방자치단체는 사회복지를 증진할 책임을 진다.(법 제4조①)

국가와 지방자치단체는 사회복지서비스와 보건의료서비스를 함께 필요로 하는 사람에게 이들 서비스가 연계되어 제공되도록 노력하여야 한다.(법 제4조②)

누구든지 정당한 이유 없이 사회복지시설의 설치를 방해하여서는 아니된다.(법 제6조①)이에 위반한 자는 1년 이하의 징역 또는 300만원 이하의 벌금에 처한다.(법 제54조)

시장·군수·구청장은 정당한 이유 없이 사회복지시설의 설치를 지연시키거나 제한하는 조치를 하여서는 아니된다.(법 제6조②)

국가는 국민의 사회복지에 대한 이해를 증진하고 사회복지사업 종사자의 활동을 장려하기 위하여 매년 9월 7일을 '사회복지의 날'로 하고, 사회복지의 날부터 1주간을 '사회복지주간'으로 한다.(법 제15조의 2 ①)

3. 사회복지전달체계

1) 서 설

사회복지전달체계로는 사회복지위원회, 지역사회복지협의체, 복지위원, 자원봉사자, 사회복지사, 한국사회복지사협회, 사회복지전담공무원, 복지사무전담기구, 사회복지협의회 등이 있다.

2) 사회복지위원회

사회복지사업에 관한 중요사항과 지역사회복지계획을 심의 또는 건의하기 위하여 시·도에 사회복지위원회를 둔다.(법 제7조①)

사회복지위원회의 위원은 시·도지사가 임명 또는 위촉한다.(법 제7조②)

3) 지역사회복지협의체

관할지역 안의 사회복지사업에 관한 중요사항과 지역사회복지계획을 심의 또는 건의하고, 사회복지·보건의료 관련 기관·단체가 제공하는 사회복지서비스 및 보건의료서비스의 연계·협력을 강화하기 위하여 시·군·구에 지역사회복지협의체를 둔다.(법 제7조의 2 ①)

지역사회복지협의체의 위원은 시장·군수·구청장이 임명 또는 위촉한다.(법 제7조의 2 ②)

4) 복지위원

시장·군수·구청장은 읍·면·동의 사회복지사업을 원활하게 수행하도록 하기 위하여 읍·면·동 단위에 복지위원을 위촉하여야 한다.(법 제8조①) 복지위원은 명예직으로 하되, 예산의 범위 안에서 수당을 지급할 수 있다.(법 제8조②)[10]

5) 사회복지 자원봉사자

국가 및 지방자치단체는 사회복지 자원봉사활동을 지원·육성하기 위하여 ① 자원봉사활동의 홍보 및 교육 ② 자원봉사활동 프로그램의 개발·보급 ③ 자원봉사활동 중의 재해에 대비한 시책의 개발 ④ 기타 자원봉사활동의 자원에 사항을 실시하여야 한다.(법 제9조①)

국가 및 지방자치단체는 위 사항들을 효율적으로 수행하기 위하여 사회복지법인 기타 비영리법인·단체에 이를 위탁할 수 있다.(법 제9조②)

10) 금치산자(禁治產者)와 한정치산자(限定治產者) 제도를 폐지하고, 이를 한정후견인제도(限定後見人制度)로 바꾸는 민법 개정이 추진되고 있다.

6) 사회복지사

사회복지사업법 제11조제1항은 "보건복지부 장관은 사회복지에 관한 전문지식과 기술을 가진 자에게 사회복지사의 자격증을 교부할 수 있다."고 규정하고 있다.

사회복지사의 등급은 1·2·3급으로 하고, 등급별 자격기준 및 자격증의 교부절차 등은 대통령령으로 정한다.(법 제11조②)

① 금치산자 또는 한정치산자 ② 금고 이상의 형의 선고를 받고 그 집행이 종료되지 아니하였거나 그 집행을 받지 아니하기로 확정되지 아니한 자 ③ 법률 또는 법원의 판결에 의하여 자격이 상실 또는 정지된 자 ④ 마약·대마 또는 향정신성의약품의 중독자는 사회복지사가 될 수 없다.(법 제11조의 2) 이를 사회복지사의 '결격사유'라 한다.

사회복지사 1급의 자격증을 교부 받고자 하는 자는 국가시험에 합격하여야 한다.(법 제11조①) 이 국가시험은 보건복지부 장관이 시행하되, 시험의 관리는 대통령령이 정하는 바에 의하여 시험관리능력이 있다고 인정되는 관계 전문기관에 위탁할 수 있다.(법 제12조①) 단, 시험의 과목·응시자격 등 시험 실시에 관하여 필요한 사항은 대통령령으로 정한다.(법 제12조④)

사회복지법인 및 사회복지시설을 설치·운영하는 자는 당해 법인 또는 시설에서 ① 사회복지프로그램의 개발 및 운영업무 ② 시설거주자의 생활지도업무 ③ 사회복지를 필요로 하는 사람에 대한 상담업무에 종사하는 자를 사회복지사로 채용하여야 한다.(법 제13조①)

그러나 ① 노인복지법에 의한 노인여가복지시설(노인복지회관을 제외한다) ② 장애인복지법에 의한 점자도서관과 점자도서 및 음성도서 출판시설 ③ 영유아보육법에 의한 보육시설 ④ 성매매방지 및 피해자보호 등에 관한 법률에 의한 성매매피해자 등을 위한 지원시설 및 성매매피해 상담소 ⑤ 정신보건법에 의한 정신질환자사회복귀시설 및 정신요약시설 ⑥ 성폭력범죄의 처벌 및 피해자 보호 등에 관한 법률에 의한 성폭력피해상담소는 사회복지사를 채용하지 아니할 수 있다.(법 제13조①)

보건복지부 장관은 사회복지사의 자실향상을 위하여 필요하다고 인정하는 경우 사회복지사에 대하여 교육받을 것을 명할 수 있다. 다만, 사회복지법인 또는 사회복지시설에 종사하는 사회복지사는 정기적으로 보수교육을 받아야 한다.(법 제13조②)

7) 한국사회복지사협회

사회복지사는 사회복지에 관한 전문지식과 기술을 개발·보급하고 사회복지사의 자질 향상을 위한 교육훈련 및 사회복지사의 복지 증진을 도모하기 위하여 한국사회복지사협회를 설립한다.(법 제46조①)

한국사회복지사협회는 법인으로 하되, 협회의 조직과 운영 등에 관하여 필요한 사항은 대통령령으로 정한다.(법 제46조②)

한국사회복지사협회에 관하여 사회복지사업법에 규정된 것을 제외하고는 민법 중 사단법인에 관한 규정을 준용한다.(법 제46조③)

8) 사회복지전담공무원

사회복지사업에 관한 업무를 담당하게 하기 위하여 시·도, 시·군·구 및 읍·면·동 또는 복지사무전담기구에 사회복지전담공무원을 둘 수 있다.(법 제14조①)

사회복지전담공무원은 사회복지사의 자격을 가진 자로 하며, 그 임용 등 기타 필요한 사항은 대통령령으로 정한다.(법 제14조②)

사회복지전담공무원은 그 관할 지역 안의 사회복지를 필요로 하는 사람 등에 대하여 항상 그 생활실태 및 가정환경 등을 파악하고, 사회복지에 관하여 필요한 상담과 지도를 행한다.(법 제14조③)

9) 복지사무전담기구

사회복지사업에 관한 업무를 효율적으로 운영하기 위하여 필요한 경우 시·군·구 또는 읍·면·동에 복지사무를 전담하는 기구를 따로 설치할 수 있다.(법 제15조①)

위 규정에 의한 복지사무전담기구의 사무의 범위·조직 기타 필요한 사항은 당해 시·군·구의 조례로 정한다.(법 제15조②)

예를들면 광주광역시청에는 복지건강국이 있고, 복지건강국에 사회복지과·노인장애인복지과·건강정책과·식품안전과 등 4개 과가 있다. 그리고 광주광역시 남구청에는 사회복지국이 있고, 사회복지국에 복지기획과·노인장애인복지과·여성아동복지과·위생과 등 4개 과가 있다.

10) 사회복지협의회

사회복지에 관한 조사·연구와 각종 복지사업을 조성하기 위하여 전국 단위의 한국사회복지협의회(중앙협의회)와 시·도 단위의 시·도사회복지협의회(시·도협의회)를 두며, 필요한 경우에는 시·군·구 단위의 시·군·구 사회복지협의회(시·군·구협의회)를 둘 수 있다.(법 제33조①)

중앙협의회, 시·도협의회 및 시·군·구협의회는 사회복지사업법에 의한 사회복지법인으로 하되,(법 제33조②) 그 조직과 운영 등에 관하여 필요한 사항은 대통령령으로 정한다.(법 제33조③)

4. 지역사회복지계획

지역사회복지(地域社會福祉)란 주민의 복지증진과 삶의 질 향상을 위하여 지역사회 차원에서 전개하는 사회복지를 말한다.(법 제2조 1호의2)

그런데 시장·군수·구청장은 지역주민 등 이해관계인의 의견을 들은 후 지역사회복지협의체의 심의를 거쳐 당해 시·군·구의 지역사회복지계획을 수립하고 이를 시·도지사에게 제출하여야 한다.(법 제15조의 3 ①)

시·도지사는 위 규정에 의하여 제출 받은 시·군·구의 지역사회복지계획을 종합·조정하여 사회복지위원회의 심의를 거쳐 시·도의 지역사회복지계획을 수립하고, 이를 보건복지부 장관에게 제출하여야 한다.(법 제15조의 3 ②)

시·도지사 또는 시장·군수·구청장은 보건복지부령이 정하는 바에 의하여 지역복지계획을 시행하여야 한다.(법 제15조의 5 ①)

보건복지부 장관 또는 시·도지사는 대통령령이 정하는 바에 의하여 시·도 또는 시·군·구의 지역복지계획의 시행 결과를 평가할 수 있다.(법 제15조의 6 ①)

보건복지부 장관은 시·도지사 및 시장·군수·구청장에게 사회복지사업의 수행에 필요한 비용을 지원할 수 있는데(법 제42조의 3 ①) 보건복지부 장관은 위 평가 결과를 반영하여 지원을 할 수 있다.(법 제42조의 3 ②)

5. 사회복지법인

1) 사회복지법인의 성격

사회복지법인(社會福祉法人)이란 사회복지사업을 행할 목적으로 설립된 법인을 말한다.(법 제2조 2호)

사회복지법인에 관하여 사회복지사업법에 규정된 것을 제외하고는 민법과 공익법인의 설립·운영에 관한 법률을 준용한다.(법 제32조)

2) 사회복지법인의 책임

사회복지법인은 그 법인의 정관에 규정한 목적 범위 내에서 권리와 의무의 주체가 된다. 사회복지법인의 대표자 또는 사회복지법인이나 개인의 대리인·사용인 기타 종업원이 그 법인 또는 개인의 업무에 관하여 사회복지사업법 위반행위를 한 때에는 행위자를 벌하는 외에 그 법인 또는 개인에 대하여도 각 해당 조의 벌금형을 과한다.(법 제56조) 이를 양벌규정(兩罰規定)이라 한다.

사회복지사업법 제53조제1호는, 법인은 기본재산을 매도·증여·교환·임대·담보제공 또는 용도변경하거나 보건복지부령이 정하는 금액 이상을 1년 이상 장기차입하고자 할 때에는 보건복지부장관의 허가를 받아야 하며, 이를 위반한 때에는 5년 이하의 징역 또는 1,500만원 이하의 벌금에 처한다고 규정하고 있다. 그런데 헌법재판소는 사회복지사업법 제56조 중 "법인의 대리인·사용인, 기타의 종업원이 그 법인의 업무에 고나하여 제53조제1호의 위반행위를 한 때에는 그 법인에 대하여도 해당 조의 벌금형을 과한다."는 부분은 헌법에 위반된다고 판시하였다.[11)]

3) 사회복지법인의 설립

사회복지법인을 설립하고자 하는 자는 대통령령이 정하는 바에 의하여 보건복지부 장관의 허가(許可)를 받아야 한다.(법 제16조①) 그런데 사회복지법인의 설립허가를 받고자 하는 자는 법인설립허가 신청서에 일정한 서류를 첨부하여 시장·군수·구청장을 경유하여 시·도지사에게 제출하여야 한다. 설립허가를 받은 법인은 주된 사무소의 소재지에서 설립등기를 하여야 한다.(법 제16조②)

11) 헌재 2010.9.30, [2010헌가31](병합)

4) 사회복지법인의 정관

사회복지법인의 정관(定款)에는 목적, 명칭, 주된 사무소의 소재지, 사업의 종류, 자산 및 회계에 관한 사항, 임원의 임면(任免) 등에 관한 사항, 회의에 관한 사항, 수익을 목적으로 하는 사업이 있는 경우 그에 관한 사항, 정관의 변경에 관한 사항, 존립시기와 해산사유를 정한 때에는 그 시기와 사유 및 잔여재산의 처리방법, 공고 및 그 방법에 관한 사항을 기재하여야 한다.(법 제17조①)

사회복지법인이 정관을 변경하고자 할 때에는 보건복지부 장관의 인가(認可)를 받아야 한다. 다만, 보건복지부령으로정하는 경미한 사항의 경우에는 그러하지 아니하다.(법 제17조②)

5) 사회복지법인의 임원

사회복지법인은 대표이사를 포함한 이사 5인 이상과 감사 2인 이상을 두어야 한다.(법 제18조①) 그런데 이사와 감사는 이사회에서 선임한다.

사회복지사업법에는 위와 같이 대표이사(代表理事)라 규정되어 있지만, 영리법인의 경우에는 대표이사, 비영리법인의 경우에는 이사장(理事長)을 두는 것이 우리 사회의 일반적인 관행이다.

이사회의 구성에 있어서 대통령령이 정하는 특별한 관계에 있는 자가 이사 현원의 5분의 1을 초과할 수 없다.(법 제18조②)

사회복지사업법에는 이사회의 정족수에 관한 규정이 없다. 따라서 민법 제58조제2항에 따라 이사회의 정족수는 정관으로 정하되, 정관에 규정이 없으면 재적이사의 과반수로써 의결한다. 그런데 사회복지법인은 정관에 "이사회는 재적이나 과반수의 출석과 출석이사 과반수의 찬성으로 의결한다"고 규정하는 것이 상례라 할 수 있다.

이사는 사회복지법인이 설치한 사회복지시설의 장을 제외한 당해 시설의 직원을 겸할 수 없다.(법 제21조①)

감사는 이사와 대통령령이 정하는 특별한 관계에 있는 자가 아니어야 한다.(법 제18조⑥) 감사는 법인의 이사, 법인이 설치한 사회복지시설의 장 또는 그 직원을 겸할 수 없다.(법 제21조②) 이사의 임기는 3년으로 하고 감사의 임기는 2년으로 하되, 각각 연임할 수 있다.(법 제18조③) 사회복지법인은 임원을 임면하는 경우에는 보건복지부령이 정하는 바에 의하여 지체없이 이를 보건복지부 장관에게 보고하여야 한

다.(법 제18조⑤)

사회복지사업 또는 그 직무와 관련하여 100만원 이상의 벌금형의 선고를 받고 그 형이 확정된 후 5년 또는 형의 집행유예의 선고를 받고 그 형이 확정된 후 7년이 경과하지 아니하거나 징역형의 선고를 받고 그 집행이 종료되거나 집행이 면제된 날부터 7년이 경과되지 아니한 자, 사회복지사업법에 의한 해임명령에 따라 해임된 날부터 5년이 경과되지 아니한 자는 사회복지법인의 임원이 될 수 없다.(법 제19조①)

보건복지부 장관은 사회복지법인의 임원이 ① 보건복지부 장관의 명령을 정당한 이유 없이 이행하지 아니한 때 ② 회계 부정이나 현저한 불법행위 기타 부당행위 등이 발견되었을 때 ③ 법인의 업무에 관하여 보건복지부 장관에게 보고할 사항에 대하여 고의로 보고를 지연하거나 허위보고를 한 때 ④ 기타 사회복지사업법 또는 사회복지사업법에 의한 명령을 위반한 때에는 사회복지법인에 대하여 그 임원의 해임을 명할 수 있다.(법 제22조)

이사 또는 감사 중에 결원이 생긴 때에는 2월 이내에 이를 보충하여야 한다.(법 제20조①) 사회복지법인이 위 기간 내에 이사의 결원을 보충하지 아니하는 경우에는 보건복지부 장관은 지체없이 이해관계인의 청구 또는 직권으로 임시이사를 선임하여야 한다.(법 제20조②)

사회에서는 임시이사(臨時理事)를 보통 관선이사(官選理事)라 부른다. 그런데 "이사 중에 결원이 생겼으나 2월 이내에 이를 보충하지 아니한 경우"에는 ① 내분(內紛)으로 위 기간 내에 이사를 선임하지 못한 경우 ② 재적이사의 과반수가 사망 등 사고로 인하여 궐위되어 이사회를 개최할 수 없는 경우 ③ 재적이사의 과반수가 해임되어 이사회를 개최할 수 없는 경우 등이 있다. 그런데 그 중 ③에 의하여 임시이사가 임명되는 경우가 대부분이다.

6) 사회복지법인의 재산

사회복지법인은 사회복지사업의 운영에 필요한 재산을 소유하여야 한다.(법 제23조①)

사회복지법인의 재산은 보건복지부령이 정하는 바에 의하여 기본재산과 보통재산으로 구분하며, 기본재산은 그 목록과 가액을 정관에 기재하여야 한다.(법 제23조②) 따라서 사회복지법인이 기본재산을 매수하거나 매도하는 경우에는 정관 변경의 절차를 거쳐야 한다.

사회복지법인은 ① 기본재산을 매도·증여·교환·임대·담보제공 또는 용도변경하고자 할 때 ② 보건복지부령이 정하는 금액 이상을 1년 이상 장기 차입하고자 할 때에는 보건복지부 장관의 허가를 받아야 한다. 다만, 보건복지부령으로 정하는 사항에 대하여는 그러하지 아니하다.(법 제23조③)

사회복지법인이 매수·기부채납, 후원 등의 방법으로 재산을 취득한 때에는 지체 없이 이를 법인의 재산으로 편입 조치하여야 한다. 이 경우 법인은 그 취득사유, 취득재산의 종류·수량 및 가액을 매년 보건복지부 장관에게 보고하여야 한다.(법 제24조)

7) 수익사업

사회복지법인은 목적 사업의 경비에 충당하기 위하여 필요한 때에는 법인의 설립 목적 수행에 지장에 없는 범위 안에서 수익사업을 할 수 있다.(법 제28조①)

사회복지법인은 수익사업으로부터 생긴 수익을 법인 또는 그가 설치한 사회복지시설의 운영 외의 목적에 사용할 수 있다.(법 제28조②)

수익사업에 관한 회계(수익사업회계)는 법인의 다른 회계(일반회계)와 구분하여 계리(計理)하여야 한다.(법 제28조③)

8) 설립허가의 취소

보건복지부 장관은 법인이 ① 사위(詐僞) 기타 부정한 방법으로 설립허가를 받은 때 ② 설립허가 조건에 위반한 때 ③ 목적 달성이 불가능하게 된 때 ④ 목적 사업 외의 사업을 한 때 ⑤ 정당한 사유 없이 설립 허가를 받은 날부터 6월 이내에 목적 사업을 개시하지 아니하거나 1년 이상 사업실적이 없을 때 ⑥ 기타 사회복지사업법 또는 사회복지사업법에 의한 명령이나 정관에 위반한 때에는 기간을 정하여 사정명령을 하거나 설립허가를 취소할 수 있다.(법 제26조①)

9) 권한의 위임

보건복지부 장관은 사회복지법인에 관한 권한 중 설립허가, 정관변경 인가, 임원 임면보고의 접수, 감사의 추천, 임시이사의 선임, 임원의 해임명령, 기본재산의 처분 등에 관한 허가, 재산취득보고의 접수, 법인에 대한 시정명령 또는 법인 설립허가의 취소, 법인 합병의 허가의 권한을 당해 사회복지법인의 주된 사무소의 소재지를 관할하는 시·도지사에게 위임한다.(법 제52조①, 령 제25조①)

6. 사회복지시설

1) 시설의 설치 및 운영

사회복지시설(社會福祉施設)이란 사회복지사업을 행할 목적으로 설치된 시설을 말한다.(법 제2조 3호)

국가 또는 지방자치단체는 사회복지시설을 설치·운영할 수 있다.(법 제34조①) 그런데 국가 또는 지방자치단체가 설치한 시설은 필요한 경우 사회복지법인 또는 비영리법인에게 위탁하여 운영하게 할 수 있다.(법 제34조⑤)

위 규정에 의한 위탁계약기간은 5년 이내로 한다. 다만, 위탁자가 필요하다고 인정하는 때에는 그 계약기간을 갱신할 수 있다.(규칙 23조②)

국가 또는 지방자치단체 외의 자가 사회복지시설을 설치·운영하고자 하는 때에는 보건복지부령이 정하는 바에 의하여 시장·군수·구청장에게 신고하여야 한다. 다만, 폐쇄명령을 받고 1년이 경과되지 아니한 자는 시설의 설치·운영 신고를 할 수 없다.(법 제34조②)

사회복지시설 중 사회복지관, 부랑인 및 노숙인 보호를 위한 시설의 설치·운영에 관한 사항과 부랑이 및 노숙인 보호를 위한 시설의 입·퇴소의 기준·절차 및 직업보도 등에 관하여 필요한 사항은 보건복지부령으로 정한다.(법 제34조④)

각각의 사회복지시설은 그 수용인원이 300인을 초과할 수 없다. 다만, ① 노인복지법에 의한 노인주거복지시설 중 양로시설과 노인복지주택 ② 노인복지법에 의한 노인의료복지시설 중 노인요양시설은 수용인원 200인을 초과할 수 있다.(법 제41조)

2) 사회복지시설의 장

사회복지시설의 장은 상근하여야 한다.(법 제35조①)

3) 운영위원회

사회복지시설에 ① 시설운영계획의 수립·평가에 관한 사항 ② 사회복지프로그램의 개발·평가에 관한 사항 ③ 시설종사자의 근무환경 개선에 관한 사항 ④ 시설거주자의 생활환경 개선 및 고충처리 등에 관한 사항 ⑤ 시설과 지역사회와의 협력에 관한 사항 ⑥ 그 밖에 시설의 장이 부의하는 사항을 심의하기 위하여 운영위원회를 둔다.(법 제36조①)

운영위원회의 위원은 위원장 및 시설의 장을 포함하여 5인 이상 10인 이하의 위원으로 구성하되(규칙 제24조①) 그 임기는 3년으로 한다.(규칙 제24조④)

운영위원회의 위원은 시설거주자 또는 시설거주자의 보호자 대표, 지역주민, 후원자 대표, 관계공무원, 기타 시설 운영에 관하여 전문적인 지식과 경험이 풍부한 자 중에서 시설의 장의 추천을 받아 관할 시장·군수·구청장이 임명 또는 위촉한다.(규칙 제24조②)

운영위원회의 위원장은 위원 중에서 호선한다.(규칙 제24조③)

운영위원회의 운영에 관하여 필요한 사항은 보건복지부 장관이 정한다.(규칙 제24조⑤)

4) 보험가입의무

사회복지시설의 운영자는 화재로 인한 손해배상책임의 이행을 위하여 손해보험회사가 영위하는 책임보험에 가입하여야 한다.(법 제34조의 2 ①)

국가 또는 지방자치단체는 예산의 범위 안에서 책임보험에 소요되는 비용의 전부 또는 일부를 보조할 수 있다.(법 제34조의 2 ②)

위 규정에 의하여 책임보험에 가입하여야 할 시설의 범위는 대통령령으로 정한다.(법 제34조의 2 ③)

5) 시설의 안전점검 등

사회복지시설의 장은 시설에 대하여 정기 및 수시 안전점검을 실시하여야 하며,

(법 제34조의 3 ①) 그 결과를 시장·군수·구청장에게 제출하여야 한다.(법 제34조의 3 ②) 그런데 정기 또는 수시 안전점검을 받아야 하는 시설의 범위 및 시기, 안전점검기관은 대통령령으로 정한다.(법 제34조의 3 ⑤)

시장·군수·구청장은 위 안전점검의 결과를 제출 받은 후 필요한 경우 시설의 운영자로 하여금 시설의 보완 또는 개·보수를 요구할 수 있으며, 이 경우 시설의 운영자는 이에 응하여야 한다.(법 제34조의 3 ③)

국가 또는 지방자치단체는 예산의 범위 안에서 안전점검, 시설의 보완 및 시설의 개·보수에 소요되는 비용의 전부 또는 일부를 보조할 수 있다.(법 제34조의 3 ④)

6) 시설에 대한 보조

국가 또는 지방자치단체는 사회복지사업을 수행하는 자 중 대통령령이 정하는 자에 대하여 필요한 비용의 전부 또는 일부를 보조할 수 있다.(법 제42조①) 그런데 보조금은 그 목적 외의 용도에 사용할 수 없다.(법 제43조②)

국가 또는 지방자치단체는 보조금을 받은 자가 ① 사위(詐僞) 기타 부정한 방법으로 보조금의 교부를 받은 때 ② 사업 목적 외의 용도에 보조금을 사용한 때 ③ 사회복지사업법 또는 사회복지사업법에 의한 명령에 위반한 때에는 이미 교부한 보조금의 전부 또는 일부의 반환을 명할 수 있다.(법 제43조③)

7) 비용의 징수

사회복지사업법에 의한 복지조치에 필요한 비용을 부담한 지방자치단체의 장 기타 시설을 운영하는 자는 그 혜택을 받은 본인 또는 그 부양의무자로부터 대통령령이 정하는 바에 의하여 그가 부담한 비용의 전부 또는 일부를 징수할 수 있다.(법 제44조①)

8) 후원금의 관리

사회복지법인의 대표이사와 시설의 장은 아무런 대가 없이 무상으로 받은 금품 기타의 자산(후원금)의 수입·지출 내용과 관리에 명확성이 확보되도록 하여야 한다.(법 제45조①)

사회복지시설의 장은 후원금품대장 등 보건복지부령이 정하는 서류를 시설 내에

비치하여야 한다.(법 제37조)

후원금에 관한 영수증 교부, 수입 및 사용결과 보고 등 기타 후원금 관리에 필요한 사항은 보건복지부령으로 정한다.(법 제45조②)

9) 시설의 폐지신고 등

사회복지지시설의 운영자는 그 운영을 휴지(休止)하거나 재개(再開) 또는 시설을 폐지(閉止)하고자 하는 때에는 보건복지부령이 정하는 바에 의하여 시장·군수·구청장에게 신고를 하여야 한다.(법 제38조②)

시장·군수·구청장은 시설운영의 휴지 및 폐지의 경우, 보건복지부령이 정하는 바에 의하여 시설거주자를 다른 시설로 보내는 등 시설거주자의 권익을 보호하기 위한 조치를 취하여야 한다.(법 제38조③)

10) 지도 및 감독

보건복지부 장관, 시·도지사 또는 시장·군수·구청장은 사회복지사업을 운영하는 자에 대한 소관 업무에 관하여 지도·감독을 하며, 필요한 경우 그 업무에 관하여 보고 또는 관계 서류의 제출을 명하거나, 소속 공무원으로 하여금 법인의 사무소 또는 시설에 출입하여 검사 또는 질문하게 할 수 있다.(법 제51조①)

11) 사회복지시설의 평가

보건복지부 장관 및 시·도지사는 보건복지부령이 정하는 바에 따라 시설을 정기적으로 평가하며, 이를 시설의 감독·지원 등에 반영하거나 시설거주자를 다른 시설로 보내는 등의 조치를 할 수 있다.(법 제43조①)

보건복지부 장관 및 시·도지사는 위 규정에 의하여 3년마다 1회 이상 시설에 대한 평가를 실시하여야 한다.(규칙 제27조①)

위 규정에 의한 시설의 평가기준은 ① 입소 정원의 적정성 ② 종사자의 전문성 ③ 시설의 환경 ④ 시설거주자에 대한 서비스의 만족도 ⑤ 기타 시설의 운영개선에 필요한 사항 등으로 한다.(규칙 제27조②)

12) 시설폐쇄명령 등

보건복지부 장관, 시·도지사 또는 시장·군수·구청장은 사회복지시설이 시설이 설치기준에 미달하게 된 때, 사회복지법인 또는 비영리법인이 설치·운영하는 시설의 경우 그 사회복지법인 또는 비영리법인의 설립허가가 취소된 때, 설치 목적의 달성 기타의 사유로 계속하여 운영될 필요가 없다고 인정할 때, 회계 부정이나 불법행위 기타 부당행위 등이 발견된 때, 설치신고를 하지 아니하고 시설을 설치·운영 한 때, 운영위원회를 설치 또는 운영하지 아니한 때, 정당한 이유 없이 사회복지사업법에 의한 보고 또는 자료제출을 하지 아니하거나 거짓으로 한 때, 정당한 이유 없이 사회복지사업법에 의한 검사·질문을 거부·방해하거나 기피한 때에는 그 시설의 개선, 사업의 정지, 시설의 장의 교체를 명하거나, 시설의 폐쇄를 명할 수 있다.(법 제40조)

7. 사회복지서비스의 실시

1) 사회복지서비스의 신청과 결정

사회복지서비스를 필요로 하는 자(보호대상자)와 그 친족 그 밖의 관계인은 관할 시장·군수·구청장에게 보호대상자에 대한 사회복지서비스의 제공(보호)을 신청할 수 있다.(법 제33조의 2 ①)

시·군·구 복지담당공무원은 사회복지사업법에 의한 보호대상자가 누락되지 아니하도록 하기 위하여 관할지역 안에 거주하는 보호대상자의 보호를 직권으로 신청할 수 있다. 이 경우 보호대상자의 동의를 받아야 하며, 동의를 받은 경우에는 보호대상자가 신청한 것으로 본다.(법 제33조의 2 ②)

시장·군수·구청장은 위 신청을 받은 경우, 보호의 실시 여부와 그 유형을 결정하여야 하며(법 제33조의 4 ①) 이를 결정한 때에는 신청인에게 통지하여야 한다.(법 제33조의 4 ③)

보호대상자에 대한 보호는 현물로 제공함을 원칙으로 한다.(법 제33조의 7 ①)

2) 재가복지서비스

시장·군수·구청장은 보호대상자에게 사회복지서비스를 제공하는 경우, 시설에의

입소에 우선하여 재가복지서비스를 제공하도록 하여야 한다.(법 제41조의 2 ②)

재가복지서비스에는 가사 및 개인활동을 지원하거나 정서활동을 지원하는 서비스인 가정봉사서비스와 주가·단기보호시설에서 급식 및 치료 등 일상생활의 편의를 낮 동안 또는 단기간 동안 제공하거나 가족에 대한 교육 및 상담을 지원하는 서비스인 주간·단기보호서비스가 있다.(법 제41조의 2 ①)

국가 또는 지방자치단체는 보호가 결정된 보호대상자를 자신의 가정에서 돌보는 자에게 보건복지부령이 정하는 바에 의하여 그 보호자의 부담을 경감하기 위한 상담을 실시하거나 금전적 지원 등을 할 수 있다.(법 제41조의 3)

국가 또는 지방자치단체는 재가복지서비스를 필요로 하는 가정 또는 시설에서 보호대상자가 일상생활을 영위하기 위하여 필요한 각종 편의를 제공하는 가정봉사원을 양성하도록 노력하여야 한다.(법 제41조의 4)

8. 벌칙과 과태료

1) 벌 칙

다음에 해당하는 자는 5년 이하의 징역 또는 1,500만원 이하의 벌금에 처한다.(법 제53조)

① 보건복지부 장관의 허가를 받지 아니하고 기본재산을 매도·증여·교환·임대·담보제공 또는 용도변경하고자 하거나 보건복지부령이 정하는 금액 이상을 1년 이상 장기 차입한 자

② 국가 또는 지방자치단체의 보조금을 사업 목적 외의 용도에 사용한 자

다음에 해당하는 자는 1년 이하의 징역 또는 300만원 이하의 벌금에 처한다.(법 제54조)

① 정당한 이유 없이 사회복지시설의 설치를 방해한 자

② 법인의 수익사업으로부터 생긴 수익을 사회복지법인 또는 그가 설치한 사회복지시설의 운영 외의 목적에 사용한 자

③ 시장·군수·구청장에게 신고를 하지 아니하고 사회복지시설을 설치·운영한 자

④ 사회복지시설 운영의 휴지 및 폐지의 경우, 시장·군수·구청장이 시설 거주자

를 다른 시설로 보내는 등 시설거주자의 권익을 보호하기 위한 조치를 취하였으나 정당한 이유 없이 그 조치를 기피 또는 거부한 자

⑤ 보건복지부 장관, 시·도지사 또는 시장·군수·구청장이 시설의 개선, 사업의 정지, 시설의 장의 교체, 시설의 폐쇄를 명한 경우, 그 명령을 이행하지 아니한 자

⑥ 사회복지사업 또는 사회복지업무에 종사하였거나 종사하고 있는 자로서 그 업무수행의 과정에서 알게 된 다른 사람의 비밀을 누설한 자

⑦ 보건복지부 장관, 시·도지사 또는 시장·군수·구청장이 소관 업무에 관한 보고를 명하거나 관계 서류의 제출을 명한 경우, 정당한 이유 없이 보고를 기피하거나 자료의 제출을 기피한 자

⑧ 보건복지부 장관, 시·도지사 또는 시장·군수·구청장에게 소관 업무에 관하여 보고 또는 관계 서류를 제출할 경우, 허위의 보고를 하거나 허위의 자료를 제출한 자

⑨ 보건복지부 장관, 시·도지사 또는 시장·군수·구청장이 소속 공무원으로 하여금 사회복지법인의 사무소 또는 시설에 출입하여 검사 또는 질문하게 한 경우, 그 검사·질문을 거부·방해 또는 기피한 자

2) 과태료

다음 규정에 위반한 자는 300만원 이하의 과태료에 처한다.(법 제58조①)

① 사회복지법인은 임원을 임면하는 경우, 보건복지부령이 정하는 바에 의하여 지체없이 이를 보건복지부 장관에게 보고하여야 한다.

② 사회복지법인이 매수·기부채납, 후원 등의 방법으로 재산을 취득한 때에는 지체없이 이를 법인의 재산으로 편입조치하고, 그 취득사유, 취득재산의 종류·수량 및 가액을 매년 보건복지부 장관에게 보고하여야 한다.

③ 사회복지법인이 아닌 자는 사회복지법인이라는 용어를 사용하지 못한다.

④ 사회복지시설의 운영자는 화재로 인한 손해배상책임의 이행을 위하여 손해보험회사가 영위하는 책임보험에 가입하여야 한다.

⑤ 사회복지시설의 장은 정기 또는 수시로 안전점검을 한 후 그 결과를 시장·군수·구청장에게 제출하여야 한다.

⑥ 사회복지시설의 장은 후원금품대장 등 보건복지부령이 정하는 서류를 시설 내에 비치하여야 한다.

⑦ 사회복지시설을 설치·운영하고자 보건복지부령이 정하는 바에 의하여 시장·군수·구청장에게 신고를 한 자는 지체없이 시설의 운영을 개시하여야 한다.

⑧ 사회복지시설의 운영자는 그 운영을 휴지하거나 재개 또는 시설을 폐지하고자 하는 때에는 보건복지부령이 정하는 바에 의하여 시장·군수·구청장에게 신고를 하여야 한다.

⑨ 사회복지법인의 대표이사와 시설의 장은 아무런 대가 없이 무상으로 받은 금품 기타의 자산, 후원금(後援金)의 수입·지출 내용과 관리에 명확성이 확보되도록 하여야 한다.

과태료는 대통령령이 정하는 바에 따라 보건복지부 장관, 시·도지사 또는 시장·군수 구청장이 부과·징수한다.(법 제58조③)

과태료 처분에 불복이 있는 자는 그 처분의 고지를 받은 날부터 30일 이내에 보건복지부 장관, 시·도지사 또는 시장·군수·구청장에게 이의를 재기할 수 있다.

과태료 처분을 받은 자가 위 규정에 의하여 이의를 제기한 때에는 보건복지부 장관, 시·도지사 또는 시장·군수·구청장은 지체없이 관할 법원에 그 사실을 통보하여야 하며, 그 통보를 받은 관할 법원은 비송사건절차법(非訟事件節次法)에 의한 과태료의 재판을 한다.

위 기간 내에 이의를 제기하지 아니하고 과태료를 납부하지 아니한 때에는 국세 또는 지방세 체납처분의 예에 의하여 이를 징수한다.

제2절 노인복지법

1. 목 적

1) 목 적

노인복지법(老人福祉法)[12]은 노인의 질환을 사전 예방 또는 조기 발견하고 질환상태에 따른 적절한 치료·요양으로 심신의 건강을 유지하고, 노후의 생활 안정을 위하여 필요한 조치를 강구함으로써 노인의 보건복지 증진에 기여함을 목적으로 재정되었다.(법 1조)

2) 이 념

노인복지법 제2조는 기본이념을 다음과 같이 규정하고 있다.

노인은 후손의 양육과 국가 및 사회의 발전에 기여하여 온 자로서 존경받으며 건전하고 안정된 생활을 보장받는다.(법 제2조①)

노인은 그 능력에 따라 적당한 일에 종사하고 사회적 활동에 참여할 기회를 보장받는다.(법 제2조②)

3) 책 임

국가와 지방자치단체는 노인의 보건 및 복지 증진의 책임이 있으며, 이를 위한 시책을 강구하여 추진하여야 한다.(법 제4조①)

4) 노인의 날 등

노인에 대한 사회적 관심과 공경의식을 높이기 위하여 매년 10월 2일을 노인의 날로 하고, 매년 10월을 경로의 달로 한다.(법 제6조①)

12) 노인복지법 2010년 1월 25일 개정, 법률 제9964호

부모에 대한 효사상(孝思想)을 앙양하기 위하여 매년 5월 8일을 어버이날로 한다.(법 제6조②)

치매의 예방과 치료에 관한 사회적 인식을 제고하기 위하여 매년 9월 21일을 치매극복의 날로 한다.(법 제6조③)

2. 정 의

1) 국가 및 지방자치단체

노인복지의 실시 주체는 원칙적으로 국가와 지방자치단체이다. 노인복지법 제28조제2항도 보건복지부 장관과 시·도지사 및 시장·군수·구청장을 '복지실시기관'으로 규정하고 있다.

2) 노인복지상담원

노인의 복지를 담당하게 하기 위하여 시·군·구에 노인복지상담원을 둔다.(법 제7조①)

노인복지상담원은 노인 및 그 가족 또는 관계인에 대한 상담 및 지도, 노인복지에 필요한 가정환경 및 생활실태에 관한 조사, 노인에 대한 복지를 도모하기 위한 조치에 필요한 상담 및 지도, 노인의 단체활동 및 취업의 상담, 기타 노인의 복지증진에 관한 사항을 담당한다.(령 제13조)

노인복지상담원은 사회복지사 3급 이상의 자격증 소지자 중에서 시장·군수·구청장이 공무원으로 임용한다. 다만, 부득이한 경우에는 공무원 외의 자로 위촉할 수 있다.(령 제12조①)

공무원 외의 자로 위촉한 노인복지상담원의 임기는 3년으로 하되, 연임할 수 있다.(령 제12조②)

3) 노인복지명예지도원

복지실시기관은 당해 지역사회의 실정에 밝고 노인복지에 관한 학식과 경험이 풍부한 자 중에서 노인복지명예지도원을 위촉할 수 있다.(령 제25조①)

노인복지명예지도원은 양로시설·노인공동생활가정·노인복지주택·노인요양시설 및 노인요양공동생활가정 입소노인의 의견 수렴 및 수렴된 의견의 복지실시기관에의 건의, 위 시설 운영에 관련된 위법사항의 복지실시기관에의 신고 업무를 담당한다.(령 제25조②)

3. 부양의무자와 보호자

노인복지법에서 부양의무자(扶養義務者)란 배우자(사실상 혼인관계에 있는 자를 포함한다)와 직계비속 및 그 배우자(사실상의 혼인관계에 있는 자를 포함한다)를 말한다.(법 제1조의 2 제1호)

노인복지법에서 보호자(保護者)란 부양의무자 또는 업무·고용 등이 관계로 사실상 노인을 보호하는 자를 말한다.(법 제1조의 2 제2호)

4. 요양보호사

노인복지시설의 설치·운영자는 보건복지부령으로 정하는 바에 따라 노인 등의 신체활동 또는 가사활동 지원 등의 업무를 전문적으로 수행하는 요양보호사를 두어야 한다.(법 제39조의 2 ①)

요양보호사가 되려는 자는 요양보호사교육기관에서 교육기관을 마치고, 시·도지사가 실시하는 요양보호사 자격시험에 합격하여야 한다.(법 제39조의 2 ②)

시·도지사는 위 규정에 따라 요양보호사 자격시험에 합격한 자에게 요양보호사 자격증을 교부하여야 한다.(법 제39조의 2 ③)

요양보호사의 교육과정, 요양보호사 자격시험 실시 및 자격증 교부 등에 관하여 필요한 사항은 보건복지부령으로 정한다.(법 제39조의 2 ⑤)

시·도지사는 요양보호사가 요양보호사의 결격사유에 해당하게 된 경우, 노인복지법상의 금지행위에 위반하여 형사처벌을 받은 경우, 거짓이나 그 밖의 부정한 방법으로 자격증을 취득한 경우, 영리를 목적으로 노인 등에게 불필요한 요양서비스를 알선·유인하거나 이를 조장한 경우, 자격증을 대여·양도 또는 위조·변조한 경우, 요양보호사의 자격을 취소할 수 있다.(법 제39조의 14)

5. 보건 및 복지 조치(1)

1) 노인사회참여의 지원

국가 또는 지방자치단체는 노인의 사회참여 확대를 위하여 노인의 지역봉사 활동 기회를 넓히고 노인에게 적합한 직종의 개발과 그 보급을 위한 시책을 강구하며 근로능력 있는 노인에게 일할 기회를 우선적으로 제공하도록 노력하여야 한다.(법 제23조①)

국가 또는 지방자치단체는 노인의 지역봉사 활동 및 취업의 활성화를 기하기 위하여 노인지역봉사기관·노인취업알선기관 등 노인복지관계 기관에 대하여 필요한 지원을 할 수 있다.(법 제27조②)

국가 또는 지방자치단체 기타 공공단체가 설치·운영하는 공공시설 안에 식료품·사무용품·신문 등 일상생활용품의 판매를 위한 매점이나 자동판매기의 설치를 허가 또는 위탁할 때에는 65세 이상의 자의 신청이 있는 경우 이를 우선적으로 반영하여야 한다.(법 제25조)

2) 지역봉사지도원

국가 또는 지방자치단체는 사회적 신망과 경험이 있는 노인으로서 지역봉사를 희망하는 경우에는 이를 지역봉사지도원으로 위촉할 수 있다.(법 제24조①)

지역봉사지도원의 업무는 다음 각 호와 같다.(법 제24조②)

① 국가 또는 지방자치단체가 행하는 업무 중 민원인에 대한 상담 및 조언

② 도로의 교통정리, 주·정차 단속의 보조, 자연보호 및 환경침해 행위 단속의 보조와 청소년 선도

③ 충효사상, 전통의례 등 전통문화의 전수교육

④ 문화재의 보호 및 안내

⑤ 기타 대통령령이 정하는 업무

국가 또는 지방자치단체는 지역봉사지도원의 활동을 지원하고 예산의 범위 안에서 활동비 등을 지급할 수 있다.(령 제18조①)

3) 노인일자리 전담기관의 설치 및 운영

국가 또는 지방자치단체는 노인의 능력과 적성에 맞는 일자리의 개발·보급과 교육훈련 등을 전담할 기관(노인일자리전담기관)을 설치·운영하거나 그 운영의 전부 또는 일부를 법인·단체 등에 위탁할 수 있다.(법 제23조의 2 ①)

보건복지부 장관은 중앙노인일자리전담기관을, 지방자치단체의 장은 지역노인일자리전담기관을 설치·운영할 수 있다.(령 제17조의 3 ①)

4) 경로우대

국가 또는 지방자치단체는 65세 이상의 자에 대하여 대통령령이 정하는 바에 의하여 국가 또는 지방자치단체의 수송시설 및 고궁(古宮)·능원(陵園)·박물관·공원 등의 공공시설을 무료로 또는 그 이용요금을 할인하여 이용하게 할 수 있다.(법 제26조①)

국가 또는 지방자치단체는 노인의 일상생활에 관련된 사업을 경영하는 자에게 65세 이상의 자에 대하여 그 이용요금을 할인하여 주도록 권유할 수 있다.(법 제26조②)

국가 또는 지방자치단체는 위 규정에 의하여 노인에게 이용요금을 할인하여 주는 사업경영자에 대하여 적절한 지원을 할 수 있다.(법 제26조③)

5) 건강진단 등

국가 또는 지방자치단체는 대통령령이 정하는 바에 의하여 65세 이상의 자에 대하여 건강진단과 보건교육을 실시할 수 있다.(법 제27조①)

위 규정에 의한 건강진단은 복지실시기관이 2년에 1회 이상 국·공립병원, 보건소 또는 보건복지부령이 정하는 건강진단기관에서 대상자의 건강상태에 따라 1차 및 2차로 구분하여 실시한다.(령 제20조①)

6) 홀로 사는 노인에 대한 지원

국가 또는 지방자치단체는 홀로 사는 노인에 대하여 방문요양서비스 등의 서비스와 안전확인 등의 보호조치를 취하여야 한다.(법 제27조의 2 ①)

7) 상담 및 입소 등의 조치

복지실시기관은 노인에 대한 복지를 도모하기 위하여 필요하다고 인정한 때에는 다음 각 호의 조치를 하여야 한다.(법 제28조①)

① 65세 이상의 자 또는 그를 보호하고 있는 자를 관계 공무원 또는 노인복지상담원으로 하여금 상담·지도하게 하는 것

② 65세 이상의 자로서 신체적·정신적·경제적 이유 또는 환경상의 이유로 거택에서 보호받기가 곤란한 자를 노인주거복지시설 또는 재가노인복지시설에 입소시키거나 입소를 위탁하는 것

③ 65세 이상의 자로서 신체 또는 정신상의 현저한 결함으로 인하여 항상 보호를 필요로 하고 경제적 이유로 거택에서 보호받기가 곤란한 자를 노인의료복지시설에 입소시키거나 입소를 위탁하는 것

복지실시기관은 65세 미만의 자에 대하여도 그 노쇠형상이 현저하여 특별히 보호할 필요가 있다고 인정할 때에는 위 각 호의 조치를 할 수 있다.(법 제28조②)

노인주거복지시설·노인의료복지시설 및 재가노인복지시설의 장은 긴급히 보호하여야 할 필요가 있는 노인을 발견한 때에는 당해 노인을 입소조치할 수 있다. 이 경우 당해 시설의 장은 지체없이 그 사실을 시장·군수·구청장에게 보고하여야 한다.(규칙 제10조②)

8) 치매관리사업

'치매'란 퇴행성 뇌질환 또는 뇌혈관계 질환 등으로 인하여 기억력·언어능력·지남력·판단력 및 수행능력 등의 기능이 저하됨으로써 일상생활에서 지장을 초래하는 후천적인 다발성 장애를 말한다 (법 제2조 3호)

국가 또는 지방자치단체는 치매 예방 및 치매 퇴치를 위하여 치매연구 및 관리사업을 실시하여야 한다.(법 제29조①)

시·군·구의 관할 보건소에 치매 예방 및 치매환자 관리를 위한 치매상담센터를 설치한다.(법 제29조의 2 ①) 그런데 치매상담센터는 치매환자의 등록·관리, 치매환자 및 그 보호자에 대한 상담, 치매의 예방 및 치매환자의 간병 요령 등에 관한 교육의 실시, 재택 치매환자에 대한 방문·관리, 치매환자의 노인전문요양시설 등에서 입소 안

내, 환자 관리에 관하여 필요하다고 인정하는 업무를 수행한다.(규칙 제12조①)

9) 노인재활요양사업

국가 또는 지방자치단체는 신체적·정신적으로 재활요양을 필요로 하는 노인을 위한 재활요양사업을 실시할 수 있다.(법 제30조①)

복지실시기관은 보건소 또는 노인복지시설에 대하여 노인건강 증진 및 노인성 질환 예방 등 노인재활요양에 필요한 전문인력 및 장비를 지원할 수 있다.(규칙 제13조①)

6. 보건 및 복지 조치(2)

1) 노인학대의 예방

노인학대(老人虐待)란 노인에 대하여 신체적·정신적·정서적·성적 폭력 및 경제적 착취 또는 가혹행위를 하거나 유기 또는 방임을 하는 것을 말한다.(법 제2조 4호)

노인복지법 제39조의9는 다음 각호의 행위를 금지하고 있다.

① 노인의 신체에 폭행을 가하거나 상해를 입히는 행위
② 노인에게 성적 수치심을 주는 성폭행·성희롱 등의 행위
③ 자신의 보호·감독을 받는 노인을 유기(遺棄)하거나 의식주를 포함한 기본적 보호 및 치료를 소홀히 하는 방임행위
④ 노인에게 구걸을 하게 하거나 노인을 이용하여 구걸하는 행위
⑤ 노인을 위하여 증여 또는 급여된 금품을 그 목적 외의 용도에 사용하는 행위

위 ① 내지 ④까지에 해당하는 행위를 한 자는 5년 이하의 징역 또는 1,500만원 이하의 벌금에 처하고(법 제55조의 3) ⑤에 해당하는 행위를 한 자는 3년 이하의 징역 또는 1천만원 이하의 벌금에 처한다.(법 제55조의 4) 또한 노인에게 상해를 입히는 행위를 한 자는 7년 이하의 징역 또는 2천만원 이하의 벌금에 처한다.(법 제55조의 2)

국가 및 지방자치단체는 노인학대를 예방하고 수시로 신고를 받을 수 있도록 긴급

전화를 설치하여야 한다.(법 제39조의 4 ①)

누구든지 노인학대를 알게 된 때에는 노인보호전문기관 또는 수사기관에 신고할 수 있다.(법 제39조의 6 ①)

그러나 의료기관에서 의료업을 행하는 의료인, 노인복지시설의 장 및 그 종사자, 장애인복지시설에서 장애노인에 대한 상담·치료·훈련 또는 요양을 행하는 자, 가정폭력 관련 상담소의 상담원 및 가정폭력피해자보호시설의 종사자, 노인복지상담원 및 사회복지전담공무원은 그 직무상 노인학대를 알게 된 때에는 즉시 노인보호전문기관 또는 수사기관에 신고하여야 한다.(법 제39조의 6 ②) 신고인의 신분은 보장되어야 하며, 그 의사에 반하여 신분이 노출되어서는 아니된다.(법 제39조의 6 ③)

노인학대신고를 접수한 노인보호전문기관의 직원이나 사법경찰관리는 지체없이 노인학대의 현장에 출동하여야 하며(법 제39조의 7 ①) 현장에 출동한 자는 학대받은 노인을 노인학대행위자로부터 분리하거나 치료가 필요하다고 인정할 때에는 노인보호전문기관 또는 의료기관에 인도하여야 한다.(법 제39조의 7 ②)

2) 실종노인의 보호

누구든지 정당한 사유 없이 사고 또는 치매 등의 사유로 인하여 보호자로부터 이탈된 노인(이하 '실종노인'이라 한다)을 경찰관서 또는 지방자치단체의 장에게 신고하지 아니하고 보호하여서는 아니된다.(법 제39조의 10 ①)

노인복지시설(미인가 시설 등을 포함한다)의 장 또는 그 종사자는 그 직무를 수행하면서 실종노인임을 알게 된 때에는 지체 없이 보건복지부령으로 정하는 신상카드를 작성하여 지방자치단체의 장 등에게 제출하여야 한다.(법 제39조의 10 ②)

7. 노인복지시설의 설치 및 운영

1) 서 설

노인복지시설의 종류에는 노인주거복지시설, 노인의료복지시설, 노인여가복지시설, 재가노인복지시설 및 노인보호전문기관이 있다.(법 제31조)

2) 노인주거복지시설

노인주거복지시설의 종류는 다음과 같다.(법 제32조①)

① **양로시설** : 노인을 입소시켜 급식과 그 밖에 일상생활에 필요한 편의를 제공함을 목적으로 하는 시설

② **노인공동생활가정** : 노인들에게 가정과 같은 주거 여건과 급식, 그 밖에 일상생활에 필요한 편의를 제공함을 목적으로 하는 시설

③ **노인복지주택** : 노인에게 주거시설을 분양 또는 임대하여 주거의 편의·생활지도·상담 및 안전관리 등 일상생활에 필요한 편의를 제공함을 목적으로 하는 시설

국가 또는 지방자치단체는 노인주거복지시설을 설치할 수 있다.(법 제33조①) 국가 또는 지방자치단체 외의 자가 노인주거복지시설을 설치하고자 하는 경우에는 시장·군수·구청장에게 신고하여야 한다.(법 제33조②)

노인복지주택에 입소할 수 있는 자는 60세 이상의 노인(이하 '입소자격자'라 한다)으로 한다. 다만, 입소자격자의 배우자는 60세 미만의 자라 하더라도 입소자격자와 함께 입소할 수 있다.(법 제33조의 2 ①) 노인복지주택을 설치하거나 설치하려는 자가 노인복지주택을 분양 또는 임대하려는 경우, 입소자격자에게 분양 또는 임대하여야 한다.(법 제33조의 2 ②) 그리고 노인복지주택을 분양받거나 임차한 자는 해당 노인주거시설을 입소자격자가 아닌 자에게 양도(매매·증여나 그 밖에 소유권 변동을 수반하는 일체의 행위를 포함한다) 또는 임대할 수 없다.(법 제33조의 2 ③)

그러나 노인복지주택을 상속받은 경우, 입소자격자가 아닌 자도 노인복지주택을 취득할 수 있다. 다만, 상속에 의하여 노인복지주택을 취득한 자라도 입소자격자가 아닌 자는 노인복지주택에 입소할 수 없으며, 입소자격자가 아닌 자에게 해당 노인복지주택을 양도 또는 임대할 수 없다.(법 제33조의 2 ④)

시장·군수·구청장은 입소자격이 없는 자로서 노인복지주택을 소유한 자(상속받은 자를 제외한다)에 대하여 상당한 기간을 정하여 해당 노인복지 주택을 입소자격자에게 처분하도록 명할 수 있다.(법 제33조의 3)

3) 노인의료복지시설

노인의료복지시설의 종류는 다음과 같다.(법 제34조①)

① **노인요양시설** : 치매·중풍 등 노인성질환 등으로 심신에 상당한 장애가 발생하여 도움을 필요로 하는 노인을 입소시켜 급식·요양과 그 밖에 일상생활에 필요한 편의를 제공함을 목적으로 하는 시설

② **노인요양공동생활가정** : 치매·중풍 등 노인성질환 등으로 심신에 상당한 장애가 발생하여 도움을 필요로 하는 노인에게 가정과 같은 주거여건과 급식·요양, 그 밖에 일상생활에 필요한 편의를 제공함을 목적으로 하는 시설

③ **노인전문병원** : 주로 노인을 대상으로 의료를 행하는 시설

국가 또는 지방자치단체는 노인의료복지시설을 설치할 수 있다.(법 제35조①) 국가 또는 지방자치단체 외의 자가 노인의료복지시설을 설치하고자 하는 경우에는 시장·군수·구청장에게 신고하여야 한다. 다만, 노인전문 병원은 의료법에 의한 의료기관을 개설할 수 있는 자(치과의사 및 조산사를 제외한다)에 한하여 시·도지사의 허가를 받아 설치할 수 있다.(법 제35조②)

4) 노인여가복지시설

노인여가복지시설의 종류는 다음과 같다.(법 제36조①)

① **노인복지기관** : 노인의 교양·취미생활 및 사회참여 활동 등에 대한 각종 정보와 서비스를 제공하고, 건강증진 및 질병예방과 소득보장·재가복지, 그 밖에 노인의 복지증진에 필요한 서비스를 제공함을 목적으로 하는 시설

② **경로당** : 지역 노인들이 자율적으로 친목도모·취미활동·공동작업장 운영 및 각종 정보 교환과 기타 여가활동을 할 수 있도록 하는 장소를 제공함을 목적으로 하는 시설

③ **노인교실** : 노인들에 대하여 사회활동 참여욕구를 충족시키기 위하여 건전한 취미생활·노인건강유지·소득보장 기타 일상생활과 관련한 학습 프로그램을 제공함을 목적으로 하는 시설

④ **노인휴양소** : 노인들에 대하여 심신의 휴양과 관련한 위생시설·여가시설 기타 편의시설을 단기간 제공함을 목적으로 하는 시설

국가 또는 지방자치단체 외의 자가 노인여가복지시설을 설치하고자 하는 경우에는 시장·군수·구청장에게 신고하여야 한다.(법 제37조①)

국가 또는 지방자치단체 외의 자가 노인여가복지시설을 설치하고자 하는 경우에는 시장·군수·구청장에게 신고하여야 한다.(법 제37조②)

5) 재가노인복지시설

재가노인복지시설은 다음 각 호의 어느 하나 이상의 서비스를 제공함을 목적으로 하는 시설을 말한다.(법 제38조①)

① **방문요양서비스 :** 가정에서 일상생활을 영위하고 있는 노인(이하 '재가노인'이라 한다)으로서 신체적·정신적 장애로 어려움을 겪고 있는 노인에게 필요한 각종 편의를 제공하여 지역사회 안에서 건전하고 안정된 노후를 영위하도록 하는 서비스

② **주·야간 보호서비스 :** 부득이한 사유로 가족의 보호를 받을 수 없는 심신이 허약한 노인과 장애노인을 주간 또는 야간 동안 보호시설에 입소시켜 필요한 각종 편의를 제공하여 이들의 생활안정과 심신기능의 유지·향상을 도모하고, 그 가족의 신체적·정신적 부담을 덜어주기 위한 서비스

③ **단기보호서비스 :** 부득이한 사유로 가족의 보호를 받을 수 없어 일시적으로 보호가 필요한 심신이 허약한 노인과 장애노인을 보호시설에 단기간 입소시켜 보호함으로써 노인 및 노인가정의 복지증진을 도모하기 위한 서비스

④ **방문 목욕서비스 :** 목욕장비를 갖추고 재가노인을 방문하여 목욕을 제공하는 서비스

⑤ **그 밖의 서비스 :** 그 밖에 재가노인에게 제공하는 서비스로서 보건복지부령이 정하는 서비스

국가 또는 지방자치단체는 재가노인복지시설을 설치할 수 있다.(법 제39조①) 국가 또는 지방자치단체 외의 자가 재가노인복지시설을 설치하고자 하는 경우에는 시장·군수·구청장에게 신고하여야 한다.(법 제39조②)

6) 노인보호전문기관

국가 및 지방자치단체는 노인보호전문기관을 설치하여야 한다.(법 제39조의 5 ①) 국가 및 지방자치단체는 노인복지시설 중 노인보호전문기관의 설치 및 운영기준을 충족하는 시설에 한하여 노인보호전문기관으로 지정할 수 있다.(령 제20조의 4)

노인보호전문기관은 노인학대의 예방 및 방지를 위한 홍보, 학대받은 노인의 발견·상담·보호와 의료기관에의 치료 의뢰 및 노인복지시설에의 입소 의뢰, 노인학대행위자, 노인학대행위자로 신고된 자 및 그 가정 또는 업무·고용 등의 관계로 사실상 노인을 보호·감독하는 기관이나 시설 등에 대한 조사, 노인학대행위자에 대한 상담 및 교육, 그 밖에 학대받은 노인의 보호를 위하여 필요한 사항의 업무를 담당한다.(법 제39조의 5 ①)

국가 및 지방자치단체는 노인보호전문기관에 전국적으로 통일된 번호로 매일 24시간 동안 운영되는 긴급전화를 설치하여야 한다.(령 제20조의 3 ①) 긴급전화를 통한 노인학대 신고의 접수 및 상담방법과 그 밖의 세부 운영 등에 관하여 필요한 사항은 보건복지부 장관이 정한다.(령 제20조의 3 ②)

노인보호전문기관의 장 및 상담원은 사회복지사 자격을 가진 자, 7급 이상 공무원 또는 고위공무원단에 속하는 일반직공무원으로서 국가 또는 지방자치단체에서 사회복지사업에 관한 행정업무에 5년 이상 종사한 경력이 있는 자, 의료인의 자격을 갖춘 자로 한다.(령 제20조의 5)

7) 요양보호사교육기관

시·도지사는 요양보호사의 양성을 위하여 보건복지부령으로 정하는 지정기준에 적합한 시설을 요양보호사교육기관으로 지정·운영하여야 한다.(법 제39조의 3 ①)

8) 변경·폐지 등의 신고

노인주거복지시설·노인의료복지시설(노인전문병원은 제외)·노인여가복지시설·재가노인복지시설을 설치한 자가 그 설치신고사항 중 보건복지부령이 정하는 사항을 변경하거나 그 시설을 폐지 또는 휴지하고자 할 때에는 대통령령이 정하는 바에 의하여 시장·군수·구청장에게 미리 신고하여야 한다.

노인전문병원을 설치한 자가 그 설치허가사항 중 보건복지부령이 정하는 사항을 변경하고자 하는 때에는 의료법이 정하는 바에 따라 시·도지사의 변경허가를 받아야 하며, 그 시설을 폐지 또는 휴지하고자 하는 때에는 의료법이 정하는 바에 따라 시·도지사에게 미리 신고하여야 한다.(법 제40조① 내지 ③)

9) 수탁의무

양로시설·노인공동생활가정·노인복지주택·노인요양시설·노인요양공동생활가정·재가노인복지시설을 설치·운영하는 자가 복지실시기관으로부터 노인의 입소·장례를 위탁받은 때에는 정당한 이유 없이 이를 거부하여서는 아니된다.(법 제41조)

10) 감 독

복지실시기관은 노인복지시설 또는 요양보호사교육기관을 설치·운영하는 자로 하여금 당해 시설 또는 사업에 관하여 필요한 보고를 하게 하거나 관계 공무원으로 하여금 당해 시설 또는 사업의 운영상황을 조사하게 하거나 장부 기타 관계 서류를 검사하게 할 수 있다.(법 제42조①) 노인복지시설을 설치·운영하는 자는 보건복지부령이 정하는 바에 따라 매년도 입소자 또는 이용자 현황 등에 관한 자료를 복지실시기관에 제출하여야 한다.(법 제42조②)

11) 사업의 정지 또는 폐지 명령

시·도지사 또는 시장·군수·구청장은 노인주거복지시설·노인의료복지시설·노인여가복지시설·재가노인복지시설이 시설 등에 관한 기준에 미달하게 된 때, 노인의 입소·장례를 위탁 받았으나 정당한 이유 없이 그 탁을 거부한 때, 정당한 이유 없이 법률의 규정에 의한 보고 또는 자료 제출을 하지 아니하거나 허위로 한 때 또는 조사·검사를 거부·방해하거나 기피한 때, 비용의 수납에 관한 규정에 위반한 때에는 그 사업의 정지 또는 폐지를 명할 수 있다.(법 제43조① 내지 ②)

8. 비용의 부담

1) 비용의 부담

노인일자리전담기관의 설치·운영 또는 위탁에 소요되는 비용, 건강진단 등과 상담·입소 등의 조치에 소요되는 비용, 노인복지시설의 설치·운영에 소요되는 비용은 대통령령이 정하는 바에 따라 국가 또는 지방자치단체가 부담한다.(법 제45조②)

2) 비용의 수납 및 청구

건강진단 등과 상담·입소 등의 복지조치에 필요한 비용을 부담한 복지실시기관은 당해 노인 또는 그 부양의무자로부터 대통령령이 정하는 바에 의하여 그 부담한 비용의 전부 또는 일부를 수납하거나 청구할 수 있다.(법 제46조①)

양로시설, 노인공동생활가정 및 노인복지주택, 노인요양시설 및 노인요양공동생활가정을 설치한 자는 그 시설에 입소하거나 그 시설을 이용하는 기초수급권자 외의 자로부터 그에 소요되는 비용을 수납하고자 할 때에는 시장·군수·구청장에게 신고하여야 한다. 다만, 보건복지부령이 정한 비용수납 한도액의 범위 안에서 수납할 때에는 그러하지 아니하다.(법 제36조⑤) 노인여가복지시설 또는 재가노인복지시설을 설치한 자 또는 편의를 제공하는 자가 그 시설을 이용하는 자로부터 그에 소요되는 비용을 수납하고자 할 때에는 미리 시장·군수·구청장에게 신고하여야 한다.(법 제36조⑦)

복지실시기관이 복지조치에 소요된 비용을 수납 또는 청구하는 때에는 당해 노인 또는 그 부양의무자로부터 실비에 해당하는 금액을 수납하거나 청구한다. 다만, 당해 노인이 국민기초생활보장법에 의한 수급권자이거나 수급권자가 아닌 자 중 부양의무자가 있어도 그 부양의무자로부터 적절한 부양을 받지 못하는 때에는 그 비용을 수납 또는 청구하지 아니할 수 있다.(령 제23조)

3) 비용의 보조

국가 또는 지방자치단체는 노인복지시설의 설치·운영에 필요한 비용을 보조할 수 있다.(법 제47조)

위 규정에 의하여 국가 또는 지방자치단체가 그 설치·운영에 소요되는 비용을 보조할 수 있는 노인복지시설은 노인주거복지시설·노인요양시설·노인요양공동생활

가정·노인여가복지시설·재가노인복지시설·노인보호전문기관이다.(령 제24조①)

국가 또는 지방자치단체가 노인복지시설의 운영에 소요되는 비용을 보조하는 때에는 사회복지사업법의 규정에 의한 시설평가의 결과 등 당해 노인복지시설의 운영실적을 고려하여 차등하여 보조할 수 있다.(령 제24조③)

9. 수급권의 보호

1) 조세감면

노인복지시설에서 노인을 위하여 사용하는 건물·토지 등에 대하여는 조세감면규제법 등 관계 법령이 정하는 바에 의하여 조세 기타 공과금을 감면할 수 있다.(법 제49조)

2) 권리구제

노인 또는 그 부양의무자는 노인복지법에 의한 복지조치에 대하여 이의가 있을 때에는 당해 복지실시기관에 심사를 청구할 수 있다.(법 제50조①)

복지실시기관이 심사청구를 받은 때에는 30일 이내에 이를 심사·결정하여 청구인에게 통보하여야 한다.(법 제50조②)

위 심사·결정에 이의가 있는 자는 그 통보를 받은 날부터 90일 이내에 행정심판을 제기할 수 있다.(법 제50조③)

10. 기 타

국가 또는 지방자치단체는 노인의 주거에 적합한 기능 및 설비를 갖춘 주거용시설의 공급을 조장하여야 하며, 그 주거용시설의 공급자에 대하여 적절한 지원을 할 수 있다.(법 제8조)

노인복지법에 의한 재가노인복지시설·노인공동생활가정 및 노인요양공동생활가정은 건축법의 규정에 불구하고 단독주택 또는 공동주택에 설치할 수 있다.(법 제55조①)

제3절 아동복지법

1. 목 적

1) 목 적

아동복지법(兒童福祉法)은 아동이 건강하게 출생하여 행복하고 안전하게 자라나도록 그 복지를 보장함을 목적으로 제정되었다.(법 제1조)

2) 기본이념과 책임

아동복지법 제3조는 아동복지의 기본이념을 다음과 같이 규정하고 있다.

① 아동은 자신 또는 부모의 성별, 연령, 종교, 사회적 신분, 재산, 장애유무, 출생지역, 인종 등에 따른 어떠한 종류의 차별도 받지 아니하고 자라나야 한다.

② 아동은 완전하고 조화로운 인격 발달을 위하여 안정된 가정환경에서 행복하게 자라나야 한다.

③ 아동에 관한 모든 활동에 있어서 아동의 이익이 최우선적으로 고려되어야 한다.(법 제3조① 내지 ③)

국가와 지방자치단체는 아동의 건강과 복지 증진에 노력하여야 하며, 이를 위한 시책을 시행하여야 한다.(법 제4조①)

3) 어린이날

어린이에 대한 사랑과 보호의 정신을 높임으로써 이들을 옳고 아름답고 슬기로우며 씩씩하게 자라나도록 하기 위하여 매년 5월 5일을 어린이날로 하며, 5월 1일부터 5월 7일까지를 어린이주간으로 한다.(법 제5조)

4) 정 의

아동복지법에서 '아동'이라 함은 18세 미만의 자를 말한다. 아동복지법에서 '보호를 필요로 하는 아동'이라 함은 보호자가 없거나 보호자로부터 이탈된 아동, 또는 보호자가 아동을 학대하는 경우 등 그 보호자가 아동을 양육하기에 부적당하거나 양육할 능력이 없는 경우의 아동을 말한다.(법 제2조 1호 내지 2호)

아동복지법에서 '보호자'라 함은 친권자, 후견인, 아동을 보호·양육·교육하거나 그 의무가 있는 자 또는 업무·고용 등의 관계로 사실상 아동을 보호·감독하는 자를 말한다.(법 제2조 3호)

2. 전달체계

1) 서 설

아동복지의 전달체계로는 아동정책조정위원회, 아동위원, 아동복지지도원, 보건소가 있다.

2) 아동정책조정위원회

아동의 권리 증진과 건강한 출생 및 성장을 위하여 종합적인 아동정책을 수립하고 관계 부처의 의견을 조정하며, 그 정책의 이행을 감독하고 평가하기 위하여 국무총리 소속하에 아동정책조정위원회를 둔다.(법 제4조의 2 ①) 아동정책조정위원회는 위원장을 포함한 25인 이내의 위원으로 구성하되, 위원장은 국무총리가 된다.(법 제4조의 2 ③)

3) 아동위원

시·군·구 아동위원을 둔다. 아동위원은 그 관할구역 안의 아동에 대하여 항상 그 생활상태 및 가정환경을 상세히 파악하고, 아동복지에 관하여 필요한 원조와 지도를 행하며 아동복지지도원 및 관계 행정기관과 협력하여야 한다. 아동위원은 명예직으로 하되, 수당을 지급할 수 있다.(법 제6조① 내지 ③)

4) 아동복지지도원

아동복지에 관한 업무를 수행하게 하기 위하여 시·도 및 시·군·구에 아동복지지도원을 둔다. 아동복지지도원은 보호를 필요로 하는 아동에 대한 적절한 보호조치, 아동 및 그 가족 또는 관계인에 대한 상담, 아동 지도에 필요한 가정환경의 조사, 아동에 관한 전문적·기술적 지도를 필요로 하는 경우의 개별지도·집단지도 및 그 알선, 아동복지시설 또는 보호를 필요로 하는 아동에 대한 조사·지도 및 감독, 아동을 위한 지역사회 자원의 활용 알선, 지역사회의 학교 부적응아·비행청소년에 대한 예방·지도 및 원조, 기타 아동의 복지 증진 및 육성에 관한 업무를 담당한다. 아동복지지도원은 사회복지전담공무원으로 하고, 자격 기타 필요한 사항은 대통령령으로 정한다.(법 제7조① 내지 ③)

5) 보건소

보건소는 아동복지법에 의하여 아동의 전염병 예방조치, 아동의 건강상담·신체검사와 보건위생에 관한 지도, 아동의 영양관리 업무를 행한다.(법 제8조)

3. 복지조치

1) 아동의 건강 및 안전

국가는 대통령령이 정하는 바에 따라 아동복지시설과 아동용품에 대한 안전기준을 정하고, 아동용품을 제작·설치·관리하는 자에게 이를 준수하도록 하여야 한다. 아동복지시설, 영유아보육시설, 유치원, 초·중·고등학교의 장은 대통령령이 정하는 바에 따라 교통안전, 실종·유괴의 예방과 방지, 약물오남용 예방, 재난대비 안전 및 성폭력 예방교육을 실시하여야 한다.(법 제9조② 내지 ③)

2) 폐쇄회로 텔레비전 설치 등

국가와 지방자치단체는 유괴 등 범죄의 위험으로부터 아동을 보호하기 위하여 필요하다고 인정하는 때에는 다음 각 호의 어느 하나에 해당되는 시설의 주변구역을 아동보호구역으로 지정하여 폐쇄회로 텔레비전을 설치하거나 그 밖의 필요한 조치를

할 수 있다.(법 제9조의 2)

① 유치원·초등학교 또는 특수학교

② 영유아보육법에 따른 보육시설

③ 도시공원

3) 보호조치

시·도지사 또는 시장·군수·구청장은 그 관할구역 안에서 보호를 필요로 하는 아동을 발견하거나 보호자의 의뢰를 받은 때에는 아동의 최상의 이익을 위하여 대통령령이 정하는 바에 따라 필요한 보호조치를 하여야 한다. 위에서 '필요한 보호조치(保護措置)'란 아동복지지도원 또는 아동위원에게 보호를 필요로 하는 아동 또는 그 보호자에 대한 상담·지도를 행하게 하는 것, 보호자 또는 대리양육을 원하는 연고자에 대하여 그 가정에서 보호 양육할 수 있도록 필요한 조치를 하는 것, 아동의 보호를 희망하는 자에게 가정 위탁하는 것, 보호를 필요로 하는 아동에 적합한 아동복지시설에 입소시키는 것, 약물 및 알코올중독·정서장애·발달장애·성폭력피해 등으로 특수한 치료나 요양 등의 보호를 필요로 하는 아동에 대하여 전문치료기관 또는 요양소에 입원 또는 입소시키는 것을 말한다.(법 제10조①)

시·도지사 또는 시장·군수·구청장은 위 가정위탁, 아동복지 시설 입소, 전문치료기관 또는 요양소의 입원 또는 입소의 조치를 할 때까지 필요한 경우에는 적당하다고 인정하는 자에게 일시 위탁하여 그 보호를 필요로 하는 아동을 보호하게 할 수 있다.(법 제10조②)

위에서 '가정위탁'이란 보호를 필요로 하는 아동을 보호하기에 적합한 가정에 일정기간 위탁하는 것을 말하다.(법 제2조 7호)

시·도지사 또는 시장·군수·구청장은 필요한 보호조치를 함에 있어 당해 보호를 필요로 하는 아동의 의사를 존중하여야 하며, 보호자가 있을 경우에는 그 의견을 들어야 한다.(법 제10조③) 시·도지사 또는 시장·군수·구청장은 상담·지도, 보호양육, 가정위탁의 보호조치가 적합하지 아니한 자에 대하여 아동복지시설 입소의 보호조치를 할 수 있다.(법 제10조④)

아동복지시설에 입소한 보호를 필요로 하는 아동의 연령이 18세에 달하였거나, 보호의 목적을 달성하였다고 인정될 때에는 당해 시설의 장은 그 보호 중인 아동을 퇴소시켜야 한다.(법 제11조①) 위 규정에도 불구하고 아동이 대학 이하의 학교에 재학 중인 경우, 아동직업훈련시설 또는 직업능력개발훈련시설에서 교육·훈련 중인 경우, 그 밖에 시설에서 계속 보호·양육이 필요하다고 인정하여 대통령령이 정하는 경우에는 시설의 장이 보호기간을 연장할 수 있다.(법 제11조②)

4) 친권의 상실 및 후견인의 선임

시·도지사 또는 시장·군수·구청장은 아동의 친권자가 그 친권을 남용하거나 현저한 비행 기타 친권을 행사할 수 없는 중대한 사유가 있는 것을 발견한 경우 아동의 복지를 위하여 필요하다고 인정할 때에는 법원에 친권 행사의 제한 또는 친권 상실의 선고를 청구하여야 한다. 아동보호전문기관의 장은 위 사유에 해당하는 경우, 시·도지사 또는 시장·군수·구청장에 대하여 친권행사 제한 또는 친권 상실의 선고를 청구하도록 요청할 수 있다. 시·도지사 또는 시장·군수·구청장은 친권자 또는 후견인이 없는 아동을 발견한 경우, 그 복지를 위하여 필요하다고 인정할 때에는 법원에 후견인의 선임 또는 그 해임을 청구하여야 한다. 이 경우 당해 아동의 의견을 존중하여야 한다.(법 제12조① 내지 ③)

아동복지시설에 입소 중인 보호를 필요로 하는 아동에 대하여는 '보호시설에 있는 미성년자의 후견 직무에 관한 법률'을 적용한다.(법 제13조②)

5) 아동전용시설의 설치

아동이 이용할 수 있는 문화·오락시설·교통 기타 서비스시설 등을 설치·운영하는 자는 대통령령이 정하는 바에 의하여 아동의 이용 편의를 고려한 편익설비를 갖추고 아동에 대한 입장료와 이용료 등을 감면할 수 있다.(법 제17조②)

6) 아동복지단체의 육성

국가 및 지방자치단체는 아동의 권리를 보장하고 복지 증진을 목적으로 설립된 기관 및 단체(아동복지단체)를 지도·육성할 수 있다.(법 제37조)

4. 아동복지시설

1) 아동복지시설

국가 또는 지방자치단체는 아동복지시설을 설치할 수 있다. 국가 또는 지방자치단체 외의 자는 관할 시장·군수·구청장에게 신고하고 아동복지시설을 설치할 수 있다. 아동복지시설의 시설기준 및 설치 등에 관하여 필요한 사항은 보건복지부령으로 정한다.(법 제14조① 내지 ③)

2) 아동복지시설의 종류

아동복지시설의 종류는 다음과 같다.(법 제16조①)

① **아동양육시설 :** 보호를 필요로 하는 아동을 입소시켜 보호·양육하는 것을 목적으로 하는 시설

② **아동일시보호시설 :** 보호를 필요로 하는 아동을 일시 보호하고 아동에 대한 향후의 양육대책수립 및 보호조치를 행하는 것을 목적으로 하는 시설

③ **아동보호치료시설 :** 불량행위를 하거나 불량행위를 할 우려가 있는 아동으로서 보호자가 없거나 친권자가 후견이 입소를 신청한 경우 아동 또는 가정법원이나 지방법원 소년부지원에서 보호 위탁된 아동을 입소시켜 그들을 선도하여 건전한 사회인으로 육성하는 것을 목적으로 하는 시설

④ **아동직업훈련시설 :** 아동복지시설에 입소되어 있는 만15세 이상의 아동과 생활이 어려운 가정의 아동에 대하여 자활에 필요한 지식과 기능을 습득시키는 것을 목적으로 하는 시설

⑤ **자립지원시설 :** 아동복지시설에서 퇴소한 자에게 취업준비기간 또는 취업 후 일정기간 보호함으로써 자립을 지원하는 것을 목적으로 하는 시설

⑥ **아동단기보호시설 :** 일반가정에 아동을 보호하기 곤란한 일시적 사정이 있는 경우, 아동을 단기간 보호하며 가정의 복지에 필요한 지원조치를 하는 것을 목적으로 하는 시설

⑦ **아동상담소 :** 아동과 그 가족의 문제에 관한 상담·치료·예방 및 연구 등을 목적으로 하는 시설

⑧ **아동전용시설 :** 어린이공원, 어린이놀이터, 아동회관, 체육, 연극, 영화, 과학

실험전시시설, 아동휴게숙박시설, 야영장 등 아동에게 건전한 놀이·오락 기타 각종 편의를 제공하여 심신의 건강 유지와 복지 증진에 필요한 서비스를 제공하는 것을 목적으로 하는 시설

⑨ **아동복지관 :** 지역사회 아동의 건전 육성을 위하여 심신의 건강 유지와 복지 증진에 필요한 서비스를 제공하는 것을 목적으로 하는 시설

⑩ **공동생활가정 :** 보호를 필요로 하는 아동에게 가정과 같은 주거여건과 보호를 제공하는 것을 목적으로 하는 시설

⑪ **지역아동센터 :** 지역사회 아동의 보호·교육, 건전한 놀이와 오락의 제공, 보호자와 지역사회의 연계 등 아동의 건전 육성을 위하여 종합적인 아동복지서비스를 제공하는 시설

위 아동복지시설은 종합시설로 설치할 수 있다.(법 제16조②)

3) 아동복지시설의 고유업무 외의 사업

아동복지시설은 각 시설의 고유업무 외에도 다음과 같은 사업을 실시할 수 있다. (법 제16조③)

① **아동가정지원사업 :** 지역사회 아동의 건전한 발달을 위하여 아동·가정·지역주민에게 상담·조언 및 정보를 제공해 주는 사업

② **아동주간보호사업 :** 부득이한 사유로 가정에서 낮 동안 보호를 받을 수 없는 아동을 대상으로 개별적인 보호와 교육을 통하여 아동의 건전한 성장을 도모하는 사업

③ **아동전문상담사업 :** 학교부적응아동 등을 대상으로 올바른 인격 형성을 위한 상담·치료 및 학교폭력예방을 실시하는 사업

④ **학대아동보호사업 :** 학대아동의 발견·보호·치료 및 아동 학대의 예방 등을 전문적으로 실시하는 사업

⑤ **공동생활가정사업 :** 보호를 필요로 하는 아동에게 가정과 같은 주거여건과 보호를 제공하는 것을 목적으로 하는 사업

⑥ **방과 후 아동지도사업 :** 저소득층 아동을 대상으로 방과 후 개별적인 보호와 교육을 통하여 건전한 인격 형성을 목적으로 하는 사업

4) 시설종사자

'아동복지시설 종사자'란 아동복지시설에서 아동의 상담·지도·치료·양육 기타 아동의 복지에 관한 업무를 담당하는 자를 말한다.(법 제2조 6호) 아동복지시설의 장은 보호아동의 권리를 최대한 보장하여 하며, 친권자가 있는 경우 보호아동의 가정 복귀를 위하여 적절한 상담과 지도를 병행하여야 한다.(법 제18조)

아동복지시설에는 필요한 전문 인력을 배치하여야 한다.(법 제19조①) 아동복지시설 종사자의 직종과 수, 그 자격 및 배치기준은 대통령령으로 정한다.(법 제19조②)

5) 아동복지시설의 개선, 사업의 정지·폐쇄 등

아동복지실을 폐지 또는 휴지하거나 그 운영을 재개하고자 하는 자는 보건복지부령이 정하는 바에 따라 미리 시장·군수·구청장에게 신고하여야 한다.(법 제15조)

보건복지부 장관, 시·도지사 또는 시장·군수·구청장은 아동복지시설과 교육훈련시설(대학은 제외)이 설치기준에 미달하게 된 때, 사회복지법인 또는 비영리법인이 설치·운영하는 시설의 경우 그 사회복지법인 또는 비영리법인의 설립허가가 취소된 때, 설치 목적의 달성 기타의 사유로 계속하여 운영될 필요가 없다고 인정할 때, 기타 아동복지법 또는 아동복지법에 의한 명령에 위반한 때에는 소관에 따라 그 시설의 개선, 사업의 정지, 위탁의 취소 또는 시설의 장의 교체를 명하거나 시설의 폐쇄를 명할 수 있다.(법 제21조)

5. 아동학대의 방지

1) 아동학대의 예방과 방지

아동학대(兒童虐待)란 보호자를 포함한 성인에 의하여 아동의 건강 복지를 해치거나 정상적 발달을 저해할 수 있는 신체적·정신적·성적폭력 또는 가혹행위 및 아동의 보호자에 의하여 이루어지는 유기(遺記)와 방임(放任)을 말한다.(법 제2조 4호)

국가와 지방자치단체는 아동학대를 예방하고 수시로 신고를 받을 수 있도록 긴급전화를 설치하여야 한다.(법 제23조②)

2) 아동보호전문기관의 설치

국가는 아동학대예방사업을 활성화하고 지역 간 연계체계를 구축하기 위하여 중앙아동보호전문기관을 둔다. 지방자치단체는 학대받은 아동의 발견·보호·치료에 대한 신속처리 및 아동학대예방을 담당하는 지역아동보호전문기관을 시·도 및 시·군·구에 둔다. 보건복지부 장관, 시·도지사 및 시장·군수·구청장은 아동학대예방사업을 목적으로 하는 비영리법인을 지정하여 중앙아동보호전문기관·지역아동보호전문기관의 운영을 위탁할 수 있다.(법 제24조① 내지 ③)

지역아동보호전문기관은 다음 각 호의 업무를 수행한다.(법 제25조②)

① 아동학대 신고접수, 현장조사 및 응급보호
② 학대받은 아동, 아동학대행위자를 위한 상담 및 교육
③ 아동학대예방 교육 및 홍보
④ 학대가정의 사후관리
⑤ 아동학대사례판정위원회 설치·운영 및 자체사례회의 운영
⑥ 그 밖에 대통령령으로 정하는 아동학대예방사업과 관련된 업무

3) 아동학대의 신고

누구든지 아동학대를 알게 된 때에는 아동보호전문기관 또는 수사기관에 신고할 수 있다. 특히, 초중등학교의 교원, 의료기관에서 의료업을 행하는 의료인, 아동복지시설의 종사자 및 그 장, 장애인복지시설에서 장애아동에 대한 상담·치료·훈련 또는 요양을 행하는 자, 보육시설의 종사자, 유치원의 장, 교직원 및 종사자, 학원 및 교습소의 운영자·강사·교습자·직원·종사자, 소방구급대의 대원, 성매매피해 상담소의 장이나 그 종사자, 한부모가족복지상담소의 상담원 및 한부모가족복지시설의 종사자, 가정폭력 관련 상담소의 상담원 및 가정폭력 피해자보호시설의 종사자, 아동복지지도원 및 사회복지전담공무원은 그 직무상 아동학대를 알게 된 때에는 즉시 아동보호전문기관 또는 수사기관에 신고하여야 한다. 신고인의 신분은 보호되어야 하며, 그 의사에 반하여 신원이 노출되어서는 아니 된다.(법 제26조① 내지 ③)

4) 응급조치의무 등

아동학대 신고를 접수한 아동보호전문기관 직원이나 사법경찰관리는 지체 없이 아동학대의 현장에 출동하여야 하며, 아동학대행위자로부터의 격리 또는 치료가 필요한 때에는 아동보호전문기관 또는 치료기관의 인도에 필요한 조치를 하여야 한다.(법 제27조①)

아동학대의 신고를 접수한 아동보호전문기관이나 수사기관은 대통령령이 정하는 바에 따라 학대받은 아동의 보호와 학대의 방지를 위하여 보호자 또는 대리양육을 원하는 연고자에 대하여 그 가정에서 보호양육 할 수 있도록 필요한 조치를 하는 것, 아동의 보호를 희망하는 자에게 가정위탁하는 것, 보호를 필요로 하는 아동에 적합한 아동복지시설에 입소시키는 것 등의 조치를 의뢰할 수 있다.(법 제27조②)

5) 보조인의 선임 등

법원의 심리과정에서 변호사·법정대리인·직계친족·형제자매, 아동보호전문기관의 상담원은 학대아동사건의 심리에 있어서 보조인이 될 수 있다. 다만, 변호사가 안니 경우에는 법원의 허가를 받아야 한다. 수사기관이 피해자를 조사하는 경우에도 또한 같다. 법원은 아동학대의 피해자를 증인으로 신문하는 경우, 검사·피해자 또는 아동보호전문기관의 신청이 있는 때에는 피해자와 신뢰관계에 있는 자의 동석을 허가할 수 있다. 수사기관이 피해자를 조사하는 경우에도 또한 같다.(법 제28조 ① 내지 ③)

6. 가정위탁지원센터

국가는 가정위탁사업을 활성화하고 지역 간 연계체계를 구축하기 위하여 중앙가정위탁지원센터를 둔다. 지방자치단체는 보호를 필요로 하는 아동에 대한 가정위탁사업을 활성화하기 위하여 지역가정위탁지원센터를 둔다. 보건복지부 장관 및 시·도지사는 가정위탁지원을 목적으로 하는 비영리법인을 지정하여 중앙가정위탁지원센터 및 지역가정위탁지원센터의 운영을 위탁할 수 있다.(법 제28조의 2 ① 내지 ③) 지역가정위탁지원센터는 가정위탁사업의 홍보 및 위탁가정의 발굴, 가정위탁을 하고자 하는 가정 및 가정위탁 대상 아동의 조사, 가정위탁 부모의 교육, 가정위탁을 하는

가정의 사후관리, 그 밖에 대통령령이 정하는 가정위탁사업과 관련된 업무를 수행한다.(법 제28조의 3 ②)

7. 아동의 보호

1) 아동에 대한 금지행위

누구든지 다음의 금지행위를 하여서는 아니 된다.(법 제29조)

① 아동을 타인에게 매매하는 행위

② 아동에게 음행을 시키거나 음행을 매개하는 행위

③ 아동의 신체에 손상을 주는 학대행위

④ 아동에게 성적 수치심을 주는 성희롱·성폭행 등의 학대행위

⑤ 아동의 정신건강 및 발달에 해를 끼치는 정서적 학대행위

⑥ 자신의 보호·감독을 받는 아동을 유기(遺棄)하거나 의식주를 포함한 기본적 보호·양육 및 치료를 소홀히 하는 방임행위

⑦ 장애를 가진 아동을 공중에 관람시키는 행위

⑧ 아동에게 구걸을 시키거나 아동을 이용하여 구걸하는 행위

⑨ 정당한 권한을 가진 알선기관 외의 자가 아동의 양육을 알선하고 금품을 취득하는 행위

⑩ 아동을 위하여 증여 또는 급여된 금품을 그 목적 외의 용도에 사용하는 행위

⑪ 공중의 오락 또는 흥행을 목적으로 아동의 건강 또는 안전에 유해한 곡예를 시키는 행위

위 규정을 위반한 자는 다음 각 호의 구분에 따라 처벌한다.(법 제40조) 다만, 상습으로 위 죄를 범한 자는 그 죄에 정한 형의 2분의 1까지 가중한다.(법 제40조의 2)

① 제1호 또는 제2호에 해당하는 행위를 한 자는 10년 이하의 징역 또는 5천만원 이하의 벌금에 처한다.

② 제3호 내지 제8호에 해당하는 행위를 한 자는 5년 이하의 징역 또는 3천만 이하의 벌금에 처한다.

③ 제9호 또는 제10호에 해당하는 행위를 한 자는 3년 이하의 징역 또는 2천만원

이하의 벌금에 처한다.

④ 제11호에 해당하는 행위를 한 자는 1년 이하의 징역 또는 500만원 이하의 벌금에 처한다.

2) 조사 등

보건복지부 장관, 시·도지사 또는 시장·군수·구청장은 필요하다고 인정할 때에는 관계 공무원, 아동복지지도원으로 하여금 아동복지시설과 아동의 주소·거소, 아동의 고용 장소 또는 아동에 대한 금지행위를 할 우려가 있는 장소에 출입하여 아동 또는 관계인에 대하여 필요한 조사를 하거나 질문을 하게 할 수 있다.(법 제30조①)

8. 재정지원 및 제한

1) 비용 보조

국가 및 지방자치단체는 대통령령이 정하는 바에 의하여 다음 각 호의 1에 해당하는 비용의 전부 또는 일부를 보조할 수 있다.(법 제31조)

① 아동복지시설의 설치 및 운영과 프로그램의 운용에 필요한 비용 또는 수탁보호 중인 아동의 양육 및 보호 관리에 필요한 비용

② 보호를 필요로 하는 아동의 대리양육이나 가정위탁보호에 따른 비용

③ 아동복지사업의 지도·감독, 계몽 및 선전에 필요한 비용

④ 아동보호전문기관의 설치·운영에 소요되는 비용

⑤ 가정위탁지원센터의 설치·운영에 소요되는 비용

⑥ 아동복지단체의 지도·육성에 필요한 비용

2) 비용의 징수

시·도지사, 시장·군수·구청장 또는 아동복지시설의 장은 아동의 가정위탁, 아동복지시설 입소, 특수한 치료나 요양, 일시 위탁 및 보호, 학대받은 아동의 보호 및 치료에 필요한 비용의 전부 또는 일부를 대통령령이 정하는 바에 의하여 각각 그 본인 또는 그 부양의 무자로부터 징수할 수 있다.(법 제32조)

3) 면 세

아동복지시설에서 그 보호아동을 위하여 사용하는 건물 및 토지, 시설설치 및 운영에 소요되는 비용에 대하여는 조세특례제한법 기타 관계 법령이 정하는 바에 의하여 조세 기타의 공과금을 면제할 수 있다.(법 제35조)

4) 보조금의 반환명령

국가 또는 지방자치단체는 아동복지시설의 장 등 보호수탁자, 가정위탁지원센터의 장, 대리양육자 및 아동복지단체의 장이 보조금의 교부조건에 위한한 때, 사위 기타 부정한 방법으로 보조금의 교부를 받은 때, 아동복지시설 또는 가정위탁지원센터의 경영에 관하여 개인의 영리를 도모하는 행위를 한 때, 아동복지법 또는 아동복지법에 의한 명령에 위반한 때, 보조금의 사용 잔액이 있을 때에는 이미 교부한 보조금의 전부 또는 일부의 반환을 명할 수 있다.(법 제33조)

제4절 장애인복지법

1. 목 적

1) 장애인복지법의 목적과 기본이념

장애인복지법(障碍人福祉法)은 장애인의 인간다운 삶과 권리 보장을 위한 국가와 지방자치단체 등의 책임을 명백히 하고, 장애 발생 예방과 장애인의 의료·교육·직업재활·생활환경개선 등에 관한 사업을 정하여 장애인복지대책을 종합적으로 추진하며, 장애인의 자립생활·보호 및 수당 지급 등에 관하여 필요한 사항을 정하여 장애인의 생활 안정에 기여하는 등 장애인의 복지와 사회활동 참여 증진을 통하여 사회통합에 이바지함을 목적으로 제정되었다.(법 제1조)

장애인복지법 제3조는 "장애인복지의 기본이념은 장애인의 완전한 사회 참여와 평등을 통하여 사회통합(社會統合)을 이루는 데에 있다"고 규정하고 있다.

2) 장애인의 권리

장애인은 인간으로서 존엄과 가치를 존중받으며, 그에 걸맞은 대우를 받는다.(법 제4조①) 장애인은 국가·사회의 구성원으로서 정치·경제·사회·문화, 그 밖의 모든 분야의 활동에 참여할 권리를 가진다.(법 제4조②) 장애인은 장애인 관련 정책결정과정에 우선적으로 참여할 권리가 있다.(법 제4조③)

3) 국가와 지방자치단체의 책임

국가와 지방자치단체는 장애 정도가 심하여 자립하기가 매우 곤란한 중증장애인이 필요한 보호 등을 평생 받을 수 있도록 알맞은 정책을 강구하여야 한다.(법 제6조)

국가와 지방자치단체는 장애 발생을 예방하고, 장애의 조기 발견에 대한 국민의 관심을 높이며, 장애인의 자립을 지원하고, 보호가 필요한 장애인을 보호하여 장애인의 복지를 향상시킬 책임을 진다.(법 제9조①)

4) 차별금지

누구든지 장애를 이유로 정치경제·사회·문화생활의 모든 영역에서 차별을 받지 아니하고, 누구든지 장애를 이유로 정치·경제·사회·문화생활의 모든 영역에서 장애인을 차별하여서는 아니 된다.(법 제8조①) 누구든지 장애인을 비하·모욕하거나 장애인을 이용하여 부당한 영리 행위를 하여서는 아니 되며, 장애인의 장애를 이해하기 위하여 노력하여야 한다.(법 제8조②)

2. 정 의

장애인(障碍人)이란 신체적·정신적 장애로 오랫동안 일상생활이나 사회생활에서 상당한 제약을 받는자를 말한다. 그런데 장애인복지법을 적용 받는 장애인은 장애인 중 신체적 장애와 정신적 장애 중 어느 하나에 해당하는 장애가 있는 자로서 대통령령으로 정하는 장애의 종류 및 기준에 해당하는 자를 말한다. 위에서 '신체적 장애'란 주요 외부 신체기능의 장애, 내부기관의 장애 등을 말하고, '정신적 장애'란 발달장

애 또는 정신질환으로 발생하는 장애를 말한다.(법 제2조① 내지 ②)

3. 전달체계

1) 장애인정책조정위원회

장애인 종합정책을 수립하고 관계 부처 간의 의견을 조정하며 그 정책의 이행을 감독·평가하기 위하여 국무총리 소속하에 장애인정책조정위원회를 둔다.(법 제11조①)

2) 장애인정책책임관

중앙행정기관의 장은 해당 기관의 장애인정책을 효율적으로 수립·시행하기 위하여 소속공무원 중에서 장애인정책책임관을 지정할 수 있다.(법 제12조①)

3) 지방장애인복지위원회

장애인복지 관련 사업의 기획·조사·실시 등을 하는 데에 필요한 사항을 심의하기 위하여 지방자치단체에 지방장애인복지위원회를 둔다.(법 제13조①) 지방장애인복지위원회를 조직·운영하는 데에 필요한 사항은 대통령령으로 정하는 기준에 따라 지방자치단체의 조례로 정한다.(법 제13조②)

4) 장애인복지상담원

장애인 복지 향상을 위한 상담 및 지원 업무를 맡기기 위하여 시·군·구 장애인복지상담원을 둔다. 장애인복지상담원의 임용·직무·보수와 그 밖에 필요한 사항은 대통령령으로 정한다.(법 제33조① 내지 ③)

4. 장애인복지 기본정책

1) 장애인의 날

장애인에 대한 국민의 이해를 깊게 하고 장애인의 재활의욕을 높이기 위하여 매년 4월 20일을 장애인의 날로 하며, 장애인의 날부터 1주간을 장애인 주간으로 한다. 국가와 지방자치단체는 장애인의 날의 취지에 맞는 행사 등 사업을 하도록 노력하여 한다.(법 제14조① 내지 ②)

2) 장애발생의 예방

국가와 지방자치단체는 장애의 발생 원인과 예방에 관한 조사 연구를 촉진하여야 하며, 모자보건사업의 강화, 장애의 원인이 되는 질병의 조기 발견과 조기 치료, 그 밖에 필요한 정책을 강구하여야 한다.(법 제17조①) 국가와 지방자치단체는 교통사고·산업재해·약물중독 및 환경오염 등에 의한 장애 발생을 예방하기 위하여 필요한 조치를 강구하여야 한다.

3) 의료와 재활치료 및 사회적응훈련

국가와 지방자치단체는 장애인이 생활기능을 익히거나 되찾을 수 있도록 필요한 기능치료와 심리치료 등 재활의료를 제공하고 장애인의 장애를 보완할 수 있는 장애인보조기구를 제공하는 데 필요한 정책을 강구하여야 한다.(법 제18조) 국가와 지방자치단체는 장애인이 재활치료를 마치고 일상생활이나 사회생활을 원활히 할 수 있도록 사회적응 훈련을 실시하여야 한다.(법 제19조)

4) 장애인 교육

국가와 지방자치단체는 사회통합의 이념에 따라 장애인이 연령·능력·장애의 종류 및 정도에 따라 충분히 교육받을 수 있도록 교육 내용과 방법을 개선하는 등 필요한 정책을 강구하여야 한다.(법 제20조①) 각 급 학교의 장은 교육을 필요로 하는 장애인이 그 학교에 입학하려는 경우, 장애를 이유로 입학 지원을 거부하거나 입학시험 합격자의 입학을 거부하는 등의 불리한 조치를 하여서는 아니 된다.(법 제20조④) 모든 교육기관은 교육 대상인 장애인의 입학과 수학(修學) 등에 편리하도록 장애의 종류와 정도에 맞추어 시설을 정비하거나 그 밖에 필요한 조치를 강구하여야 한다.(법 제20조⑤)

5) 장애인의 직업 정책

국가와 지방자치단체는 장애인의 적성과 능력에 맞는 직업에 종사할 수 있도록 직업 지도, 직업능력 평가, 직업 적응훈련, 직업훈련, 취업 알선, 고용 및 취업 후 지

도 등 필요한 정책을 강구하여야 한다.(법 제21조①)

6) 정보에의 접근

국가와 지방자치단체는 장애인이 정보에 원활하게 접근하고 자신의 의사를 표시할 수 있도록 전기통신·방송시설 등을 개선하기 위하여 노력하여야 한다. 국가와 지방자치단체는 방송국의 장 등 민간 사업자에게 뉴스와 국가적 주요 사항의 중계 등 대통령령으로 정하는 방송 프로그램에 청각장애인을 위한 수화 또는 폐쇄자막과 시각장애인을 위한 화면해설 또는 자막해설 등을 방영하도록 요청하여야 한다. 국가와 지방자치단체는 국가적인 행사, 그 밖의 교육·집회 등 대통령령으로 정하는 행사를 개최하는 경우에는 청각장애인을 위한 수화통역 및 시각장애인을 위한 점자자료 등을 제공하여야 하며 민간이 주최하는 행사의 경우에는 수화통역 및 점자자료 등을 제공하도록 요청할 수 있다.(법 제22조① 내지 ③)

7) 편의시설

국가와 지방자치단체는 장애인이 공공시설과 교통시설과 교통수단 등을 안전하고 편리하게 이용할 수 있도록 편의시설의 설치와 운영에 필요한 정책을 강구하여야 한다.(법 제23조)

8) 안전대책 강구

국가와 지방자치단체는 추락사고 등 장애로 인하여 일어날 수 있는 안전사고와 비상재해 등에 대비하여 시각·청각 장애인과 이동이 불편한 장애인을 위하여 피난용 통로를 확보하고, 점자·음성·문자 안내판을 설치하며, 긴급 통보체계를 마련하는 등 장애인의 특성을 배려한 안전대책 등 필요한 조치를 강구하여야 한다.(법 제24조)

9) 선거권 행사를 위한 편의 제공

국가와 지방자치단체는 장애인이 선거권을 행사하는 데에 불편함이 없도록 편의시설·설비를 설치하고, 선거권 행사에 관하여 홍보하며, 선거용 보조기구를 개발·보급하는 등 필요한 조치를 강구하여야 한다.(법 제26조)

10) 주택 보급

국가와 지방자치단체는 공공주택 등 주택을 건설할 경우에는 장애인에게 장애 정도를 고려하여 우선 분양 또는 임대할 수 있도록 노력하여야 한다.(법 제27조①)

국가와 지방자치단체는 주택의 구입자금·임차자금 또는 개·보수비용의 지원 등 장애인의 일상생활에 적합한 주택의 보급·개선에 필요한 시책을 강구하여야 한다.(법 제27조②)

11) 복지 연구 등의 진흥

장애인 관련 조사·연구 수행 및 정책개발·복지진흥·재활체육진흥 등을 위하여 재단법인 한국장애인개발원을 설립한다.(법 제29조②) 한국장애인개발원의 사업과 활동은 정관으로 정한다.(법 제29조③)

12) 경제적 부담의 경감

국가와 지방자치단체, 공공기관, 지방공사 또는 지방공단은 장애인과 장애인을 부양하는 자의 경제적 부담을 줄이고 장애인의 자립을 촉진하기 위하여 세제상의 조치, 공공시설 이용료 감면, 그 밖에 필요한 정책을 강구하여야 한다.

국가와 지방자치단체, 공공기관, 지방공사 또는 지방공단이 운영하는 운송사업자는 장애인과 장애인을 부양하는 자의 경제적 부담을 줄이고 장애인의 자립을 돕기 위하여 장애인과 장애인을 보호하기 위하여 동행하는 자의 운임 등을 감면하는 정책을 강구하여야 한다.(법 제30조① 내지 ②)

5. 복지조치

1) 장애인등록

장애인, 그 법정대리인 또는 대통령령이 정하는 보호자는 장애 상태와 그 밖에 보건복지부령이 정하는 사항을 시장·군수 또는 구청장에게 등록하여야 하며, 시장·군수·구청장은 등록을 신청한 장애인에게 장애인등록증을 내주어야 한다.(법 제32조①)

장애인등록증을 받은 자와 그 법정대리인 또는 대통령령이 정하는 보호자는 해당 장애인이 장애인의 기준에 맞지 아니하게 되거나 사망하면 그 등록증을 반환하여야 한다.(법 제32조②)

시장·군수·구청장은 장애상태의 변화에 따른 장애 등급 조정을 위하여 장애 진단을 받게 하는 등 필요한 조치를 할 수 있으며, 장애 진단 명령 등 필요한 조치를 거부한 경우에는 등록증을 반환하게 할 수 있다.(법 제32조③)

장애인의 장애 인정과 등급 사정(査定)에 관한 업무를 담당하게 하기 위하여 보건복지부에 장애판정위원회를 둘 수 있다.(법 제32조④)

2) 장애수당과 자녀교육비의 지급

국가와 지방자치단체는 장애인의 장애 정도와 경제적 수준을 고려하여 장애인의 소득 보전을 위한 장애수당을 지급할 수 있다. 다만, 국민기초생활보장법에 따른 생계급여를 받는 장애인에게는 '장애수당'을 반드시 지급하여야 한다.(법 제49조①)

국가와 지방자치단체는 장애아동에게 보호자의 경제적 생활수준 및 장애아동의 장애 정도를 고려하여 장애로 인한 추가적 비용을 보전(補塡)하게 하기 위하여 '장애아동수당'을 지급할 수 있다.(법 제50조①)

국가와 지방자치단체는 장애인을 보호하는 보호자에게 그의 경제적 수준과 장애인의 장애 정도를 고려하여 장애로 인한 추가적 비용을 보전하게 하기 위하여 '보호수당'을 지급할 수 있다.(법 제50조②)

장애수당·장애아동수당·보호수당의 지급 대상·기준 및 방법 등에 관하여 필요한 사항은 대통령령으로 정한다.(법 제49조③, 제50조③)

장애인복지실시기관은 경제적 부담능력 등을 고려하여 장애인이 부양하는 자녀 또는 장애인인 자녀의 '교육비'를 지급할 수 있다.(법 제38조①) 위 규정에 따른 교육비 지급 대상·기준 및 방법 등에 관하여 필요한 사항은 보건복지부령으로 정한다.(법 제38조②)

3) 의료비의 지급과 산후조리도우미의 지원

장애인복지실시기관은 의료비를 부담하기 어렵다고 인정되는 장애인에게 장애 정도와 경제적 능력 등을 고려하여 장애 정도에 따라 의료에 소요되는 비용을 지급할 수 있다.(법 제36조①) 위 규정에 따른 의료비 지급 대상·기준 및 방법 등에 관하여 필요한 사항은 보건복지부령으로 정한다.(법 제36조②)

국가 및 지방자치단체는 임산부인 여성장애인과 신생아의 건강관리를 위하여 경제적 부담능력 등을 감안하여 여성장애인의 가정을 방문하여 산전·산후 조리를 돕는 도우미(산후조리도우미)를 지원할 수 있다.(법 제37조①) 산후조리도우미 지원의 기준 및 방법 등에 관하여 필요한 사항은 대통령령으로 정한다.(법 제37조③)

4) 장애인 사용 자동차와 보조견의 지원

국가와 지방자치단체, 그 밖의 공공단체는 장애인이 이동수단인 자동차 등을 편리하게 사용할 수 있도록 하고 경제적 부담을 줄여 주기 위하여 조세감면 등 필요한 지원정책을 강구하여야 한다. 시장·군수·구청장은 장애인이 이용하는 자동차 등을 지원하는 데에 편리하도록 장애인이 사용하는 자동차 등임을 알아 볼 수 있는 표지(장애인사용자동차등표지)를 발급하여야 한다. 장애인사용자동차등표지의 발급 대상과 발급 절차 등에 관하여 필요한 사항은 보건복지부령으로 정한다.(법 제39① 내지 ④)

국가와 지방자치단체는 장애인의 복지 향상을 위하여 장애인을 보조할 장애인 보조견(補助犬)의 훈련·보급을 지원하는 방안을 강구하여야 한다. 누구든지 보조견표지를 붙인 장애인 보조견을 동반한 장애인이 대중교통수단을 이용하거나 공공장소·숙박시설 및 식품접객업소 등 여러 사람이 다니거나 모이는 곳에 출입하려는 때에는 정당한 사유 없이 거부하여서는 아니 된다.(법 제40조① 내지 ③)

5) 재활상담과 입소 등의 조치

보건복지부 장관, 시·도지사 또는 시장·군수·구청장은 장애인에 대한 검진 및 재활상담을 하고, 필요하다고 인정되면 다음 각 호의 조치를 하여야 한다.

① 국·공립병원, 보건소, 보건지소, 그 밖의 의료기관에 의뢰하여 의료와 보건지도를 받게 하는 것

② 국가 또는 지방자치단체가 설치한 장애인복지시설에서 주거편의·상담·치료·훈련 등의 필요한 서비스를 받도록 하는 것

③ 장애인복지시설에 위탁하여 그 시설에서 주거편의·상담·치료·훈련 등의 필요한 서비스를 받도록 하는 것

④ 공공직업능력개발훈련시설이나 사업장 내 직업훈련시설에서 하는 직업훈련 또는 취업알선을 필요로 하는 자를 관련 시설이나 직업안정업무 기관에 소개하는 것

장애인복지실시기관은 재활 상담을 하는 데에 필요하다고 인정되면 장애인복지상담원을 해당 장애인의 가정 또는 장애인이 주거편의·상담·치료·훈련 등의 서비스를 받는 시설이나 의료기관을 방문하여 삼당하게하거나 필요한 지도를 하게 할 수 있다.(법 제34조① 내지 ②)

6) 장애인 자립의 지원

장애인복지실시기관은 장애인복지시설에서 주거편의·상담·치료·훈련 등을 받도록 하거나 위탁한 장애인에 대하여 그 시설에서 훈련을 효과적으로 받는 데 필요하다고 인정되면 자립훈련비를 지급할 수 있으며, 특별한 사정이 있으면 훈련비 지급을 대신하여 물건을 지급할 수 있다. 위 규정에 따른 자립훈련비의 지급과 물건의 지급 등에 관하여 필요한 사항은 보건복지부령으로 정한다.(법 제43조① 내지 ②)

국가와 지방자치단체는 장애인이 사업을 시작하거나 필요한 지식과 기능을 익히는 것 등을 지원하기 위하여 대통령령으로 정하는 바에 따라 자금을 대여할 수 있다.(법 제41조)

7) 고용 촉진 및 생업 지원

국가와 지방자치단체는 직접 경영하는 사업에 능력과 적성임 맞는 장애인을 고용하도록 노력하여야 하며, 장애인에게 적합한 사업을 경영하는 자에게 장애인의 능력과 적성에 따라 장애인을 고용하도록 권유할 수 있다.(법 제46조)

국가와 지방자치단체, 그 밖의 공공단체는 소관 공공시설 안에 식료품사무용품신문 등 일상생활용품을 판매하는 매점이나 자동판매기의 설치를 허가하거나 위탁 할 때에는 장애인이 신청하면 우선적으로 반영하도록 노력하여야 한다.(법 제42조①)

8) 생산품 구매 및 인증

국가와 지방자치단체, 그 밖의 공공단체는 그 소요물품 중 보건복지부 장관이 정한 품목과 물량의 범위 안에서 매년 그 품목과 물량을 정하여 장애인복지시설과 장애인복지단체에 생산을 의뢰하여야 하며, 생산한 물품의 구매를 요청 받으면 우선적으로 구매하여야 한다.

국가와 지방자치단체, 그 밖의 공공단체는 장애인복지시설과 장애인복지단체에서 생산한 물품을 수의계약으로 구매할 수 있다. 위 규정에 따른 품목과 물량을 지정하는 데에 필요한 사항은 대통령령이 정하며, 수의계약의 절차와 방법 등에 관한 사항은 관계법령의 규정에 따른다.(법 제44조① 내지 ③)

보건복지부 장관은 장애인복지시설·장애인복지단체에서 생산한 물품의 판매촉진·품질향상 및 소비자와 구매자 보호를 위하여 인증 제도를 실시할 수 있다. 위 규정에 따른 인증의 신청·기준·절차·표시방법 및 대상 품목의 선정 등에 관하여 필요한 사항은 보건복지부령으로 정한다.(법 제45조① 내지 ②)

6. 자립생활의 지원

1) 자립생활지원

국가와 지방자치단체는 중증장애인의 자기 결정에 의한 자립생활을 위하여 활동보조인의 파견 등 활동보조서비스 또는 장애인보조기구의 제공, 그 밖의 각종 편의 및 정보제공 등 필요한 시책을 강구하여야 한다.(법 제53조)

2) 중증장애인자립생활지원센터

국가와 지방자치단체는 중증장애인의 자립생활을 실현하기 위하여 중증장애인자립생활지원센터를 통하여 필요한 각종 지원서비스를 제공한다. 중증장애인자립생활지원센터에 관하여 필요한 사항은 보건복지부령으로 정한다.(법 제54조① 내지 ②)

3) 활동보조인 등 서비스 지원

국가와 지방자치단체는 중증장애인이 일상생활 또는 사회생활을 원활히 할 수 있도록 활동지원급여를 지원할 수 있다. 국가 및 지방자치단체는 임신 등으로 인하여 이동이 불편한 여성장애인에게 임신 및 출산과 관련한 진료 등을 위하여 경제적 부담능력 등을 감안하여 활동보조인의 파견 등 활동보조서비스를 지원할 수 있다.(법 제55조① 내지 ②)

4) 장애동료간 상담

국가와 지방자치단체는 장애인이 장애를 극복하는 데 도움이 되도록 장애동료 간 상호 대화나 상담의 기회를 제공하도록 노력하여야 한다. 위 규정에 따른 장애동료 간의 대화나 상담의 기회를 제공하기 위한 구체적인 사업 등에 관하여 필요한 사항은 보건복지부령으로 정한다.(법 제56조① 내지 ②)

7. 장애인복지시설과 단체

1) 장애인복지시설

장애인복지시설의 종류는 다음과 같다.(법 제58조①)

① **장애인 생활시설 :** 장애인이 필요한 기간 생활하면서 재활에 필요한 상담치료 훈련 등의 서비스를 받아 사회복귀를 준비하거나 장애로 인하여 장기간 요양하는 시설

② **장애인 지역사회재활시설 :** 장애인을 전문적으로 상담·치료·훈련하거나 장애인의 여가 활동과 사회참여 활동 등에 편의를 제공하는 장애인복지관·의료재활시설·체육시설·수련시설 및 공동생활가정 등의 시설

③ **장애인 직업재활시설 :** 일반 작업환경에서는 일하기 어려운 장애인이 특별히 준비된 작업환경에서 직업훈련을 받거나 직업 생활을 할 수 있도록 하는 시설

④ **장애인 유료복지시설 :** 장애인이 필요한 치료·상담·훈련 등 편의를 제공받고 그에 소요되는 모든 비용을 시설 운영자에게 납부하여 운영하는 시설

⑤ **그 밖에 대통령령으로 정하는 시설**

위 장애인복지시설의 구체적인 종류와 사업 등에 관한 사항은 보건복지부령으로 정한다.(법 제58조②)

국가와 지방자치단체는 장애인복지시설을 설치할 수 있다.(법 제59조①) 국가와

지방자치단체 외의 자가 장애인복지시설을 설치·운영하려면 해당 시설 소재지 관할 시장·군수·구청장에게 신고하여야 하며, 신고한 사항 중 보건복지부령으로 정하는 중요한 사항을 변경할 때에도 신고하여야 한다.(법 제59조②)

시설 운영자는 시설 운영을 중단 또는 재개하거나 시설을 폐지하려는 때에는 보건복지부령이 정하는 바에 따라 미리 시장·군수·구청장에게 신고하여야 한다.(법 제60조②)

시설 운영자가 시설 운영을 중단 또는 재개하거나 시설을 폐지할 때에는 보건복지부령이 정하는 바에 따라 시설 거주자의 권익을 보호하기 위하여 시설 거주자를 다른 시설로 보내게 하는 등의 조치를 하여야 한다.(법 제60조③)

장애인복지시설기관은 장애인복지시설을 설치·운영하는 자의 소관 업무 및 시설 이용자의 인권실태 등을 지도·감독하며, 필요한 경우 그 시설에 관한보고 또는 관련 서류 제출을 명하거나 소속 공무원에게 그 시설의 운영상황·장부, 그 밖의 서류를 조사·검사하거나 질문하게 할 수 있다.(법 제61조①)

장애인복지실시기관은 장애인복지시설이 시설기준에 미치지 못한 때, 정당한 사유 없이 보고를 하지 아니하거나 거짓으로 보고한 때 또는 조사·검사 및 질문을 거부·방해하거나 기피한 때, 사회복지법인이나 비영리법인이 설치·운영하는 시설인 경우 그 사회복지법인이나 비영리법인의 설립허가가 취소된 때, 시설의 회계 부정이나 시설이용자에 대한 인권침해 등 불법행위, 그 밖의 부당행위 등이 발견된 때, 설치 목적을 이루었거나 그 밖의 사유로 계속하여 운영할 필요가 없다고 인정되는 때, 장애인복지법 또는 장애인복지법에 따른 명령이나 처분을 위반한 경우에는 그 시설의 개선, 사업의 정지, 시설의 장의 교체를 명하거나 해당 시설의 폐쇄를 명할 수 있다.(법 제62조)

2) 장애인복지단체 및 협의체

국가와 지방자치단체는 예산의 범위 안에서 장애인복지단체의 사업 또는 활동이나 그 시설에 필요한 경비의 전부 또는 일부를 보조할 수 있다.(법 제63조②) 장애인복지단체의 활동을 지원하고 장애인의 복지를 향상하기 위하여 장애인복지단체협의회를 설립할 수 있다.(법 제64조①) 장애인복지단체협의회의 조직과 운영 등에 관하여 필요한 사항은 정관으로 정한다.(법 제64조③)

8. 장애인보조기구

1) 장애인보조기구의 의의 등

'장애인보조기구'란 장애인이 장애의 예방·보완과 기능 향상을 위하여 사용하는 의지(疑肢)·보조기 및 그 밖에 보건복지부 장관이 정하는 보장구와 일상생활의 편익 증진을 위하여 사용하는 생활용품을 말한다.(법 제65조①) 보건복지부 장관은 장애인보조기구의 품질향상 등을 위하여 장애인 보조기구의 품목·기준 및 규격을 정하여고시할 수 있다.(법 제65조②)

2) 장애인보조기구의 교부 등

국가와 지방자치단체는 장애인의 신청이 있을 때에는 예산의 범위 안에서 장애인보조기구를 교부·대여 또는 수리하거나 장애인보조기구 구입 또는 수리에 필요한 비용을 지급할 수 있다.(법 제66조①) 위 규정에 따른 비용의 지급은 장애인보조기구의 교부 또는 수리가 곤란하다고 인정되는 경우에만 한다.(법 제66조②)

3) 장애인보조기구업체의 육성·연구지원 등

국가와 지방자치단체는 장애인보조기구의 개발·보급을 촉진하기 위하여 장애인보조기구를 생산하는 업체(장애인보조기구업체)에 대한 생산장여금 지급, 기술지원, 연구개발의 장려 등 필요한 조치를 강구하여야 한다.(법 제67조①) 국가와 지방자치단체는 장애인보조기구업체의 육성을 위하여 장애인 보조기구업체 중 우수업체를 지정하여 자금을 융자하거나 보조할 수 있다.(법 제67조②)

4) 의지·보조기제조업

의지·보조기를 제조·개조·수리하거나 신체에 장착하는 사업(의지·보조기제조업)을 하는 자는 그 제조업소를 개설한 후 7일 이내에 보건복지부령이 정하는 바에 따라 시장·군수·구청장에게 제조업소의 개설사실을 알려야 한다. 제조업소의 소재지 변경 등 보건복지부령이 정하는 중요 사항을 변경한 때에도 또한 같다.(법 제69조①) 의지·보조기 제조업자는 '의지·보조기 기사(技士)'를 1명 이상 두어야 한다. 다만, 의지·보조기 제조업자 자신이 의지·보조기 기사인 경우에는 따로 기사를 두지 아니하여도 된다.(법 제69조②) 시장·군수·구청장은 의지·보조기 제조업자가 의지·보조기 제조업을 하면서 고의나 중대한 과실로 의지·보조기를 착용하는 사람의 신체에 손상을 입힌 사실이 있는 때에는 6개월의 범위 안에서 보건복지부령으로 정하는 바에 따라 영업정지를 명할 수 있다.(법 제70조②)

9. 장애인복지 전문인력

1) 장애인복지 전문인력 양성 등

국가와 지방자치단체는 수화통역사, 점역(點譯)·교정사 등 장애인복지 전문인력의 양성에 소요되는 비용을 예산의 범위 안에서 보조할 수 있다.(법 제71조④) 장애인복지 전문인력의 범위 등에 관한 사항은 보건복지부령으로 정한다.(법 제71조②)

2) 의지·보조기 제조업자 기사

보건복지부 장관은 전문대학 이상의 학교에서 의지·보조기 관련 교과목얼 이수하고 졸업한 자로서 국가시험에 합격한 자에게 의지·보조기 기사자격증을 내주어야 한다.(법 제72조①)

의지·보조기 기사 국가시험은 보건복지부 장관이 실시하되, 실시시기·실시방법·시험과목, 그 밖에 시험 실시에 관하여 필요한 사항은 대통령령으로 정한다.(법 제73조①)

10. 비용의 부담 및 보조

장애인을 의료기관에 의뢰하여 의료와 보건지도를 받도록 한 조치에 필요한 비용을 부담한 장애인복지실시기관은 해당 장애인 또는 그 부양의무자로부터 대통령령으로 정하는 바에 따라 장애인복지실시기관이 부담한 비용의 전부 또는 일부를 받을 수 있다.(법 제80조①) 장애인 유료복지시설을 설치·운영하는 자는 그 시설에 입소하는 자로부터 필요한 비용을 받으려면 미리 시장·군수·구청장에게 신고하여야 한다.(법 제80조②)

국가와 지방자치단체는 대통령령으로 정하는 바에 따라 장애인복지 시설의 설치·

운영에 필요한 비용의 전부 또는 일부를 보조할 수 있다.(법 제81조)

장애인복지법에 따라 지급되는 금품, 장애인복지시설 및 장애인복지단체에서 장애인이 제작한 물품에는 조세특례제한법과 지방세법, 그 밖의 조세 관계법령이 정하는 바에 따라 조세를 감면한다.(법 제83조①)

11. 권익의 보호

장애인, 장애인의 법정대리인 또는 대통령령으로 정하는 보호자는 장애인복지법에 따른 복지조치에 이의가 있으면 해당 장애인복지실시기관에 심사를 청구할 수 있다. 장애인복지실시기관은 위 규정에 따른 심사청구를 받은 때에는 1개월 이내에 심사·결정하여 청구인에게 통보하여야 한다. 위 심사·결정에 이의가 있는 자는 행정심판법에 따라 행정심판을 제기할 수 있다.(법 제84조① 내지 ③)

12. 권한위임 등

장애인복지법에 따른 보건복지부 장관과 시·도지사의 권한은 그 일부를 대통령령으로 정하는 바에 따라 국립재활원장, 시·도지사 또는 시장·군수·구청장에게 위임하거나 관련 단체 또는 법인에 위탁할 수 있다 (법 제85조)

제5절 영유아보육법

1. 목 적

영유아보육법(嬰幼兒保育法)은 영유아(嬰幼兒)의 심신을 보호하고 건전하게 교육하여 건강한 사회 구성원으로 육성함과 아울러 보호자의 경제적·사회적 활동이 원활하게 이루어지도록 함으로써 영유아 및 가정의 복지 증진에 이바지함을 목적으로 한다.

'영유아'란 6세 미만의 취학 전 아동을 말하며, '보육'이란 영유아를 건강하고 안전하게 보호·양육하고 영유아의 발달 특성에 맞는 교육을 제공하는 어린이집 및 가정양육 지원에 관한 사회복지서비스를 말한다. '어린이집'이란 보호자의 위탁을 받아 영유아를 보육하는 기관을 말한다. '보호자'란 친권자·후견인, 그 밖의 자로서 영유아를 사실상 보호하고 있는 자를 말한다. '보육교직원'이란 어린이집 영유아의 보육, 건강관리 및 보호자와의 상담, 그 밖에 어린이집의 관리·운영 등의 업무를 담당하는 자로서 어린이집의 원장 및 보육교사와 그 밖의 직원을 말한다.

2. 정 의

보육은 영유아의 이익을 최우선적으로 고려하여 제공되어야 하며, 보육은 영유아가 안전하고 쾌적한 환경에서 건강하게 성장할 수 있도록 하여야 한다. 또한 영유아는 자신이나 보호자의 성, 연령, 종교, 사회적 신분, 재산, 장애, 인종 및 출생지역 등에 따른 어떠한 종류의 차별도 받지 아니하고 보육되어야 한다.

또한 모든 국민은 영유아를 건전하게 보육할 책임을 지며, 국가와 지방자치단체는 보호자와 더불어 영유아를 건전하게 보육할 책임을 진다.

보건복지부장관은 이 법의 적절한 시행을 위하여 보육 실태 조사를 3년마다 하여야 한다.(법 제9조)

3. 보육정보센터·보육개발원

보건복지부장관은 보육에 관한 정보의 수집·제공 및 상담을 위하여 중앙보육정보센터를, 특별시장·광역시장·도지사·특별자치도지사(이하 '시·도지사'라 한다) 및 시장·군수·구청장은 지방보육정보센터를 설치·운영하여야 한다.

또한 보건복지부장관은 보육에 관한 연구와 정보 제공, 프로그램 및 교재 개발, 평가척도 개발 및 보육교직원 연수 등의 업무를 위하여 보육개발원을 설치하거나 그 업무를 관련 연구기관 등에 위탁할 수 있다.

4. 어린이집의 설치

1) 어린이집의 종류

어린이집의 종류는 다음 각 호와 같다.(법 제10조)

1. 국공립어린이집 : 국가나 지방자치단체가 설치·운영하는 어린이집
2. 사회복지법인어린이집 : 사회복지사업법에 따른 사회복지법인(이하 '사회복지법인'이라 한다)이 설치·운영하는 어린이집
3. 법인·단체 등 어린이집: 각종 법인(사회복지법인을 제외한 비영리법인)이나 단체 등이 설치·운영하는 어린이집으로서 대통령령으로 정하는 어린이집
4. 직장어린이집 : 사업주가 사업장의 근로자를 위하여 설치·운영하는 어린이집(국가나 지방자치단체의 장이 소속 공무원을 위하여 설치·운영하는 어린이집을 포함한다)
5. 가정어린이집 : 개인이 가정이나 그에 준하는 곳에 설치·운영하는 어린이집
6. 부모협동어린이집 : 보호자들이 조합을 결성하여 설치·운영하는 어린이집
7. 민간어린이집 : 제1호부터 제6호까지의 규정에 해당하지 아니하는 어린이집

2) 보육계획의 수립 및 시행

보건복지부장관, 시·도지사 및 시장·군수·구청장은 보육사업을 원활하게 추진하기 위하여 보건복지부장관의 경우에는 중앙보육정책위원회, 그 밖의 경우에는 각 지방보육정책위원회의 심의를 거쳐 어린이집 수급계획 등을 포함한 보육계획을 수립·시행하여야 한다.(법 제11조)

시·도지사, 시장·군수·구청장은 도시개발법, 도시 및 주거환경정비법, 택지개발촉진법, 산업입지 및 개발에 관한 법률 및 보금자리주택건설 등에 관한 특별법 등에 따라 시행하는 개발·정비·조성사업에 어린이집 또는 어린이집용지가 확보될 수 있도록 노력하여야 한다.

국가나 지방자치단체는 국공립어린이집을 설치·운영하여야 한다. 이 경우 국공립어린이집은 제11조의 보육계획에 따라 도시 저소득주민 밀집 주거지역 및 농어촌지역 등 취약지역에 우선적으로 설치하여야 한다.

3) 인 가

국공립어린이집 외의 어린이집의 설치 · 운영하려는 자는 특별자치도지사 · 시장 · 군수 · 구청장의 인가를 받아야 한다. 이에 따른 어린이집의 설치 · 위탁계약 및 보육수당의 지급에 필요한 사항은 보건복지부령으로 정한다.

어린이집을 설치 · 운영하려는 자는 보건복지부령으로 정하는 설치기준을 갖추어야 한다. 다만, 놀이터 설치와 비상재해대비시설과 관련된 사항은 각각 제15조의2와 제15조의3에 따른다.

제15조의2(놀이터 설치) ① 어린이집을 설치 · 운영하는 자는 놀이터를 설치하여야 하며 설치에 관한 기준은 보건복지부령으로 정한다. 다만, 다음 각 호의 어느 하나에 해당하는 어린이집은 그러하지 아니한다.

1. 보육 정원 50명 미만인 어린이집
2. 100미터 이내에 보건복지부령으로 정하는 기준을 충족하는 놀이터가 설치되어 있는 어린이집

② 제1항에도 불구하고 특별자치도지사 · 시장 · 군수 · 구청장은 제6조 제1항에 따른 지방보육정책위원회의 심의를 거쳐 2005년 1월 29일 이전에 인가받은 어린이집이 도심지 및 도서 · 벽지 등 지역의 여건상 놀이터를 설치하기 곤란한 경우로서 보육상 지장이 없다고 인정하는 경우에는 놀이터를 설치하지 아니하거나 놀이터 설치기준을 완화하여 변경인가할 수 있다.

제15조의3(비상재해대비시설) ① 어린이집을 설치 · 운영하는 자는 반드시 1층과 2층 이상 등 종류별 비상재해대비시설을 설치하여야 하며 설치에 관한 기준은 보건복지부령으로 정한다.

4) 결격사유

다음 각 호의 어느 하나에 해당하는 자는 어린이집을 설치 · 운영할 수 없다.

1. 미성년자 · 금치산자 또는 한정치산자
2. 정신질환자
3. 마약 · 대마 또는 향정신성의약품 중독자
4. 파산선고를 받고 복권되지 아니한 자

5. 금고 이상의 실형을 선고받고 그 집행이 종료(집행이 종료된 것으로 보는 경우를 포함한다)되거나 집행이 면제된 날부터 3년이 경과되지 아니한 자
6. 금고 이상의 형의 집행유예를 선고받고 그 유예기간 중에 있는 자
7. 제45조에 따라 어린이집의 폐쇄명령을 받고 1년이 경과되지 아니한 자(법 제16조)

5. 보육교직원

1) 보육교직원의 배치

어린이집에는 보육교직원을 두어야 하며, 보육교직원의 배치기준 등에 필요한 사항은 보건복지부령으로 정한다.(법 제17조) 어린이집의 원장은 어린이집을 총괄하고 보육교사와 그 밖의 직원을 지도·감독하며 영유아를 보육한다.(법 제18조)

2) 보육교직원의 임면 등

특별자치도지사·시장·군수·구청장은 보육교직원의 권익 보장과 근로여건 개선을 위하여 보육교직원의 임면(任免)과 경력 등에 관한 사항을 관리하여야 한다. 어린이집의 원장은 보건복지부령으로 정하는 바에 따라 보육교직원의 임면에 관한 사항을 특별자치도지사·시장·군수·구청장에게 보고하여야 한다.(법 제19조)

3) 결격사유

다음 각 호의 어느 하나에 해당하는 자는 어린이집에 근무할 수 없다.(법 제20조)

1. 제16조 각 호의 어느 하나에 해당하는 자
2. 제46조나 제47조에 따라 자격정지 중인 자
3. 제48조에 따라 자격이 취소된 후 1년이 경과되지 아니한 자

6. 어린이집의 원장 또는 보육교사의 자격

어린이집의 원장은 대통령령으로 정하는 자격을 가진 자로서 보건복지부장관이 검정·수여하는 자격증을 받은 자이어야 한다.(법 제21조)

보육교사는 다음 각 호의 어느 하나에 해당하는 자로서 보건복지부장관이 검정·수여하는 자격증을 받은 자이어야 한다.

1. 고등교육법 제2조에 따른 학교에서 보건복지부령으로 정하는 보육 관련 교과목과 학점을 이수하고 전문학사학위 이상을 취득한 사람

 1의2. 법령에 따라 고등교육법 제2조에 따른 학교를 졸업한 사람과 같은 수준 이상의 학력이 있다고 인정된 사람으로서 보건복지부령으로 정하는 보육 관련 교과목과 학점을 이수하고 전문학사학위 이상을 취득한 사람

2. 고등학교 또는 이와 같은 수준 이상의 학교를 졸업한 자로서 시·도지사가 지정한 교육훈련시설에서 소정의 교육과정을 이수한 사람

보육교사의 등급은 1·2·3급으로 하고, 등급별 자격기준은 대통령령으로 정한다.

어린이집의 원장 또는 보육교사는 다른 사람에게 자기의 성명이나 어린이집의 명칭을 사용하여 어린이집의 원장 또는 보육교사의 업무를 수행하게 하거나 자격증을 대여하여서는 아니 된다.(법 제22조의 2)

7. 어린이집의 운영

1) 어린이집의 운영기준 등

어린이집을 설치·운영하는 자는 보건복지부령으로 정하는 운영기준에 따라 어린이집을 운영하여야 한다.(법 제24조)

어린이집의 이용대상은 보육이 필요한 영유아를 원칙으로 한다. 다만, 필요한 경우 어린이집의 원장은 만 12세까지 연장하여 보육할 수 있다.(법 제27조) 영아·장애아 또는 다음에 해당하는 경우 보육의 우선 제공을 하여야 한다.(법 제28조)

1. 국민기초생활 보장법에 따른 수급자
2. 한부모가족지원법 제5조에 따른 보호대상자의 자녀
3. 국민기초생활 보장법 제24조에 따른 차상위계층의 자녀
4. 장애인복지법 제2조에 따른 장애인 중 보건복지부령으로 정하는 장애등급 이상에 해당하는 자의 자녀
5. 다문화가족지원법 제2조제1호에 따른 다문화가족의 자녀
6. 그 밖에 소득수준 등을 고려하여 보건복지부령으로 정하는 자의 자녀

2) 보육과정

보육과정은 영유아의 신체 · 정서 · 언어 · 사회성 및 인지적 발달을 도모할 수 있는 내용을 포함하여야 한다.(법 제29조)

어린이집의 원장은 영유아 생활지도 및 초등학교 교육과의 연계 지도에 활용할 수 있도록 영유아의 발달상황 등을 종합적으로 관찰 · 평가하여 보건복지부장관이 정하는 기준에 따라 생활기록부를 작성 · 관리하여야 한다.(법 제29조의 2)

보건복지부장관은 보육서비스의 질적 수준을 향상시키기 위하여 어린이집 설치 · 운영자의 신청에 따라 어린이집의 보육환경, 보육과정 운영 및 보육인력의 전문성 등을 평가하여 해당 어린이집에 대한 평가인증을 실시할 수 있다.

3) 건강 · 영양 및 안전

어린이집의 원장은 영유아와 보육교직원에 대하여 정기적으로 건강진단을 실시하는 등 건강관리를 하여야 한다.(법 제31조) 어린이집의 원장은 영유아에게 질병 · 사고 또는 재해 등으로 인하여 위급 상태가 발생한 경우 즉시 응급의료기관에 이송하여야 한다.

어린이집의 원장은 영유아에 대하여 최초로 보육을 실시한 날부터 30일 이내에 특별자치도지사 · 시장 · 군수 · 구청장 또는 영유아의 보호자로부터 감염병의 예방 및 관리에 관한 법률 제27조에 따라 특별자치도지사 · 시장 · 군수 · 구청장 또는 예방접종을 한 자가 발급한 예방접종증명서 또는 그 밖에 이에 준하는 증명자료를 제출받아 영유아의 예방접종에 관한 사실을 확인할 수 있다.

어린이집의 원장은 영유아의 예방접종 여부 확인 및 관리를 위하여 제29조의2에 따른 어린이집 생활기록에 예방접종 여부 및 내역에 관한 사항을 기록하여 관리하여야 한다.

어린이집의 원장은 영유아에게 보건복지부령으로 정하는 바에 따라 균형 있고 위생적이며 안전한 급식을 하여야 한다.

8. 비 용

국가나 지방자치단체는 국민기초생활 보장법에 따른 수급자와 보건복지부령으로 정하는 일정소득 이하 가구의 자녀 등의 보육에 필요한 비용의 전부 또는 일부를 부담하여야 한다.(법 제34조)

국가와 지방자치단체는 어린이집이나 유아교육법 제2조에 따른 유치원을 이용하지 아니하는 영유아에 대하여 영유아의 연령과 보호자의 경제적 수준을 고려하여 양육에 필요한 비용을 지원할 수 있다.

국가와 지방자치단체는 비용 지원을 위하여 보육서비스 이용권(이하 '이용권'이라 한다)을 영유아의 보호자에게 지급할 수 있다.(법 제34조의 3)

초등학교 취학 직전 1년의 유아(幼兒)와 장애아 및 다문화가족지원법 제2조제1호에 따른 다문화가족의 자녀에 대한 보육은 무상으로 하되, 대통령령으로 정하는 바에 따라 순차적으로 실시한다.

9. 지도 감독

보건복지부장관, 시·도지사 및 시장·군수·구청장은 보육사업의 원활한 수행을 위하여 어린이집 설치·운영자 및 보육교직원에 대하여 필요한 지도와 명령을 할 수 있다.

보건복지부장관, 시·도지사 또는 시장·군수·구청장은 어린이집이 다음 각 호의 어느 하나에 해당하면 어린이집의 원장 또는 그 설치·운영자에게 기간을 정하여 그 시정 또는 변경을 명할 수 있다.(법 제44조)

1. 제13조제1항에 따른 변경인가를 받지 아니하고 어린이집을 운영하는 경우
2. 제15조에 따른 어린이집의 설치기준을 위반한 경우
3. 제17조제2항에 따른 보육교직원의 배치기준을 위반한 경우

3의2. 제19조제2항에 따른 보육교직원의 임면에 관한 사항을 보고하지 아니하거나 거짓으로 보고한 경우

4. 제24조제1항에 따른 어린이집의 운영기준을 위반한 경우

4의2. 제25조제1항 단서를 위반하여 어린이집운영위원회를 설치·운영하지 아니한 경우

4의3. 제29조의2에 따른 생활기록부를 작성·관리하지 아니한 경우

4의4. 제32조제1항에 따른 질병의 치료와 예방조치를 하지 아니한 경우

4의5. 제33조에 따른 균형 있고 위생적이며 안전한 급식을 하지 아니한 경우
5. 제38조에 따른 보육료 등을 한도액을 초과하여 받은 경우
6. 제42조에 따른 보고를 하지 아니하거나 거짓으로 보고한 경우 또는 조사·검사를 거부하거나 기피한 경우
7. 제43조제1항에 따른 신고를 하지 아니하고 어린이집을 폐지하거나 일정기간 운영을 중단하거나 운영을 재개한 경우

보건복지부장관은 어린이집의 원장, 보육교사가 업무 수행 중 고의나 중대한 과실로 손해를 입힌 경우, 해당 업무 수행에 필요한 자격이 없는 자를 채용하여 보육교사·간호사 또는 영양사 등의 업무를 수행하게 한 경우, 제23조에 따른 보수교육을 연속하여 3회 이상 받지 아니한 경우, 거짓이나 그 밖의 부정한 방법으로 보조금을 교부받거나 보조금을 유용한 경우에 해당하면 1년 이내의 범위에서 보건복지부령으로 정하는 바에 따라 그 자격을 정지시킬 수 있다 (법 제46조)

보건복지부장관은 어린이집의 원장 또는 보육교사가 다음 각 호의 어느 하나에 해당하면 그 자격을 취소할 수 있다.(법 제48조)

1. 거짓이나 그 밖의 부정한 방법으로 자격증을 취득한 경우
2. 자격 취득자가 업무 수행 중 그 자격과 관련하여 고의나 중대한 과실로 손해를 입히고 금고 이상의 형을 선고받은 경우
3. 아동복지법 제29조의 금지행위를 하여 같은 법 제40조에 따른 처벌을 받은 경우
4. 제22조의2에 따른 명의대여 금지 등의 의무를 위반한 경우
5. 자격정지처분기간 종료 후 3년 이내에 자격정지처분에 해당하는 행위를 한 경우
6. 자격정지처분을 받고도 자격정지처분기간 이내에 자격증을 사용하여 자격 관련 업무를 수행한 경우
7. 자격정지처분을 3회 이상 받은 경우
8. 제46조제4호에 해당하여 금고 이상의 형을 선고받은 경우

10. 보칙 및 벌칙

1) 경력의 인정

어린이집에 근무하는 자 중 유아교육법에 따른 유치원교원의 자격을 가진 자에 대하여는 어린이집에서의 근무경력을 유아교육법에 따른 교육경력으로 인정한다.(법 제50조①)

유치원(유아교육법 제2조제6호에 따른 종일제 수업과정을 운영하고 있는 유치원을 말한다)에 근무하는 자 중 이 법에 따른 보육교사의 자격을 가진 자에 대하여는 유치원에서의 근무경력을 이 법에 따른 보육경력으로 인정한다.

2) 어린이집연합회

보육사업의 원활한 추진과 어린이집의 균형적인 발전, 어린이집 간의 정보 교류 및 상호 협조 증진을 위하여 어린이집연합회를 설립할 수 있다.(법 제53조)

3) 벌 칙

① 제34조의6제6항을 위반한 자는 5년 이하의 징역 또는 3천만원 이하의 벌금에 처한다. 이 경우 징역형과 벌금형은 병과(倂科)할 수 있다.

② 거짓이나 그 밖의 부정한 방법으로 보조금을 교부받거나 보조금을 유용한 자는 3년 이하의 징역 또는 1천만원 이하의 벌금에 처한다.

③ 다음 각 호의 어느 하나에 해당하는 자는 1년 이하의 징역 또는 500만원 이하의 벌금에 처한다.

1. 제13조제1항에 따른 설치인가를 받지 아니하고 어린이집의 명칭을 사용하거나 사실상 어린이집의 형태로 운영한 자
2. 거짓이나 그 밖의 부정한 방법으로 제13조제1항에 따른 어린이집의 설치인가 또는 변경인가를 받은 자
3. 제22조의2를 위반하여 자기의 성명이나 어린이집의 명칭을 사용하여 어린이집의 원장 또는 보육교사의 업무를 수행하게 하거나 자격증을 대여한 자 및 그 상대방

4. 거짓이나 그 밖의 부정한 방법으로 제34조, 제34조의2 및 제35조에 따른 비용을 지원받거나 타인으로 하여금 지원을 받게 한 자
5. 제34조의3에 따른 보육서비스 이용권을 부정사용한 자
6. 거짓이나 그 밖의 부정한 방법으로 제38조에 따른 보육료 등을 수납한 어린이집의 설치·운영자
7. 제45조제1항에 따른 어린이집 운영정지명령 또는 어린이집의 폐쇄명령을 위반하여 사업을 계속한 자(법 제55조)

법인의 대표자나 법인 또는 개인의 대리인, 사용인, 그 밖의 종업원이 그 법인 또는 개인의 업무에 관하여 제54조의 위반행위를 하면 그 행위자를 벌하는 외에 그 법인 또는 개인에게도 해당 조문의 벌금형을 과(科)한다. 다만, 법인 또는 개인이 그 위반행위를 방지하기 위하여 해당 업무에 관하여 상당한 주의와 감독을 게을리 하지 아니한 경우에는 그러하지 아니하다.(법 제56조)

① 제43조제1항에 따른 신고를 하지 아니하고 어린이집을 폐지하거나 일정기간 운영을 중단하거나 운영을 재개한 자에게는 500만원 이하의 과태료를 부과한다.(개정 2011.6.7.)

② 다음 각 호의 어느 하나에 해당하는 자에게는 300만원 이하의 과태료를 부과한다.

1. 제26조제1항에 따른 취약보육을 우선적으로 실시하지 아니한 자
2. 제28조제1항 각 호에 해당하는 자를 우선적으로 보육하지 아니한 자
3. 제31조에 따른 건강진단 또는 응급조치 등을 이행하지 아니한 자

제6절 한부모가족지원법

1. 목적과 정의

1) 목 적

한부모가족지원법은 한부모가족이 건강하고 문화적인 생활을 영위할 수 있도록 함으로써 한부모가족의 생활 안정과 복지 증진에 이바지함을 목적으로 제정되었다.(법 제1조)

2) 보호대상자

한부모가족지원법에서 '한부모가족'이란 모자가족 또는 부자가족을 말한다.(법 제4조 2호) 여기서 '모자가족'이란 모(母)가 세대주인 가족을 말하고(법 제4조 3호) '부자가족'이란 부(父)가 세대주인 가족을 말한다.(법 제4조 4호) 그런데 세대주가 아니더라도 세대원을 사실상 부양하는 자는 세대주에 포함한다.

위에서 母 또는 父란 배우자와 사별 또는 이혼하거나 배우자로부터 유기(遺棄)된 자, 정신이나 신체의 장애로 장기간 노동능력을 상실한 배우자를 가진 자, 미혼자,(사실혼 관계에 있는 자는 제외한다) 기타 이에 준하는 자로서 여성가족부령으로 정하는 자를 말한다.(법 제4조 1호)

한부모가족지원법의 보호대상자의 범위는 여성가족부 장관이 매년 보호대상자의 최저생계비·소득수준 및 재산정도 등을 고려하여 보호의 종류별로 정하는 기준에 해당하는 한부모가족으로 한다.(법 제5조, 규칙 제3조)

3) 보호대상자 범위에 대한 특례

출산 후 해당 아동을 양육하지 아니하는 미혼모는 미혼모 공동생활가정을 이용할 때에는 한부모가족지원법의 보호대상자가 된다.(법 제5조의 2 ①)

다음 각 호의 어느 하나에 해당하는 아동과 그 아동을 양육하는 조부 또는 조모로

서 여성가족부령으로 정하는 자는 한부모가족지원법의 보호대상자가 된다.(법 제5조의 2 ②)

① 부모가 사망하거나 생사가 분명하지 아니한 아동

② 부모가 정신 또는 신체의 장애·질병으로 장기간 노동능력을 상실한 아동

③ 부모의 장기복역 등으로 부양을 받을 수 없는 아동

④ 기타 이에 준하는 자로서 여성가족부령으로 정하는 아동

보호대상자로서 '아동'이란 18세 미만(취학 중인 경우에는 22세 미만을 말한다)의 자를 말한다.(법 제4조 5호)

2. 한부모가족복지의 전달체계

한부모가족에 대한 보호는 국가나 지방자치단체가 이를 담당한다. 그런데 한부모가족지원법에 따라 보호를 행하는 국가나 지방자치단체를 보호기관(保護機關)이라 한다.(법 제4조 6호)

한부모가족복지에 관한 사항을 상담하거나 지도하기 위하여 시·도지사사와 시장·군수·구청장은 관할 구역에 한부모가족복지상담소를 설치할 수 있다. 이 경우 시장·군수·구청장은 시·도지사의 승인을 받아야 한다.(법 제7조①) 시·도와 시·군·구 및 한부모가족복지상담소에 한부모가족복지상담원을 둔다.(법 제8조①)

국가나 지방자치단체는 한부모가족복지단체를 지원·육성할 수 있다.(법 제9조) 그런데 '한부모가족복지단체'란 한부모가족의 복지 증진을 목적으로 설립된 기관이나 단체를 말한다.(법 제4조 7호)

3. 한부모가족복지의 내용과 실시

1) 복지급여

한부모가족지원법이 규정하고 있는 복지급여에는 생계비, 아동교육지원비, 직업훈련비 및 훈련기간 중 생계비, 아동양육비, 그 밖에 대통령령으로 정하는 비용이 있다.(법 제12조①)

보호대상자 또는 그 친족이나 그 밖의 이해관계인은 복지급여를 관할 시·도지사, 시장·군수·구청장에게 신청할 수 있다.(법 제11조①)

국가나 지방자치단체는 복지급여의 신청이 있으면 복지급여를 실시 할 수 있다. 다만, 한부모가족지원법에 따른 보호대상자가 국민기초생활보장법 등 다른 법령에 따라 보호를 받고 있는 경우에는 그 범위에서 한 부모가족지원법에 따른 급여를 하지 아니한다.

아동양육비를 지급할 때 미혼모나 미혼부가 5세 이하의 부가 5세 이면 예산의 범위에서 추가적인 복지급여를 실시할 수 있다. 이 경우 미혼모나 미혼부가 자녀를 세이지 아니하고 미혼모나 미혼부의 직계존속 5세 이하의 경우에도 추가적인 복지 급여를 실시할 수 있다.(법 제12조②)

2) 복지 자금의 대여

국가나 지방자치단체는 한부모가족의 생활 안정과 자립을 촉진하기 위하여 다음 각 호의 어느 하나의 자금을 대여할 수 있다.(법 제13조)

① 사업에 필요한 자금

② 아동교육비

③ 의료비

④ 주택자금

⑤ 그 밖에 대통령령으로 정하는 한부모가족의 복지를 위하여 필요한 자금

3) 고용의 촉진 및 지원

국가 또는 지방자치단체는 한부모가족의 모 또는 부와 아동의 직업능력을 개발하기 위하여 능력 및 적성 등을 고려한 직업능력개발훈련을 실시하여야 한다. 국가 또는 지방자치단체는 한부모가족의 모 또는 부와 아동의 고용을 촉진하기 위하여 적합한 직업을 알선하고 각종 사업장에 모 또는 부와 아동이 우선 고용되도록 노력하여야 한다.(법 제14조① 내지 ②)

국가 및 지방자치단체는 한부모가족의 모 또는 부와 아동의 취업기회를 확대하기 위하여 한부모가족 관련 시설 및 기관과 직업안정기관간 효율적인 연계를 도모하여야 한다.(법 제14조의 2 ①)

4) 공공시설 내 매점 및 시설 설치

국가나 지방자치단체가 운영하는 공공시설의 장은 그 공공시설에 각종 매점 및 시설의 설치를 허가하는 경우, 이를 한부모가족 또는 한부모가족복지단체에 우선적으로 허가할 수 있다.(법 제15조)

5) 시설의 우선이용

국가나 지방자치단체는 한부모가족의 아동이 공공의 아동 편의시설과 그 밖의 공공시설을 우선적으로 이용할 수 있도록 노력하여야 한다.(법 제16조)

6) 가족지원서비스

국가나 지방자치단체는 한부모가족에게 다음 각 호의 가족지원서비스를 제공하도록 노력하여야 한다.(법 제17조)

① 아동의 양육 및 교육 서비스

② 장애인·노인·만성질환자 등의 부양 서비스

③ 취사·청소·세탁 등 가사 서비스

④ 교육·상담 등 가족 관계 증진 서비스

⑤ 그 밖에 대통령령으로 정하는 한부모가족에 대한 가족지원서비스

7) 국민주택의 분양 및 임대

국가나 지방자치단체는 주택법에서 정하는 바에 따라 국민주택을 분양하거나 임대할 때에는 한부모가족에게 일정 비율이 우선 분양될 수 있도록 노력하여야 한다.(법 제18조)

4. 한부모가족복지시설

1) 한부모가족복지시설의 종류

한부모가족복지시설은 다음 각 호의 시설로 한다.(법 제19조①)

① **모자보호시설** : 생활이 어려운 모자가족을 일시적으로 또는 일정 기간 보호하

여 생계를 지원하고 퇴소 후 자립 기반을 조성하도록 지원하는 것을 목적으로 하는 시설

② **모자자립시설 :** 자립이 어려운 모자가족에게 일정 기간 주택 편의만을 제공하는 것을 목적으로 하는 시설

③ **부자보호시설 :** 생활이 어려운 부자가족을 일시적으로 또는 일정 기간 보호하여 생계를 지원하고 퇴소 후 자립 기반을 조성하도록 지원하는 것을 목적으로 하는 시설

④ **부자자립시설 :** 자립이 어려운 부자가족에게 일정 기간 주택 편의만을 제공하는 것을 목적으로 하는 시설

⑤ **미혼모자시설 :** 미혼 여성의 임신·출산 시 안전 분만 및 심신의 건강 회복과 출산 후 아동의 양육 지원을 위하여 일정 기간 보호하는 것을 목적으로 하는 시설

⑥ **미혼모자 공동생활가정 :** 출산 후의 미혼모와 해당 아동으로 구성된 미혼모자가족이 일정 기간 공동으로 가정을 이루어 아동을 양육하고 보호할 수 있도록 지원하는 것을 목적으로 하는 시설

⑦ **모자 공동생활가정 :** 독립적인 가정생활이 어려운 모자가족이 일정 기간 공동으로 가정을 이루어 생활하면서 자립을 준비할 수 있도록 지원하는 것을 목적으로 하는 시설

⑧ **부자 공동생활가정 :** 독립적인 가정생활이 어려운 모자가족이 일정 기간 공동으로 가정을 이루어 생활하면서 자립을 준비할 수 있도록 지원하는 것을 목적으로 하는 시설

⑨ **미혼모 공동생활가정 :** 출산 후 해당 아동을 양육하지 아니하는 미혼모들이 일정 기간 공동으로 가정을 이루어 생활하면서 자립을 준비할 수 있도록 지원하는 것을 목적으로 하는 시설

⑩ **일시보호시설 :** 배우자(사실혼 관계에 있는 자를 포함한다)가 있으나 배우자의 물리적·정신적 학대로 아동의 건전한 양육이나 모의 건강에 지장을 초래할 우려가 있을 경우 일시적으로 또는 일정기간 그 모와 아동 또는 모를 보호함을 목적으로 하는 시설

⑪ **여성복지관 :** 모자가족과 미혼여성에 대한 각종 상담을 실시하고 생활지도·생업지도·탁아 및 직업보도를 행하는 등 모자가족과 미혼여성의 복지를 위한 편의를 종합적으로 제공하는 것을 목적으로 하는 시설

⑫ **한부모가족복지상담소 :** 한부모가족에 대한 조사·지도·시설 입소 등에 관한 상담 업무를 수행할 것을 목적으로 하는 시설

위 한부모가족복지시설에서의 보호 기간과 그 기간의 연장 등에 필요한 사항은 여성가족부령으로 정한다.(법 제19조②)

2) 한부모가족복지시설의 설치

국가나 지방자치단체는 한부모가족복지시설을 설치할 수 있다.(법 제20조①) 국가나 지방자치단체 외의 자가 한부모가족복지시설을 설치·운영하려면 시장·군수·구청장에게 신고하여야 한다.(법 제20조②) 한부모가족복지시설의 시설 기준과 설치 신고에 필요한 사항은 여성가족부령으로 정한다.(법 제20조③)

3) 한부모가족복지시설의 수탁의무

한부모가족복지시설을 설치·운영하는 자는 시·도지사 또는 시장·군수·구청장으로부터 한부모가족복지시설에 한부모가족을 입소 보호하도록 위탁받으면 정당한 사유 없이 이를 거부하지 못한다.(법 제22조) 이를 '수탁의무'라 한다.

4) 한부모가족복지시설에 대한 감독 등

여성가족부 장관, 시·도지사 또는 시장·군수·구청장은 한부모가족복지시설을 설치·운영하는 자에게 그 시설에 관하여 필요한 보고를 하게 하거나, 관계 공무원에게 시설의 운영 상황을 조사하게 하거나 장부 등 그 밖의 서류를 검사하게 할 수 있다.(법 제23조①)

시장·군수·구청장은 한부모가족복지시설이 시설 기준에 미달하게 된 경우, 전술한 수탁의무를 위반한 경우, 정당한 이유 없이 한 복지실시기관은 심사 청구를 받으면 30일 이내에 이를 심사·결정하여 청구인에게 통보하여야 한다.(법 제28조②)

제7절 정신보건법

1. 목 적

정신보건법(精神保健法)은 정신질환의 예방과 정신질환자의 의료 및 사회복귀에 관하여 필요한 사항을 규정함으로써 국민의 정신건강 증진에 이바지함을 목적으로 제정되었다.(법 제1조)

정신보건법에서 '정신질환자'란 정신병(기질적 정신병 포함)과 인격 장애·알코올 및 약물 중독 기타 비정신병적 정신 장애를 가진 자를 말한다.(법 제3조 1호)

정신보건법 제2조는 그 기본이념을 다음과 같이 규정하고 있다.

① 모든 정신질환자는 인간으로서의 존엄과 가치를 보장받는다.

② 모든 정신질환자는 최적의 치료와 보호를 받을 권리를 보장받는다.

③ 모든 정신질환자는 정신질환이 있다는 이유로 부당한 차별대우를 받지 아니한다.

④ 입원치료가 필요한 정신질환자에 대하여는 항상 자발적 입원이 권장되어야 한다.(법 제2조① 내지 ⑤)

⑤ 입원 중인 정신질환자는 가능한 한 자유로운 환경이 보장되어야 하며, 다른 사람들과 자유로이 의견 교환을 할 수 있도록 보장되어야 한다.(법 제2조⑥)

2. 국가의 의무

국가와 지방자치단체는 정신질환의 예방과 치료 및 재활을 위하여 정신보건센터와 정신보건시설을 연계하는 정신보건서비스전달체계를 확립하여야 한다.(법 제4조②)

3. 정신보건전문요원

보건복지부 장관은 정신보건 분야에 관한 전문지식과 기술을 갖추고 보건복지부령으로 정하는 수련기관에서 수련을 받은 자에게 정신보건전문요원의 자격증을 교부할 수 있다. 정신보건전문요원은 정신보건임상심리사·정신보건간호사 및 정신보건사회복지사로 한다. 정신보건전문요원의 구체적인 업무의 범위와 한계, 자격·등급에 관하여 필요한 사항은 대통령령으로 정한다.(법 제7조① 내지 ③)

4. 정신보건서비스 전달체계

1) 서 설

정신보건서비스 전달체계로는 정신보건센터와 정신보건시설이 있으며(법 제4조②) 정신보건시설에는 정신의료기관·정신질환자사회복귀시설·정신요양시설이 있다.(법 제3조 2호)

2) 정신보건센터

국가 및 지방자치단체는 지역사회정신보건사업의 실시를 위하여 시·군·구 단위로 정신질환자의 발견·상담·진료·사회복귀훈련 및 이에 관한 사례 관리 등을 실시하기 위한 정신보건센터를 설치하도록 노력하여야 한다.(법 제13조의 2 ①)

3) 정신의료기관

정신의료기관(精神醫療機關)이란 의료법에서 의한 의료기관 중 주로 정신질환자의 진료를 행할 목적으로 정신보건법의 시설기준 등에 적합하게 설치된 정신병원(精神病院)과 의원(醫院) 및 병원급 이상의 의료기관에 설치된 정신과(精神科)를 말한다.(법 제3조 3호) 보건복지부 장관 또는 시·도지사는 정신병원을 설치·운영하여야 한다.(법 제3조①)

4) 정신질환자사회복귀시설

'정신질환자사회복귀시설'이란 정신보건법에 의하여 설치된 시설로서 정신질환자를 정신의료기관에 입원시키거나 정신요양시설에 입소시키지 아니하고 사회복귀 촉진을 위한 훈련을 행하는 시설을 말한다.(법 제3조 4호) 국가 또는 지방자치단체는 사회복귀시설을 설치·운영할 수 있다.(법 제15조①) 국가 또는 지방자치단체 외의 자가 사회복귀시설을 설치·운영하고자 하는 때에는 시설의 소재지를 관할하는 시장·군수·구청장에게 신고하여야 한다.(법 제15조②) 국가 또는 자방자치단체는 필요한 경우 사회복귀시설을 사회복지법인 또는 비영리법인에게 위탁하여 운영할 수 있다.(법 제15조⑤)

사회복귀시설의 종류는 다음과 같다.(법 제16조①)

① **정신질환자생활시설 :** 정신질환자가 필요한 기간 동안 생활하면서 재활에 필요한·훈련 등의 서비스를 받아 사회복귀를 준비하거나 장애로 인하여 장기간 생활하는 시설

② **정신질환자지역사회재활시설 :** 정신질환자복지관·의료재활시설·체육시설·수련시설·공동생활가정 등 정신질환자에게 전문적인 상담·훈련 등을 제공하거나 여가활동 및 사회참여활동 등에 필요한 편의를 제공하는 시설

③ **정신질환자직업재활시설 :** 일반고용이 어려운 정신질환자가 특별히 준비된 작업환경에서 직업훈련을 받거나 직업생활을 영위할 수 있도록 하는 시설

④ **그 밖에 대통령령으로 정하는 시설**

사회복귀시설의 장은 보건복지부 장관이 정하는 바에 따라 정신질환자에 대하여 사회복귀를 위한 훈련을 실시하여야 한다.(법 제15조③)

5) 정신요양시설

정신요양시설(精神療養施設)이란 정신보건법에 의하여 설치된 시설로서 정신의료기관에서 의뢰된 정신질환자와 만성정신질환자를 입소시켜 요양과 사회복귀 촉진을 위한 훈련을 행하는 시설을 말한다.(법 제3조 5호)

사회복지법인 기타 비영리법인은 보건복지부 장관의 허가를 받아 정신요양시설을 설치·운영할 수 있다.(법 제10조①)

5. 지역사회정신보건사업

국가 및 지방자치단체는 보건소를 통하여 정신보건시설간 연계체계구축, 정신질환의 예방, 정신질환자의 발견상담·진료·사회복귀훈련 및 이에 관한 사례관리 등 지역사회정신보건사업을 기획·조정 및 수행 할 수 있다.(법 제13조①)

국가 및 지방자치단체는 국·공립정신의료기관을 통하여 지역사회정신보건사업을 지원하고, 시·군·구간 연계체계 구축, 응급정신의료서비스 제공 등 광역단위의 사업을 수행하며, 그 밖에 지역사회정신보건사업의 활성화를 위하여 필요한 사업을 수행하여야 한다.(법 제13조②)

국가 및 지방자치단체는 지역사회정신보건사업을 전문적으로 수행하게 하기 위하여 보건소 또는 국·공립정신의료기관에 정신보건센터를 설치하거나 그 사업을 대통령령이 정하는 기관 또는 단체에 위탁할 수 있다.(법 제13조③)

지역사회정신보건사업의 집중적이고 전문적인 지원을 위하여 보건복지부 장관은 중앙정신보건사업지원단을 설치·운영할 수 있고, 시·도지사는 지방정신보건사업지원단을 설치·운영할 수 있다.(법 제13조⑥)

6. 정신질환자의 보호의무자

정신질환자의 민법상의 부양의무자는 정신질환자의 보호의무자가 되며, 민법상의 부양의무자가 없을 때에는 후견인이 정신질환자의 보호의무자가 된다.(법 제21조① 내지 ②)

보호의무자가 없거나 보호의무자가 부득이한 사유로 인하여 그 의무를 이행할 수 없는 경우에는 당해 정신질환자의 주소지를 관할하는 시장·군수 또는 구청장이 그 보호의무자가 된다.(법 제21조③)

보호의무자는 피보호자인 정신질환자로 하여금 적정한 치료를 받도록 노력하여야 하며, 정신과전문의의 진단에 의하지 아니하고 정신질환자를 입원시키거나 입원을 연장시켜서는 아니 된다.(법 제22조①)

7. 정신질환자의 입원과 퇴원 등

1) 입원의 종류

정신질환자의 입원에는 자의입원(自意入院), 보호의무자에 의한 입원, 시장·군수·구청장에 의한 입원, 응급입원이 있다.

2) 자의입원

정신질환자는 입원 또는 입소 신청서를 제출하고 정신의료기관 또는 정신요양시설(이하 '정신의료기관 등'이라 한다)에 자의(自意)로 입원 등을 할 수 있다.(법 제23조①)

정신의료기관 등의 장은 자의입원 등을 한 환자로부터 퇴원 등의 신청이 있는 경우에는 지체 없이 퇴원 등을 시켜야 한다.(법 제23조②)

정신의료기관 등의 장은 자의입원 등을 한 정신질환자에 대하여 1년에 1회 이상 퇴원 등을 한 의사가 있는지 여부를 파악하여 이를 진료기록부에 기재한 후 환자 본인의 확인을 받아야 한다.(법 제23조③)

3) 보호의무자에 의한 입원

정신의료기관 등의 장은 정신질환자의 보호의무자의 동의가 있고 정신과전문의가 입원 등이 필요하다고 판단한 경우에 한하여 당해 정신질환자를 입원 등을 시킬 수 있으며, 입원 등을 할 때 당해 보호의무자로부터 보건복지부령으로 정하는 입원 등의 동의서 및 보호의무자임을 확인할 수 있는 서류를 받아야 한다.(법 제24조①)

보호의무자에 의한 입원 등의 기간은 6개월 이내로 한다. 다만, 정신 의료기관 등의 장은 6개월이 지난 후에도 계속하여 입원 등의 치료가 필요하다는 정신과전문의의 진단이 있고 보호의무자가 입원 등의 동의서를 제출 한 때에는 6개월마다 시장·군수·구청장에게 입원 등의 치료에 대한 심사를 청구하여야 한다.(법 제24조③)

정신의료기관 등의 장은 위 심사 결과에 따라 퇴원 등의 명령을 받은 때에는 당해 환자를 즉시 퇴원 등을 시켜야 한다.(법 제24조④)

정신의료기관 등의 장은 환자 또는 보호의무자로부터 퇴원 등의 신청이 있는 경우에는 지체 없이 당해 환자를 퇴원 등을 시켜야 한다. 다만, 정신과전문의가 정신질환자의 위험성을 고지한 경우에는 정신의료기관 등의 장은 퇴원 등을 거부할 수 있다.(법 제24조⑥) 위의 경우, 환자 또는 보호의무자는 즉시 기초정신보건심의위원회에 이의를 신청할 수 있다.(법 제24조⑦)

정신의료기관 등의 장은 위 이의신청에 대한 심사 결과에 따라 퇴원 등의 명령을 받은 때에는 당해 환자를 즉시 퇴원 등을 시켜야 한다.(법 제24조⑧)

4) 시장·군수·구청장에 의한 입원

정신질환으로 자신 또는 타인을 해할 위험이 있다고 의심되는 자를 발견한 정신과전문의 또는 정신보건전문요원은 시장·군수·구청장에게 당해인의 진단 및 보호를 신청할 수 있다.(법 제25조①)

위 신청을 받은 시장·군수·구청장은 즉시 정신과전문의에게 당해 정신질환자로 의심되는 자에 대한 진단을 의뢰하여야 한다.(법 제25조②) 이 경우, 정확한 진단이 필요하다고 인정한 때에는 시장·군수·구청장은 국가나 지방자치단체가 설치 또는 운영하는 정신의료기관 또는 종합병원에 2주이내의 기간을 정하여 입원하게 할 수 있다.(법 제25조③)

시장·군수·구청장은 위 진단 결과 당해 정신질환자에 대하여 계속입원이 필요하다는 2인 이상의 정신과전문의의 일치된 소견이 있는 경우, 당해 정신질환자에 대하여 국가나 지방자치단체가 설치 또는 운영하는 정신의료기관에 입원치료를 의뢰할 수 있다.(법 제25조⑥)

시장·군수·구청장은 위 규정에 의한 입원의뢰시 당해 정신질환자 및 보호의무자 또는 보호를 하고 있는 자에 대하여 입원이 필요한 사유 및 기간과 퇴원심사 등의 청구에 관한 사항을 지체 없이 통지하여야 한다.(법 제25조⑧)

시장·군수·구청장은 〈 시장·군수·구청장에 의한 입원 〉을 한 자가 입원 후 3월이 경과하면 당해 환자에 대한 입원조치를 해제하여야 하며, 이를 환자가 입원하고 있는 정신의료기관의 장에게 통지하여야 한다. 이 경우 당해 정신의료기관의 장은 지체 없이 당해 환자를 퇴원시켜야 한다.(법 제36조①)

위 규정에 불구하고 시장·군수·구청장은 2인 이상의 정신과전문의에 의한 진단 또는 정신보건심판위원회의 심사 결과 당해 정신질환자가 퇴원시 정신질환으로 자신 또는 타인을 해할 위험이 있다고 명백히 인정되는 진단 또는 심사 결과가 있는 경우에는 당해인을 계속 입원시킬 수 있으며, 그 기간은 계속입원일부터 3월 이내로 한다.(법 제36조②)

시장·군수·구청장은 위 규정에 의하여 환자를 계속 입원시킨 때에는 당해 환자 및 보호의무자 또는 보호를 하고 있는 자에 대하여 계속 입원이 필요한 사유 및 기간을 통지하여야 한다.(법 제36조③)

5) 응급입원

정신질환자로 추정되는 자로서 자신 또는 타인을 해할 위험이 큰 자를 발견한 자는 그 상황이 매우 급박하여 〈자의입원〉〈보호의무자에 의한 입원〉〈시장·군수·구청장에 의한 입원〉의 방법으로 입원을 시킬 수 없는 때에는 의사와 경찰관의 동의를 얻어 정신의료기관에 당해인에 대한 응급입원을 의뢰할 수 있다.(법 제26조①)

응급입원을 의뢰할 때에는 이에 동의한 경찰관 또는 소방구급대의 대원은 정신의료기관까지 당해인을 호송한다.(법 제26조②) 정신의료기관의 장은 응급입원이 의뢰된 자에 대하여 72시간의 범위내에서 응급입원을 시킬 수 있다.(법 제26조③)

응급입원이 의뢰된 자에 대한 정신과전문의의 진단 결과 자신 또는 타인을 해할 위험으로 인하여 계속입원이 필요한 때에는 〈자의입원〉〈보호의무자에 의한 입원〉〈시장·군수·구청장에 의한 입원〉의 방법으로 입원을 시켜야 한다.(법 제26조④)

정신의료기관의 장은 정신과전문의의 진단 결과 계속 입원이 필요하지 아니하는 경우에는 즉시 퇴원시켜야 한다.(법 제26조⑤)

정신의료기관의 장은 응급입원을 시킨 때에는 당해 정신질환자의 보호의무자 또는 보호를 하고 있는 자에 대하여 지체 없이 입원 사유·기간 및 장소를 통지하여야 한다.(법 제26조⑥)

6) 외래 치료명령

정신의료기관의 장은 〈보호의무자에 의한 입원〉과 〈시장·군수·구청장에 의한 입원〉을 한 환자 중 정신병적 증상으로 인하여 입원 등을 하기 전 자신 또는 타인을 해한 행동을 한 자로서 대통령령으로 정하는 자에 대하여 보호의무자의 동의를 받아 시장·군수·구청장에게 1년 이내에서 외래치료명령을 청구할 수 있다.(법 제37

조의 2 ①)

시장·군수·구청장은 외래치료명령의 청구를 받은 때에는 기초정신보건심의위원회의 심의를 받아 1년 이내에서 외래치료를 명할 수 있다.(법 제37조의 2 ②) 시장·군수·구청장은 외래치료명령을 한 때에는 지체 없이 본인 및 그 보호의무자와 외래치료명령을 청구한 정신의료기관의 장에게 그 사실을 통지하여야 한다.(법 제37조의 2 ③)

7) 정신보건심의위원회

정신보건에 관하여 보건복지부 장관, 시·도지사 및 시장·군수·구청장의 자문에 응하고 정신보건에 관한 중요한 사항의 심의와 심사를 하기 위하여 보건복지부 장관 소속으로 중앙정신보건심의위원회를 두고, 시·도지사 소속으로 광역정신보건심의위원회를 두며, 시장·군수·구청장 소속으로 기초정신보건심의위원회를 각각 둔다.(법 제27조①)

정신질환자의 퇴원심사·재심사, 시장·군수·구청장에 의한 입원조치의 해제 등을 심사하기 위하여 광역정신보건심의위원회 및 기초정신보건심의위원회 안에 정신보건심판위원회를 각각 둔다.(법 제27조②)

8) 퇴원심사 등의 청구

정신의료기관 등에 입원 등을 하고 있는 자 또는 그 보호의무자는 시장·군수·구청장에게 자신 또는 당해 입원환자의 퇴원 또는 처우개선을 청구할 수 있다.(법 제29조①) 시장·군수·구청장은 위 청구를 받은 때에는 즉시 당해 청구 내용을 기초정신보건심의위원회에 회부하여야 한다. 〈보호의무자에 의한 입원〉의 경우, 6개월이 지난 후에도 계속하여 입원 등의 치료가 필요하여 심사 청구를 한 경우에도 또한 같다.(법 제30조)

기초정신보건심의위원회는 위 규정에 의한 회부를 받은 때에는 지체 없이 이를 정신보건심판위원회에서 심사하여 그 결과를 시장·군수·구청장에게 보고하여야 한다.(법 제31조①) 시장·군수·구청장은 기초정신보건심의위원회로부터 보고받은 심사결과에 따라 필요한 경우, 정신의료기관 등의 장에 대하여 당해 정신질환자를 퇴원 등을 시키거나 임시로 퇴원 등을 시키도록 명하거나 처우개선을 위하여 필요한 조치를 취하도록 명하여야 한다.(법 제33조①) 시장·군수·구청장은 위 청구를 한 자에 대하여 당해 청구에 관련된 기초정신보건심판위원회의 심사 결과 및 이에 따른 조치 내용을 청구서 접수일 부터 30일 이내에 통지하여야 한다.(법 제33조②)

9) 재심사청구

위 심사 결과 통지 또는 외래치료명령에 대하여 불복이 있거나 기간 내에 심사를 받지 못한 경우에는 시·도지사에게 재심사를 청구할 수 있다.(법 제34조①)

시·도지사는 재심사청구를 받은 때에는 즉시 당해 청구 내용을 광역정신보건심의위원회에 회부하여야 한다.(법 제35조①) 광역정신보건심의위원회의 심사에 관한 사항에 관하여는 기초정신보건심의위원회의 심사절차를 준용한다.(법 제35조②)

10) 무단퇴원자에 대한 조치

정신의료기관 등의 장은 입원 등을 하고 있는 정신질환자로서 자신 또는 타인을 해할 위험이 있는 자가 무단으로 퇴원 등을 하여 그 행방을 알 수 없는 때에는 관할 경찰서장에게 통지하여 탐색을 요청할 수 있다.(법 제38조①)

경찰관은 위 규정에 의하여 탐색요청을 받은 자를 발견한 때에는 즉시 그 사실을 당해 정신의료기관 등의 장에게 통지하고, 당해 정신질환자를 인도할 때까지 24시간의 범의 내에서 당해인을 경찰관서·의료기관·사회복지시설 등에 보호할 수 있다.(법 제38조②)

8. 권익의 보호

1) 입원금지 등

누구든지 응급입원의 경우를 제외하고는 정신과전문의의 진단에 의하지 아니하고 정신질환자를 정신의료기관 등에 입원시키거나 입원 등을 연장시킬 수 없다.(법 제40조①)

2) 권익보호

누구든지 정신질환자, 그 보호의무자 또는 보호를 하고 있는 자의 동의 없이 정신질환에 대하여 녹음·녹화·촬영할 수 없다.(법 제41조②)

정신보건시설의 장은 입원 등을 한 정신질환자에 대하여 정신과전문의의 지시에 의한 의료 또는 재활의 목적이 아닌 노동을 강요하여서는 아니 된다.(법 제41조③)

3) 수용 및 가혹행위 등의 금지

누구든지 관계 법령에 의하여 정신질환자를 의료 보호할 수 있는 시설 외의 장소에 정신질환자를 수용하여서는 아니 된다.(법 제43조①)

정신보건시설의 장이나 그 종사자는 정신보건시설에 입원 또는 입소하거나 시설을 이용하는 정신질환자를 폭행하거나 가혹행위를 하여서는 아니 된다.(법 제43조②)

4) 특수치료의 제한

정신질환자에 대한 전기충격요법·인슐린혼수요법·마취하최면요법·정신외과요법 기타 대통령령이 정하는 특수치료행위는 당해 정신의료기관이 구성하는 협의체에서 결정하되 본인 또는 보호의무자에게 특수치료에 대한 필요한 정보를 제공하고 그 동의를 얻어야 한다.(법 제44조①)

5) 행동의 제한 등

정신의료기관 등의 장은 정신질환자에 대하여 의료를 위하여 필요한 경우에 한하여 통신이 자유, 면회의 자유 기타 대통령령이 정하는 행동의 자유를 제한할 수 있다.(법 제45조①)

환자를 격리시키거나 묶는 등의 신체적 제한을 가하는 것은 환자의 증상으로 보아서 본인 또는 주변사람이 위험에 이를 가능성이 현저히 높고 신체적 제한 외의 방법으로 그 위험을 회피하는 것이 뚜렷하게 곤란하다고 판단되는 경우에 그 위험을 최소한으로 줄이고, 환자 본인의 치료 또는 보호를 도보하는 목적으로 행하여져야 한다. 이 경우 격리는 당해 시설 안에서 행하여져야 한다.(법 제46조①)

9. 지 원

1) 국가 등의 지원

국가 또는 지방자치단체는 정신질환자 및 그 보호의무자의 경제적 부담을 경감하고 정신질환자의 사회 복귀를 촉진하기 위하여 의료비의 경감·보조 기타 필요한 지원을 할 수 있다.(법 제49조)

국가와 지방자치단체는 〈시장·군수·구청장에 의한 입원〉의 경우, 진단 및 치료에 소요되는 비용의 전부 또는 일부를 부담할 수 있다.(법 제50조)

2) 비용의 징수

사회복귀시설·정신요양시설의 설치·운영자는 그 시설을 이용하는 자로부터 복건복지부 장관이 정하여 고시하는 비용징수한도액의 범위 안에서 그에 소요되는 비용을 징수할 수 있다.(법 제51조)

3) 보조금 등

국가는 예산의 범위 안에서 지방자치단체가 설치하여 운영하는 정신의료기관 및 사회복귀시설에 대하여 설치·운영에 필요한 비용을 보조할 수 있다.(법 제52조①)

국가 또는 지방자치단체는 대통령령이 정하는 바에 의하여 영리를 목적으로 하지 아니하는 사회복귀시설 및 정신요양시설의 설치·운영자에 대하여 예산의 범위 안에서 그 설치·운영에 필요한 비용을 보조할 수 있다.(법 제52조④)

제 5 장

관련복지제도

제 1 절　사회복지공동모금회법
제 2 절　가정폭력방지 및
　　　　피해자보호 등에 관한 법률
제 3 절　건강가정기본법
제 4 절　청소년기본법

제1절 사회복지공동모금회법

1. 목적과 정의

사회복지공동모금회법(社會福祉共同募金會法)은 사회복지공동모금회의 공동모금을 통하여 사회복지에 대한 국민의 이해와 참여를 제고함고 아울러 국민의 자발적인 성금으로 조성된 재원을 효율적이고 공정하게 관리·운용함으로써 사회복지증진에 이바지함을 목적으로 제정되었다.(법 제1조) 사회복지공동모금(社會福祉共同募金)이란 사회복지사업 기타 사회복지 활동의 지원에 필요한 재원(財源)을 조성하기 위하여 사회복지공동모금회법에 의하여 기부금품(寄附金品)을 모집하는 것을 말한다.(법 제2조 2호) 기부금품은 기부하는 자의 의사에 반하여 모집하여서는 아니 된다.(법 제3조①)

2. 사회복지공동모금회

사회복지공동모금사업을 관장하기 위하여 사회복지공동모금회(社會福祉共同募金會)를 둔다.(법 제4조①) 사회복지공동모금회는 사회복지법인(法人)으로 한다.(법 제4조②)

사회복지공동모금회는 사회복지공동모금사업, 공동모금재원의 배분, 공동모금재원의 운용 및 관리, 사회복지공동모금에 관한 조사·연구·홍보 및 교육훈련, 사회복지공동모금과 관련된 국제교류 및 협력증진사업, 다른 기부금품 모집자와의 협력사업, 기타 사회복지공동모금회의 목적 달성에 필요한 사업 등을 수행한다.(법 제5조)

사회복지공동모금회에는 회장 1인, 부회장 3인, 이사(회장·부회장 및 사무총장 포함) 15인 이상 20인 이하, 감사 2인을 둔다. 임원의 임기는 3년으로 하되, 1회에 한하여 연임할 수 있다.(법 제7조① 내지 ②)

사회복지공동모금회의 기획·홍보·모금·배분 업무에 관한 사항을 심의하기 위하여 해당 분야의 전문가와 시민대표 등으로 구성되는 기획분과실행위원회·홍보분과

실행위원회·모금분과실행위원회 및 배분분과 실행위원회를 둔다.(법 제13조①)

사회복지공동모금회에 지역 단위의 사회복지공동모금사업을 관장하기 위하여 시·도에 지회(支會)를 둔다.(법 제14조①)

사회복지공동모금회의 회계연도(會計年度)는 1월 1일부터 12월 31일까지로 한다.(법 제28조)

3. 재 원

1) 재원의 조성

사회복지공동모금회의 사업에 필요한 경비는 사회복지공동모금에 의한 기부금품, 법인 또는 단체가 출연하는 현금·물품 그 밖의 재산, 복권(福券) 및 복권기금법에 의하여 배분 받은 복권수익금, 기타 수입금을 재원으로 조성한다.(법 제17조)

사회복지공동모금회는 기부금품의 접수를 효율적이고 공정하게 하기 위하여 언론기관을 모금창구로 지정하고, 지정된 언론기관의 명의로 모금계좌를 개설할 수 있다.(법 제19조)

사회복지공동모금회는 사회복지사업 기타 사회복지활동의 지원을 위하여 연중 기부금품을 모집·접수할 수 있다.(법 제18조①) 그리고 사회복지공동모금회는 효율적인 모금을 위하여 일정한 기간을 정하여 집중모금을 실시할 수 있다.(법 제18조④)

사회복지공동모금회는 사회복지사업 그 밖의 사회복지활동 등을 지원하기 위한 재원의 조성을 위하여 복권을 발행할 수 있다.(법 제18조의 2 ①)

2) 재원의 사용

공동모금재원은 사회복지사업 기타 사회복지활동에 사용한다.(법 제25조①) 공동모금재원은 지역·단체·대상자 및 사업별로 복지수요가 공정하게 충족되도록 배분하여야 하고, 사회복지공동모금회의 목적 및 재원의 사용 용도에 맞도록 공정하게 관리·운용하여야 한다.(법 제3조②) 지회에서 조성한 공동모금재원은 당해 시·도의 배분대상자에게 배분하는 것을 원칙으로 한다.(법 제15조③) 각 회계연도에 조성된 공동모금재원은 당해 회계연도에 지출하는 것을 원칙으로 한다. 다만, 재난구호 및 긴급구호 등 긴급히 지원할 필요가 있는 때를 대비하여 각 회계연도의 공동모금재원의 일부를 적립하는 경우에는 그러하지 아니하다.(법 제25조②) 기부금품의 기부자는 배분지역·배분대상자 또는 사용 용도를 지정할 수 있다.(법 제27조①) 이 경우, 사회복지공동모금회는 그 지정 취지에 따라 기부금품을 사용하여야 한다.(법 제27조③)

4. 공동모금재원의 배분

공동모금재원의 배분은 객관적인 기준에 따라 효율적으로 이루어지도록 하고, 그 결과를 공개하여야 한다.(법 제3조③)

사회복지공동모금회는 매년 8월 31일까지 다음 회계연도의 공동모금재원의 배분기준을 정하여 이를 공고하여야 한다.(법 제20조①) 사회복지공동모금회는 재난구호 및 긴급구호 등 긴급히 지원해야 할 필요가 있는 경우에는 위 규정에 준하여 별도의 배분기준에 따라 지원할 수 있다.(법 제20조②) 사회복지공동모금회에 배분신청을 하고자 하는 자는 위 규정에 의한 공고에 따라 배분신청서를 제출하여야 한다.(법 제21조①) 사회복지공동모금회는 위 규정에 의하여 접수한 배분신청서를 배분분과실행위원회에 회부하여 배분금액·배분순위 및 배분시기 등을 심의하도록 하여야 한다.(법 제22조①) 사회복지공동모금회는 각 회계연도의 공동모금재원의 배분을 종료한날로부터 3개월 이내에 전국적으로 배포되는 1개 이상의 일간신문에 그 배분 결과를 공고하여야 한다.(법 제24조①)

5. 지도·감독 등

보건복지부 장관은 사회복지공동모금회의 업무에 관하여 지도·감독을 하며, 필요하다고 인정할 경우에는 관계 서류의 제출을 명하거나 소속공무원으로 하여금 그 운영상황을 조사하게 하거나 장부 기타 서류를 검사하게 할 수 있다.(법 제31조①)

6. 보 칙

사회복지공동모금회의 임·직원 및 사회복지공동모금회법에 기부금품모집업무에 종사하는 자는 형법상 뇌물죄(賂物罪)의 적용에 있어서 이를 공무원으로 본다.(법 제24조①)

제2절 가정폭력방지 및 피해자보호 등에 관한 법률

1. 목 적

가정폭력방지 및 피해자보호 등에 관한 법률(이하, 가정폭력방지법(家庭暴力防止法)은 가정폭력을 예방하고 가정폭력의 피해자를 보호·지원함을 목적으로 제정되었다.(법 제1조) 가정폭력(假定暴力)이란 가정구성원 사이의 신체적·정신적 또는 재산상 피해를 수반하는 행위를 말한다.(법 제2조 1호)

2. 국가 등의 책무

국가와 지방자치단체는 가정폭력의 예방·방지와 피해자의 보호·지원을 위한 조치를 취하여야 하며(법 제4조①) 그에 따르는 예산상의 조치를 취하여야 한다.(법 제4조②) 시·도 및 시·군·구에 가정폭력의 예방·방지 및 피해자의 보호·지원을 담당할 기구와 공무원을 두어야 한다.(법 제4조③) 국가나 지방자치단체는 피해자 또는 피해자가 동반한 가정구성원이 아동인 경우 주소지 외의 지역에서 취학(입학·재입학·전학 및 편입학을 포함한다)할 필요가 있는 때에는 그 취학이 원활히 이루어지도록 지원하여야 한다.(법 제4조④) 여기서 '아동'이란 18세 미만인 자를 말한다.(법 제2조 4호)

3. 가정폭력 관련 시설

1) 긴급전화센터

여성가족부 장관 또는 시·도지사는 가정폭력 피해자의 신고 접수 및 상담, 관련 기관·시설과의 연계, 가정폭력 피해자에 대한 긴급한 구조의 지원 등을 수행하기 위하여 긴급전화센터를 설치·운영하여야 한다. 이 경우 외국어 서비스를 제공하는 긴급전화센터를 따로 설치·운영할 수 있다.(법 제4조의 6 ①) 여성가족부 장관 또는 시·도지사는 긴급전화센터의 설치·운영을 대통령령으로 정하는 기관 또는 단체에 위탁할 수 있다.(법 제4조의 6 ②)

2) 가정폭력 관련 상담소

국가나 지방자치단체는 가정폭력 관련 상담소를 설치·운영할 수 있다.(법 제5조 ①) 국가나 지방자치단체 외의 자가 가정폭력 관련 상담소를 설치·운영하려면 시장·군수·구청장에게 신고하여야 한다.(법 제5조②)

가정폭력 관련 상담소의 업무는 다음과 같다.(법 제6조)

① 가정폭력을 신고 받거나 이에 관한 상담에 응하는 일

② 가정폭력으로 정상적인 가정생활과 사회생활이 어렵거나 그 밖에 긴급히 보호를 필요로 하는 피해자 및 피해자가 동반한 가정구성원(이하 '피해자등'이라 한다)을 임시로 보호하거나 의료기관 또는 가정폭력피해자 보호시설로 인도하는 일

③ 행위자에 대한 고발 등 법률적 사항에 관하여 자문하기 위한 대한변호사협회 또는 지방변호사회 및 법률구조법인 등에 대한 필요한 협조와 지원의 요청

④ 경찰관서 등으로부터 인도 받은 피해자등의 임시 보호

⑤ 가정폭력의 예방과 방지에 관한 홍보

⑥ 그 밖에 가정폭력과 그 피해에 관한 조사·연구

가정폭력 관련 상담소의 설치·운영 기준, 상담소에 두는 상담원의 수와 신고절차 등에 필요한 사항은 여성가족부령으로 정한다.(법 제5조③)

3) 가정폭력피해자 보호시설

국가나 지방자치단체는 가정폭력피해자 보호시설을 설치·운영할 수 있다.(법 제7조①) 사회복지법인과 그 밖의 비영리법인은 시장·군수·구청장의 인가를 받아 가정폭력피해자 보호시설을 설치·운영할 수 있다.(법 제7조②)

가정폭력피해자 보호시설에는 상담원을 두어야 하고, 그 규모에 따라 생활 지도원·취사원·관리원 등의 종사자를 둘 수 있다.(법 제7조③)

가정폭력피해자 보호시설의 종류는 다음과 같다.(법 제7조의 2 ①)

① **단기보호시설** : 피해자 등을 6월의 범위에서 보호하는 시설
② **장기보호시설** : 피해자 등에 대하여 2년의 범위에서 자립을 위한 주거편의 등을 제공하는 시설
③ **외국인보호시설** : 배우자가 대한민국 국민인 외국인 피해자 등을 2년의 범위에서 보호하는 시설
④ **장애인보호시설** : 장애인복지법의 적용을 받는 장애인인 피해자 등을 2년의 범위에서 보호하는 시설

단기보호시설의 장은 그 단기보호시설에 입소한 피해자 등에 대한 보호기간을 여성가족부령으로 정하는 바에 따라 3월의 범위에서 한 차례만 연장할 수 있다.(법 제7조의 2 ②)

가정폭력피해자 보호시설은 피해자 등에 대하여 다음의 업무를 행한다.(법 제8조①)

① 숙식의 제공
② 심리적 안정과 사회적응을 위한 의료기관에의 인도 등 의료지원
③ 질병치료와 건강관리를 위한 의료기관에의 인도 등 의료지원
④ 수사기관의 조사 및 법원의 증인신문에의 동행
⑤ 법률구조기관 등에 필요한 협조와 지원의 요청
⑥ 자립자활 교육의 실시와 취업정보의 제공
⑦ 다른 법률에 따라 보호시설에 위탁된 사항

⑧ 그 밖에 피해자 등의 보호를 위하여 필요한 일

가정폭력피해자 보호시설의 입소 대상은 피해자 등으로서 다음 각 호의 어느 하나에 해당하는 경우로 한다.(법 제7조의 3 ①)

① 본인이 입소를 희망하거나 입소에 동의하는 경우
② 장애인복지법에 따른 지적장애인이나 정신장애인, 그 밖에 의사능력이 불완전한 자로서 보호자가 입소에 동의하는 경우
③ 장애인복지법에 따른 지적장애인이나 정신장애인, 그 밖에 의사능력이 불완전한 자로서 상담원의 상담 결과 입소가 필요하나 보호자의 입소 동의를 받는 것이 적절하지 못하다고 인정되는 경우

가정폭력피해자 보호시설의 장은 비용의 전부 또는 일부를 가정폭력행위자로부터 구상할 수 있다. 이 경우, 그 구상절차는 국세 또는 지방세 체납처분절차의 예에 따른다.(법 제8조③) 가정폭력피해자 보호시설의 설치·운영 기준, 보호시설에 두는 상담원 등 종사자의 직종과 수 및 인가 기준 등에 필요한 사항은 여성가족부령으로 정한다.(법 제7조④)

4) 상담원 교육훈련시설

국가나 지방자치단체는 상담원(상담원이 되고자 하는 자를 포함)에 대하여 교육·훈련을 실시하기 위하여 가정폭력 관련 상담원 교육훈련시설을 설치·운영할 수 있다.(법 제8조의 3 ①) 대학을 설립·운영하는 학교법인, 법률구조법인, 사회복지법인 그 밖의 비영립법인으로서 상담원 교육훈련시설을 설치하려 하는 자는 시장·군수·구청장에게 신고하여야 한다.(법 제8조의 3 ②) 상담원 교육훈련시설의 설치 기준, 상담원 교육훈련시설에 둔 강사의 자격과 수, 상담원 교육훈련과정의 운영 기준 및 신고 절차 등에 필요한 사항은 여성가족부령으로 정한다.(법 제8조의 3 ③)

5) 상담원 등의 자격기준

긴급전화센터, 가정폭력 관련 상담소 및 가정폭력피해자 보호시설에 근무하는 상담원은 여성가족부령으로 정하는 요건에 해당하는 자로서, 가정폭력 관련 상담원

교육훈련시설에서 여성가족부령으로 정하는 상담원 교육훈련과정을 마친 자로 한다.(법 제8조의 2 ②) 그 밖에 긴급전화센터, 가정폭력 관련 상담소 및 가정폭력피해자 보호시설에 종사하는 종사자의 자격 기준에 필요한 사항은 여성가족부령으로 정한다.(법 제8조의 2 ③)

4. 가정폭력피해자의 보호

1) 보호시설에 대한 보호비용 지원

국가나 지방자치단체는 보호시설에 입소한 피해자나 피해자가 동반한 가정 구성원의 보호를 위하여 필요한 경우 생계비·아동교육지원비·아동양육비·그 밖에 대통령령으로 정하는 비용을 보호시설의 장 또는 피해자에게 지원할 수 있다.(법 제7조의 5 ①)

2) 수사기관의 협조

긴급전화센터, 상담소 또는 보호시설의 장은 피해자를 긴급히 구조할 필요가 있는 경우 관할 경찰관서의 장에게 그 소속 직원의 동행을 요청 할 수 있다. 이 경우 요청을 받은 경찰관서의 장은 특별한 사유가 없으면 이에 따라야 한다.(법 제9조의 2)

3) 치료보호

의료기관은 피해자 본인·가족·친지나 긴급전화센터·가정폭력 관련 상담소 또는 가정폭력피해자 보호시설의 장 등이 요청하면 피해자에 대하여 다음의 치료보호를 실시하여야 한다.(법 제18조①)

① 보건에 관한 상담 및 지도
② 신체적·정신적 피해에 대한 치료
③ 그 밖에 대통령령으로 정하는 의료에 관한 사항

위 치료보호에 필요한 일체의 비용은 가정폭력행위자가 부담한다.(법 제18조②)

5. 감 독

여성가족부 장관 또는 시장·군수·구청장은 가정폭력 관련 상담소·가정폭력피해자 보호시설 또는 상담원 교육훈련시설의 장에게 그 시설에 관하여 필요한 보고를 하게 할 수 있으며, 관계 공무원으로 하여금 그 시설의 운영 상황을 조사하게 하거나 장부나 그 밖의 서류를 검사하게 할 수 있다.(법 제11조①)

시장·군수·구청장은 가정폭력 관련 상담소·가정폭력피해자 보호시설 또는 상담원 교육훈련시설이 가정폭력방지법에 규정된 사유에 해당하면 시설의 폐쇄, 업무의 폐지 또는 6개월의 범위에서 업무의 정지를 명하거나 인가를 취소할 수 있다.(법 제12조①)

6. 경 비

누구든지 영리를 목적으로 가정폭력 관련 상담소·가정폭력피해자 보호시설 또는 상담원 교육훈련시설을 설치·운영하여서는 아니 된다. 다만, 상담원 교육훈련시설의 장은 상담원교육훈련과정을 수강하는 자에게 여성가족부 장관이 정하는 바에 따라 수강료를 받을 수 있다.(법 제15조) 국가와 지방자치단체는 가정폭력 관련 상담소와 가정폭력피해자 보호시설의 대하여 경비를 보조하는 등 이를 육성·지원하여야 한다.(법 제4조④)

7. 보 칙

가정폭력방지법에 따른 긴급전화센터·가정폭력 관련 상담소·가정폭력피해자 보호시설 또는 상담원 교육훈련시설이 아니면 이와 유사한 명칭을 사용하지 못한다.(법 제17조)

제3절 건강가정기본법

1. 목적과 정의

건강가정기본법(健康家庭基本法)은 건강한 가정생활의 영위와 가족의 유지 및 발전을 위한 국민의 권리·의무와 국가 및 지방자치단체 등의 책임을 명백히 하고, 가정문제의 적절한 해결방안을 강구하며 가족구성원의 복지 증진에 이바지할 수 있는 지원정책을 강화함으로써 건강가정 구현에 기여하는 것을 목적으로 제정되었다.(법 제1조)

건강가정기본법 제2조는 "기본이념에 관하여 가정은 개인의 기본적인 욕구를 충족시키고, 사회통합을 위하여 기능할 수 있도록 유지·발전되어야 한다."고 규정하고 있다.

가족(家族)이란 혼인·혈연·입양으로 이루어진 사회의 기본단위를 말하고(법 제3조 1호), 가정(家庭)이란 가족구성원이 생계 또는 주거를 함께하는 생활공동체로서 구성원의 일상적인 부양·양육·보호·교육 등이 이루어지는 생활단위를 말한다.(법 제3조 2호)

건강가정(健康家庭)이란 가족구성원의 욕구가 충족되고 인간다운 삶이 보장되는 가정을 말하고(법 제3조 3호), 건강가정사업(健康家庭事業)이란 건강가정을 저해하는 문제(가정문제)의 발생을 예방하고 해결하기 위한 여러 가지 조치와 가족의 부양·양육·보호·교육 등의 가정기능을 강화하기 위한 사업을 말한다.(법 제3조 4호)

2. 국가의 의무

국가 및 지방자치단체는 민주적인 가정형성, 가정 친화적 환경조성, 양성평등한 가족가치 실현 및 가사노동의 정당한 가치평가를 위하여 노력하여야 한다.(법 제5조③) 국가 및 지방자치단체는 출산과 육아에 대한 사회적 책임을 인식하고 모성 보호와 태아의 건강 보장 등 적절한 출산환경을 조성하기 위하여 적극적으로 지원하여야

야 한다.(법 제8조②)

가정의 중요성을 고취하고 건강가정을 위한 개인·가정·사회의 적극적인 참여 분위기를 조성하기 위하여 매년 5월을 가정의 달로 하고, 5월 15일을 가정의 날로 한다.(법 제42조)

3. 건강가정정책위원회

건강가정에 관한 주요 시책을 심의하기 위하여 국무총리 소속하에 중앙건강가정정책위원회를 둔다.(법 제13조①) 건강가정에 관한 중요 사항을 심의하기 위하여 시·도에 건강가정위원회(시·도 위원회)를 둔다.(법 제14조①)

4. 건강가정사업

1) 가정에 대한 지원

국가 및 지방자치단체는 가정이 원활한 기능을 수행하도록 가족구성원의 정신적·신체적 건강지원, 소득보장 등 경제생활의 안정, 안정된 주거생활, 태아검진 및 출산·양육의 지원, 직장과 가정의 양립, 음란물·유흥가·폭력 등 위해환경으로부터의 보호, 가정폭력으로부터의 보호, 가정 친화적 사회분위기의 조성, 그 밖에 건강한 가정의 기능을 강화·지원할 수 있는 관련 사항 등에 대하여 지원하여야 한다.(법 제21조① 내지 ②)

2) 자녀양육지원의 강화

국가 및 지방자치단체는 자녀를 양육하는 가정에 대하여 자녀양육으로 인한 부담을 완화하고 아동의 행복추구권을 보장하기 위한 보육 및 방과 후 서비스, 양성 평등한 육아휴직제 활용을 적극적으로 확대하여 나아가야 한다.(법 제22조①)

3) 가정생활문화의 발전

개인과 가정은 건전한 가정의례를 확립하도록 노력하여야 하며(법 제29조①) 국

가 및 지방자치단체는 건전한 가정의례를 확립하기 위한 지원정책을 수립하여야 한다.(법 제29조②)

4) 가정봉사원의 지원

국가 및 지방자치단체는 건강한 가정을 유지하기 위하여 필요한 경우에는 가정을 방문하여 가사·육아·산후조리·간병 등을 돕는 가정봉사원을 지원할 수 있다.(법 제30조①) 가정봉사원은 여성가족부령이 정하는 바에 따라 교육을 받아야 한다.(법 제30조②) 국가 및 지방자치단체는 가정봉사원에게 예산의 범위 안에서 일정금액을 지급할 수 있다.(법 제30조③)

5. 건강가정 전담조직 등

1) 행정조직

보건복지부, 시·도 및 시·군·구는 건강가정사업에 관한 업무를 전담하여 수행할 수 있도록 하여야 한다.(법 제34조)

2) 건강가정지원센터

국가 및 지방자치단체는 가정문제의 예방·상담 및 치료, 건강가정의 유지를 위한 프로그램의 개발, 가족문화운동의 전개, 가정 관련 정보 및 자료제공 등을 위하여 중앙, 시·군·구에 건강가정지원센터를 둔다.(법 제35조①) 시·도 및 시·군·구에 설치하는 건강가정지원센터에는 센터장과 가정상담팀·가정 교육팀·가정문화팀 등 건강가정사업의 수행에 필요한 팀을 둔다.(령 제14조①) 시·도 및 시·군·구에 설치하는 건강가정지원센터의 조직과 운영에 관하여 필요한 사항은 당해 지방자치단체의 조례로 정한다.(령 제14조②)

건강가정지원센터의 운영은 여성가족부령이 정하는 바에 의하여 민간에 위탁할 수 있다.(법 제35조⑤)

3) 건강가정사

건강가정지원센터에는 건강가정사업을 수행하기 위하여 관련분야에 대한 학식과 경험을 가진 전문가(건강가정사)를 두어야 한다.(법 제35조②) 건강가정사의 직무는 가정문제의 예방·상담 및 개선, 건강가정의 유지를 위한 프로그램의 개발, 건강가정 교육(민주적이고 양성평등한 가족관계 교육을 포함한다) 가정생활문화운동의 전개, 가정 관련 정보 및 자료제공, 가정에 대한 방문 및 실태 파악, 아동보호 전문기관 등 지역사회자원에의 연계, 그 밖에 건강가정사업과 관련하여 여성가족부 장관이 정하는 활동 등이다.(령 제15조)

6. 보 칙

국가 및 지방자치단체는 건강가정사업을 수행하는 단체 또는 개인에 대하여 필요한 비용의 전부 또는 일부를 보조하거나 그 업무수행에 필요한 지원을 할 수 있다.(법 제36조)

제4절 청소년기본법

1. 목적과 정의

1) 목 적

청소년기본법(青少年基本法)은 청소년의 권리 및 책임과 가정·사회·국가 및 지방자치단체의 청소년에 대한 책임을 정하고 청소년육성정책에 관한 기본적인 사항을 규정함을 목적으로 한다.(법 제1조)

2) 기본이념

청소년기본법은 청소년이 사회구성원으로서 정당한 대우와 권익을 보장받음과 아울러 스스로 생각하고 자유롭게 활동할 수 있도록 하며 보다 나은 삶을 누리고 유해한 환경으로부터 보호될 수 있도록 함으로써 국가와 사회가 필요로 하는 건전한 민주시민으로 자랄 수 있도록 함을 기본이념으로 한다.(법 제2조①)

위 기본이념을 구현하기 위한 장기적·종합적 청소년육성정책을 추진함에 있어서 다음 각 호의 사항을 그 추진방향으로 한다.(법 제2조②)

① 청소년의 참여보장
② 청소년의 창의성과 자율성에 기초한 능동적 삶의 실현
③ 청소년의 성장여건과 사회 환경의 개선
④ 민주·복지·통일조국에 대비하는 청소년의 자질향상

3) 청소년 등의 정의 등

'청소년'이라 함은 9세 이상 24세 이하의 자를 말한다. 다만, 다른 법률에서 청소년에 대한 적용을 달리할 필요가 있는 경우에는 따로 정할 수 있다.(법 제3조 1호) '청소년육성'이라 함은 청소년활동을 지원하고 청소년의 복지를 증진하며 사회여건과 환경을 청소년에게 유익하도록 개선하고 청소년을 보호하여 청소년에 대한 교육을 보완함으로써 청소년의 균형 있는 성장을 돕는 것을 말한다.(법 제3조 2호) '청소년보호'라 함은 청소년의 건전한 성장에 유해한 물질·물건·장소·행위 등 각종 청소년 유해환경을 규제하거나 청소년의 접촉 또는 접근을 제한하는 것을 말한다.(법 제3조 5호)

4) 다른 법률과의 관계

청소년기본법은 청소년육성에 관하여 다른 법률에 우선하여 적용한다.(법 제4조①) 청소년육성에 관한 법률을 제정하거나 개정한 때에는 청소년기본법에 부합되도록 하여야 한다.(법 제4조②)

2. 권리와 책임

1) 청소년의 권리와 책임

청소년의 기본적 인권은 청소년활동·청소년복지·청소년보호 등 청소년육성의 모든 영역에서 존중되어야 한다.(법 제5조①) 청소년은 안전하고 쾌적한 환경 속에서 자기발전을 추구하고 정신적·신체적 건강을 해치거나 해칠 우려가 있는 모든 형태의 환경으로부터 보호받을 권리를 가진다.(법 제5조②) 청소년은 자신의 능력개발과 건전한 가치관의 확립에 힘쓰고 가정·사회 및 국가의 구성원으로서의 책임을 다하도록 노력하여야 한다.(법 제5조③)

2) 가정의 책임

가정은 청소년 육성에 관하여 1차적 책임이 있음을 인식하고, 따뜻한 사랑과 관심을 통하여 청소년이 개성과 자질을 바탕으로 자기발전을 실현하고 국가와 사회의 구성원으로서의 책임을 다하는 후계세대로 성장할 수 있도록 노력하여야 한다.(법 제6조①) 가정은 학교 및 청소년 관련 기관 등에서 실시하는 교육프로그램에 청소년과 함께 참여하는 등 청소년을 바르게 육성하기 위하여 적극적으로 노력하여야 한다.(법 제6조②) 가정은 정보통신망을 이용한 유해매체물의 접촉 등 청소년 유해환경으로부터 청소년을 보호하기 위하여 필요한 노력을 하여야 한다.(법 제6조③) 가정의 무관심·방치·억압 또는 폭력 등이 원인이 되어 청소년이 가출하거나 비행을 저지르는 경우 친권자 또는 친권자를 대신하여 청소년을 보호하는 자는 보호의무의 책임을 진다.(법 제6조④)

3) 사회의 책임

모든 국민은 청소년이 일상생활 속에서 즐겁게 활동하고 더불어 사는 기쁨을 누리도록 도와주어야 한다.(법 제7조①) 모든 국민은 청소년의 사고와 행동양식의 특성을 인식하고 사랑과 대화를 통하여 청소년을 이해하고 지도하여야 하며, 청소년의 비행을 방임하지 아니하는 등 그 선도에 최선을 다하여야 한다.(법 제7조②) 모든 국민은 청소년을 대상으로 하거나 청소년이 쉽게 접할 수 있는 장소에서 청소년의 정신적·신체적 건강에 해를 끼치는 행위를 하여서는 아니 되며, 청소년에게 유해한 환경을 정화하고 유익한 환경이 조성되도록 노력하여야 한다.(법 제7조③) 모든 국민은 경제적·사회적·문화적·정신적으로 어려운 상태에 있는 청소년들에게 특별한 관심을 가지고 이들이 보다 나은 삶을 누릴 수 있도록 노력하여야 한다.(법 제7조④)

4) 국가 및 지방자치단체의 책임

국가 및 지방자치단체는 청소년활동의 지원, 청소년복지의 증진 및 청소년보호의 수행에 필요한 법적·제도적 장치를 마련하여 시행하여야 한다.(법 제8조①) 국가 및 지방자치단체는 제6조 및 제7조의 규정에 의한 국민의 책임 수행에 필요한 여건을 조성하여야 한다.(법 제8조②) 국가 및 지방자치단체는 제1항 및 제2항의 업무를 수행하는데 필요한 재원을 안정적으로 확보하기 위한 시책을 수립·실시하여야 한다.(법 제8조③)

3. 청소년육성정책의 총괄·조정

1) 청소년육성정책의 총괄·조정

청소년육성정책은 여성가족부 장관이 관계행정기관의 장과 협의하여 이를 총괄·조정한다.(법 제9조)

2) 청소년정책 관계기관 협의회

청소년정책에 관한 관계기관간의 연계·조정과 상호협력을 위하여 여성가족부에 관계기관의 공무원 등으로 구성되는 청소년정책 관계기관 협의회를 둔다.(법 제10조①) 청소년정책 관계기관 협의회는 2 이상의 행정기관에 관련되는 청소년정책의 조정에 관한 사항과 여러 부처가 협력하여 추진하여야 하는 청소년정책에 관한 사항을 협의한다.(법 제10조②)

3) 지방청소년육성위원회의 설치

청소년육성에 관한 지방자치단체의 주요시책을 심의하기 위하여 시·도지사 및 시장·군수·구청장의 지방청소년육성위원회를 둔다.(법 제11조①) 지방청소년육성위원회의 구성·조직 그 밖의 운영에 관하여 필요한 사항은 조례로 정한다.(법 제11조③)

4) 청소년특별회의의 개최

국가는 범정부적 차원의 청소년육성 정책과제의 설정·추진 및 점검을 위하여 청소년분야의 전문가와 청소년이 참여하는 청소년특별회의를 매년 개최하여야 한다.(법 제12조①)

5) 청소년육성에 관한 기본계획 등의 수립

국가는 청소년육성에 관한 기본계획을 5년마다 수립하여야 한다.(법 제13조①) 기본계획에는 이전의 기본계획에 관한 분석평가, 청소년육성에 관한 기본방향, 청소년육성에 관한 추진목표, 청소년육성에 관한 기능의 조정, 청소년육성의 분야별 주요시책, 청소년육성에 소요되는 재원의 조달방법, 그 밖에 청소년육성을 위하여 특히 필요하다고 인정되는 사항이 포함되어야 한다.(법 제13조②)

국가 및 지방자치단체는 기본계획에 의하여 연도별 시행계획을 각각 수립·시행하여야 한다.(법 제14조)

6) 청소년의 달

청소년의 능동적이고 자주적인 주인의식을 고취하고, 청소년육성을 위한 국민의 참여분위기를 종성하기 위하여 매년 5월을 청소년의 달로 한다.(법 제16조)

4. 청소년시설

'청소년시설'이라 함은 청소년활동·청소년복지 및 청소년보호에 제공되는 시설을 말한다.(법 제3조 6호) 청소년활동에 제공되는 시설(청소년활동시설), 청소년복지에 제공되는 시설(청소년복지시설), 청소년보호에 제공되는 시설(청소년보호시설)에 관한 사항은 따로 법률로 정한다.(법 제17조)

국가 및 지방자치단체는 청소년시설을 설치·운영하여야 한다.(법 제18조①) 국가 및 지방자치단체 외의 자는 따로 법률이 정하는 바에 의하여 청소년시설을 설치·운영할 수 있다.(법 제18조②) 그리고 국가 및 지방자치단체는 국가 및 지방자치단체가 설치한 청소년시설을 청소년단체에 위탁하여 운영할 수 있다.(법 제18조③)

국가 및 지방자치단체는 청소년시설의 적합성·공공성·안정성에 대한 국민의 신뢰를 확보하고, 그 설치와 운영을 지원하기 위하여 필요한 지도·감독을 할 수 있다.(법 제19조)

5. 청소년지도자

1) 청소년지도자의 양성

'청소년지도자'라 함은 청소년지도사 및 청소년상담사와 청소년시설·청소년단체·청소년관련기관 등에서 청소년육성 및 지도업무에 종사하는 자를 말한다.(법 제3조 7호)

국가 및 지방자치단체는 청소년지도자의 양성과 자질향상을 위하여 필요한 시책을 강구하여야 한다.(법 제20조①) 그런데 청소년지도자의 양성과 자질향상을 위한 연수 등에 관한 기본방향 및 내용은 대통령령으로 정한다.(법 제20조②)

2) 청소년지도사와 청소년상담사

여성가족부 장관은 청소년지도사 자격검정에 합격하고 청소년지도사 연수기관에서 실시하는 연수과정을 마친 자에게 청소년지도사의 자격을 부여한다.(법 제21조①) 그런데 청소년지도사의 등급, 자격검정, 연수, 자격증의 교부절차 등에 관하여 필요한 사항은 대통령령으로 정한다.(법 제21조④)

청소년시설 및 청소년단체는 대통령령이 정하는 바에 따라 청소년육성을 담당하는 청소년지도사 또는 청소년상담사를 배치하여야 한다.(법 제23조①) 그런데 국가 및 지방자치단체는 청소년단체 또는 청소년시설에 배치된 청소년지도사 및 청소년상담사에 대하여 예산의 범위 안에서 그 활동비의 전부 또는 일부를 보조할 수 있다.(법 제23조②)

유아교육·초등교육·중등교육 및 고등교육을 담당하는 학교는 청소년육성에 관련되는 업무를 수행함에 있어 필요한 경우에 청소년지도사 또는 청소년상담사를 채용할 수 있다.(법 제24조①) 그런데 국가 및 지방자치단체는 청소년지도사 또는 청소년상담사의 채용에 소요되는 보수 등 필요한 경비의 전부 또는 일부를 보조할 수 있다.(법 제24조②)

3) 청소년육성전담공무원

시·도, 시·군·구 및 읍·면·동 또는 청소년육성전담기구에 청소년육성전담공무원을 둘 수 있다.(법 제25조①) 그런데 청소년육성전담공무원은 청소년지도사 또는 청소년상담사의 자격을 가진 자로 한다.(법 제25조②) 청소년육성전담공무원은 그 관할구역 안의 청소년 및 다른 청소년지도자 등에 대하여 그 실태를 파악하고 필요한 지도를 하여야 한다.(법 제25조③) 청소년육성전담공무원의 임용 등에 관하여 필요한 사항은 조례로 정한다.(법 제25조⑤)

4) 청소년육성전담기구의 설치

청소년육성에 관한 업무를 효율적으로 운영하기 위하여 시·도 및 시·군·구에 청소년육성에 관한 업무를 전담하는 기구를 다로 설치할 수 있다.(법 제26조①) 청소년육성전담기구의 사무의 범위·조직 그 밖에 필요한 사항은 조례로 정한다.(법 제26조②)

5) 청소년지도위원

시장·군수·구청장은 청소년육성을 담당하게 하기 위하여 청소년지도위원을 위촉하여야 한다.(법 제27조①) 청소년지도위원의 자격·위촉절차 등에 관하여 필요한 사항은 조례로 정한다.(법 제27조②)

6. 청소년단체

1) 청소년단체의 역할

'청소년단체'라 함은 청소년육성을 주된 목적으로 설립된 법인 또는 대통령령이 정하는 단체를 말한다.(법 제3조 8호) 청소년단체는 학교교육과 상호 보완할 수 있는 청소년활동을 통한 청소년의 기량과 품성 함양, 청소년복지 증진을 통한 청소년의 삶의 질 향상, 유해환경으로부터 청소년을 보호하기 위한 청소년보호업무의 수행에 관한 역할을 수행하기 위하여 최선의 노력을 하여야 한다.(법 제28조①)

2) 청소년단체에 대한 지원 등

국가 및 지방자치단체는 청소년단체의 조직과 활동에 필요한 행정적인 지원을 할 수 있으며, 예산의 범위 안에서 그 운영·활동 등의 필요한 경비의 일부를 보조할 수 있다.(법 제29조①) 개인·법인 또는 단체는 청소년단체의 시설 및 운영을 지원하기 위하여 금전 그 밖의 재산을 출연(出捐)할 수 있다.(법 제29조②)

3) 수익사업

청소년단체는 정관이 정하는 바에 의하여 청소년육성과 관련한 수익사업을 할 수 있다.(법 제30조①) 수익사업의 범위, 수익금의 사용 등에 관한 사항은 대통령령으로 정한다.(법 제30조②) 청소년단체는 청소년육성을 위한 활동을 하기 위하여 여성가족부 장관 인가를 받아 한국청소년단체 협의회를 설립할 수 있다.(법 제40조①) 협의회는 법인으로 한다.(법 제40조②) 그런데 협의회에 관하여 청소년기본법에 규정한 것을 제외하고는 민법 중 사단법인에 관한 규정을 준용한다.(법 제40조④)

국가는 협의회의 운영 및 활동에 소요되는 경비를 지원할 수 있다.(법 제40조⑤) 법인·개인 또는 단체는 협의회의 운영 및 사업 등을 지원하기 위하여 금전 그 밖의 재산을 출연 또는 기부할 수 있다.(법 제40조⑦) 협의회는 설립목적이 지장이 없는 범위에서 수익사업을 할 수 있으며, 발생한 수익은 협의회 또는 협의회의 운영시설 외의 목적에 사용할 수 없다.(법 제40조⑥)

4) 지방청소년단체 협의회

특정지역을 화동범위로 하는 청소년단체는 청소년육성을 위하여 그 지역을 관할하는 시·도지사의 인가를 받아 지방청소년단체 협의회를 설립할 수 있다.(법 제41조①) 지방자치단체는 예산의 범위 안에서 해당 지방청소년단체 협의회의 운영경비의 전부 또는 일부를 지원할 수 있다.(법 제41조②)

5) 한국청소년상담원의 설립

청소년의 올바른 인격형성과 조화로운 성장을 위한 사업을 하기 위하여 한국청소년상담원을 설립한다.(법 제42조①) 그런데 한국청소년상담원은 필요한 경우에 정관이 정하는 바에 의하여 분원을 둘 수 있다.(법 제42조③)

한국청소년상담원은 법인으로 한다.(법 제42조④) 그런데 한국청소년상담원에 관하여 청소년기본법에 규정한 것을 제외하고는 민법 중 재단법인에 관한 규정을 준용한다.(법 제42조의 5)

정부는 예산의 범위에서 한국청소년상담원의 사업 및 운영에 드는 경비를 보조할 수 있다.(법 제42조의 4 ①) 개인·법인 또는 단체는 한국청소년상담원의 운영 또는 사업 등을 지원하기 위하여 금전이나 그 밖의 재산을 출연 또는 기부할 수 있다.(법 제42조의 4 ②)

한국청소년상담원에 이사장 및 원장 각 1인을 포함한 15인 이내의 이사와 감사 1인을 둔다.(법 제43조①) 그런데 이사장·이사(원장을 제외한다)및 감사는 비상임으로 한다 (법 제43조③)

원장은 이사회의 제정으로 여성가족부 장관이 임명하고, 그 임기는 3년으로 한다.(법 제44조①)

6) 시·도의 청소년상담 및 긴급구조 등의 기관 설치

시·도지사는 청소년에 대한 상담·긴급구조·자활·치료·등의 기능을 수행하는 기관을 설치·운영할 수 있다.(법 제46조①) 시·도지사가 위 규정에 의하여 설치·운영하는 기관에 대하여 국가는 예산의 범위 안에서 그 경비의 일부를 보조할 수 있다.(법 제46조⑤)

7) 시·군·구의 청소년지원 등의 기관 설치

시장·군수·구청장은 청소년에 대한 상담·긴급구조·자활·치료 등의 기능과 청소년활동·자원봉사·참여·인권·등의 지원기능을 수행하는 기관을 설치·운영할 수 있다.(법 제46조의 2 ①)

시장·군수·구청장이 위 규정에 의하여 설치·운영하는 기관에 대하여 국가는 예산의 범위 안에서 그 경비의 일부를 보조할 수 있다.(법 제46조의 2 ②)

7. 청소년활동 및 복지 등

1) 청소년활동과 청소년복지

'청소년활동'이라 함은 청소년의 균형 있는 성장을 위하여 필요한 활동과 이러한 활동을 소재로 하는 수련활동·교류활동·문화 활동 등 다양한 형태의 활동을 말한다.(법 제3조 3호) '청소년복지'라 함은 청소년이 정상적인 삶을 영위할 수 있는 기본적인 여건을 조성하고 조화롭게 성장·발달할 수 있도록 제공되는 사회적·경제적 지원을 말한다.(법 제3조 4호)

2) 청소년활동의 지원

국가 및 지방자치단체는 청소년활동을 지원하여야 한다.(법 제47조①) 그런데 청소년활동의 지원에 관한 사항은 따로 법률로 정한다.(법 제47조②) 국가 및 지방자치단체는 청소년활동과 학교교육·평생교육을 연계하여 교육적 효과를 높일 수 있도록 하는 시책을 수립·시행하여야 한다.(법 제48조①)

3) 청소년복지의 향상

국가는 청소년들의 의식·태도·생활 등에 관한 사항을 정기적으로 조사하고, 이를 개선하기 위하여 청소년의 복지향상정책을 수립·시행하여야 한다.(법 제49조①) 국가 및 지방자치단체는 기초생활의 보장, 직업재활훈련, 청소년활동 지원 등의 시책을 추진함에 있어서 정신적·신체적·경제적·사회적으로 특별한 지원을 필요로 하는 청소년에 대하여 우선적으로 배려하여야 한다.(법 제49조②) 국가 및 지방자치단체는 청소년의 삶의 질을 향상하기 위하여 구체적인 시책을 마련하여야 한다.(법 제49조③) 청소년복지의 향상에 관하여는 따로 법률로 정한다.(법 제49조④)

4) 청소년의 가출 및 비행 예방

국가 및 지방자치단체는 청소년의 가출 및 비행을 예방하고 이들의 건전한 사회복귀를 돕기 위하여 필요한 복지적 지원을 제공하여야 한다.(법 제50조①)

가정은 국가 및 지방자치단체에 우선하여 청소년의 가출 및 비행을 예방하기 위하여 노력하여야하며, 가출·비행청소년의 건전한 사회복귀를 위한 국가 및 지방자

치단체 등의 노력에 적극 협력하여야 한다.(법 제50조②)

5) 청소년유익환경의 조성

국가 및 지방자치단체는 청소년의 정보와 역량을 배양하기 위한 환경조성에 노력하여야 한다.(법 제51조①) 국가 및 지방자치단체는 청소년에게 유익한 매체물의 제작·보급 등을 장려하여야 하며 매체물의 제작·보급 등을 하는 자에 대하여 그 제작·보급 등에 관한 경비 등을 지원할 수 있다.(법 제51조②) 국가 및 지방자치단체는 주택단지의 청소년시설 배치 등 청소년을 위한 사회 환경과 자연환경의 조성에 노력하여야 한다.(법 제51조③)

6) 청소년유해환경의 규제

국가 및 지방자치단체는 청소년에게 유해한 매체물과 약물 등이 유통되지 아니하도록 하여야 한다.(법 제52조①) 국가 및 지방자치단체는 청소년에게 유해한 업소에 출입하거나 고용되지 아니하도록 하여야 한다.(법 제52조②) 국가 및 지방자치단체는 청소년을 폭력·학대·성매매 등 유해한 행위로부터 보호·구제하여야 한다.(법 제52조③) 청소년에게 유해한 매체물·약물·업소·행위 등의 규제에 관하여는 따로 법률로 정한다.(법 제52조④)

8. 청소년육성기금

청소년육성에 필요한 재원을 확보하기 위하여 청소년육성기금을 설치한다.(법 제53조①) 청소년육성기금은 여성가족부 장관이 관리·운용한다.(법 제53조②) 청소년육성기금은 정부의 출연금, 국민체육진흥법 및 경륜·경정법에 의한 출연금, 개인·법인 또는 단체가 출연하는 금전·물품 그 밖의 재산, 기금의 운용으로 생기는 수익금, 그 밖의 대통령령이 정하는 수입금을 재원으로 조성한다.(법 제54조①)

청소년육성기금은 청소년활동의 지원, 청소년시설의 설치 및 운영을 위한 지원, 청소년지도자의 양성을 위한 지원, 청소년단체의 운영 및 활동을 위한 지원, 청소년복지증진을 위한 지원, 청소년보호를 위한 지원, 청소년육성정책의 수행과정에 관한 과학적 연구의 지원, 기금조성사업을 위한 지원, 그 밖에 청소년육성을 위하여

대통령령이 정하는 사업에 사용한다.(법 제55조①)

시·도지사는 관할구역 안의 청소년활동지원 등 청소년육성을 위한 사업지원에 필요한 재원을 확보하기 위하여 지방청소년육성기금을 설치 할 수 있다.(법 제56조①) 지방청소년육성기금의 조성·용도 그 밖에 필요한 사항은 조례로 정한다.(법 제56조②)

사회복지법제론

| 참 | 고 | 문 | 헌 |

권영성, 「헌법」 법문사, 2003.
김근조, 「사회복지법론」 도서출판 광은기획, 1994.
김근홍 외, 「한국의 사회문제론」 양지, 2002.
김기원, 「사회복지법제론」 나눔의 집, 2002.
김영모, 「사회문제론」 고헌출판사, 2001.
김영화 외, 「정치경제학적 사회문제」 대학출판사, 2001.
김유성, 「사회보장법」 동성사, 1985.
김익균 외, 「사회복지법제」 교문사, 2005.
김철수, 「헌법」 박영사, 1995.
김훈, 「사회복지법제론」 학지사, 2004.
박석돈, 「핵심사회복지법제론」 삼영사, 2005.
박차상 외, 「한국사회복지법강의」 학지사, 2003.
송정부 역, 「사회복지체계론」 나눔의 집, 2000.
신섭중 외, 「한국사회복지법개설」 대학출판사, 2001.
신재명, 「사회복지학 개론」 신창출판사, 2003.
우종모 외, 「사회복지행정론」 양서원, 2004.
윤찬영, 「사회복지법제론 I」 나남출판, 1999
이동춘 외, 「사회복지실천론」 창지사, 2008.
이상광, 「사회법」 박영사, 2002.
이영희, 「한국사회복지법규개설」 홍익출판사, 2005.
장동일, 「한국사회복지법의 이해」 학문사, 2003.
전광석, 「한국사회보장법론」 법문사, 1999.
정영석, 「법학통론」 법문사, 1989.
조원탁 외, 「사회복지법제론」 양서원, 2004.
최준선 외, 「법학개론」 삼조사, 2001.
현외성, 「한국사회복지법제론」 양서원, 2001.

사회복지법제론

| 찾 | 아 | 보 | 기 |

저자 이 동 춘

정치학박사
목포과학대학교 교수
한국통일안보학회 회장
한국국제정치학회 이사
여론조사기관 폴앤폴 이사

1993년 『동남아정치론』
2003년 『중국정치론』
2005년 『사회복지 윤리와 철학』
2008년 『사회복지실천기술론』 공저
2012년 『사회복지법제론』
2013년 『G2 中國 GR 中國』
2013년 『중국은 만리장성을 무너뜨려야 한다』
「현대중국의 생산 소비 시장구조에 관한 연구」
「한반도 비핵화 전략과 협상전략」 외 다수

도서출판 **그린**

사회복지법제론

인쇄일 ▶ 2013년 8월 5일
발행일 ▶ 2013년 8월 12일
저 자 ▶ 이 동 춘
발행처 ▶ 도서출판 **그린**
발행인 ▶ 윤 덕 우
출판등록 ▶ 제8-161호(1995. 5. 3.)
주소 ▶ 서울시 서대문구 연희동 219-20 (우)120-828
전화 ▶ 02)333-2574
Fax ▶ 02)333-2561
E-mail ▶ greenpress@greenpress.co.kr
Homepage ▶ http://www.greenpress.co.kr

Green Pub.

정가 : 20,000원

ISBN : 978-89-5727-200-8 (93330)